U0119086

看見
十九世紀
台灣

Curious investigations:
19th-century
American and European
impressions of Taiwan

十四位西方旅行者的福爾摩沙故事

費德廉、羅效德●編譯

推薦序

　　台灣史的文字史料，不能說不多，但是絕大部分是官府的行政文書。這些行政文書詳細地記載了官府行政機關的組織、人事，還有官府如何治民運作。這種官府行政文書的性質，可以從以下的一項抽樣來代表說明。有人從逐日紀錄皇帝言動的『實錄』中將清朝治台二百餘年間的台灣相關記錄彙編成書，結果發現光是林爽文事件期間（乾隆51年底至53年初）的大約一年半之間，其分量竟然佔了全書達約四分之一。因此，雖然清代的史料數量甚多，但是想要瞭解當時的台灣社會、景物、民情、風俗，還是要靠數量不是很多的方志和筆記。

　　清代台灣的方志，大多是官府所修，做為地方施政手冊的性質相當濃厚，況且傳統方志纂修自有其格式，因此關於民情、風俗的描寫比例並不很高，最主要的部分都在類似「風俗」的篇章。另外，則要求諸於少數宦游台灣的官僚觀風問俗而記下來的筆記，例如曹士桂《宦海日記》、陳盛韶《問俗錄》等。也就是說，清代的中文史料在多樣地呈現台灣面貌這一點上，存在著明顯的缺憾。

　　在中文史料上述的缺憾之下，十九世紀中葉以後西洋傳教士、商人、外交官、科學家、旅行者對於台灣的描寫，便具有相當的意義了。不能否認的，這些西洋文字所記錄的，一樣存在著各種問題，諸如浮光掠影流於表象、自我中心不免偏見，但是它卻可以補充中文史料的不足，而且提供另一種相當不同的外人觀點。例如，關於高雄六龜地方，清代的漢文史料幾乎從未著墨，但是卻有多位十九世紀來台的西洋人對這個「邊區」作了相當詳細的描寫（包括攝影）。

　　對於當時來台的西洋人來說，似乎與華人屬於不同民族的原住民，更引起他們的興趣，因此他們留下不少關於原住民及其生息地區的描寫。當然，當時他們比較容易前往的還是像六龜、恆春半島這種離開平原地區不遠的「邊區」，或者是像日月潭這種已經「歸附」較久的原住民地區。

　　西洋人筆下（鏡頭下）所描寫的台灣居民當中，台灣人（Formosan）遠較華人（Chinese）令人印象深刻。這些西洋人看到，和平的Fomosan當時正處在民族文化即將滅絕的關頭。展讀這些西洋人的文字，總會令人低迴不已。這幾乎是傳統的漢文史料所不及措意的。

　　費德廉（Douglas Fix）是我的大學同學。一九七○年代中期，台灣的年輕人已經無法在黨國體制教育中乖乖就範，我也開始透過自己的閱讀（台大圖書館真的是一個值得感謝的圖書館！）走上了追索台灣歷史之路。費德廉則是一個在偶然的機緣下來到台灣而愛上台灣，並在台灣讀大學的美國鄉下人。費德廉這個美國鄉下人，一方面也想瞭解台灣的鄉下，一方面也目睹了當時台灣年輕人的騷動不安與社會的民主運動。我想這是費德廉與我個人、我的家人、台灣諸多朋友連結在一起的緣由。從那時候起，我也好，費德廉也好，都不在台灣民主運動的中心，但也不能說不是關懷者。費德廉可能是第一位大量閱讀George Kerr文件的人，他在柏克萊大學的博士論文也以一九三○～五○年代的台灣文學與民族主義為題。費德廉早年的台灣史研究，顯然與我們當年的經歷和關懷，不無關係。

　　他到有名的理德學院（Reed College）教書之後，一方面由於他曾經幫劉克襄在美國查找十九世紀西洋人寫作的台灣報導，一方面因為他具有語言上的方便，我建議他不妨將「十九世紀西洋人的台灣認識」當成一個研究題目。他很快就收集了相當多的相關史料，並且建置了一個供大家可以方便利用的網站（http://academic.reed.edu/formosa）。這就是費德廉！工作認真，而且傾囊助人，絕不藏私。

　　據我所知，費德廉在理德學院的教學負擔並不輕鬆，他做起事來又總是要求完美，為學生的付出遠較預期的還要多。在研究方面，他與朋友合著關於清末美國領事李仙德（C. W. LeGender）的一部書，雖然書稿已經完成多年，還是數易其稿，希望「止於至善」。這次這個文集由效德翻譯，他還是為了還原地名花了很多時間。

　　最後，我要向效德至上最高的敬意。效德從七○年代看著台灣的民主化運動成長，當年的一班朋友，很多如今已經是台灣的「要人」，但這些年來就看守著費德廉和我這種人執拗地在故紙堆中打滾。效德謝謝妳。還有，妳的譯筆真好。

吳密察
（國立台灣歷史博物館籌備處主任、國立台灣大學歷史學系教授）

編譯者序

　　十五多年前，我的好友吳密察邀我到從前的自立晚報辦公室與劉克襄一起喝咖啡。劉當時已開始翻譯湯姆生（John Thomson）與其他歐美人士在十九世紀探訪台灣的遊記。他問我回柏克萊時是否能替他查一查幾個文本的收藏處。當時我不曾想到有一天自己會很有系統地蒐集那些像劉克襄在翻譯的西方文本，並將之數位化，以供全球的大眾閱覽。就在十年前，吳密察跟我建議設立一個這樣的網站，而今天，「福爾摩沙：十九世紀的圖像」這個網站能讓大家方便取讀的西人對台灣的文本、地圖與圖像。本翻譯選集現在則將此過程更往前推進一步，而以另一種形式，把西人對台灣的圖像提供給更廣大的中文讀者群。這本選集，若沒有吳密察與劉克襄的鼓勵，不可能成形，更不用提出版了，謹在此向他們致以最深的謝意。

　　然這僅是部分的成因。本選集由羅效德負責翻譯。她曾多夜難眠，思考如何改進某個詞句或段落。此翻譯計畫歷時相當長，在其過程裡，效德所閱讀與研究過的遊記已超過了我這個歷史學者。她不僅以自學的方式認識十九世紀台灣的地理，甚至對地質與動、植物學上專家所用的詞彙亦下功夫探究。二〇〇一年找不到出版社出版前半部的譯稿時，效德本以為新學的知識與翻譯上的努力都將擱置了，然幸有王思迅先生對我們的計畫仍深具信心，並找到經費支助出版此篇幅頗大的遊記選譯。同時也特別要感謝王先生與其同仁所提供的意見、建議，以及編輯上的協助。

　　多年來，每當我對英國傳教士（如甘為霖牧師等）或歐洲的科學家（如史溫侯等）有什麼疑問時，必都仰賴好友John Shufelt先生在這方面的專業知識。他不僅為我提供自世界各地圖書館與檔案館所尋得的無數手稿、相片、地圖等，並慷慨地將自己的研究筆記與新撰文章的草稿與我合用。更重要的是，在我對某些作者的相對重要性做評估時，常因與他的討論而影響到我的結論。很期盼能早日讀到他的博士論文，那將對許多十九世紀歐美作者給予全新的評估，包括那些有作品收錄在我們選集裡的。

　　任何試圖翻譯西方所寫有關台灣的文本的人，尤其是較早期幾個世紀的遊記或報導的，都知道要找到市鎮、村莊、部落，或地形特徵的所在處，並正確

翻譯出其名稱，是極為困難的。最初我們在地名上的翻譯經常參考劉克襄與其他早期的譯者。然主要還是由於黃智偉在其專業知識上給予慷慨的協助，才讓許多西文的地名能復原其正確的十九世紀時中文原名。黃智偉無論是通過詳細檢索其所收集的大量歷史地圖，或是經由他本人長期親身到各村莊與歷史故址探查，他似乎總能找到那些把大家都難倒的地名。在完成本書的數年裡，黃智偉已經檢讀並更正過我們的地名單不下十數次。本選集附錄書末的地名索引極大部分都是經過黃智偉的分析與鑑定。同時，我們必須感謝翁佳音在百忙之中不但為我們審查、校訂荷蘭時代的地名，同時還仔細審查地名索引中的每一條目，且提供很寶貴的意見與訊息。

　　本書的完成，在其他各方面亦有賴許多朋友、同事、專家的協助。胡家瑜幫我辨認出數個原住民的部落，並在原住民的手工藝品上給予我們其專業上的意見，亦將其在歐洲博物館與檔案館做研究時所蒐集的相片讓與我們參考。在各圖書館很不願意將十九世紀的期刊借與我們時，理德學院的圖書館員Sally Loomis使他們確信，在攝影與掃瞄原始文本的重要圖像時，我們會十分謹慎並愛惜其珍藏。Karin Whalen與其在理德學院藝術史圖書館的同事（特別是Drew Skillman）為本書製出做為插圖用的所有精彩圖像。這些木版畫與雕刻中，許多需要十分精心細緻的處理，才能複製出如此清晰，並與原件極為相似的圖像。對這一切的協助與支持我們極為感激，並深知若沒有上述這些個人與機構在各方面的支助，這小小一本選集是不可能有機會出版的。

　　在此我們還要特別感謝國立台灣歷史博物館提供經費，並在翻譯過程中給予我們鼓勵與協助，使本書能順利完成。

　　選集的作業進入最後階段時，王思迅先生不但提供許多寶貴的意見，同時很能了解我教學上之忙碌，在我無法準時交註解時，就輕輕催我早點寫完。王先生也很慷慨地接受黃智偉的建議，為本書增添一張非常有用的地圖，讓讀者能清楚找到各遊記所提到的地名。我很幸運，又有年輕且能幹的學者幫忙，又遇到一位能體諒我的編輯。

　　然這終究還是羅效德的翻譯選集。她將此埋身於塵灰的過去歲月譯成順暢的文字，希望能讓讀者免除外文的障礙，而直接體驗到西人對台灣的見聞與印象。

　　　　　　　　　費德廉寫於二○○六年十一月二十二日，波特蘭

目次

to illustrate the Paper by Mr Robert Swinhoe (Vice-Consul)

English Miles
10   20   30   40   50

Geographical Miles
10   20   30   40   50

Note.

The coast from Kok-si-kon to Ta-kau-kon has been inserted from a partial Survey by Mr Richards, Master, R.N. in 1855. As it is uncertain how far this correction extends, the coast north is left according to the former imperfect Charts.

The Arrows indicate the direction of the Currents.

前言

25

24

23

22

Kurosiwo (Warm Current)

A b o r i g i n a l

Changwa

Kia-e

Taiwan

Fungshan

Mt Morrison 10800

Samasana (Japanese Race)

Botel Tobago (Malay Aboriginal)

前言

　　要想知道十九世紀那一百年之間，西方作者對台灣這個地方或其各個族群做過描述並曾出版的文本到底有多少，那是件相當困難的事。本人自一九九八年以來就已蒐集有六百篇以上這類的文本，且都是經過出版的作品。這些文本以英、德、法、荷蘭、俄，及丹麥等語文寫成。日後亦準備繼續蒐尋其他（如那些以西班牙與義大利文所寫）的文本，並加以分析。歐美人對台灣做過描述的作品極為豐富且繁雜，亦包括像Charles Gutzlaff（著名的傳教士，傳說右手執聖經送人，左手賣鴉片）跟Ferdinand Richthofen（最早研究中國地質的西方科學家）那樣相當不同的作者。在這本翻譯選集裡，我們選取了二十篇文本做為代表。在所有此類的著作裡，這的確僅占極小的一角。然這二十篇文本的作者為我們所提供的圖像範圍，都是其他早期西方遊記選集尚未涵括，而值得收錄的。本選集中最早的一篇遊記出版於一八五九年，而最晚近的那篇則是在一八九〇與一八九一年間連載刊登的。因此本選集所涵蓋的三十年期間，是起始於台灣港口正式對西方貿易開埠之前，而結束於劉銘傳發起的早期近代化努力之後。本集所選譯的作者，有那些在台長期滯留並投注大量心血者（如必麒麟〔Pickering〕），有僅來訪一次的遊客（如F先生），亦有未曾見過島上任何地方的學者（如韋伯斯特〔Webster〕）。外國領事、商人、傳教士等，組成這些旅遊家中最主要的部分，但我們的作者名單尚包括海關的職員、科學家、軍官，還有記者等。除了集結大量的重要遊記外，我們也不曾忘記收錄私人的信件、百科全書的條目、地質與海洋的勘查報告。在編輯此選集時，我們希望讓讀者能很容易就閱讀到十九世紀下半葉時，歐美人對台灣，其人民、景物、資源等各方面極基本但卻很獨特的印象。

　　在這群歐美作者裡，有些名字是頗為大家所熟知的。不過，對這些著名的旅遊家，我們則選擇其較非具代表性的作品。陶德（Dodd）在一八八四至一八八五年法國封鎖台灣期間所寫的專欄報導現已有一譯本。他探訪北部泰雅族聚落時，所寫的人種誌正可做為該書的補充資料。與其重估泰勒（Taylor）沿東南海岸一帶的遊記，我們決定翻譯他所寫的民俗故事。甘為霖（Campbell）雖是因其對荷蘭殖民時代的歷史知識而著名，我們希望大家也知道他曾到過埔里附近的平埔族部落探訪，甚遠赴澎湖群島宣教。在此選集裡，我們亦將史蒂瑞（Steere）對台灣的最初印象做了完整的翻譯。他的那些信件曾陸續刊登在美國一份地方報紙上（即《安阿伯城報》，*Ann Arbor Courier.*）

　　讀者也會發現在我們選集中有些作者是新面孔。在十九世紀即便有不少歐美婦女曾來台灣探訪，但僅有少數幾個名字留下記錄。感謝John Shufelt的慷慨協助，而讓我們能給讀者介紹李麻夫人（Elizabeth Cooke Ritchie）本人所寫，以及他人描述有關她的、簡短但有趣的文章。李麻夫人是傳教士，也是一位前進的教育家。艾比斯（Pavel Ibis），那位年輕的愛沙尼亞海軍軍官，讀過劉克襄著作的讀者應都詳知其名。然他以德文所寫的，一八七五年遍訪福爾摩沙的遊記，尚未曾譯成中文。我們也選取伊德先生（George Ede）的兩篇主要遊記。他是傳道教師，隸屬台灣南部的英國長老教會。其中那篇對沿著台灣東部的土著部落的描述，是對該地最早且最全面的調查。

　　整體看來，這一系列十九世紀下半葉時，歐美人對台灣的印象有數個重要的特色。首先，我們盡可能關照到台灣的各個地帶。外國旅人的探訪遍及全島各處，無論是著名的，或難以窺獲的部落都有，並留下報導來記錄這些地方。我們採用史溫侯（Robert Swinhoe）周遊福島的最早報導。史蒂瑞走訪西海岸與西南山麓的信件，甘為霖到澎湖群島所做的傳教訪查，伊德沿著東海岸探訪所有的部落，陶德在北部對泰雅族聚落所做的長期調查，以及必麒麟深入中央山脈的冒險之旅等，都涵括在本選譯集中。同時，每位旅行家所探訪的地區與族群鮮有重複交疊的。其次，雖然本選集有些篇幅僅呈現作者的簡短印象，但如伊德、史蒂瑞與艾比斯等，則是外國旅遊家中對台灣描述得最為詳盡的。最後，我們擴大翻譯文本的範圍，加入大英百科全書中的「福爾摩沙」條目，克萊因瓦奇特（Kleinwächter）的地質調查，以及英國人F先生以遊客身分所寫的獨特報

導等。我們希望所呈現的各種看法,是學習台灣歷史者一般不曾閱讀或分析過的。選取這些文本是為提供新的資料,並開拓新的界域,以供學者研究。

近年來,日本遊訪報告的譯者與研究中國遊記的學者,在對福爾摩沙的非本土印象上,都已增添很豐富的新材料,以供我們來調查。本選集現將此工作加以延伸,並提出一些跟我們在清朝報告裡,所習於找到的相當不同的觀點。同時也為有日本殖民文獻資料記實前的那段時期,提供大量的對福爾摩沙與其人民所做過的描述。這些不同的印象是獨特的動機、興趣、思考模式的產物,而因此許多時候,報告上會論及中、日文的文本所不曾涵蓋的現象。在主題上有重疊時,這些新近翻譯的文本能跨越人為劃分的晚清與殖民早期時代,而讓我們做一個歷史性的比較。比方說,對東海岸部落的發展與一八六〇到一九〇〇年間政府的控制,伊德的遊記提出新的方式來追查。對條約港口的社群,或對邊緣地帶「外國與本地接觸」的特有性質等感到興趣的讀者,這些文本將是非常寶貴的資料。這些遊記、信件、報告,若能經過徹底分析,可有助於我們開始瞭解,歐美人在形成其對台灣島知識的方式上,是很複雜且多面的。雖然有些讀者會試圖更正那些十九世紀旅行家的「錯誤的」看法、地理定位,或植物術語等,但若換一種策略來閱讀,則可獲取更豐富的洞識。

就現階段本人對這些文本的研究上來看,我認為這些早期來福爾摩沙訪問的旅行家中,許多很可能都是非常敏銳且仔細的觀察者。他們應用其時代所獨有的思考模式、專業或訓練,來瞭解那對他們來說是很陌生的福爾摩沙現象。瞭解他們的認知,會是對自己的一種挑戰,同時亦可使我們得到啟發。

I

史溫侯

Robert Swinhoe, 1836-1877

中國地區副領事及領事

① 〈福爾摩沙島訪問記〉
② 〈福爾摩沙民族學記事〉
③ 〈福爾摩沙記行附錄〉

史溫侯
Robert Swinhoe (1836-1877)

　　史溫侯（也有人譯郇和），英國人，在大英帝國統治下的印度出生。大學教育是在倫敦的皇家學院和倫敦大學修習的，尚未畢業前就考上英國外交官考試，被派往中國當翻譯官，後來升為副領事及領事。一八七五年因病而退休，返回英國養病，兩年後就過世了。

　　史溫侯在台灣的時間前後只有三年左右。雖然早在一八五六年曾往西岸作短期考察，並在一八五八年也環繞全島一趟，但是長期居住本島則是一八六一至一八六二及一八六四至一八六六任英國駐台領事的那三年。居住淡水期間，史溫侯探訪過基隆、蘇澳及宜蘭平原。擔任駐打狗英國領事時，則調查過澎湖與台灣西南海岸，從台灣府至南岬。平時也常跑淡水、打狗附近地帶觀鳥、打獵、蒐集標本等。同時，新店、萬金庄與社寮等地的原住民村莊，也都去過一些。

　　第一次休假返回英國時（即一八六二年），史溫侯趁機將其在台所調查的地理、生物、民俗等現象整理後，一方面替皇家地理學會、倫敦民族學會等精英協會做專門的演講，向會員介紹台灣；一方面把蒐集的器物、標本與圖像另外做成小規模的「福爾摩沙島特展」，參加當時正在倫敦舉行的倫敦大展，讓英國人認識台灣的特產、種族和生物。

　　十九世紀來台的西洋人群之中，史溫侯是非常獨特的一個。不但來福島的時間比較早，對台灣現象的興趣也較廣，而且出版有關台灣的著作更比他人多。香港報紙曾刊登史溫侯初次來台所寫的遊記。英國有名的鳥類學雜誌Ibis在史溫侯一八七七年過世的同一年，也出版了他最後寫的有關台灣鳥的筆記。前後二十年間這位科學家寫了第一部相當有規模的台灣鳥類誌，數篇台灣哺乳動物及爬行動物的文章，六、七篇台灣遊記與台灣簡介，以及幾篇類似台灣民族誌

的文章。除此之外，他還對中國其他地區也有同樣的觀察與貢獻。就如他本人所說過的，史溫侯「為了自然史而付出很多精力」，因此他的成就也很大。

史溫侯有十九世紀科學家的那種使命感，想要讓「福島的自然生產付諸於世」。不過，具備探險家的精神也不見得能夠有超他人的貢獻。讀過史溫侯著作的人都會發現其敏銳的觀察能力，加上詳細又深入的描述，很適合生物學或自然史學家的需要。他習慣寫調查筆記，而盡量把整個調查的過程全部寫下來。比方說，出外打獵獲得某類鳥，他會紀錄鳥的生活環境、鳥窩的狀況、羽毛和五官的特色等，甚至解剖後所發現的現象都交代得很清楚。當他把這類的觀察習慣用在描繪福島居民時，紀錄的結果也同樣的詳細且徹底。因此，雖然有些遊記並不長，但是很有內容，對想要瞭解當時社會的研究者來說是很有價值的史料。

史溫侯能夠在短期內蒐集如此多的生物、植物等資料與標本，當然要靠當地居民的幫忙。他經常倚賴獵手與剝製師，前者提供各種動物，後者幫他製造標本。有些動物或鳥也購自他人（即非史溫侯專門雇用）。出外時要雇通譯、導遊、挑擔器物的苦力等。史溫侯在其文章中偶爾會提到某「中國朋友」提供的消息、資料、意見等。雖然他未詳細說明這類的交易，但是史溫侯也從來不隱瞞這些助手的貢獻。

想更進一步查詢有關史溫侯的生平與著作，請參考下列文章與網站：

1.　Hall, Philip B.,　"Robert Swinhoe (1836-1877), FRS, FZS, FRGS: A Victorian naturalist in treaty port China,"　*The Geographical Journal* 153, I (March 1987): 37-47.

2.　Stephenson, Samuel,　"Robert Swinhoe,"　http://academic.reed.edu/formosa/texts/swinhoebio.html

3.　Hall, Philip,　"The published writings of Robert Swinhoe,"　http://home.gwi.net/~pineking/RS/MAINLIST.htm

選文簡介：

從史溫侯所寫的有關台灣的著作中，我們挑選了三篇有代表性的文本來翻譯。第一篇紀錄他環繞台灣全島的所見所聞，第二篇則代表史溫侯向倫敦學會

所發表的演講稿，而第三篇綜合了遊記和筆記兩種文體，同時也採納了一些出版品遺漏的但手稿原有的內容，讓讀者更瞭解史溫侯本來的觀察與感想。

❶〈福爾摩沙島訪問記〉（Narrative of a visit to the island of Formosa），一八五九。

題目中的「訪問」並不夠準確，因為當時史溫侯搭乘的英國軍艦「不屈號」是負起重任而遠赴福爾摩沙島。當時史溫侯擔任軍艦的翻譯官，但是他照常趁機觀察福島的地理、生物、族群等。這些在文中都有紀錄。這篇訪問記也顯現了史溫侯廣泛的興趣，對台灣的地質、地理、生物、植物，以及民族等都有紀錄下來，算是早期較有內容的簡介文章。不過，史溫侯也知道其讀者中也包括外國船長、商人、領事官等，所以他注意到此讀者群的特殊需要，例如港口的航線、貨品交易的情形、地方官僚的習慣等多少都有介紹。不過，像其他早期的訪問一樣，這篇遊記證明了史溫侯和他的同事最多只能接觸到海岸上的村落而已，還沒辦法進入內地探查山地原住民部落。其實，「不屈號」在福島西東兩岸並沒遇到多少居民，其探查範圍比較限制於南北幾個大港口及附近的聚落而已。雖然如此，〈福爾摩沙島訪問記〉也描述了蘇澳、宜蘭一帶、基隆等地區，所接觸到的一些漢人跟平埔族社群。我們從其中更能瞭解台灣開港前所謂「中外接觸」的一般特色。

❷〈福爾摩沙民族學記事〉（Notes on the ethnology of Formosa），一八六三。

這本小冊子原先是史溫侯向民族協會發表的報告，經過修改後再向英國科學促進協會宣讀。史溫侯增加兩幅圖像後就出版單行本；我們就其原樣全部翻譯，兩幅圖畫也提供給讀者參考。在此報告，史溫侯設法整理他多年以來對台灣原住民的觀察與筆記，提出一套較有系統的民族分類法，同時描繪各個類別的特色，包括體質、物質文化、語言、生活習慣等現象。讀者也能觀察到類似一般十九世紀探險家接觸到土著族時，那種典型的表現：初見的驚訝，轉而變成彼此間的懷疑，而探測對方的勢力或出示自己的力量，然後也有初步的認同對方的存在等。史溫侯對原住民的知識，多半是經過他人或比較不自然的接觸

（譬如通譯者在其家「展現野蠻人」給史溫侯看）所得來的。不過，史溫侯也親自探訪過幾個部落（即一八五七、一八六二兩年的事），而此經驗在這份報告有所記載。除此之外，這篇譯文也特別加入史溫侯在原著作引用的歷史材料，即十七世紀蘇格蘭人David Wright對原住民的紀錄。

❸〈福爾摩沙記行附錄〉（Additional notes on Formosa），一八六六。

一八六三年史溫侯出版另外一本小冊子，即《福爾摩沙記行》，收錄他對福島地理、政治、經濟等方面的情報，同時也報告他一八五七年以來幾次探訪台灣各地時所見所聞。次年，倫敦皇家地理協會的期刊緊接者發表此記行的提要。因此，我們所翻譯的這篇一八六六年發表的「附錄」，就是史溫侯從倫敦回福島後繼續任領事時，再去觀察東北部、西南海岸、澎湖群島等地的村落所寫的遊記。因為史溫侯曾經去過這些地區而且留下詳細的紀錄，所以「附錄」有不少內容則比較各地從前繼後的變化與進展。由於史溫侯的興趣廣而且觀察能力強，「附錄」的內容也很有意思。好友John Shufelt提供此文章的手稿，而透過他對手稿與出版品的詳細比對後，我們才曉得地理協會期刊的編輯刪除不少寶貴的內容，因此我們決定讓譯文恢復原貌。在此特別感謝John Shufelt的援助。

❶ 福爾摩沙島訪問記

作者：史溫侯（Robert Swinhoe）

摘自：《皇家亞洲學會中國北部分會期刊》，第一期，第二號（一八五九年，五月），頁145-164。

Swinhoe, Robert. "Narrative of a visit to the island of Formosa." *Journal of the North-China Branch of the Royal Asiatic Society* 1, ii (May 1859): 145-164.

最近在英國軍艦「不屈號」（Inflexible）遠赴福爾摩沙島，為求證有關Smith和Nye[1]二人被土著滯留該處的傳聞時，本人有幸隨同前往充當通譯。以下是從我日記裡摘取的一些記事，本社會員或會感到興趣。

一八五八年六月七日下午我們離開廈門，經過澎湖群島，翌日抵達國聖港（Kok-si-kon，P135）外，停泊於離岸邊約一英里處。所能見到的陸地僅是沙灘，間或夾雜小塊的林地。在一系列輪廓不分明的山丘底部，有一排樹向內陸延伸一段距離。十日，風從海岸吹來，浪拍擊得較緩，我們設法以軍艦上的小艇在靠近一些小茅屋處登岸。居民是中國漁民，出來迎接我們，態度很隨和友善。我們向其解釋此行的目的，並散發一些告示，若發現船難者，每個歐洲人，給予五十元的酬金；每個亞洲人，則為二十元。這些可憐人住的是茅草小屋，屋前的桿上掛著魚網。豬是唯一的牲口。他們告知其家庭住在更內陸處，而他們僅於某些季節前來此淺灘捕魚。

這些淺灘並不大，四周都有很淺的海水圍繞。多數淺灘上均有小屋。灘岸由泥與沙的混合土組成。大批的虎甲蟲（Cicindelae）在其上爬行，爬得很快，若被追逐則立即振翅飛起，似以小屋附近找到的蒼蠅和雙翅目昆蟲（Diptera）為食。也看到一些燕鷗（Sterna minuta）在我們身邊盤飛。

坐上小船，經過一個沙洲，水深僅一英尺，「沙拉心號」（Saracen）[2]在其

※編注：為輔助讀者理解文中所指的地名為今天何處，在地名第一次出現的地方均附有編號（如P135等），讀者可依據此編號至文末地名對照表及附圖，或所附的大張地圖中查知該地名現在確定的位置。

測量之行時曾能渡過。我們以小船沿著另一沙島前進。此處漢人不多，但跟前一個淺灘上的一樣有禮。同樣的甲蟲這裡也很多。兩淺灘均寸草不生，從其外觀可知，兩者一年中確實有很長一段時間都淹在水下。我們僅見到拉攏到海灘上的一艘戎克船。當地其他的船具都是竹筏（catamaran）。這是將大片彎曲的竹子捆紮在一起，綁住上端交叉拉直的其他竹片，有一桅杆和帆，需要時可張起。沒錯，這些竹筏的確很陰濕，因為站在上面時，水會不斷地淹過腳面，但碰上波浪時卻很管用。

船在五點啟航，很快就錨泊於熱蘭遮城。

六月十一日：今晨很早就乘小艇與快艇去拜訪福爾摩沙首都台灣府的滿清官員。起初不知可由哪個水道進入，到底是由熱蘭遮城走，還是通過一群戎克船聚集的更北那一帶。幸好偶遇一艘捕魚的竹筏，將一個半裸的漁夫接上小艇。他指點我們繞過波浪急拍的沙洲，進入靠近熱蘭遮城的水道。此城堡於二百年前由荷蘭人建立，用以抗拒福建的海盜，現已荒廢。中央長有一棵大樹，西牆（牆桓）以磚石與chunam砌得約有十二到十五英尺厚，現已被拆毀，取用為材料來建蓋滿清官員的住屋。

離城堡約兩英里處，可由一淺運河進入台灣府，多處寬不及四十碼。雖然河岸很高，阻擋我們的視線，但平穩前進時，美麗的綠色羊蹄蔓草（goat's foot）長著像旋花的紫花，令人賞心悅目。又有無數的喜雀（Alauda caelivox）在視界外的高空歡唱，向我們傾注悅耳的旋律，驗證了英國詩人Tennyson那美妙的說法：「喜雀轉化為無形的歌。」

抵達城郊的北勢街（Paksekwei，P206）時，我們不得不停船，因為再過去水就很淺了。接著差人送了一份快信給道台，也給了鎮台（Chintai[3]）一份，提議十二點時與他們在前者的衙門見面。我們走了四分之三英里後，在約定的時刻抵達道台的衙門。由一些下屬接待，他們希望我們能前往縣府辦事處，那是讓所有官員見面的較集中處。我們經過一番考慮後同意了，而由一個小官帶路。抵該處後，在道台和其他官員到達之前，我們被請入候客廳等待，但我們寧願站在大門口，因有海軍與水兵駐紮四周，擋開群眾。就在那時，我們聽到「道台來了！」的呼聲。三位清朝官員無序列地騎著馬進入大門。最前面的那位，在通過站在左邊的海軍時還彎腰行禮。我以為這些必是清朝大官的一般前騎，

①指Thomas Nye（美國人）與Thomas Smith（英國人），因為其船，即快速帆船「Kelpie」號，疑在福爾摩沙島南端遇難，則派船查證。
②「沙拉心號」（Saracen），英艦，一八四八年來台，以測量台灣島沿岸為目的，曾抵打狗。
③Chintai，鎮台，「總兵」的尊稱。

因此並未特加注意，故聽到騎在最前面那位就是道台本人時，可以想像我有多麼訝異。那匹馬是個頗生氣勃勃的小動物。一位滿清官員居然真的騎一匹無前導的小馬！﹨

古羅馬詩人維吉爾（Virgil）此時會說：「沒有延誤」（haud mora），漢人則不然。又經一些耽擱，終被請入接待廳，看到道台、協台（Hee-tai④）、知府和知縣等官員聚集在那裡。鎮台住的地方有段距離，所以稍後才到。﹨

道台名叫孔昭慈（Kung Chaou-tsze），表示願意幫忙，說可發布告示，同我們的一起散發到所有他統治下的村鎮去。若發現任何遭船難的外國人，他們定會將其送返廈門。他說最近才從福州回來，尚不知有任何船難發生。他聽說過山上有原住民山番，或生番，但從未見過彼等。那是野蠻的族群，食生肉，對落到他們手中的人，一個也不放過。所以Smith和Nye等人如為其所捕，絕不可能被拘禁，定早就被吃了。若仍存活在基隆附近的硫磺礦區，亦無法將其贖回，因為番人不瞭解金錢的價值。除了那些跟漢人墾民交易，已經馴化的番人以外，中國人跟其他土著沒有往來。為一個人付出一千圓，那是很大一筆數目。其實我方全無必要酬賞，若有任何遭難的外國人，中國人會將之贖回，並送過海峽遣返廈門的。若有船難者真被送返廈門時，我們或可獎賞那交送者，然即便那也並無必要，中國人自會處理的。﹨

那位鎮台很快到達，是個大塊頭，和善、圓臉，八字鬍只是幾撮稀疏的毛髮。他叫邵連科（Shao Lien-kaou），是福州人。偶而在海岸巡視，到過基隆與淡水。他說現在海岸上已無海盜，以前曾經見過一些，但一趨近，就都逃了。基隆只有很少的煤礦，也很難取得。﹨

我們要求這些官員准許民眾賣糧食給我們，他們說會送些給我們做為禮物。轎子召來了，告別了台灣的官員後，就回到船上。潮水已退了不少，而發現無法讓船浮起，於是就登岸逛逛。河岸內邊只有泥濘的沙土跟溪河相交。有種螃蟹，有一隻白色的大鉗子，在爛泥上斑駁有如花朵一般。這些蟹動作很快，一瞬間就鑽進洞去。鳥很稀少，我僅見到一隻Caspian、一隻燕鷗（Sterna caspia and minuta），及幾隻鴴科的鳥（Charadrius Cantianus）。糧食極為珍貴，不過清官很守信，給我們送來不少補給。出河有些困難，因為潮水直到當日很晚時才漲起。﹨

●史溫侯雉雞，新近加入倫敦動物學會的收藏。《倫敦新聞畫報》（1865年9月23日），頁289。

六月十二日：我們前往打狗，通常稱為猴山（Ape's Hill，P005），因山上有很多大猴子而得名。入港的航道很狹窄，潮水正湧出，港口於是高漲。那港口雖小，卻寬敞而便利，可容數艘吃水中等的船隻。同時，因其近乎是陸圍的，故可供安全錨泊。有隻海軍接待船停在港內，而岸上有很好的倉庫，亦屬同一批人所有。然他們說貿易很不景氣，雖略有糖，但要價太高，稻米也是如此，當時在中國買還較此地價格便宜呢。

當地居民在晒大量的白色小魚，太陽下置在沙上鋪晒，乾了就用戎克船大袋地運走。有幾艘戎克船停放在旗後港（Kee-aou，P117）主要村莊之前。我們到處走了一下，看到很多屋子蓋在大榕樹下，四周有帶刺的林投葉或其他無法穿透的灌木叢，圍成很厚的樹籬，進入住屋的街巷狹窄彎曲。婦女會坐在屋外大樹的濃蔭下工作，而男人則在田裡工作。至於附近的打狗市，因經常有外國人去訪，大家多已十分熟悉，實無須多談了。

六月十四日：我們五點起錨，兩小時後又再在枋寮（Fang-leaou，在地圖上註為Pang-le，P210）下錨。枋寮是打狗以南二十五英里的村莊。我們現在設法以小艇和快艇上岸，但發現波浪太大，不得不將船錨泊，而只得用水沖淹到膝蓋的竹筏登陸。這個村子正與我們要拜訪的內寮（Laileaou，P151）作戰。內寮就是那不法之徒（林）萬掌（Bancheang）酋長所在的村子。我們行經這美麗的地帶時倒並未遭傷害，稻田卻因戰亂而荒廢在那兒。我們經過一個叫水底寮（Chuyleaou，P054）[5]的村子，蓋在高聳的竹子之間，見到那裡有很寬的巷弄，上有車轍的痕跡。景色與錫蘭的很相似。

走了幾英里後，我們來到內寮，位於第一排低山的山麓，有樹籬圍繞，後面

④Hee-tai，協台，「副將」的尊稱，為台灣總兵官以下最高級的軍官；按：台灣地區副將有澎湖水師協副將（駐澎湖）、安平水師協副將（駐安平）、北路協副將（駐彰化）等。
⑤Chuyleaou該為Chuyteleaou之誤。

種有高而幽雅的竹子，山的側面則有壕溝部分圍繞。有兩個入口，其中一個關著。林萬掌的屋子在東邊，有上層，整個圍籬內都列有他從屬和家人的屋子。門上寫了「wan ke」的字樣，院子裡有些矛槍和其他武器散置。在他屋子裡見到的英雄，並非我們預期中的有闖勁的羅賓漢，而是個瘦駝的老人，一口壞牙。

他請我們進屋時完全未展現漢人的那種謙恭有禮或親切友善。他跟一土著結婚，也許那是跟她學的。我們告訴他此行的目的，問及他有關外國的戒指和望遠鏡之事，因據說那些物件一度在他手中，是由他交給清朝官員的。他否認知悉此事，並向我們保證，自一八五一年「Larpent號」在瑯嶠（Langkeaou，P169）附近失落以來，從未聽說他那一帶的海岸有任何船難事件。[6]他送了那船長一把土著用的弓和幾支箭做為禮物，因他的族人跟那些土著有交易來往。也送了些土著婦女以樹皮織成的布料，但他不知是何種樹。

我們隨後就離開了，回到枋寮，在通過市街時，看了一下那些村莊，拜訪了一位駐在當地的官員。滿清官員在上次討伐林萬掌[7]後都很懼怕他。他們派了一千人的軍隊去侵占他的地盤。到了短距射程內，林萬掌本人把槍裝上子彈，對侵入者射擊，而發射一輪就擊倒十八人。清軍簡直無法置信，立即就撤退了！

在竹林裡有很多黃鳥（Oriolus Sinensis）和烏秋（Dicrurus macrocercus）在巢前晃來晃去，或懸掛在彎垂的竹枝上。在廈門的冬季候鳥，即燕（Tiger swallows），在商店延伸出的屋簷下建巢，有些用手臂就搆得著。這些鳥巢是用黏土築成橢圓形，以羽毛鋪陳，很像英國聖馬丁鳥（Hirundo urbica）的巢，裡面有三、四個白色帶點粉紅的蛋。

我們現在前往船上，以竹筏抵拒波浪，全身都濕透了。

十五日我們在瑯嶠灣錨泊，就像在枋寮時一樣，波浪造成登岸困難，但我們還是設法在離灣南邊那個村子不遠處上岸。當地居民泰半為混血種，許多婦女是純原住民。雖然有幾隻牛在鄰近的小山上吃草，但他們多半是漁夫。除了我們原本已知的「Larpent號」船員外，他們並無法給予任何其他的訊息。

過了瑯嶠灣，再南下，山一直延伸到海，而土著在山上遊蕩，自由無拘。不幸的「Larpent號」船員就是在此被當地居民殺害的，只有三人逃脫到漢人處，受到善待，直到設法找到船將他們搭載到廈門。

六月十六日：天氣轉壞，我們通過南岬時不得不遠遠繞過，駛向北方，途經處可見到蘭嶼（Botel Tobago，P028）與火燒島（Sama Sana，P248）。我們然後朝岸邊行駛，沿著海岸航行，越過黑岩灣（Black Rock Bay，P025）[8]。有些山頗高，植物密覆，我們透過覆罩的雲層瞥見一座山峰，峰頂平坦如火山口。沒見到原住民，只有晚上可看到山上有些光亮。

六月十七日：我們抵達一處，其緯度為24度6分18秒，地圖上在此地標記有一條河流。山間有溝壑切割，但只有一條小山溪。船離陸地約八百碼，我們在一一五噚處即未測得水深，那天早晨天氣很好，波浪不大。我們於是以小艇向岸邊划去，划向那有小屋集聚的山腳。接近陸地時，太平洋的深藍海水與海岸的水有條明顯的分隔線，使得船一部分在無色的水中，而另一部分卻在深藍的水域中！離岸邊只有一百五十碼時，我們以十一噚的繫艇纜來測水深，未觸到底。在約五十碼處，則有八又二分之一噚。有些當地住民出現在海灘上，其中許多是漢人，但看得出他們之中有六人幾乎全裸，只在腰部圍了塊布，在前面有一塊遮布。

後者持矛槍、佩刀，刀在鞘內，插入腰帶，懸掛在後。他們的頭髮很短，在前面短髮覆額，後面則鬆散地披著。容貌很多馬來人的特徵，但膚色較馬來人的淺得多，比漢人也略淺些。他們的箭相當奇特，箭桿沒有羽毛。浪太大，小艇無法駛近岸邊，所以我們就呼叫漢人過來。他們把一小船推入水中，過來見我們。剛要把船撐開時，土著中有四個跳入船中。漢人發現無法阻擋時，就叫我們離開。土著無法搆得著我們就很生氣，開始以威脅的手勢抖動矛槍、揮舞佩刀。但我們發射一槍越過他們頭上後，馬上把他們嚇跑，去躲在土堆後。漢人就過來見我們，我們將其中一人帶到小艇上，問了他種種問題。

據此漢人所述，這些土著屬太魯閣族（Tai-lo-kok），其族群約有四千人，居住在四周為森林環繞的山區，以番薯、芋頭、鹿肉為食。山上草已去除的地塊是他們犁清用來耕作的。山上絕大部分密植著樟腦樹，他們乘坐的船就是用樟腦木做的。他說村裡約有二百個漢人，靠捕魚為食。他們多年前被滿清官吏送到此處（大概是流犯）。我們若殺任何土著，他們會報復在漢人身上，因為土著有武器，漢人沒有。有個村莊原在海岸更上邊一點，我們可看見那裡有藍煙圈升起，現已被土著焚毀，所有的人都被殺害。有個人已在此住了十五年，

---

⑥「Larpent號」在瑯嶠附近失落之事，可參考：“Loss of the English ship *Larpent* on Formosa,” *Chinese Repository* 20 (May 1851): 285-86，以及 “Search for foreigners in Formosa,” *Chinese Repository* 20 (July 1851): 490-492.

⑦Bancheang，林萬掌，枋寮鄉水底寮義首。討伐之事或許為一八五三年林萬掌之兄弟，小刀會首林恭啟事入鳳山城，殺害知縣王廷幹，佔領縣城。

⑧黑岩灣（Black Rock Bay），今三仙台，位於台東縣成功；三仙台北方不遠有一處小岬角叫烏石鼻。

沒見過或聽說過任何沉船。曾見到外國船航經該處，但沒有像我們那麼接近的。

我們這時向這些過來見我們的漢人散發告示，為提供船難的消息懸賞，要他們帶一個土著過來，這樣我們或可經由通譯獲得一些訊息。他們回到岸上，並把事情解釋給那六個蹲在一邊的土著聽，但土著不肯過來。我們怕若再繼續離得如此近，那些惡棍可能以我們的探訪為藉口，而報復在漢人身上，我們於是回到船上，不再騷擾他們。這般野蠻的人種居然能在近文明處生存這麼多年，實在不可思議。不過，那為樹木覆蓋的山是他們最好的屏障。滿清官員無疑地使盡全力想要消滅他們，但並未成功。多年前，為要撲滅土著，甚曾由中國引進老虎，縱入山中，然結果是土著的狩獵技巧極好，而不致被虎吃掉。

行進中，我們通過一些極高的美麗山群，直到山頂都覆有樹木。有時僅山頂隱約可見，然在雲消散後，就會逐漸地鮮明突現。此刻可見到一個河谷，從海灘延伸，直穿過山丘之間；但見不到任何的河或溪流。

接近蘇澳灣時，偶遇幾艘小船，從沿岸駛出。我們向其中的一隻招呼，把一個人請上船來，並將其船綁在我們艦艇邊拖著。小船上的人有漢人與混血種，以捕魚為生，當時正出海捕飛魚。經此人指點方向，我們就在灣外水深十三噚處錨泊。

十八日清晨五點，以小船進入蘇澳港（當地人叫做Saw-o，P255）。發現港口岸邊水很深，雖略受東南風影響，船隻仍能得到很好的保護。兩旁都有綠色的小山聳立，多有青蔥的草木覆罩，直到山頂。我們到達的主要村莊，是往內陸進去一點，在一條溪流的旁邊。此溪流迂迴前進，從山間流入海裡。漢人居民的屋子是以圓石與泥土建造，並以稻草填塞。這些人告訴我們，土著住在左邊山上的密林裡。帶我們去見最近才來到其村子的一家人，但我們不幸遲了一步，這家人已回山上去了。

此地的漢人與那些土著交換各種物品，如布料、獸皮等。許多也穿著原住民織製的布。他們以戎克船進口的布來交換。為防衛土著，漢人亦出錢雇用一類善射的民兵在山上巡視。這些人中有許多過來看我們，都備有極佳的火繩槍，也都保養得很好，腰帶上佩刀。一人腿上有槍傷，那是在防禦任務時為土著所傷。他們向我們展示了一些鹿皮、麂皮（Cervulus Reevesii），及一隻貓科

（Felis）的毛皮等，都是要賣的。然就他們對這些物件的要價來看，這些人對墨銀的幣值，顯然跟我們所賦予的不一樣。、

我所取得唯一略有鳥類學上趣味的品種，是一隻Pomatorhinus及一隻黑燕鷗。、

離開那主要的村莊後，再駛過海港到左方的一個小灣，看到那裡有個村子，就將船駛到沿岸。許多男女下來見我們。我們很高興發現他們就是漢人所稱的熟番（Siek hwan），或已開化的番人。

有些男人的頭髮披散，但其中不少較年輕的則以漢人方式剃頭。他們的膚色比漢人略深一點，且有馬來人種的面容。婦女中，有些皮膚是褐色，有些近乎淺色。許多有歐洲人的面相，全無斜眼角。有些穿外衣或某種披過肩的衣服，但多數除了在腰部圍一塊腰布，以布帶繫住，此外沒穿其他的衣服。她們頭髮披散著，有一條白色或紅色的頭帶束在額頭上方。這些人泰半抽煙斗或形狀像雪茄的菸草捲。

其中一男子會說一點漢語，我們就讓他替其餘的人翻譯。當問到他們來自何處，他們說僅知源自山上。甚至無法告知自己的年齡，顯然沒有方法計算。漢人並不稱他們為「Chin hwan」，即青番或生番，而只是「番仔」（hwan-ah），即「番人」，跟我們一樣。他們跟漢人差不多，似乎也非常懼怕真正的土著，即山番（Sang fan）。、

他們的語言有很多「R」音。在此舉幾個最常用的詞，是我當時記下的。

男人Lárrat；女人Tarroógan；兒子Wán-nak；女兒Keé-ah；船Boorrúar；火La mán；水Lalóm；抽煙Khan Tammacko；狗Wássoo；打鬥Pah boól；不Mai；頭Oórr'oo。

這些人在建造屋子與生活的方式上，都比我們前幾天見到的嗜血種族更類似漢人。別處再也找不到比他們更安靜、更平和的人種了。他們以前從未見過外國汽船，下午一群一群的過來，整天就在船上繞來繞去，反覆吟唱，氣氛神祕詭異。、

漢人叫這個村子南方澳（Lamhongo，P160）。我們也探訪了對面漢人居住的村子，叫北方澳（Pakhongo，P204）。、

我們爬上附近的一座山，頂上視野很寬廣。山的右邊展開一大片開墾過的

美好平原，一條河分歧曲折流經其間。我們身後是平靜的海洋，怒濤拍擊底下的黑岩，激起白色的浪花。左為蘇澳港。大群黑冠燕鷗聚集在外邊的岩塊上，一隻猴子在約數百碼處尖叫，自言自語。在進海彎的入口處有一個被浪沖擊的隧道，直穿岩塊，向南北兩邊張開，南邊的較北邊的大，其高度足以讓一人直立。

　　那裡我們找到一個牙齒掉光的老婦，她是周遭漢人裡年紀最老的。我們跟她解釋此行的目的，問她是否曾聽說過有任何船隻在那海岸沉沒。她答說數年前，一艘琉球（Lewchooan）船隻在那裡裂成碎片，所有船員都遭土著謀害。

　　十九日天一亮我們就乘汽艇離開蘇澳港，繞過岬角時，就見到正駛離前一天在山頂上看得很清楚的那片密集開墾的平原。船在河口外下錨，下令備好小艇和快艇，準備在半小時內出發。我們從漢人的船上找來個漁夫為我們指出航道，但他建議別嘗試，波浪洶湧，漲上河口的沙洲。我們有點遲疑，因進去的話，再出來要冒很大的險。但若回汽艇則是放棄目的，也會失去一覽那地帶的機會。快艇被命退返，而我們倚著槳，看著一艘小戎克船渡過那沙洲。很快聽到命令：「小伙子，用力划吧」，我們就飛駛進去。一旦進去了相當距離後，河水即很平滑，而小艇靜靜地沿著河道走了約八英里。通過富饒的平原時，七轉八彎的很是迂迴曲折，水極淺，不及一噚。

　　我們登陸的第一座村莊位於左岸，離河口約四英里。住著熟番，村名波羅辛仔宛（Polo Sinnawan，P231）。這些人特別有禮，性情極好，比漢人好得多，帶我們去看他們為樹木所隱匿的住所。屋子離地建在木樁上，屋內鋪有地板。他們由本族的頭目跟住在村裡的一個漢人共同治理。這裡婦女的處境比在蘇澳的那些好得多。她們頭上齊整地以三、四匹紅帶穿過頭髮繞紮，再戴上用綠色蔓藤編的花環。耳朵穿了數個洞，每個洞戴了五、六個細白的金屬環，直徑約兩英寸，使耳朵負荷頗重，但結果絕非不好看。

　　再上去約兩英里處，我們在另一個漢人居住的村莊登陸。這是此河上的主要村子，村名奇澤簡（Ke-ta-kan，P125）或利澤簡（Le-teek-kan，P172），據說有居民一千人。有一條寬敞的好街道，陳列的貨品還不少，但要價高昂。他們擺出鹿、麇與貓科等獸皮。當地住民說我們必是荷蘭人，因為他們從未聽過有任何其他的紅髮外國人。四周的地區都種著稻米和粟米。稻米顯然是他們的主要

輸出品。用戎克船運往基隆，換回鹽。他們很想知道我們帶來什麼貨品，並急欲交易。過此村子前進了一段距離後，又折回，因潮水很高，故很快就抵返那被波浪沖擊的河口沙洲。我們在一沙灘登陸，設法辨明自己所處的位置。那裡住著一群半裸的中國漁夫，他們看到手錶時很是驚訝，問是否是外國羅盤。我們面朝波浪，划出去時有點困難，幾乎進了半船的水。

　　六月二十日：我們通過基隆島，約於早上十點在基隆港停泊。下午我們去視察煤礦場。到礦場所在的海灣要航行很長一段距離，為從港口朝西的方向。

　　這些礦場由漢人操作，他們就住在入口處以茅草和木頭建造的小屋。在小山朝海的那面有十一或十二個坑道，坑口在不同的高度展現。我由一人拿著點燃的紙捲引導，進到一個坑道的底端。坑道橫向伸入，高度約為三英尺到四英尺半之間，寬度則為三到十英尺，甚或更寬。煤層以平行線沿著兩邊延伸，約為一到三英尺的厚度。坑頂與坑底均由砂石形成。水不斷地由坑頂下滴，與砂合成很溜滑的泥漿。坑洞幾近成直線地伸入約兩百四十步，到底端時向右急轉。一路靠油盤子裡短小的吸油繩照明，我們看到五、六名男人在工作，近乎全裸，用的鶴嘴鋤，一端鈍一端銳利。

　　他們取得的煤很小，是煙煤，燒得又快，但熱度和火焰很高。能很肯定的是，他們取得的必是那帶最好的。一擔[9]要價二十分，據稱五個人在礦坑工作二十四小時，所獲還不超過三十擔。他們一將煤挖出，就盡快用橢圓形的籃子帶出來。每個籃子裝一擔，放在一塊同樣形狀的木板上，如此地由泥漿裡拖出。我們為汽艇買了九十六噸這種煤，兩天內就都裝上船了。

　　二十二日早晨八點，我們出發到硫磺礦去，距基隆約四十英里，即傳言Nye先生被拘禁之處。除了兩名水兵及若干漢人苦力外，我們一行共五個人。過了基隆鎮後，向西北方向沿著一條好路前進，直到抵達第一個路亭，離基隆五英里，名為大武崙（Tye-hoo-lun，P350）的村莊。再走了兩英里半，到了第二個路亭時停步，一行人在此休息了一小時十五分鐘。植物學家[10]與我則去採集博物標本。那實在是個美麗的地方，平地種滿稻子，稻穗飽滿低垂，山上都很清新蔥綠。然奇怪的是見不到多少鳥。除了烏秋、栗小鷺（Red Bittern）和Hoo-hoo（Centropus）外，沒見到別的。我們看見一個人，他除了其他東西外還揹著靈貓（civet）的毛皮，那是我從未見過的品種，他稱之為「Peih-ba」，說是在山上

⑨一擔，1 pecul=133.33磅。
⑩威爾福（Charles Wilford）。

獵獲的。

三點差十分到達近海的馬鍊（Masoo，P193）村，從那裡可清楚看到基隆島。當我們發現走了整天才到達的，是坐船幾小時內就能輕易到達之地，可想像我們覺得有多好笑。我們在村子對面一棵大榕樹下歇了幾分鐘，然後涉過一很淺、多卵石的淡水小河。選在山上，屋舍上方的一小塊樹木濃密處，一直休息到傍晚天氣涼快時，六點十分再度出發。沿著海灘往前走了一段距離，朝西南方向走上高山，進入那地帶。繼續前行，一待太陽下山，「閃爍的景色速隱不見時」，就聽到竹雞的叫聲：「Ke-puh-kwai」，由鄰近的山丘傳來，一隻貓頭鷹也發出憂傷的調子，巨大的蝙蝠這時開始飛來飛去，月亮是我們僅有的照明。

直到快九點才抵達金包里（Kim-paou-le，P129），準備在那裡過夜。在慈護宮（Choo-haw-keong，P051）落腳，想跟那裡的首長談談。我們獲准入廟，不久就有一位管轄那村子的總理（Tsong-le），即把總（Corporal）⑪來訪，帶來一些蛋和粥做為禮物。他說從未聽說海岸有過船難，亦無白人被拘禁在硫磺坑區內。他本人以前從未見過白人，很樂意公布我們交給他的告示。

他離去後，我們就把睡具攤在地上，辛苦了一天後希望能在靜夜裡好好睡上一覺。結果很快就發現自己「靜聽夜裡的蒼蠅嗡嗡作響」，但無法「入睡」，數不清的蚊子整夜折磨我們，逼得我們焦躁狂亂的心頭浮現博林布魯克（Bolingbroke）的獨白：「睡眠啊！溫和的睡眠啊！自然界最輕柔的護士，我是怎麼把你嚇跑的？而使你不再讓我眼皮沉垂，讓我一切的感覺都潛浸在忘卻中呢？」

次晨五點起來，一待苦力吃了點東西，即繼續上路。當天陰暗多雲，我們行走的狀態頗好，就向前跋涉。沿途山景極為迷人，間有樹林夾雜。僅在小山山側停下一次，吃早飯，然後繼續沿著一條寬敞的好路前行，穿越山谷與平底谷，直到山的轉角處，見到硫磺氣由那禿裸的裂口冒出。

此地的鄉野很美。我們沿著小山的一側，橫越過一條小徑，將我們帶到一條大山溪，湧出的水極甜美清涼。從溪流往上望去，可見到很美的平底谷，有樹懸垂，狂猛的水快速流下，下有一深谷。而在另一側有山高聳，在其中的一個山上，可見到荒禿的裂口不斷噴出灰色的蒸氣。我們涉過飛泉，在一亭棚落

腳，準備走到硫磺坑去。沿著一條難走的小徑，經過一番辛苦跋涉後，終於抵達坑區。附近一個人也沒有，山上有一小茅屋，顯示最近有人住過，但現已空置了。後來得知福州來的滿清官員曾派兵停止礦坑的運作，目前僅偶爾有人採礦，且只能偷偷摸摸地做。

硫磺礦產於裂口，粗草所覆的綠山看來像被劈開，因而形成一個帶著紅、黃色石灰岩的深谷。裂口的某些地方有溫泉飛噴，發出巨大的聲響與力量，就像從高壓引擎的排氣管中噴出的蒸汽。裂口的他處則有小灘的純硫磺在冒泡，只需舀出、冷卻，就能形成商業用的硫磺。在禿裸的溝谷底下，汙濁的小河輕柔起伏，帶走地上的硫磺滲出物。站在小山頂上，我往下看到的景致，有一灘硫磺淤積在我下邊不到十五英尺，臭味令人難忍。腳下的土地在碎裂、呻吟，似乎就要塌陷。到處都是覆有硫磺結晶的石灰岩碎塊。滿地散落著缺了翅膀或腳的甲蟲與蝴蝶，這些都是硫磺毒氣的不幸受害者。

離此荒蕪的景色後，我們回到亭棚，短暫休息後，嚮導說可帶我們走另一條路折返。此路徑由一很高的小山起始，然後走了一小段路後，越過多草的台地，接近其盡頭處，已可看到淡水河在下面遠遠的山谷處分為兩支，一支流入艋舺（Mangka，P192），另一支朝基隆延伸。我們急走下斜坡，經過低緩的山丘，覆有短草，塊狀田地上種植番薯以及作染料用的Creanthasea種的植物。

一行人在那跨溪的木板橋上停留了幾分鐘，直到植物學家與我趕上隊伍。我倆因離伍走開已落後許多。我在此取得一個河烏科鳥類（Dipper，Cinclus）的品種，很滿意。這是我從未見過的品種，不過結果最可能會是喜馬拉亞種。再度落後後，我們走在一條好路上，緊追隊伍。越過一片有草丘陵地，很快就見到他們在一處歇腳。再度休息了一會兒，就隨著同伴繼續前進。現在是一路下傾，這地帶已失其蠻野的面貌，而較經開墾了。終抵最底處，那是一片草原，有牛在吃草，冷杉（fir-trees）種植林到處可見。我們下來的那座山非常陡峻。我們從其陡面那些高低不平的踏腳處蜿蜒下行，左右都有濃密的樹林，最後將我們帶到平原。那平原是片寬廣的稻田和小米田，穗子起伏波動，有無數的溪流和小徑貫穿，並有農家散置其間。

我們隨嚮導來到一較大的村莊，叫八芝蘭（Patsienah，P214），晚上九點半到達。在村子的牆外停歇，徵詢是否能取得船隻將我們帶返基隆一帶。隨後去

⑪駐守金包里汛軍官，其官階應為「把總」。

到船屋，雇了船，一艘自己用，另一艘給苦力。人和行李都上了船。船很大，寬敞而舒適，在船上過夜遠比在蚊子肆虐的廟廳裡舒服得多。我們當天走了三十多英里路，所以大家無視船的晃動，都睡得很熟。

六月二十四日，約五點時，我們發現已身在水返腳（Chuy-t'ng-k'a，P055），或叫汐止（Tide's foot，P055）的村莊，在其上邊就不再受到潮水的影響。我們覺得精神不怎麼振作，就雇了兩條小船，盡可能地載我們上溯瀑布。因船太小，不得不分批走。植物學家與我設法在一起，苦力則讓他們在岸上步行。起先沿著無波的溪流行駛，有尾櫓又推又拉，幫忙通過瀑布，還頗愉快的，但後來卻變得很吃力，所以很高興能在一座叫七堵（Chittaw，P049）的村子暫歇。

在那裡看到幾隻鴴科（Charadrius pusilla）在石間跑來跑去，偶而也有鴿子在近岸灘處進食。烏秋在嬉戲，有一對栗小鷺發出像雞鴨一樣的「cack-cack」聲，很急躁地飛來飛去。這些都讓此單調的旅行增加生氣。但甜美的「疲累的自然恢復者」，很快就誘使我投入其懷抱。再醒來時發現已近旅程終點的深盆地時，小山愈來愈陡峻，也更多石。我們的船在此作最後一次的暫停，跟二十二個其他已聚合的船一起，因在此地以上，河流僅是一條山溪。我們停留的那小村莊叫做港仔內（Kang-ah-lai，P106）。苦力既已準備就緒，在那裡等候，我們很快就再上路。由一木橋通過溪流，直到抵達基隆，距離約為兩英里左右。約於下午三點半時登上汽艇，總共旅行了八十多英里，越過未經開發的地帶，為時五十五小時半。

次日我們跟尋找甲板磨石的隊伍一起去探訪桶盤嶼（Flat Island，P067），途經多年前西班牙人所建的城堡。此島的絕大部分由砂石組成，斷裂成方塊，顯然帶點鐵鏽。漲潮時水會淹過，主要的部分有粗質植物生長，而鄰海處則由白色珊瑚所形成。有幾隻燕鷗在該處很多的小岩塊上歇息，幾隻鴴科在平地上跑來跑去。幾個中國漁夫正用鉤、線捕捉那迷人的紅藍色的珊瑚魚。從船底清澈的水裡下望，可看見這些顏色鮮明、珊瑚叢中生活的動物，在其白色枝椏間穿梭。

在這些水域捕獲的魚中，顏色最美的之一是鶯歌魚（Ying-ko-he），不過多半笨拙，形狀也不優雅。有人帶了兩條到船邊，我買下其中的一條，約兩英尺

長，為鮮豔的紅、藍色，有極藍的鼻球狀突出物。我們發現魚肉十分美味，那鼻球狀突出物煮熟了很像甲魚那綠色肥美的裙邊。

天色漸暗，忽見海港一條漁船閃現一點亮光，然後另一點，又一點。而「在東方的太陽落下歇息前」，整片水上看來明光點點。夜愈深時，這些漁光像流星一樣往各方閃射。漁夫在暮色裡開始作業，以大捆火亮的竹竿，在船頭很快地亂拖亂拉，努力把魚嚇入網中。

二十六日我們離開基隆海港，下午在滬尾（Haw-be，P080）村外下錨，此村位於淡水河的河口。去那村子拜訪，但村子的主管官員外出到艋舺（Mangka）。我們將一些布告留給當地的人民，很快再搭上汽艇。

二十七日下午，在離陸地約一英里處很清楚地看到青綠的平原，交雜著起伏的牧草地與狹長條的黏土性質的土壤，也看到遠山籠罩在雲霧中。我們始以小艇設法登陸，但波浪照常太大了，於是將船停泊，而邀請一些聚集在海灘上的當地住民過來。他們馬上就來了，我們將其中一人帶上船，以下是我們調查的結果。

他們的村子叫南埔（Lampaw，P163），位於北緯24度19分45秒，是泉州人（Chinchew）。而再往南十五里，可見得到的那個市鎮，叫鰲栖港（Gaw-c'hay-kang，P071），屬另一個縣區。但其村莊在竹塹（Teek-cham，P312）縣區內，屬縣丞（Tsien-tsung）管轄。他說不知道國聖港在何處。曾聽說有艘外國船艦約十七年前（即一八四一年）在海岸上邊某處沉船，但他那時還是個小孩。他又補充道，附近這一帶目前都見不到土著了。

我們交給此人一些布告，他用塊布將之綁在頭上，裸身跳入水中，很快就回到同伴身邊。

二十九日我們最後一次拜訪台灣的清朝官員，去詢問他們是否已發出我們的布告，及結果如何。道台告訴我們已發送給他所有的轄區，尚未收到任何回音。同時在我們離開不久後，他就收到廈門道台的快信，告知我們拜訪的目的在於搜尋被俘的外國人。又說幾天前有艘兩桅船在近國聖港處撞到沙洲而沉沒，船上所有的人員，共為十一個黑人和一個白人，都安全上岸。他們身上有些錢，就雇用一個停在那裡的三桅帆船（lorcha），帶他們返回廈門，不過，他不知那三桅帆船是否已駛離。他未能認出那艘船的國籍，但確定不是英國的。

他設想我們只是要找尋本國人。我們告訴這些官員，各國都應幫助遭船難的人，我們會很樂意載他們回廈門。那鎮台亦在場，告訴我們那艘船的運貨中有鴉片，部分被救起，但他眼色詭祕，說不方便多談。隨後我們得知那兩桅沉船是艘漢堡船艦，是運鴉片前往打狗的。

在又隨便談談後，我們就離開了，到達汽艇時被告知有艘三桅帆船經過，船上有些黑人，當天下午已朝打狗方向駛去。我們急赴該處，再由那裡到國聖港。次晨確定那三桅帆船均已安全離去。

「不屈號」的船頭現在轉向廈門，抵澎湖島時，在離馬公鎮四分之三英里的海港錨泊。我們去拜訪管轄當地的地方官，他則由福爾摩沙當局統治。在行禮如儀後，他接待我們入廳，此廳雖骯髒黑暗，仍有衙門所特有的階梯與屏風。馬公如此小的一個地方，住房倒比我們預期的體面得多。此官員說最近的五年他都在該地，這之前則在福爾摩沙，並告訴我們他唯一聽說過的沉船事件發生於一八五二年，是在海上。當船艦下沉時，船員二十人以兩條小船逃到澎湖島，隨後以中國戎克船送返廈門。他無法進一步地詳述，因當時他尚未就任。島上的作物有花生、稻米、小米等，他說尚不夠本地食用，很多食物還須仰賴福爾摩沙進口。冬季風刮得如此大，所有已開墾的田地都被毀壞荒廢。住民據估計約有十八萬人。

此可憐人敘述完畢後，我們就告辭了。他似乎非常緊張，也太興奮，所以跟我們交談時常有點詞不達意。離去時，他以槍敬禮，又奏了曲中國風笛。此時我們再度上船，駛出海港，七月一日安全抵返廈門。

作為總結，在此我可以這麼說，無論在福爾摩沙的任何一處遇到的漢人，從我們所受到的禮遇，在我們心中留下的印象是，若有任何遭船難的外國人落入他們手中，定會得到極好的照顧，並會在最快可能時，將其轉送至某海口的領事館。然就我們對土著所見到的一點皮毛，卻不得不認為，不幸的遇難者在他們手上是不能存活太久的。據說那是因為他們天性嗜血，同時想要得到女士允諾結婚之前，勇猛的土著必要能拿出他在戰場上所殺的敵首。

❷ 福爾摩沙民族學記事

作者：史溫侯（Robert Swinhoe）
摘自：一八六三年八月在民族學學會及英國「科學促進協會」上所宣讀的論文。由倫敦的Frederic Bell出版社於一八六三年另行出版。﹅
Swinhoe, Robert. *Notes on the ethnology of Formosa*. London: Frederic Bell, 1863. Extracted from a paper read before the Ethnological Society, and read at the British Association [for the Advancement of Science] in August 1863.

　　福爾摩沙島及其附屬島嶼概括地說住有兩個種族的人：一個是「野蠻人」與其後裔，他們顯然是馬來型的；另一個是蒙古型商業文明化的中國墾民。本報告欲在探討福島本身的居民之前，先對此島周遭諸島的人種做一略覽。﹅

　　先談澎湖群島。我探訪過此島三次，卻未曾找到其原居民的任何蛛絲馬跡，是能顯示他們曾為荷蘭所據的。僅存一廢墟，那一度曾是個很堅固的方形城堡。進入主要海港時，此城堡在左側。頂端為馬公城，由協台（Heëtai），即海軍指揮官治理，對台灣府的主要軍事當局負責。此官員有一隊破損的戎克船歸其掌控，統管整個群島。島上住有漢人漁民與農夫，是由福建南方（或廈門、泉州、汕頭）移民來的，所說的方言是一般所謂的潮州話？（Teek-chew）或福建話。西南海岸外的小琉球島（Lammay，P162）則多為汕頭來的漁夫聚集。我聽說福爾摩沙南岬與菲律賓群島之間的巴士群島（Bashees，P020）有馬來人口，他們與呂宋島的他加祿人（Tagals）很相似。福爾摩沙東南海外有個小島，叫蘭嶼「又稱紅頭嶼」（P002），有馬來土人。一般對他們所知不多，只知人數很少，沒有船也沒有獨木舟，賴土地為生，粗耕，亦以魚維生。﹅他們住在木造小屋，穿得很單薄。再往北的海外，有火燒島，又為一相當不同的種族所墾居。他們與琉球人（Loochooans）聯盟，但與較近的宮古群島群（Madjicosima）原住民的關係更為緊密。這些人像琉球人一樣將頭髮束紮在頭

原文編註：在民族學學會及「英國科學促進協會」（一八六三年八月）上所宣讀的論文。

頂，裸身上只穿件毯子般的外衣。數年前，一艘大型漢堡艦「Aar號」在此島附近沉沒，船員十四人以小船駛到島上去，很難找到登岸處，因其四周波浪激拍。當地住民約一百人，最初棄村逃逸（那是島上唯一的村莊），膽小一如琉球人。這些島民亦無任何類型的船艦。他們種植番薯與稻米田，有幾隻豬。遇難船員後來博得當地住民的好感，因而受到當地人殷勤款待了八天，才由一艘前往寧波的船解除其困境。我得感謝普魯士雙桅帆船「颱風號」（Typhoon）的船長Meindke，幫我取得有關此島與前述島嶼的唯一資料。他曾航行於福爾摩沙海岸數次，獲得大量寶貴的經驗。那些與福爾摩沙島海岸連接的小島，則都為中國人所有。

台灣府大而零散，有公園、花園和高牆，位於離海岸線約五英里處，在一頗大而略呈波狀起伏的平原邊緣，居民純為漢人。當地居民在此城市多處指出幾個墳墓，說是埋有荷蘭人與黑人的骨骸，但找不到任何碑牌可指證。此城市約有十二萬人，來自中國各地，但主要為福建。猴山的英國商人領袖告訴我，台灣府外住著一個族群，用羅馬字，並號稱他們源自荷蘭。我自然急於見識那會是怎樣的混血種。有天一位看來純似漢人的軍官來拜訪我，告訴我其祖先是紅髮人（即荷蘭人），是國姓爺時留在島上的三千兵士之一。他們剃髮以示效忠中國。他的村莊新港（Sinkang，P265）在北門外十英里處，主要為那些兵士的後裔所組成。他們仍保存先人的衣服和文件。更北處還有一個大村莊，朝南亦有一個，也是由這些人所組成。他們族群裡其他的人則與漢人通婚，分散在島上各地。我隨後又受到大批的該族人前來拜訪。發現只有幾個年紀很老的會說本來的語言，很令人懊惱。其他的人只說潮州話？（Teek-chew）。我很快就看出他們說的不是荷蘭語，而是比較像馬來的語言。他們提到的文件有一堆羅馬字，都混接在一起，全無順序，顯然是由不懂如何應用此語的人所抄下的。來拜訪我的人裡面，沒有人看得懂任何一個。偶而會有個荷蘭詞出現，或這裡那裡有個數字。荷蘭在廈門的領事De Grijs試圖辨認，但完全沒辦法。他們帶來兩件外衣給我察看，一件是很大的白色罩衣，簡單但寬大，短袖，有點像件白法衣。他們說那是教士穿的衣服，可能原屬荷蘭傳教士。另一件由兩塊深紫色的絲布組成，繡有金色小龍，像是日本的東西，有一塊褪色的髒布縫接在兩塊絲布間。他們稱之為外套，但在我看來，那更像個沙發套。這些人一般被漢人視

為平埔族人（Pepos）。

　　Sainz神父[1]為解答我對這些人的風俗習慣的詢問，給我提供了以下的資料：這些男人穿得頗像漢人，但婦女則用布圍腰，長達膝處，像馬尼拉的婦女一般，然僅在某些特殊時刻才如此穿著。男人仿漢俗剃頭留辮；婦女頭髮中分，在後邊向上捲成半球狀的髻，不過神父對她們並未特別留意。這些人雖由中國政府管轄，但可選自己的族老。他去探訪過好幾個此族群居住的村莊，但只記得其中四個的名字，兩個在台灣府的東邊，即新港（Sin-kang）和Kun-Hieng（P147），另兩個靠近猴山內山，即萬金庄（Ban-kin-shan，P012）和Toa-kun-lieng（P328）。離猴山最近的是萬金山，離台灣府最近的是新港。他們自己的土語裡仍保留許多與菲律賓方言相似的詞，而菲律賓是與福爾摩沙最近的有原住民的國家，神父說他因此相信自己的臆測是正確的，即平埔人一如菲律賓人，也源自馬來人種。

　　在南方山區有另一族群的原住民，遠較前者更值得同情。他們曾努力抗拒，現仍繼續抵抗那不斷侵犯的漢人墾民，以維護其領土與獨立。平原和較低的丘陵地已全被掠奪，但山區充分為森林密覆且高度很高，讓他們尚能成功地阻擋侵占。我被告知，他們所據之山區北邊並不超過台灣府的緯度多少，不過南邊則直到此島的南端岬角。因西邊自瑯嶠（Langkeaou，P169）以南的海岸均為陡峻的岩岸，而整個東海岸側翼亦為險峻危崖包圍。我無機會去探訪此族人，因此我所有的少數幾個有關此族人的筆記，幾全賴Sainz神父的幫助。「此族群的山區領域邊界離猴山約十里格[2]的距離，附近的漢人領地，主要為汕頭和一些漳州（Changchow）來的移民所占據。這些原住民男子頭髮留得很長，有些用帕巾纏繞在頭上。（很遺憾，神父對婦女再度地未加注意，因此不能告訴我她們是如何裝扮的。）這些人以貨易貨，用樹皮纖維製造的衣服、草蓆及鹿角等，來換取中國貨品。有水牛，用以在山地耕種，但無其他的牛隻。房子依大岩塊建得像洞室，是用小石子填塗在原木間。有幾個村莊由自己的首長管理，相當獨立於中國政府。三個叫做陳阿修（Tanasia，P301）、加少山（Ka-chassan，P095）和Kisien（P131）的村莊，據說合起來共有六千到七千名住民，但對此族群的總人數無法得到一個概估。他們無疑是馬來人種，與呂宋島的原住民非常類似。」

陳阿金（社）

①Fernando Sainz，天主教聖道明教會神父。
②舊時長度單位，一里格約為三英里、五公里或三海里。

神父又告訴我他所見到的傀儡番（Kalees）男人，除了頭目的兩個兒子外，其他人幾乎全裸。他們穿著美麗的外衣。女人以布圍繞腰部。用的武器是長矛、刀、弓和箭，既用來對付敵人，也用來獵捕野獸。喝的酒只有漢人供應的那種，即米酒，也就是歐洲人稱為香酒的（samshoo）。他們把酒倒入用竹子空節做成的杯子裡，在喝以前，將右手的第一、二指沾進酒裡，把酒朝三個方向噴灑。經此儀式後，先把酒杯讓給所有在場的人，然後才自己喝。神父第一次試圖去傀儡番領域，通過漢人區時，儘管他已改裝，還是被那些屯墾者發現是外國人，而拒絕讓他通過。然他並未放棄，於是改搭船，沿海岸下溯到小山陡降入海處，經過一些困難後終於登岸。傀儡番人全身武裝下來，問他有什麼事。他回答說自己純是來做友善的拜訪，他們就要求送個禮物給其頭目。他說自己是窮人，禮物因此很微薄，然後給了他們兩個空啤酒瓶，他們很滿意地帶給頭目。未幾即返回，其中兩人用手作成一轎子，把他很莊嚴地扛上山到村裡去。他跟頭目的兩個兒子訪談，用手槍射擊取悅他們。他們對此武器非常喜歡，提議他應來跟他們一起住，幫他們把漢人趕走。神父對他們的招待十分滿意，希望澳門的教會首長能允許他居留在這些高山「野蠻人」之間。他對向這些「野蠻人」宣教抱有很大的希望。

我本人跟此族群的接觸很有限。在一八五七年[③]環島航行時，我曾有幸在枋寮（Pongle，P234）和瑯嶠見到幾個嫁給漢人的番婦。她們的膚色比一般漢人深褐很多，頭髮照其族人的方式編成辮子，並與紅色棉布交纏編繞，此外穿得就如漢人婦女一般。在內寮（Laileaou，P151）有一漢人名叫林萬掌[④]，擁有很大的土地，與山上的傀儡番交易，跟他們相處甚佳。他與漢人官方不斷有爭執，而被宣布為不法之徒，但官方卻動彈不了他，因為他被許多漢人從屬及身後大批「野蠻人」保護得很好。此人與一傀儡番人結婚，但她很害羞，在我們拜訪時不願出來。他顯然認為自己較歐洲人優越得多，因為他對我們全未表現合於傳統中國紳士的殷勤好客特質。歐洲人此時與傀儡番之間沒有交易來往。船隻在氣候惡劣時經常停留在南岬（P271）的小港口，然若有任何登岸企圖，「野蠻人」不瞭解其用意，就會全副武裝地下來阻止。

漢人似乎只承認兩個獨立的原住民人種，分別給予他們「傀儡番」與「生番」這兩個名字。前者占有南部的山區，而約從台灣府緯度以北的北部地帶則

為後者所有。✎

　　將領事館遷移到西北海岸的淡水時，我做了各種努力，設法去拜訪「生番」。他們山地領域的邊界離我住處約三十英里，於是讓漢人僕役在可輕易走到那通事（即翻譯者）的小屋處，替我找個地方住。那通事常有高山「野蠻人」因交易而去見他。一八六二年四月十九日，在大熱天下走了一天，約二十五英里，來到我租用的房子，在靠近河岸處。從此處⑤返回淡水乘船僅須半天多一點。而上溯，因有許多急流，對我來說則太漫長且麻煩。次日我們很早就出發，往奎輝社（Kweiyings，P150）的領地去，是朝東走。越過較近處已開墾的山丘，可見叢莽覆蓋的山脊隱現。繼續前進，穿過乾河谷到一渡船處，在那裡過河。對岸的山很陡峻，直切到水邊，其近處的水極藍，似乎水面下的深度猛降。一大片美麗的常綠樹林，局部覆蓋近側，讓安適的茅屋隱密又遮蔭。茅屋旁有路蜿蜒上山。我們往上走，沿著被剷平的山頂，穿過一排排

●奎輝族的酋長，福爾摩沙西北山區。取自史溫侯本人手繪的草圖。《福爾摩沙民族學記事》，倫敦：Frederic Bell出版社，1863，在頁16之後。

的茶樹，樹長得很好。再往下走到一村莊，是朝此方向的最後一個漢人村莊。住民主要務農，有些很富有。我們接著轉向右流的溪，沿著溪岸繼續走了一英里半，抵達那個很長而孤伶的屋子，是用泥土和石子蓋的。屋子隔成兩個房間。那位通事即住在此。那是個很簡陋的小屋，第一個房間裡有個汙穢的桌子，第二個房間有張骯髒的老床。外間生了木柴燒火，使房間煙氣瀰漫。通事是個粗魯的漢人，把我們帶到裡間去，房裡已擠了些漢人，我發現有兩個「野蠻人」坐在床上。這次會面頗奇怪。那兩「野蠻人」站起來驚奇地盯著我們看，然並無害怕的樣子。通事告訴他們，我們像他們一樣也是番人，是來拜訪

③應為一八五八年。可參考下列文章：Blackney, William, "Taï-wan, or Formoza [sic] Island," *The Mercantile Marine Magazine and Nautical Record* 6 (1859): 41-45, 84-86, 以及Brooker, G.A.C., "Journal of H.M.S. 'Inflexible' on a visit to Formosa, in search of shipwrecked seamen," *The Nautical Magazine and Naval Chronicle* 28, i (January 1859): 1-12.
④林萬掌，枋寮鄉水底寮義首，小刀會首林恭之兄。
⑤應指新店。

他們的。他們又坐下來，仔細地觀察我們，與我們交換煙管。在對我們的槍表示欣賞後，急著要出去看我們射擊。我們記下許多他們的詞彙，在聊了一下後才隨他們出去。年長的那個「野蠻人」跑了段距離，抓了塊木板，豎起來當槍靶，把一片葉子放在中心作靶心。我朝靶發射，很奇怪的是子彈都射在周邊，而沒有一發擊中靶心。「野蠻人」微笑，拿起他的火繩槍，以我同樣的距離射擊。他的火繩槍是中國製的，裝有彈丸。射擊姿勢像漢人一樣，是由手肘推進。他擊中槍靶，離靶心約九英寸。射擊的距離約四十碼，木板厚約三英寸，而子彈仍貫穿而過。我將槍再裝上子彈，加倍距離。子彈擊中目標，這讓「野蠻人」有點驚訝。然他對我的夏普（Sharp）式來福槍從後腔裝子彈更感興趣。我調整了槍管上的凹口，以便長程射擊。沿著河岸發射，子彈濺起很遠處的水花時，讓「野蠻人」與漢人都同時驚呼起來。他們對來福槍極感興趣，想要換取。對從後腔裝子彈的手槍也一樣想要，但覺拉扳機很困難。我給他們看我的錶。他們將之視為魔物，發出「kis-kis」的驚呼。他們以「Tyon」稱呼我。這個詞可能源自馬來語的「Tuon」（先生）或漢語的「Tajin」（大人）。傍晚時，幾個婦女，手上抱著小孩，與一個長得好看的年輕男人到來。隨後又有個老人也來了，滿臉滿身都是汗水，扛著一隻很好的雄鹿的頭、頸與部分的背部。那毛茸茸的鹿角已被切除。老人的膚色很深、皮膚皺得厲害、短髮。他能說一點漢語。那年輕男人與婦女都比一般的漢人白，膚色是栗色而非黃色。他們有很多馬來容貌的特性，眼睛與鼻子都長得很好。都有刺墨，在額頭上有三排短條紋，皮隆起，為藍色。刺墨是用針與印度墨汁做的。線條是三個緊密的方形，一個在另一個之上，上下方形各有八條條紋，中間的有六條。老人的刺墨幾已褪掉。年輕人在十六歲時刺墨。他進入青少年期時，以馘首與虜獲一些敵人頭顱才有資格娶妻。在下唇下面刺墨，為八條條紋的一方塊。一個十六歲的男孩，長髮中分，鬆散地用一條白貝珠串束在後面，白貝珠在頭上也繞一圈，臉上沒有刺墨。我問他是否個女孩，他聽到此很不以為然，用手掌一直拍打頭後面來表示不滿。女人結婚後，臉上從一耳刺墨到另一耳。先是三條單紋，其下，在另兩條條紋之間有一排的X，然後又有兩條條紋，及另一排的X。在這所有的下面，又有四條單紋。通事娶了一個「野蠻人」女人，她穿著一般漢人婦女的服飾。除了前額飾有通常的刺墨外，看來著實像個很醜的廈門女人。她跟

漢人女子很相似，讓我的嚮導發出一句評語，頗值得記下。他說她看來真像是個「女人」，幾乎不能相信她是個番仔。這對有趣的夫婦有一個男孩和一個女孩，看起來甚至連眼睛都完全是漢人的樣子。男的「野蠻人」蹲在桌旁，抽煙、聊天，婦女則靠著牆角圍成一排，在那裡照顧小孩，而這些小孩幾乎都用一塊很髒的布懸掛在胸前。男人和婦女都極邋遢。男人的腿和手臂上塗抹鹿血，以防被多刺植物刮傷。天氣更熱時，他們把方格紋外衣脫在一邊，而下半身相當裸露，在婦女面前全然若無其事。他們都戴白色磨平切成方形的貝殼小粒，用一條線串連起來的項鍊。有些還有藍、紅、黃色珠子的項鍊，有不同的配備，如煙袋和火藥袋等附加其上。他們耳垂都穿有大耳洞，常塞入一片約半英吋厚的木片。有個漂亮的女孩，在裝飾性的木棍耳飾前有紅色的流蘇。他們在耳朵上也戴三角形的白色平的貝殼耳環，用一小串的藍、紅、黃色珠子附著的綴飾。有些人在項鍊上掛著有髒黃色流蘇的東西，那些像是護身符。有個做得很精緻的袋子懸掛在腋下，貼著身側，用一雜色布條從另一肩吊掛著。他們攜帶的武器只有刀和火繩槍，是用以貨易貨的方式跟漢人換取來的。抽完煙後，男人走過去跟婦女蹲在一起，把一碗碗甜的、味道很怪的、用米和馬鈴薯做的中國酒（叫「Wookiape，五加皮？」），加水稀釋，傳著喝。我去跟他們蹲在一起，以便看得更清楚些。其中一個「野蠻人」，用手臂圈著我的頸子，把我的臉拉過去碰觸他的，舉起碗，努力地設法把酒同時倒進我和他的嘴裡。看到我拒絕，他轉過去跟身邊的人做此友好式飲酒。他跟所有的男人都這麼做，每次都喝，直到酒意發作，開始大聲嚷嚷。「野蠻人」很急切地想知道漢人是否雇用我們，以我們的好槍來消滅他們。他們很急於獲取我們任何的槍枝，但婦女中的一個建議他們只要求來福槍。他們想知道我們是從哪裡來的。我們回答說中國。他們說他們也想去中國。漢人聽了就大聲笑起來。那裡的漢人泰半都會說「野蠻人」語言裡的一些詞彙。有些跟他們相處和睦，住在他們的山丘上，並與他們通婚。

「野蠻人」給死者穿彩格布或裹布，把他們埋在土裡，並不豎立任何墓碑，也不燒香，僅在那塊地上種些樹。他們沒有喪葬儀式，就如他們不穿長褲一樣，這些都使漢人深信他們是野蠻人。

通事的妻子帶我們過河到對岸，給我看一些很優良的樟樹，但怕那愈來愈放

肆的喝醉「野蠻人」要跟去，就催促我們快走。那「野蠻人」拍我的頭，要擁抱我以誓永久友誼，說我們與他們是同種類的，應與他們聯盟，把那些剃頭的壞蛋趕出他們的家園。我非常想見他們的頭目，但他們說要四天才能將他帶出來。同時我應該花十五元來宴請他。錢我倒是不在乎，但我無法等那麼久。

這個「野蠻人」部落，就其領域的大小來看，顯然人數很少。只有七個村社（sear），每個有三百到四百人，分別在四個大領袖及數個小頭目的統治之下。由於酒的引進及其他不明原因，他們的人數似乎日益減少。在漢人墾民日漸快速地步步向內陸推進下，他們可能無須經過許多世紀就會完全衰退。漢人很有信心地說下個世紀就會見到他們的滅絕，不過這點時間恐怕是不夠的。最近的頭目住在一個叫義興社？（Gee-hing-sear，P072）的村子，據說離我們所在處有兩天的路程。他的尊名為Pai ho pai yet。在他後面的地由頭目Yew-bin-ah-tan控制。他住在Tung社。

這些「野蠻人」種植陸稻、番薯與菸草，但他們所食用的大部分則從漢人那裡換取。他們用手進食。手並不很乾淨，在開始前甚至都未將血和髒物洗淨。在所有人前額的記號叫做「Lehoey」。在下巴上的是有八條條紋的一方形，叫做「Kabai」。有些婦女從膝蓋以下穿短布塊勉強充為長內褲，用幾塊粗繩上下繞緊紮牢。已婚婦女戴藍布的包頭巾，把煙斗插在其上，而未婚的則將之插在髮中。男女性都頭髮中分很短一段，泰半用一圈彩珠裝飾，在後面繞成髻。最美的那位小姐對我的紅絲飾帶很感興趣，我就脫下來，送給她做禮物。我把腰帶圈著她的腰。她看來很害羞，顯然認為這是過分親暱的行為而臉紅，尤其是她同族的人都笑了且紛紛置評。她戴著腰帶，在「野蠻人」欣羨的注目下走來走去了一陣子，然後拿下來，到河邊，將之洗淨、掛晒。她帶來幾個自己織的形形色色的飾帶作為回禮，要我選一個。漢人笑我很笨，把值五元的腰帶拿去換只值幾百銅錢的東西。此後我每到哪兒，這故事就傳到哪兒。

這些「野蠻人」間的問候方式是走向陌生人，微笑，右手掌攤開，用力搓揉其肚子，然後用左手拍其背。對方要是很友善，就也微笑，以同樣的方式回報此好意。

河流在小山間迂迴，其間有無數的急流。約每隔一英里的深緩的水流之間，漢人用槳划渡船。在我們抵達的那地方，河寬約為四十碼，將樹林密覆的

「野蠻人」山區與「人」已開墾的山丘隔開。但在對面，近樹林密覆的山腳處，有幾畝平坦的土地。有些有企業心的漢人種植了稻米，給自己蓋了木屋住。第一排的山丘被視為共有的土地。除了允許少數得寵的住在那裡的小屋外，誰要擅自穿越，都會被匿藏的「野蠻人」的火繩槍逐回。追捕獵物或謀害「野蠻人」多由某種鳥類引領，其叫聲或被看做是鼓勵或是警告。若認為是吉兆就隨著鳥的飛向，鳥停到哪裡，他們就躲起來，監視那塊地方。但是在這春季卻為了獵取那覆著像絲絨般茸毛的鹿角，以之與漢人易貨。獵鹿時奮力圍捕，圍成圓圈擊打作聲，讓被驅趕的動物圈子愈圍愈緊。被殺的鹿多為無花點的（Cervus swinhoii），通常比有花點的（C. taiwanus）所在的山區較低。他們認為山羊肉又硬又老，所以不太追獵。漢人比較喜歡麂（Cervulus Reevesii），但並不知可將肉晾乾而使其更有野味。聆聽鳥的調子，在漢人裡也有某種程度的盛行。他們反對我射殺烏鴉，因為「野蠻人」殺害了任何「人」的時候，烏鴉都會發出「laou-wa」的悲戚調子。

　　我取得一些「野蠻人」男女的平時衣服，還有禮服。這些我都帶了回來。頭目穿的衣服比那些番眾的更鮮豔醒目。是那些人自己用麻、一種大蕉（plaintain）纖維，及一些不知名的樹的纖維編織而成的。紅、藍色的線則由歐洲製的羊毛料上拆取，得自漢人。比較華麗而俗豔的服飾在節日或莊嚴場合穿著，慶祝婚禮時也穿。婚禮時整個村子都圍聚在新娘父親的門口，把戰場上贏得的頭蓋骨帶上前來，呈獻給新娘。那頭蓋骨讓新郎獲得結婚權。新娘用它將酒與腦混合成一份飲料，然後將之傳給所有在場者做為愛杯（loving cup），由頭目開始，到新郎為止。這之後，新娘留在她父親家裡，直到三十六歲前都不跟丈夫住在一起。在此之前，雖被看做是妻子，但並不被視為有主婦的地位。我從在場的漢人那裡得到此說法。這與荷蘭人所記錄的其他福爾摩沙部落的習俗吻合，想必有些真實性吧。

　　我們返回青潭坑（Chin-tam[⑥]，P045）的農舍住宿。晚上我被主人的鄉下表親包圍。他們多半都能說些「野蠻人」語言的詞彙，一直用這些詞來煩擾我，還奇怪我為什麼不懂。他們說所有的番人應該都有相同的血緣，自然應該說同樣的語言。顯然在其有趣的自欺裡，把世界看作為住滿番人和卓越的人（即漢人）；後者當然占了絕大部分。我曾數次想試著告知他們一點有關歐洲國家的

---

⑥Chin-tam，應為Chin-tam-ki，即青潭坑，在新店附近。

訊息，看到他們不信地微笑，我內心想：「或許無知是福吧，」而讓他們繼續沉湎於那無害的信口漫談裡。然不管怎麼說，在所有的商業交易裡，漢人承認Kapan番（即船番）是很有勢力的顧客。如許多人所言的：「可厭的山野番人是你的奴才（notsai）。」這或指以前荷蘭的占領，或做為較斥責性的用詞。一般說來，「野蠻人」被稱為「番人」，而我們則被稱為「紅髮番人」以資分別。福爾摩沙各地的清府官員或文人學士都太習於把我們看做「夷人」（Ejin）或野蠻人。此稱呼在整個中國也都盛行，是如此的令人反感，因而Elgin勳爵在前個條約裡特別附加一條款，禁止在正式公文裡使用，而要求以「番人」（Fan-jin）或「外國人」（Wai-kwo-jin）來取代。後者太長又笨拙，以致從未成為一般使用；而前者，特別是在福爾摩沙，那也用來稱呼「野蠻人」，尤其不名譽。事實上，廈門方言及中國的語言，對外來人，或不留辮子的，不承認滿州統治的人等，的確沒有很好的稱呼用詞。只有一個詞「番」來統稱所有及一切異己的，因此這稱呼也包括「野蠻人」在內。他們有時在其前加個「生」字，以表歧視。然此詞用在福爾摩沙來稱呼「野蠻人」時，其意思比廈門的更壞一層。因此在書寫時，他們為了要用一個比「外國人」短的詞，就把那不太令人反感的「夷」字加在「人」前來稱呼歐洲人，以辨於「土番」，使之不那麼刺耳。

我的漢人隨從之一告訴我一個故事。多年前，他的親戚一家被「野蠻人」殺害，只有一個女孩倖存，被「野蠻人」帶走。這個女孩，現已長大，他見到過。她已經完全變成「野蠻人」，且跟他們同樣的憎恨漢人。漢人為逃避法律制裁經常躲到「野蠻人」間去，從而接納他們的習俗，變成他們的一份子。聽說有些較喜在林野生活的男孩，甚至女孩，常逃離父母，加入「野蠻人」。

這些奎輝社的小屋是用樹皮和很劣質的木板以籐條固牢在一起，用棕櫚葉覆蓋頂部。婦女與老人做大部分的重活，揹負重物。年輕男子則負責狩獵。耕種田地也主要是女人在做。

漢人用稻米、糖、鴉片渣滓，歐洲人用紅布、火繩槍、彈藥、珠子等，跟生番換取鹿角、獸皮、鹿肉、纖維布、麻線、草蓆、籃子等物。

在一八五七年，當我們搭乘英國軍艦「不屈號」（Inflexible）環繞福爾摩沙島時，有幸見到一些東海岸的「野蠻人」。他們與奎輝社的人聯盟。兩者的外貌極相似，但族名不同。我沒有機會訪問他們，故無法確定其方言是否相同。

在此抽取一段我在上海的亞洲協會中國北部分社，所給予的旅行記事報告中對他們的描述。⑦

「六月十七日我們抵達一處，緯度24度6分18秒，圖上記有一條河流。在山間有溝壑切割，但只有一條小山澗。船離陸地約八百碼，然我們在一一五噚處時未測到水深。那天早晨天氣很好，波浪不大。我們於是以小艇向岸邊不斷地划，划向那有小屋集聚的山腳。

「離岸邊只有一百五十碼時，我們以十一噚的繫艇纜來測水深，未觸到底。在約五十碼處，有八又二分之一噚。有些當地住民出現在海灘上。其中多為漢人。但我們看得出，在他們之中有六個人幾乎全裸，只在腰部圍了塊布，前面有一塊遮布。

「後者手上拿著矛槍，並佩刀，刀有護鞘，插入腰帶或懸掛在後。他們的頭髮很短，前額有劉海，後面則鬆散地披著。他們的箭相當奇特，箭桿沒有羽毛。浪太大，小艇無法駛近岸邊。所以我們就向漢人喊叫，他們把一小船推入水中，要過來見我們。他們剛要把船撐離河岸時，『野蠻人』中有四個跳入船中，漢人發現無法擋阻時，就叫我們離開。『野蠻人』很生氣無法擄得著我們，開始以威脅的手勢抖動矛槍、揮舞佩刀。但發射一槍飛越他們頭上後，馬上把他們嚇跑，躲在一土堆後。漢人就過來見我們，將其中的一個『野蠻人』帶到我們的小艇上來。我們問了他各種問題。這些『野蠻人』，據他所述，叫做太魯閣族（Ty-lo-kok），此族群約有四千人，居住在四周森林環繞的山區，靠番薯、芋頭、鹿肉維生。山上的土地無草木的地塊，是他們犁清用來耕作的。山上絕大部分密覆著樟腦樹，他們乘坐的船就是用樟腦木做的。他說村裡約有二百位漢人，靠捕魚為食。他們多年前被滿清官吏送到此處（大概是流犯）。我們若殺害任何『野蠻人』，他們會報復在漢人身上，因為『野蠻人』有武器，漢人沒有。有個原在海岸更上邊一點的村莊，我們可看見那裡有藍煙圈升起，已被『野蠻人』焚毀，所有的人都被害。有個人已在此住了十五年，沒見過或聽說過任何沉船。曾見到過外國船航經該處，但沒有像我們那麼接近的。」

另外唯一有點事實根據而可談談的部落，是在蘇澳（Sawo，P255）港與噶瑪蘭平原（Komalan或Kapsuylan，P114）的熟番（Shuh-fan），當地方言稱做

---

⑦出自史溫侯一八五九年的文章，頁151-152，但略為刪節修改。

「熟番」（Siek-hwan），即煮熟或成熟的番人。就在該次旅行裡，我們進入蘇澳港，那顯然是漢人在東邊的邊界。我們在此地左邊的一個小海灣，發現一個熟番的小村莊。這族群裡有些男人頭髮鬆散，但不少較年輕的男子依漢人的方式剃髮。膚色比漢人的略深些，有馬來人種的外貌特徵。有些女人的膚色為褐色的，其他的則幾乎很淺，而許多有歐洲人種的外貌。有幾人穿外衣，即一種披過肩膀的衣服，但多數除了腰部圍一塊布，以布帶子繫住外，沒有穿別的衣服。他們的頭髮披散，僅在前額戴一個白色或紅色的束髮帶。這些人多半抽煙斗，或把菸草捲成像雪茄狀。

　　其中一個會說一點漢語，我們讓他替其他的人翻譯。當問到他們最早來自何方，他們說只知道自己屬於土地，甚至無法告知自己的年紀，顯然無記下的方式。他們不會被稱為「青番或生番」（Chin-hwan），而跟我們一樣是「番仔」（Hwanah）。似乎和漢人一樣害怕山區「野蠻人」。

　　這些人，無論在建造房子或生活方式上，都比我們幾天前見到的嗜血人種更類似漢人得多。任何地方都找不到比他們更安靜、更與世無爭的一群人了。他們從未見過外國的汽船。一個下午有群人來，那天餘下的時間就在我們的船邊繞來繞去，男人和女人都用槳划其兩頭翹起的馬來帆船（proa[8]）或獨木舟，以一種奇怪的氣氛吟誦。

　　在蘇澳上面一點，波羅辛仔宛河（Polosinnawan，P232）上游（在地圖上註記為加禮宛河Kalewan，P103），我們在其河畔找到幾個噶瑪蘭族的村莊。他們都非常有禮貌、好脾氣，帶我們參觀他們那為樹所隱匿的住所。他們的屋子，離地而築，以支柱撐起。主要是原木和茅草覆蓋的屋頂，木板鋪的地板。族人由其族的領袖治理，但要對更上游處主要漢人村莊利澤簡（Le-tuk-kan，P173）的中國司令負責。這些村莊的深膚色族人，其處境似乎比在蘇澳的好。但更往上走，我們碰到一群非常邋遢的噶瑪蘭族人，從一處遊蕩到另一處，靠救濟為生。漢人以任何細小瑣碎的藉口剝奪他們的土地，極冷酷無情地將他們成群趕走。這些可憐的東西在這些平原是極少數，在急遽增加的非法侵占下，他們這一小群人無須若干年就會完全消逝了。這裡的婦女頭髮梳理得很整齊，用三或四匝的紅線繞紮，全部再用一綠色攀爬植物編織的花環覆罩在頭頂上。她們的耳朵穿了好幾個洞，每個洞有五、六個薄的，直徑約兩英寸左右的白色金屬耳

---

⑧proa，馬來人用大三角帆的快速帆船。
⑨*Atlas Chinensis*, Arnoldus Montanus, compiler; John Ogilby, translator (London: Printed by Tho. Johnson for the author, 1671).
⑩Caffre，應指Kafir，一般英國人所指的南非黑人。

環穿過。讓耳朵墜得很重，但結果並不難看。他們將鹿、野豬、及其他野獸的頭釘在進屋子的入門處。屋內牆上掛著弓和箭（箭桿沒有羽毛）。這些武器，顯然是他們以前獨立的較好日子的紀念物，每個家庭都極不願捨棄。

波羅辛仔宛河與蘇澳的原住民自稱噶瑪蘭（Komalans或Kapalan），而成為東邊地區的中國名字，那區域以前曾歸他們所有。在政府的地圖上，他們是被叫做Aleshe。就我所持有其語言的少數詞彙來看，找不出其方言裡跟隔鄰的奎輝社山地人有任何相似處（除了像「銀、菸草」等很普遍的詞外），而其數字則跟南方的傀儡番（Kales）的一樣，但他們之間現為很長的高山山脈所隔絕。他們的「馬」和「水牛」兩詞顯然源自西班牙文，而這無疑是來自基隆的西班牙墾居者。若說其為西班牙人在占據北方時所引入的傀儡番的後裔，或許亦非不可能。然這只是臆測罷了。但否則很難解釋兩個種族，間隔的距離這麼遠，同時在兩者之間的廣大且不可通行的領域上居住的，又是方言不同、有敵意、無感情的其他族群，而仍會有同樣的數字，且經這麼多代均無改變。

我到目前為止所能採集到的，有福爾摩沙原住民裡五個部族的一些記事。此五部落為：南方山區的傀儡番，北方山區的奎輝族，東北山區的太魯閣族，東北平原的噶瑪蘭族，以及新港（Sinkang，P265）的平埔族。最後的這個族群幾乎已跟漢人混合了，而倒數第二個也在迅速消逝。至於第六個族群，赤崁社（Sakkam，P247），則已完全滅絕了，我們所知道的多來自荷蘭的文件，因他們是荷蘭人在台窩灣島（Tayowan，P311）上最初接觸到的原住民。當時在今台灣府所在地，為一木屋的小鎮，跟那較大的大武壠鎮（Tefurang，P313）屬同一氏族。大武壠鎮「在一山谷內，靠近熱蘭遮堡所在的高地」。Ogilby（《中國地圖Atlas Chinensis》第二冊，頁8[9]）引用一六二八年時住在福爾摩沙的一個荷蘭教士甘地底（Georgius Candidius）的說法。他說「此鎮的居民很粗魯野蠻、健壯，且個子幾乎可算高大，不像卡菲爾人（Caffers[10]）那麼黑，對裸身不以為恥。婦女體型很好，適於載物，矮小，傾於豐滿，戴飾物。她們一天脫光衣服兩次，然並不覺得在大庭廣眾前沐浴洗身是羞恥的事。這些人雖是野蠻人，但對荷蘭人很友善，很熱情地以自己所有的招待他們，伙食雖粗陋，但很有益健康。」至於這些人說的語言，我有一份是Gilbertus Happart用荷蘭文寫的（一六五〇）詞彙。[11]而由Medhurst醫生將之譯成英文，（已過世），在巴達維

---

[11]Happart, Gilbertus, *Woord-boek der Favorlangsche taal: waarin het Favorlangs voor, het Duits achter gestelt is* (Part 18 of the *Verhandelingen van het Bataviaasch Genootschap van Kunsten en Wetenschappen*), (Batavia: Landsdrukkeriz, 1842).

亞（Batavia）出版。[12]原著的作者是在福爾摩沙的荷蘭傳教士之一，被指派編寫一部福爾摩沙語的赤崁或華武壠（Favorlang）方言的辭典。[13]此書即為其成果。這本「辭典」說在荷蘭統治下有十一個區，但因翻譯者得從極難辨認的手稿裡取得資料，我寧依《中國地圖》裡的拼字法。那上面全無提到荷蘭的統轄範圍。我以為從記錄上看來，他們對福爾摩沙從未有很強的控制。Ogilby這樣寫道：「在許多的村莊裡，最主要的幾個為新港（Sinkan，P264）、麻豆（Mandauw，P191）、蕭壠（Soolang，P269）、目加溜灣（Bakeloang，P008）、大目降（Taffacan，P283）、Tifulucan（臺南新化大目降番社之一，P322）、Teopan（在臺南新化境內，P316）、大武壠（Tefurang）等。承蒙克勞福先生（Crawford[14]）的好意，幫忙看過此詞彙表，並把所有與馬來語相似的詞標示出來。這樣的詞僅有二十八個，其中包括四個數目字。這些詞由其特性，很容易想得到是最近才引進的，說其來自荷蘭人的馬來僕役也並非不可能。在與其他福爾摩沙的方言做一比較時，其間各有差異，而大武壠又跟所有的不同。主要可尋的關係可自一些數目字上找到。在另一方面，它跟日語有些微近似，比方說，在兩個名詞性詞組之間加一「no」以形成屬格結構。然這或是荷蘭人來到前，在日本人曾居留台灣府時從其借來的，此亦並非不可能。

　　我最初本傾向於認為膚色較白的奎輝社山地人與較黑的傀儡番（kalees），以及其他低地的居民屬不同的人種，但是這之後我看到，無論在奎輝社或噶瑪蘭裡，個人之間膚色的差異極大。在福爾摩沙同族間方言的差異之大，可能比任何野蠻國家的更甚之。然可能除了北美以外，沒有別的國家的居民如此分裂成許多小且互相爭戰的部落。Ogilby這麼說：「他們由幾個頭人統治，不依靠也不承認任何更高的權威，因此每個鎮就是一個共和國，它們之間仍有戰

●一群奎輝族人，福爾摩沙西北山區。取自史溫侯本人手繪的草圖。《福爾摩沙民族學記事》，倫敦：Frederic Bell，1863，在頁16之後。

---

[12]Happart, Gilbertus, *Dictionary of the Favorlang dialect of the Formosan language*, translated from the Transactions of the Batavian Literary Society by W.H. Medhurst (Batavia; printed at Parapattan, 1840).
[13]史溫侯本人註：「我確信Favorlang與Tefurang是同一個字。其中一個是手稿中的，被誤讀為另一個。我相信後者才是正確的。」然史溫侯的說法並不正確。

爭，仍互相分歧；鎮與鎮間互戰；村與村間互鬥，就這樣此島從未有和平的一天。」

在《中國地圖》一書裡收錄了蘇格蘭人David Wright的一些記事。[15]此人在荷蘭占領福爾摩沙期間曾在該地居住。這些記事，就平原族群的習俗和外貌的描述來說，是很有趣的，而其中許多早已消逝。因此我覺得有必要在此摘錄其中的幾個片段。

對原住民的描述：福爾摩沙的男人個子很大，四肢強壯，尤其是那些平原的族群；高山族的男人則一般體型較小，而女人比兩者都更小一些。平原的男人面頰豐滿，沒有鬍鬚，然並非天生如此，而是不斷地只要毛一長出來就馬上拔掉。他們的眼睛很大，鼻子扁平，胸部寬厚，耳朵很長。他們認為耳長很美，都穿洞，以獸角來拉寬。有些人在耳洞裡掛一個小圓片，以其風格圖繪雕刻。其他的人則用彩貝，但主要在節慶的日子，出現於偶像前時才佩戴，其他的日子則讓拉長蓋到鎖骨的耳朵裸露，無飾物，幾乎吊垂到裸露的胸部。他們的頭髮漆黑，也很長，留的髮式多半與歐洲人的相似。膚色是黃褐色，或可說是橄欖色的，並不比穆拉托人（mulatto[16]）的淺多少。台中大肚（Midag，P195）婦女的膚色很明亮，像金黃色，跟塔樓社（Soetan Nouwe，P270）與琉球島的那些一樣。

他們的服飾與習俗：他們的服裝，即夏服，只是一件薄棉外衣，做得很寬，兩角在胸前綁緊。然後放在一個手臂下面，所以一般只有一邊的身體是遮蓋住的，而另一邊則裸露著。用帶束腰，垂至膝下。他們既不穿鞋也不穿襪，但有時穿一種像無帶淺口輕便鞋或涼鞋樣的東西，是用山羊皮做的，綁在腳上。

「冬天時他們穿虎、豹、熊或其他野獸的皮。蕭壠（Soulang，P269）人像荷蘭人一樣穿袍子，至今也仍跟荷蘭人居住在一起。

「在西班牙與荷蘭人來到之前，住民是裸身的，那些住在高山的『野蠻人』現仍維持此習俗，僅在身前穿一小塊遮布。

「婦女的衣服跟男人的幾乎一樣，唯一不同處在於她們的腿部綁布條，像褲腿套。短外衣像沒有袖子的半件襯衫，長及身體的一半處，其下有一塊棉布垂到膝蓋處。頭上用一塊約一碼半長的絲巾縛綁，兩端突出像前額有角。沒女人穿鞋。不過，每個婦人通常都有一隻豬跟著她跑，就像我們的狗一樣。

---

⑭克勞福先生或為John Crawford，著作有：*On the Malayan and Polynesian languages and races,* read before the ethnological section of the British Association, June, 1847 (Singapore: Mission Press, 1848).
⑮Wright, David, "Of Formosa," pp. 17-37 in *Atlas Chinensis,* Arnoldus Montanus, compiler; John Ogilby, translator (London: Printed by Tho. Johnson for the author, 1671).
⑯指黑人與白人第一代混血兒，或有黑白兩種血統的人。

「男人在其胸、背、手臂等的皮膚上塗上顏色，留在肉體上，永不褪掉，以示絕大勇氣。在頸子與手臂上掛著串起的玻璃珠，還戴有鐵的臂環，很合身，像個臂套，手腕處如此細窄，幾似不可能通過手部，腳上則有白貝串起的像扇形飾邊的腳環。

「Tokdadekol（應該是苗栗中港，P333）的男人戴一個長竿做為裝飾。他們將之插在背後的腰帶裡，另一端凸出頭上，有一白色或紅色的旗子，約有兩手掌寬。

「節日時他們在頭上飾以鮮豔的公雞羽毛，手臂與腿上都掛有熊的尾巴。鹿皮在地上攤開，做為床與毯子。

「他們從不出海，僅用小獨木舟在河裡捕魚。擅用弓箭，是游泳健將，亦極健跑。

「住民抽煙，雖然當地不產煙。煙是從中國運來的。煙斗是以細竹為煙管，而煙碗有石製的。」

戰爭：「出戰時，他們帶著以前戰勝時所取下的戰利品，即那些經悉心保存的頭顱，在頭顱口裡填滿米，並如此地祈求保佑：『你們這些骨骸雖屬我們的敵人，啊！讓你們的神靈離開自身而隨著我們進入戰場，助我們得到勝利。若樂意應允我們的祈求，而我們戰勝了，將允諾以後會持續向你們獻祭，把你們當做我們所喜愛的神之一。』但若輸了，有些且被殺死而屍體無法帶回，則會極傷痛地回到自己的小鎮，而以代用物來滿足其想像，將之穿戴得像襁褓裡的嬰兒，（就像那些死在戰場上的），給予埋葬，就好像是其本人一樣，並找女祭師來向已逝的亡魂獻祭，懇求他們別到敵人那裡去，亦勿有意的幫助敵人。

「戰爭常由兩方的最佳勇士來比鬥。贏者所屬那方算得勝。戰勝者將敵方的頭顱掛在長矛上帶返。同族人則簇擁著他跳舞歌唱歡慶。

「他們在上戰場之前，都會很迷信地注意前夜的夢，從某種叫Aidak的小鳥歌聲與飛向來預卜吉凶。若此鳥飛向他們時嘴裡銜著蟲，他們將此視為不敗的預兆，表示會征服敵人。然這鳥若飛離他們，或飛越他們，他們就會被這壞兆頭搞得很洩氣而返回家去，要等到有較好的徵兆時才願出戰。他們總選那最英勇的做為將領，以『Tamatuwa』尊稱之。此人在未向神獻祭祈求勝利之前，絕不上戰場，也絕不出戰。

「他們沒有任何慈悲，也絕不寬恕仇敵，統統殺光，連婦女、孩子都不放過。光殺死還不足夠，還要把首級帶回家做戰勝的紀念物。回去時受到妻子孩子極熱烈地歡迎，以唱歌跳舞來表達。他們進入村莊時把敵首高豎在長竿上，向神連續呈獻七天。將肉全去除後，把頭顱掛在家裡做為裝飾，就像我們歐洲人用畫或雕像來裝飾一樣。」

狩獵：「他們打獵絕不少於十二天，有時只有少數幾個人，有時候是許多人參與。多半都用羅網、長棍，也用矛槍和弓箭。訂好大賽日期時，就會在狩獵場蓋個獵寮，寮內可掛所有的用具。在山發前互訴前夜的夢，也不忘了注意預兆，若Aidak小鳥飛向他們，則視為是好兆頭，但這鳥若飛在右邊或左邊，則會將活動延到日後再舉行。

「在開始競賽之前，他們先向兩個主管狩獵的神獻祭，隨後從首獲的每種野獸身上，從尾巴、嘴、心、和腰子處取下一小片，獻給神明。

「休閒活動後返回時，又答謝那些獵寮（他們所建蓋用來放置武器與打獵用物的房子）的神，祈求讓那些追繼他們的不會成功，也不會殺害任何東西，最後再把獵寮拆掉。讓婦女前來把獵得的鹿肉帶回去，這些婦女來到那兒時，帶來足量的酒讓大家狂飲助興。

「他們在這種大狩獵競賽時，一次常可殺死八百頭，一千，不，有時甚至二千頭鹿呢。鹿肉經鹽醃製、晒乾，收藏起來留待日後食用。」

我要附加一些甘地底（Candidius）筆記上的摘錄（也都收錄在以上所引的書籍裡），以進一步地說明這一度為荷蘭所據的福爾摩沙原住民的習俗與儀式。其中有許多對我曾見過及聽說過的「野蠻族群」也同樣地適用。確實如此。各部落儘管語言不同，但在本地習慣上仍有很多類似處，那是原來就有的，現仍留存下來。這些摘錄，我不得不再將之精摘濃縮，並將原文那冗長古雅的散文體，多少改得比較現代些。

氏族（Clan）間的戰事：「先為一個村子對另一個發出大膽的挑戰，接著二十人一隊，划船到敵村去。他們在村莊附近埋伏等到夜裡。夜深時就登岸探查地形，挑選隱蔽小屋，那些有影響力、受人尊敬的及已婚的人，很輕鬆愉快地住在那裡。他們在其不備下突襲，把敵人頭、手、腳割下，當戰利品帶回家。在這種襲擊時，他們不放過任何人的性命，無論男、女，或孩子都一樣。

不過，經常卻是他們要突襲的村子及時警覺，而對他們迎頭痛擊。他們防禦武器的盾牌極大，遮住整個身體。他們用標槍和彎刃大刀來攻擊。每個勇士若取得敵人的頭顱，就會把戰利品掛在矛槍頂端帶回家去，到處都受到熱烈的歡迎與接待。

「每十六家就有一個寺廟，他們把血淋淋的戰利品帶到那裡去。頭顱經過煮沸、清理，然後將烈酒倒在頭皮上。勝利後的歡慶持續十四天。擁有頭顱者對其極為珍惜。」

地方政府：「每個小村莊自身就是一個小共和，由十二位地方行政官治理，每隔一年選一次。此職位主要的先決條件為年滿五十歲。任職屆滿時他們把太陽穴及兩鬢的頭髮都拔掉，作為掌過權的標記。行政官的權力其實很小，因為所有重要的問題都由大眾辯論來解決，人人都能獲得申訴的機會。眾人可決定是否接受這些被選出的領導的終結意見。不過，這些領導有權嚴格執行宗教的儀式與責任。年輕人受老人左右，老人也苛求年輕輩尊重。」

婚姻：「男子一定要大於二十一歲後才可結婚，也要到十七歲才能留長髮。婚禮沒有什麼儀式，只由新郎送一個禮物給妻子的父母。但在第一天後，丈夫不得與妻子住在同一屋簷下。妻子在自己父親家工作，養活自己，而丈夫也照常作息。夜裡他有權去妻子房內私下會她，但必須在天亮前趕緊離開。兩人若在白天巧遇對方，會像陌生人般擦身而過，丈夫若無妻子的許可，是不敢跟她說話的。孩子由妻子負責帶大，直到滿二十一歲。做父親的那時就可接納，並以他認為合適的方式來安置孩子。然而妻子要到三十七歲才准成為母親。有個實例，說一個年輕女子結婚得很早，結果在到達那有自主權的年齡之前，必須墮掉十六個她所懷的孩子。做丈夫的在四十歲時結束獨居，餘生就跟妻子住在一起。但只要略有小爭吵，就分手。所以有時丈夫一個月換一個新妻子，如此地頻繁。丈夫對分手若能出示正當理由，就能拿回聘金，不然妻子就可把聘金留下。

「年輕人與單身漢住在一個寺廟裡，就像一個學院一樣。那些雖已婚的，直到去跟妻子住在一起之前，仍在該處保留單身漢的地位。」

住所：「福爾摩沙的住屋是以印地安（Indian）人的方式所蓋的住屋裡，最好看也最精密的。屋子的地基為堅實的黏土，有六英尺高。牆壁由蘆葦和燈心

草莖組成，以交錯編繞來人為地加強。有四個門，開向四面，但主屋則有八個門。屋外的裝飾及屋內的家具，是帶有整副叉角的牡鹿頭、其他野獸頭，及武器等，然其最珍視者還是自己親刃的敵首與骨骸。」

葬儀：「屍體置放二十四小時後，他們將之抬到一鋪了四英尺高蘆葦和燈心草莖的架台上。在近處生火，以使屍體能逐漸烘乾。死者的友人群集該處，備有大量的肉和酒。將樹段挖空為鼓，打鼓通知大家死訊。很多人聚合，帶來更多的酒，不斷斟給死者的親人。而哀悼的舞蹈以下面所述的方式在屋外進行：他們拿一個像飼料槽的箱子，把底面翻轉朝上，婦女每次上去兩人，背對背站著，依舞蹈的節拍和樣式舞動腿臂。腳步踩踏或敲擊，讓那箱子發出嗚咽的哀傷聲調。站在上面的兩人跳累了就下來，換別人上去。此葬禮前的守靈共持續九天，在此期間，屍體躺在那裡由火烘至乾透，發出可厭的惡臭。然後再經九次清洗，最後用蓆子緊緊裹起，放在一高起防雨的平台上三年，直到一無所存，僅剩骨頭。這些骨頭再葬在那人自己的屋內，並舉行所有的宴儀，就好像他最近方才去世。」

疾病治療：「他們處理疾病的方式極為荒謬且不自然，簡直比用魔鬼做醫生還要糟些，因為不用藥水、藥丸，或類似的東西，所有的疾病只有一種藥，即一種乾的絞索，此在Teopan（P316）村尤為盛行。一有人生病，開始訴苦，他們就準備一種粗繩（而非藥物），在頸處打個活套，以為此用途所特備的滑輪裝置把他吊到房子最上處。繩子突然放鬆，病人落下時猛然一震，多半的結果是致命的，不過有些的確被此掐住脖子的藥醫好了。」

宗教：「他們沒有文字，唯靠忠實的記憶來記錄。某些年輕人被指定向長老學習傳統。他們相信肉體的不端行為未來會受到懲罰。不過，他們所謂的不端行為與罪行是如下所列的：在指定的日子不裸身、穿絲質的衣服、婦女在三十七歲以前生孩子、非季節時取食牡蠣、未從小鳥處得到吉兆時就去進行任何事情等。所有這些都是無法原諒的罪行。然對謀殺、盜竊、說謊以及背誓等卻有所保留，而一般並不把這些看得比小過失和輕微小罪嚴重多少。

「發誓是以折斷一根稻草來正式認可。

「他們相信靈魂不死，但絕不認為肉體會再復活。

「他們崇拜好幾個神。排在首位的是善神（Tamagisanhach）和其妻子

（Tanankpada Agodalis），為控制人類命運與賜福的神。然他們卻認為此最高統治者怕老婆，因為老婆總因他不信守其善，而越過山頭向他發出陣陣轟隆雷聲。

「其次是邪靈（Sariafing），其在世之務為破壞人和其所有物，並對其造成傷害，故得經常地特別安撫他。

「再其次為戰神（Talafula和Tupaliape）。在戰爭及血鬥的時刻他們向其求助。

「祭儀的整個儀式由女祭師施行，她們被稱為『Inibs』。她們祈福、祝禱，並向神獻祭。最主要的祭品是成年牡鹿和野豬的頭，放在大淺盤內煮熟的米飯和檳榔上，還有烈酒。完成此儀式後，其中的兩位女祭師站在整個會眾之前，展開對神的讚美與崇敬。表情熱烈，大聲激昂地吟誦，到後來頭髮都豎起，眼睛滾轉，似乎就要跳出。然後，在此極緊迫的懇求快結束時，她們精神恍惚昏倒在地，常如此躺上一整個小時。群眾則聚合起來，拉扯喉嚨，發出撕裂、嚇人的尖叫與哭喊聲。女祭師甦醒時，滿身冷汗，手腳發抖，牙齒打顫，神情極為慌亂。她們告訴大家，在其精神恍惚時，神向她們顯現，示以祕密，然尚不能透露。此時另兩位女祭師接著登上山牆，向神重新大聲長篇的祈求，狂亂恍惚地搖擺、拍手。所有的婦女，隨著女祭師的放肆榜樣，拋下所有的羞恥，那般縱情狂飲，直到過量而嘔吐。」

他們似乎有好些個公開的節慶祭儀，如收穫祭、Venus慶，及其他的節慶等，大家都縱酒飲樂。Ogilby對此均有詳實的描述。

「除在寺廟裡公開崇拜外，他們也在大街上供祀，也進行私下與家庭的祭拜，每天在自家內敬奉，而願者可加入其偶像崇拜。

「這些女祭師，對天氣好壞或未來事件，亦負責諮詢。她們似有預知力，若是凶兆，則可建議如何預防。女祭師自稱能對付邪靈、魔鬼，及所有這類的惡魔。她們大叫大嚷地驅怪除邪，虛張聲勢地發出歡呼聲，對著空氣，抽出彎刃大刀打擊惡魔，用之擊、砍、刺、戳，狂跳揮舞，假託與惡魔打鬥，且將魔鬼切成碎片。

「然這些如此野蠻的民族，雖蒙昧愚魯，卻能於最近（即自荷蘭人於此設立東印度公司，並建城堡以防禦敵人、便通貿易以來）接納基督教的信仰，且並無多大困難。因住民自我治理，不受更高權威控制，故基督教較易引介。他們

整個的宗教律法就讓幾個狂熱無知的女人來施行，而她們除了遵照傳統外一無所知。這就更易減輕原住民對異教的信仰，因從其瘋狂的女祭師身上找不到多少是可勸服他們去堅持從前的迷信的。他們中許多人，都未經什麼困難，就成為很好的基督徒了。」

福爾摩沙五個部族方言裡的數字比較表：

Number	Sinkang	Kalee	Kamalan	Kweiying	Tefurano, or Sakkam	Malacca
1	Tashat	Ita	Itsa	Kotok	Natta	Satu
2	Deyat	Lusa	Lusa	Saying		Dua
3	Tooroo	Tooroo	Tooroo	Tchewgang	Torroa	Tiga
4	Gadpat	S'pat	Sh'pat	Pahyat		Ampat
5	Anum	Lima	Nima	Magat		Lima
6	Papito	Unum	Inim	Tayoo		Anam
7	Tenem	Pito	Pito	Pito	Naito	Tujoh
8	Keepa	Aloo	Waloo	S'patla	Maaspat	Delapan
9	Tola	Siba	Siwa	Tayseo		Sambilan
10	Sabay, or Ketiong	Poro	Poro	Pong	Zchiet	Sapuloh

我要感謝Sainz神父對其中前兩個方言的幫助。第三個則要感謝二桅縱帆船「Vindex號」的Roper船長。第四個是我本人從當地住民口裡記下來的。第五欄上少數幾個字是由前述那已印行的詞彙裡收集來的，也是該處所提供的僅有數字。這五個方言我都有一小數量的詞彙，但並不對應，而無法做成公平的對照表。各個方言裡能夠比較的一般字詞，就像其數目字一樣，相互間也有類似的關係。傀儡番族與噶瑪蘭族的，就如我以前所觀察的，幾乎完全相同。從數目字來判斷，我不認為這些語言相互間的差異，比中國方言間的差異大。從有些數目字及其他許多的詞彙上，均證明這些方言跟馬來語有關聯。我們若能將這些方言跟菲律賓群島那些居間族群的語言做一比較，或可找到更強的關聯，那亦非不可能。

❸ 福爾摩沙記行附錄

作者：史溫侯

摘自：《（英國）皇家地理學會學報》第十期，第三號（一八六六年），頁
122-128。

Swinhoe, Robert. "Additional notes on Formosa." *Proceedings of the Royal Geographical Society of London* 10 (1866): 122-128.

1. 福爾摩沙東北部

　　五月底我再度經由海路探訪蘇澳灣（P268）。沿途並去基隆勘察：用提燈去探究那裡的岩穴。通過高拱的入口後，很快就分成幾個坑道，多半僅是由岩石裂溝組成的。我們將最長的那個坑道走到底，其長度略逾五百碼。通道在多處頗為狹窄，其他處則很低矮。接近尾端時，懸垂的石灰岩上有些長度不一的鐘乳石懸吊著，石筍則由地面撐起。有些現代品種的海產貝殼碎片散置。抓到兩隻小葉鼻蝠（leaf-nosed bats）。我們僅見到此種和另一較大型品種的。在穴內見到的另一個動物，是一條全身布滿橢圓白點的毒蛇，礙阻我們這行人進入。幸虧在其未能為害之前就給打死。傳說此岩穴與淡水那個岩穴之間，地下是相連的。此次勘察釐清了此荒誕之說。（＊*對我來說，那蝙蝠與蛇都很新奇，於是保存起來以便鑑定。*）

　　我們走遍了港口一個小島的大部分地方。那島叫做棕櫚島（Palm Island，P207），如此命名是由於在其山丘表面顯眼處長著小棕櫚樹（Phoenix sp.）。（＊*此處，我在石頭底下發現小型品種的蛤以及陸貝〔clansilia & pupa〕。此品種的clansilia，我在福爾摩沙其他的地方未曾見過，雖與福州的主要品種幾乎一致。*）此島內部的一角仍可見到西班牙城堡的廢墟。一道很長但已傾頹的矮牆，上面布滿植物，圍住約三英畝的土地，面對內港的一角，在一隆起的地面

譯註：此文原稿為John Crawford先生所審閱，而他建議刪除一些段落。譯文中，凡史溫侯先生在〈福爾摩沙記行附錄〉（一八六六）中所刪除的段落均以斜體插回原處。史溫侯原稿是John Shufelt教授提供的，在此特地致謝。
原文編註：史溫侯先生寄給我們以下的摘錄。這是他在福爾摩沙島數次旅行時所記，可做為他在期刊第三十四期，頁6，所發表的那篇文章的補遺。①

上聳立著武裝騎士的殘餘。牆以內的空間都已經過開墾。同島的最高小山上，那曾一度居高臨下，對著入口，朝海的小城堡，現在留下的僅剩幾塊石頭。（*那個伴隨我的當地居民很確信地告訴我，約三十年前，曾可見到一匹白馬的幻影/幽靈每天傍晚都站立在此城堡上，這代表牆下藏有寶物。移墾者趕到那地點，因此緣故而拆毀城堡，結果什麼也沒找到。）灌叢島（Bush Island，P029），在棕櫚島略朝海的一邊，呈現平坦的砂岩表面，切成棋盤式的方塊。那些線條在某幾處呈很深的溝漕，看起來像鐵軌。而方塊砂岩地上具有波紋，顯出水在其表面的運作（此砂岩做船上的甲板磨石最佳），橫置著厚度半英尺以上的水平岩層。溝漕是由於較軟的岩石被侵蝕磨損而形成。這些較軟的岩石出現在垂直的地層上，與較硬的水平地層之間間隔出現，因此將之切割成多面體的小塊地。漲水時，島上平坦的部分幾乎全被淹覆，僅現出幾大塊突起的死珊瑚及兩個密覆灌叢的土墩，因而被稱做灌叢島。在退潮後留下的小水坑裡，中國漁夫用手網捕捉小而明豔多彩的珊瑚魚。這種魚跟緋鯢鰹（mullet）與其他中國海岸魚（coast-fish）屬於同類。好幾個品種的珊瑚出現在此島周遭八英尺深處。我讓一個漢人潛水取之。他頭最先下去，再用兩手將珊瑚弄鬆，舉出水面。我因此收集到相當的數量。已隨即將之轉交給英國博物館了。在棕櫚島上一座大村子裡，有數個漢人娶了平埔族女子，或娶被其征服的土著部落女人為妻。這些女人的相貌跟蘇澳的那些非常相像。

　　調頭頂風加速駛向蘇澳灣，抵達龜山島（Steep Island，P273），希望能登陸。汽船走到離那伸向島外西邊一個岬角的沙州相當近處，但探不到底，再度退出，繼續其航程。我們進入蘇澳灣，駛向停泊點南方澳（Lamhongo，即南方的內灣，P160），卻觸上防浪礁脈外的一塊大暗礁。雖然這暗礁在半潮時水僅三英尺深，但海軍部的最新海圖上並未標示。南方的海港充滿珊瑚礁以及隱匿的危險，我們因此很高興得以盡快離開。最後終於錨泊在堡礁[2]外邊的深水裡。幾個平埔番，多數為婦女，上船來向我們要空瓶（他們稱之「brasko」），亦在水裡游泳拾取。在日本亦用類似的詞稱呼瓶子，那可能是從俄文的「flask」（或荷蘭文的「fleschen」，英文的「flask」）演變而來的。這些原住民裡有些近乎純種，有好看「而不斜睨」的眼睛，其他的則多少有點漢人的血統。雖然多數的男子已剃頭留辮，看來非常像漢人，他們都仍用土語交談。此村比我上次

①所指文章為Swinhoe, Robert, "Notes on the island of Formosa," *Journal of the Royal Geographical Society* 34 (1864): 6-18.
②與海岸走向平行的珊瑚礁，以潟湖與海岸隔開。

一八五七③年來時擴大了些。有位漢人教師住在當地，教那些外地小孩單調沉悶的孔子學說。此人從中國政府處拿到少許的月俸。不過，這些原住民至今漢語仍說得很少。有些老人仍留長髮，有些僅剃掉前額的頭髮，而把披散的長髮束在腦後。他們的茅屋又小又髒，築在柵欄之內，並有一望寮以防竊賊。（＊村莊後面的低矮山丘上有一個有圍牆的場地，目前沒有使用。）大家每晚在近處一淡水池塘裡洗澡，一起全裸。屋子裡沒有床、椅，也沒有桌子。幾塊木板放在泥土地上充當床。薪柴和其他俗世物品則都堆擠在此單一房間的角落裡。（＊就如一首童謠講的，對某個補鞋匠來說，此房間既用做起居室，也做為廚房，以及所有其他的用途。④）這些人極少耕種，他們在此處著實也無多少地可供此目的。捕魚是他們的主業，也是食物的主要來源。就在黃昏前他們的船隻相互追逐出港，晚間以明亮的火把照明，他們沿著海岸捕捉飛魚。把剩下的魚剖開，用鹽醃好，出售或自用。醃魚的鹽是將海水在沙灘上蒸發而成。當氣候持續狂暴的時候，經常使他們極缺食物。那時就無論男女老少，所有的人手都不得不出去射獵小鳥。早春時，他們捕獲大量的龜（Chelonia squamata），晒乾來用。他們顯得很歡喜快樂，盡量遊說我們，以贏得煙斗、菸草以及瓶子。（＊他們把煙斗插進頭髮裡。大家都很樂意躍入水中去取瓶子。婦女入水時把衣服都剃除，僅剩下一塊圍腰布。他們游泳的方式和多半的亞洲人差不多，手臂輪流划動，似乎討厭潛水。有個漂亮的小女孩，很像個深膚色的英國女子，一直都在水裡而取走不少瓶子。很遺憾見到他們仍免不了要說謊。那也許是跟他們較開化的鄰人學來的，也許不是。有個婦人想哄出我手中的瓶子。我告訴她，她必須游泳去取。她跟我保證，說她不會游。沒多久後，她卻是水裡最活躍的一個。不過她是個漂亮的女孩，所以我原諒她。）

（＊海灣同側更往上處的另一個小村莊，為樹木淹覆，居民是漢人漁夫，居住的狀況十分骯髒悲慘。茅草覆蓋屋頂的土屋吸引大群野蜂，蜂的腹部有黑色與藍色的條帶〔也是中國品種〕，嗡嗡作響，十分惱人。因為那些令人討厭的氣味加上悶熱，所以我們非常高興能離開那地方。他們當時也正忙著「晒」飛魚。）

我們其次又拜訪了在蘇澳灣頂端那個較大的漢人村莊。在小河左邊登陸，此河迂迴曲折，流經蘇澳村後在此入海。那僅是從鄰近山上來的急流。船隻從

其上邊河口的沙洲拉入淺水。蘇澳、基隆以及淡水所用的船隻，主要都是仿廈門舢舨的模式。乘客坐在朝船頭的坐板上，背對著划船的人，划船者「站在」後面，一手一支槳，從兩邊向前推進。在蘇澳另有一種獨木舟，前後都呈鳥嘴狀，多為平埔番所使用。無疑是其野蠻祖先所用的式樣，與馬來帆船（「proa」）的構想略同。在蘇澳「船」這個詞是「burroa」，等於馬來詞的「proa」。在沿岸航行的小戎克船，在此如同在福爾摩沙大部分的地方一樣，特別適合與波浪抗爭，因為有很高的船舷及一個高且圓的船頭。我們徒涉那沙底的淺河，循其河岸走到村子。沒多遠，就在小山山麓，有長草及灌叢密覆。那村子很長且零落，顯得頗舒適。許多屋子是磚造的。有條長且體面的街道，上面商店林立，店內賣的是一般的中國貨品。有條水溝繞過村子後邊，那裡有幾個竹製的望寮。夜間可登上監視，以通知村人鄰近山上那些潛行的土著來襲。附近的土地都種植稻米，在村裡和田裡都看到數群水牛。牧牛者都攜帶長矛，結成小隊外出。據他們告知，有些土著已在附近藏匿了有些時日，已經殺害五個漢人。其中一名土著被逮，送到行政區噶瑪蘭廳的清朝官府去。清官員對每個土著的頭曾一度懸賞十二銀兩（即四英磅4 l.），但後已減為四銀兩（即一英磅六八1 l. 6 s. 8 d.）。（＊*我試圖購買一個「人」頭。他們問若賣給我整隻動物，我願意支付多少錢，因為他們會為我捕一隻，而可由我隨意處理。他們也提出可賣一個「野蠻」女孩給我，出價五十元，即十一點五英鎊。*）一個商店裡有個原為「野蠻人」的婦女，是臉上有刺青的已婚婦人。她是在一場群鬥中被捕來的，然似乎對目前的家很滿意。她的鼻子很小，鷹勾的鼻型很好，眼睛敏銳而不斜睨，不過膚色比一般的深。除了頭部，穿著一如漢人婦女。她目前是漢人店主的二太太，很害羞而設法躲開我們的注視。土著一有機會就偷牛。從此村莊到基隆有條小路可去。

（＊*在哺乳動物方面，我們在店裡見到有短尾豹貓〔Leopardus trachyurus〕的皮毛；一種很普通的，頸部有白邊的劣等水獺皮；福爾摩沙山羊〔Capricornis swinhoii〕的蹄；福爾摩沙熊〔Heliasetos formosanus〕的掌；福爾摩沙麋鹿的角〔Cervis swinhoii〕等。帶有絨毛分枝的一對小鹿角，要價約四英鎊。漢人因其藥用性質，而把幼鹿角的價值看得很高。在鳥方面，唯一值得注意的捕獲是一隻烏鴉，深居於北部山內，顯然是福爾摩沙他處所找不到的，似乎與中國黑烏*

③應為一八五八年。
④指英國童謠，即 "A cobbler there was, and he lived in a stall, which served him for parlour, for kitchen, and -- everything." 可參考：Mathews, Anne Jackson, *Memory of Charles Mathews, comedian* (London, 1839), p. 451.

鴉的種類明顯地不同。很奇怪的是，雖然在福爾摩沙平原有極多鵲，然卻無任何類別的烏鴉。在貝類方面，我們找到一種淡水蚌類〔unid sp.〕，與在淡水找到的主要品種不同。在一漢人家門口有一大堆，以為只是一般的品種，所以我僅買了兩、三個樣本。要是蘇澳的一般品種真的與淡水的如此截然不同，那會非常奇怪，因為兩品種僅由一個山脈分隔，大致經由基隆而連結起來。因此，要是那貝殼〔內部的貝肉已被漢人吞食〕是從龜山島〔Steep Island〕帶到蘇澳去的，我也不會太感驚訝。龜山島在幾英里外，由很深的海分隔。在昆蟲方面，除了少數的例外，所收集到的都與我在淡水與基隆已經找到的類似。〕

2.　福爾摩沙西南部

我有一機會去澎湖群島探訪，是搭乘女王的炮艇「大鴇號」（Bustard）。隨海軍上尉塔克（Tucker）去詢問有關傳聞遭船難的「Netherby號」事件⑤之後，我們繼續行程，到打狗，再南下到西南海岸。時間為一八六四年的七月，是在我搬離淡水，到台灣府附近的打狗設領事館之前。我們先搭汽船下溯到南岬，據稱那裡有海港，但到了該處才發現實為虛構。然容我以後再談南岬，現則更適合以探訪地位置的順序來描述。

我們抵達楓港，位於瑯嶠（Lungkeaou，P186）與枋寮（Ping-le，P224）之間。這裡有一個很大的漢人村莊，是漳州人。船不多，做少量捕魚。四周的小山蒼鬱濃密，不過土著讓他們在山谷種植，代價是每四十五袋稻米要抽一袋。

（＊我們在瑯嶠外圍過夜，次晨由那中央大村的嚮導帶路，做一短程旅行，去見「野蠻人」。）我們在瑯嶠灣錨泊，進入一個叫做瑯嶠的主要村莊，離海灘有點距離。（＊海灘上有成排的沙丘。）村子有圍牆，我估計約住有一千名漢人。有水溝圍繞，跨過木板搭的橋，就來到兩個大門。此灣北方有兩、三個小村莊。瑯嶠村人警告我們別去。說過了此灣以南，那些擅自占地的漢人無法控制，也不可信任。也請求我們別讓水手在此灣的西南角洗澡。那裡，河流在其流出處築壩，灌樹叢幾乎一直往下長到沿岸。據說土著清晨會在該處藏匿。瑯嶠的漢人，即到海邊來接我們的那些，也都攜帶著矛槍、弓、箭等武器。似乎攜帶武器是這一帶的習俗。他們引領我們入村。村內有些相當好的中國式磚蓋的屋子，也好像頗富裕。多半的婦女，從她們的頭飾看來，像是

土著的後代，但多少有些間隔。（＊*我們在村長家坐著喝茶。村長本人到台灣府去了。據說經由陸路，有一條很好的路可抵該城市。我們安排好次日去見野蠻人的旅程。因此，*）次日，我們早餐後與三名水兵登陸，都攜帶了武器。跟瑯嶠的兩位村長和一位鄰村的首領，帶著有狹窄菱形刀面和短杆的矛槍，穿過稻田的小徑來到一個小村，約一英里半的距離。此村莊的人看起來更野蠻，婦女尤甚。男子剃髮戴緊帽一如漢人。但其中許多男子，以及所有的女子，都跟土著沒太大的差別。他們泰半在下耳垂塞入一個扁的圓形大木片，正面有雕刻，像一般西洋雙陸棋板上的棋子。大小也大致相同，表面鍍了銀。有些婦女耳朵上戴著耳環，是用有色的小玻璃珠做的。所有的婦女都用紅色的絲線束紮頭髮，在頭上盤繞成雙層的頭冠。老人極醜。離開此村後，我們在大太陽下沿著一條山溪的左岸走。溪流北岸的岩塊非常陡峭，有些是由狹窄地層似的頁岩薄片，很細緻地層壓疊成。步道沿著這些岩塊的側面越過。溪流急速沖越卵石，在最陡峭的山丘底部，加深而化為一個沉靜的池塘。從其溪岸，我們找到入一條牛車路。此路在一淺灘處穿過河流。這條路直通一個風景美麗的林蔭路，走出來時，見到一個像小牧場的圍場，圍著牛。這裡有兩個長得很壯實的土著年輕男子現身。他們剃頭、裸身，只有一塊圍布掛在前後腰際。兩片布在左臀處重疊，但讓右邊的暴露出來。他們均配備弓與箭，臉與四肢都很圓胖。皮膚棕褐，臉上表情愉悅，雖然有些狂野。我們被領前往一個在那裡屯墾的漢人的屋子去。停留了一會兒後，又被領到一個小的傀儡番（Kalee）居留地。僅有一個很長的小屋，用泥土蓋的，屋頂有草覆蓋。屋內由土牆分隔成個別的房子。每個房子有一間主房間，一個側房。房間很小且低，只靠門提供光線。在此很長小屋的一端，附加了幾間較為簡陋型的屋子。房間裡有一張桌子，一些未加工的長椅子，以及一個粗糙的木板，上面鋪了一個蓆子當床用。沒有床柱，沒有床墊，也沒有蚊帳。陶器只有幾個藍色圖案的中國飯碗。刷白的牆上釘著牡鹿的額飾，還帶著支角。鹿角也用來充當台架，擱置那些擦得很亮的白色金屬槍筒，以及木製的長槍托。角釘上掛著將槍筒與槍托聚攏的銅環、帶有白色金屬頂的通鎗桿、用竹根做成碗狀並經雕刻的煙斗，與網袋等。都明顯帶有中國文明的跡象。屋前大片剛收割過的稻田，顯示他們對農業也頗關心。這些人屬於傀儡番的Choojuy部落，所有的村落合起來共有一萬人，在酋長卓杞篤

---

⑤英國船「Netherby號」一八六四年四月在澎湖北方撞石，貨物移走後，船從石頭上退下來，繼續往前開走。

（Tok-ke-tok）與其四個兒子的統治下。他們都剃頭，留短髮辮，縱使與漢人的關係友好，兩個種族仍互不信任，出門也絕對不會不攜帶武器，不是矛劍，就是弓箭。這些傀儡番對一位名叫Poysoo的女人，誓言忠誠，她是所有傀儡番世襲的統治者。聽說她在靠近台灣府的山間接受朝拜。我草草記下以下幾個其方言的字彙：

一（Eeta）；二（Lusa）；三（Tolo）；四（S'pat）；五（Lima）；六（Unnum）；七（Pecho）；八（Haloo）；九（Siva）；十（Polo）；一百（Tai-tai）；一千（Koo-joo）；銀（Hwaneekeo）；火（Sapooy）。

他們裡頭有個個子很高的男孩，面相有一種可笑的漢人樣，漢人形容他為半個白痴。他的耳洞裡有個大環，而不是一個棋子。他屬於另外一個更北的族群，即阿美族（Ah-mees或Kahmees，奎輝社Kwei-ying？）。但因在很小的時候被捕，所以對其祖先的語言毫無所知。我被告知，去到那地帶要十天的路程，而那裡的人把火叫做「laman」。在淡水山區的奎輝社Kweiying人用此字表示「火」，而非傀儡番用的「apooy」字的異讀。（＊因為當天是中國神的節，所以「野蠻人」都穿得比平常好，在頭上戴鮮花，男女皆同。）這附近的傀儡番人，身材上相當的不同。有些很高壯，有些矮而寬闊。有些膚色為黃褐色，跟膚色最淺的漢人工人階級差不多，有些則相當的深褐。他們在臉形上也不一樣。有些頭很大，下顎寬，像馬來人；有些則接近蒙古人的類型。他們的眼皮大多在內眼皮處往下削減，兩眼分隔很遠。鼻形有各式各樣的，但並不是獅子鼻，不扁平也不寬，多半大小適度，鼻孔不太外露，而鼻梁在中間一帶凹進。有一個黝黑的老人很強烈地讓我想起在靠近淡水的奎輝社（Kweiying，P150）裡有個相似的人。兩個除此以外並不相同的族群之間，似乎有一個環鍊將其連結起來。

男人的頭髮剃成中國式的。頭髮編成短的髮辮，繞在頭頂上。很有品味的用紅或白色的花與綠色的植物來襯托。他們的上衣是無袖的，開前襟，用中國式的環鈕來繫扣。（＊肚子裸露出來。）如我前述的，腰際圍了一條短的圍裙在前身，後面也有一塊類似的。右大腿暴露出來，這樣射擊時不會觸到弓弦。裝菸草的袋子掛在左邊，用白色金屬鍊子串連起來的小帶子支撐。帶子上每隔一定的距離並飾有紅玉髓珠，從右肩斜跨過胸部。只有一面鞘的短劍插在腰帶

後邊。有些人攜帶矛槍，其他的人，一手拿弓，一手拿箭，箭沒有羽毛。他們衣服的顏色是藍色、土褐色和紫色。耳朵的下耳垂穿洞，用西洋跳棋中棋子形狀的小塊圓木片拉大，每個耳朵各插入一個。（*朝前的那面凹入，並刻成一種類似中國八卦圖案的浮雕，塗上銀色。這個耳環飾物讓他們的臉看起來古怪有趣但卻很相稱。）婦女的頭髮前面已經提過。她們的耳朵上通常掛著小的有色珠子做的耳環，或者棉管，尾端有紅色的叢毛修飾，就像那些奎輝社的一樣。她們跟男人一樣，也常戴珠子項鍊。她們穿袖子很短的短上衣，比男子的還要短。事實上僅長得足以遮住胸部，肚子裸露。她們圍上　塊布，長達膝蓋，在前方交疊。泰半與蘇澳的婦女非常相似。此小村落接近樹木茂盛的小山山腳，有矮樹林環繞。我們做了一些來福槍與手槍的練習，讓番人大為吃驚，引起他們用弓與箭射擊。他們的弓是最粗陋的，用硬木做成，中間有一個凹口的支架，線鬆時可擱置。箭是用最堅實的一種有節蘆葦做的，大約為二又四分之一英尺長。既無羽毛也無凹口可安置在線上。鐵的箭頭，形狀像一個鐵釘、矛頭或者鯊魚的牙齒，戳入蘆葦的一端，用線緊緊綁牢。箭頭是很尖銳，但以直線則僅能射及很短的距離。番人一定會接近目標，等其在數碼內才射擊。他們用大拇指和第二、三指來拉弓，從握弓的左手那曲起的食指射出。矛槍是以鐵的矛頭戳入長的竹竿或木棒的一端，在那一端用藤和竹子牢牢纏繞綁緊。劍則跟我在淡水附近取得的差不多，前次就已交給地理學會展覽了。靠近瑯嶠的Choojuy部落的番人裡，未見到有任何一種刺青。

我們在天黑之前返回。在通過河側面的高丘時，一大群猴子越過上面的岩塊，四腳並用，從一個藏身處爬到另一個去。來福槍開膛了，然很不幸，沒打中那些動物。這些是「Macacus cyclopis」，一種為福爾摩沙所特有的品種。我在倫敦動物園曾安置過一對。蝸牛的品種，我收集了兩、三種。那些我在福爾摩沙北部未曾見到過。最大的蝸牛，在路邊的樹叢上特別普遍。我從大葉無花果樹與其他的樹上，找到過幾個色彩鮮豔的大型「Bulimus」，即便在我收集的福爾摩沙目錄上也屬新的。有些地方的綠葉非常濃密。（*對植物學家與昆蟲學者來說，都提供很好的場地，只可惜我們的時間很短暫。）一隻背上有肉冠的大蜥蜴很自得其樂，我坐在樹籬的涼蔭下時，爬到我的臉頰上，讓我覺得很噁心。土著說那是有毒的，但我認為他們弄錯了。同樣的蜥蜴在打狗也見得到，

我一再用手去抓，也沒受到任何傷害。體形很長且色彩鮮明的大蜘蛛，將其極巨大的黃色絲網，從一棵樹掛到一棵又一棵的樹上，跟在打狗時見到的一樣。這些蜘蛛以蛾、蝴蝶、蜻蜓，以及較大的昆蟲為生。網結得非常牢，你的頭要是碰上，會特別的不舒服。（＊在鳥方面，我沒見得什麼有意思的。）從山谷返回平原時，我經過一個村莊，在瑯嶠略南、略西的地方。那裡有客家人居住，是從廣東省北部移居來的。有幾個老年男人官話說得還不錯。此客家村莊的首領給我們看有個荷蘭船長寫的一封信。此船長曾進入海灣，而從村人那兒取得補給品。信是用荷蘭文和英文寫的，提到他所受到的善待。數年前，當「Larpent號」在南海岸遇難而船沉時，接待那些船員，保護他們，讓其不受「野蠻人」攻擊的，就是這個村莊的人。因為此舉，不久後，他們受到英國政府很優厚的報酬。英國政府派遣帕克斯先生（現為爵士，Sir Harry Parkes）乘戰艦到該地遂行此目的。[6]村民在談話中時常提及「Larpent號」事件。

在瑯嶠以下，海岸上未再見到別的村莊。山丘多較低矮，有些地方樹木相當貧瘠，沿岸間或有幾個小屋散布。南岬（P271）僅容一個鋸齒狀的海灣。我們找不到任何近似海港的地方。近陸地處海水仍很深。此處有許多無樹的土地，但我們只見到一個小茅舍。有幾個竹筏漂浮在海灣上，每個竹筏上各有兩個漢人。這些漢人在從事捕魚。他們很害怕，不願靠近我們。我們用喊叫的方式跟他們談話。他們提到內陸有個頗大的村莊，並宣稱那附近都沒有番人。然此話並不真確，因為以測量為目的的炮艇「鴿子號」的一行人，前陣子才被一群在南岬的番人開槍射擊。有個水手受傷，還頗嚴重。他們所乘的船也被番人的子彈打得彈痕累累。結果發現子彈是用外國的鉛製造的。朝南岬西南角，在海灣的那面，是個很奇特的岩石。隔著一段距離看起來，就像是一個巨石蓋的大廈。從山丘上凸出，像是由大塊水平的石灰岩板橫置於垂直的石灰岩板上所組成。這就是有名的象棋岩。有人聲稱曾在岩上見過山鬼下棋，雖然所謂的山鬼大概只不過是猴子罷了。東南角外圍，離朝海的那邊有一段距離處，起了很劇烈的潮水波紋，海上雖然很平靜，但水波卻切擊跳躍。水是深藍色的，向北流動。夏季至少部分的暖流似乎會往西海岸上溯，但流程並不完像東海岸同樣的穩定，而多少都被往下方流的中國海所壓制。（Lammay，P162）島，或如中國人所稱的「小琉球」，在岩組上跟猴山山脈非常相似。八罩（Rover's Group[7]，

---

[6]「Larpent號」在瑯嶠附近失落之事，可參考："Loss of the English ship Larpent on Formosa," Chinese Repository 20 (May 1851): 285-86，以及 "Search for foreigners in Formosa," Chinese Repository 20 (July 1851): 490-492.

[7]八罩（Rover's Group），通常指澎湖望安；將軍有時不包括。

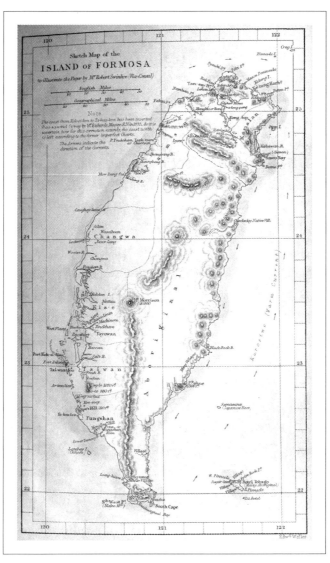

●福爾摩沙島的略圖。《皇家地理學會期刊》，34期（1864年），面向頁6。

P243）的特質似居於澎湖群島（Pescadores，P218）與此島之間。澎湖群島大部分是截頭形的島嶼，約一百到三百英尺高，由暗色岩與玄武岩所形成。後者的地層有兩、三層，層與層之間有砂礫。澎湖島（Panghoo，P209），從西北方看來，有一個錐形的山，最上面有點平，中央有一個小的岩石，像有乳頭的女性胸部。虎井嶼（Table Island，在澎湖群島南方，P281）顯著的是由玄武岩組成。玄武岩並排陳露，像柵柱。靠近頂端，在一側，有大批這樣的岩柱從頂峰逐漸消減。岩石呈深色調。多數的島嶼都有綠色的頂端，而可利用的每一面都經開墾成梯田。有些島有沙灘，沙是白色的，砂質粗，像中國海岸的一樣。而不像福爾摩沙沿岸的，是黑色，且砂質細緻。

　　擱下福爾摩沙這個話題之前，我無法不略談一下，在軍艦「燕子號」（Swallow）與「鴿子號」（Dove）的附屬船的照應下，此次勘察的進展情形。水道測量部門盡快地將這些船派遣到我們的島來（感謝皇家地理學會插手幫忙）。然而這兩艘船直到四月才開始勘察海岸線。當「燕子號」渡海到廈門加煤時，「鴿子號」先繪製打狗南邊海岸到南岬的詳圖。然後「鴿子號」留下來繪製打狗海港的地圖，而「燕子號」去探勘台灣北邊的海岸。然由於季節已遲，「燕子號」所勘查到地方，只有理查（Richard）與哥頓（Gordon）協力調查過的一半左右。[8] 艦隊指揮官懷爾德先生（E. Wild）受指示勘察台灣府的通商口岸，但他認為從台灣府外的碇泊處做專門的勘察，並不會得到什麼好處，而同意為打狗海港繪製海圖，那裡很需要徹底的勘察。指揮「鴿子號」的史坦利先生（Stanley），很好意地為我的部門摹製打狗海港圖。懷爾德先生答應給我同樣詳盡的南海岸、北海岸，及福爾摩沙海峽的摹製圖。打狗的海港圖做得極好，顯示花了很多功夫力求正確。除了海港以外，還包括從海上走的航道。

　　（＊六月六日，將剩餘的煤的存貨都搬運上船後，「燕子號」與「鴿子號」即朝北駛往上海。準備繼續做Z字形往上駛向澎湖海峽，邊走邊檢查深度，而在找到目的地之前可能會先抵達淡水或基隆。

　　　　　　　　　　　駐台領事史溫侯，一八六五年六月十六日寫於打狗）

---

[8] 關於理查與哥頓之調查，可參考下列文章：Richards, John. "Harbours of Kok-si-kon and Taku-kon at the south-west end of Taï-wan or Formosa," *The Nautical Magazine and Naval Chronicle* (1855): 372-375，Gordon, Lieut., of H.M. brig *Royalist*, "Observations on coal in the n.e. part of the island of Formosa," *The Journal of the Royal Geographic Society of London* 19 (1849): 22-25.

II

懷特

Francis William White, d. 1894

英國，駐中國海關稅務司

〈南福爾摩沙內部之旅（一八六八年一月下旬）〉

懷特
Francis William White (d. 1894)

　　懷特，英國人，一八五九年入中國海關工作，一八六四年升為代理海關稅務司，駐長江交商口九江（一八六一年九江才開港），兩年後轉駐打狗，負責福島南部港口稅務及通商事宜。一八六八年回中國大陸，曾駐寧波、廣州、福州等港口，一八九四年死於崗位上。懷特擔任打狗海關稅務司的時候，曾經和美國駐廈門領事李仙德有過小衝突。懷特反對讓福建巡撫的炮艇護送李氏到瑯嶠灣與南岬處理「羅妹號事件」。這雖然對整個事件沒有多大的影響，但是立下事後李仙得與懷特長久的不合。

　　雖然當時南部港口進出口貿易並不多，但因中外衝突不斷發生，而且歐美商人與政府代表對台灣還很陌生，於是讓懷特得到良好的機會，藉以發揮他的智慧。很可惜，關於懷特駐打狗稅務司期間的活動，材料不多，很難評估他對早期條約港口貿易與稅務的貢獻。

　　懷特駐打狗期間曾去過六龜里兩次，但是探訪的紀錄卻只有一篇而已。我們選來翻譯的這篇頗能代表早期走訪內地山區的一般狀況。當時長老會傳教團才剛開始在山區平埔族村落宣教，所以傳教團所建立的網絡並不完整，山地的教堂也不多。雖然懷特走的路線，基本上順著傳教士所踏的路，但是不像後來的人那麼舒服。讀者可將懷特之旅與一八七五年遊訪六龜里的英國人「F」做一比較，就很清楚了。

　　想更進一步查詢有關懷特的生平與著作，請參考下列文章：

1.　　Keller, Ian, "Francis William White," manuscript, 2006.

南福爾摩沙內部之旅
（一八六八年一月下旬）

作者：懷特（Francis William White）

摘自：《周期：政治與文學評論》，十七號（一八七〇年八月二十七日），
頁197-199。

White, Francis. "A visit to the interior of south Formosa." *The Cycle: A Political and Literary Review* No. 17 (27 August 1870): 197-199.

　　一八六八年一月近月底時，一個朋友[①]和我下定決心，利用那時尚可忍受的涼爽天氣，到福島的內部去探險。我們的目的並非要深入生番的領域，而只是想去看看熟番與客家人所據有的地方。[②]順便一提，福爾摩沙南部的氣候太熱，除了冬天以外都無法做任何短程旅行。冬天那幾個月是最舒服的，因為乾燥且爽快，太陽也不會炙烈到惱人的地步。我們很快準備齊全，由苦力、馬僕等一長列的隨從伴同，從台灣府動身。能暫時避開港口每天例行的無趣生活，讓我們感到精神振奮，也準備盡情享受。我們帶了小馬，因為聽說到目的地（六龜里的村莊）的行程上，近三分之二的路都可騎馬。六龜里（P156）位於流經福島中央那條河流的河岸上。那裡就是生番與熟番的分界線。離開台灣府的最初數英里，那一帶的鄉野已被開墾，平坦無趣。但因為在產糖地區，都是用牛車來搬運，所以路很寬敞良好。我們的進展不錯，下午三點左右就抵達在灣崎（Wan-kia[③]，P354）的一個漢人村莊，約有半打房子（或茅屋），及一個骯髒的旅店。儘管我們抗議，那些苦力還是決定留在此地過夜。他們極力強調前面數英里內沒有休息的地方，而且那條路也極差。別無選擇，我們只好隨遇而安。然那期望中的樂土就在眼前，還有四個小時才天黑，卻被迫要在一個平凡的中國小村久等，實在非常惹人惱火。我們四處探查，看看有無野味可獵，但只見到幾隻鴿子，於是返回住處，吃了飯，早早上床。我們決心次日必要讓苦

①不知此朋友為何人，懷特著作少，同時此文章的手稿（John Shufelt教授提供的）也沒有透露這位外國人的名字。
②懷特的手稿增加了一句話：「and generally to enjoy ourselves; and shake off the official dust, which had been allowed to accumulate」。
③灣崎（Wan-kia），關廟鄉灣崎，這是著名的入山口，台灣府中路前往羅漢內外門的必經之路。

力為滯留做補償。次晨，天亮不久後，我們就跟主人道別（此人即使對福爾摩沙來說，也算是看起來頂兇惡的一個了）。幾乎立刻就投身於最美麗的景色裡。那條路，要是能稱為「路」的話，僅是一個狹窄的小徑，在高聳多岩又滿覆繁茂草木的峭壁間蜿蜒迂迴，形成一系列大約五百英尺高的山丘的上坡路。在另一邊，我們來到一個廣闊，經高度墾殖的平原。各處有零零落落的農場及建築物。越過平原，開始往上攀爬一個更高一點的山脊。風景逐漸變得更加荒蠻，也更美麗如畫。在此，我們經常得下馬。環繞山丘的路，在有些地方，有時一下子陡降數百英尺，幾乎連站立的空間都不足夠。我們往前推進，偶爾停下休息，吃點點心，完成攀登的部分後，再往下走到一個平原，跟剛走過的那個類似。不過這個平原大得多。在此我們首次遇見盼望中的朋友，即熟番。看到他們與漢人那麼相似，我想大家都有點失望。不過他們確實更為優秀，有種很坦誠的樣子，也很溫厚，那是天朝的人（即中國人）極少具有的。但種族混血非常明顯，若不細查，很容易被看做漢人。再往前走，我們找到一條河流，環繞山的底部，流經六龜里所在的平原。因是乾季，僅呈一條狹窄而快速的溪流。極可能有鮭鱒魚（trout）。但在我們往山谷上方前進時，被水侵蝕的極巨大漂石散置四處，加上其他類似的跡象等，都清楚顯示，在西南季風來臨而大雨造成山溪暴漲時，那河流呈現的面積應大得多，在有些地方必定超過半英里寬。夜裡很晚時才抵達休息的地方，叫山杉林（Sua-sam-la，P275），是一個熟番的村莊。受到酋長周到的招待。他是一個值得尊敬的老人。不但給我們床，將臥房讓給我們住，還請人照顧我們疲憊的動物。事實上是將整個居所都交由我們使用。村莊有厚密的竹籬圍繞。房子都很舒服，看起來很乾淨，每個房舍也都有竹籬防護。房子多半用竹子建造，茅草覆蓋屋頂。但有一、兩家是蓋得很好的磚屋，在茅草屋頂上還覆有瓦片的屋頂。這種設置使屋內保持得很涼爽舒適。那些婦女對我們絲毫不感害怕，繼續做著每天例行的家務，就好像沒有陌生人在旁邊一樣。用過晚飯，一瓶香檳酒在他們之間傳開。安排了一場舞蹈向我們致敬。特別注意到他們聲音極為甜美。即使舞蹈極為簡易，僅是手牽手，配著很原始單調的吟唱，前進、後退而已，然而姿態真好，舞動得如此優美，效果非常令人愉悅。我們次日很早就動身，把小馬留下（前面幾乎全是吃力的攀爬了）。由一個山杉林村人陪同，他主動表示願意當嚮導，我們很高興

地接受了。我們注意到這裡每個人都武器配備齊全，有火繩槍、刀、短柄斧等。我們被告知，那是做為保護用的，以防不友善的生番或奸詐的客家人突襲。在田裡工作的人，武器也都放在手可觸及處。因為不久就要越過一條河的支流，穿過客家人定居的地方，嚮導叫我們把槍準備好，盡可能表現得很有實力的樣子，不然可能會碰到麻煩。換句話說，也就是通路可能受阻。然而我們通過了，也還算安全。但那些人只要看到有把握的機會時，就會是一批兇狠的慣竊的。大家都抗拒這些被驅逐者，令他們要保持自己的力量十分艱難。生番認為，只要能得到一個客家人的頭殼，付出兩、三天不進食來監視的代價是很值得的。所以客家人只敢成群到田裡工作，隨時準備受襲。我們見到的那些人，從他們的方言聽來，是廣東人。約中午時，抵達將我們與六龜里隔開的那些山的山腳下。山脊上樹木茂盛，據我們的估計，高度為海拔三千英尺。此時，那位嚮導對我們非常有用。要是沒有他的幫助，我們永遠找不到那條路。那是在乾涸的水道上方，此外，別無其他的小徑存在。直到抵達山頂，以及在往下爬到六龜里的大部分時間，都有濃厚的陰影遮蓋，真涼爽。森林裡極度寂靜，十分驚人，只有被我們往上走時偶爾移動而落下的石頭打破。我們於是免不了想，在這樣的鄉野，即使是世界上最精良的部隊，若只靠其自己的資源，來對抗單單幾個武器不佳的番人的話，將會是多麼的完全無助。在有些地方，我們須靠抓住長在兩側的矮灌木叢幫忙向前進。然而，我們的嚮導，因不受任何多餘衣物妨礙，仍以同樣毫不吃力的步調往前走。似乎疲勞或喘不過氣來，對他來說是從未聽說過的事。我們有時不得不停下休息，以恢復體力，這似乎讓他覺得很有趣。直到很接近目的地了，我們才見到那個地方。因為對任何從山丘上爬下來的人來看，那裡幾乎完全被樹木遮掩。此處的河流，是一條快速良好的溪流，魚量很豐富。此溪流將六龜里與對面的生番分隔。所幸這些生番對其鄰居很友好。我們一抵達就馬上到一個漢人家去。他結了婚，定居在此，為我們提供住處。我們在此探訪的整段時間都跟他住。他對待我們很好，我們也不覺被壓榨。當天下午因太疲累，什麼也不想做。但幾個附近的獵人來拜訪，所以約好隔天一起去打獵。他們保證隨意就可捕獵到鹿、野豬、野山羊，以及其他的各種野味。這些是很優良魁梧，身材高大、健壯的男子。穿上打獵的「盛裝」時，好看極了。他們都屬民兵，但除了最緊急的情況外，從來不受

徵召。他們的毛繩槍都保持最佳狀態，安裝了一個托柄，很像歐洲槍。槍管必定是用上好的金屬做成，因為單是火藥量，就比一個手掌的寬度還大。沒錯，槍常反衝，但顯然沒什麼不利。在一百碼射擊練習時，效果不錯。靶子是在一棵中等大小的樹上刻的一個記號。第二天我們很早離開，由六龜里的朋友陪同，到打獵場去。繼續前進時有人陸續加入，還帶著一群看起來最不相稱的雜種狗。無法稱牠們為獵犬，不過很聽話，該做的工作也做得夠好。急速地走了一個半小時，沿著溪床上方往谷頂走去。攀越過各種形狀、各種大小的石頭，將我們帶入一個迷人的溪谷。在那裡停下，先將那群獵狗與驅出野獸的助手派上前去。我們每個人都被指定一個「接近目標的角落」，即野獸可能突圍之處。在此約由半打有經驗的獵人伴隨，我們屏息懸念地等著，聽著狗的吠聲，還有那些助手的喊叫聲。但時間過去了，除了一次假警報外，什麼也沒發生。那些助手，在離開了半小時後，帶著獵狗返回，告訴我們野獸已突破圍線，逃走了。我們又在別處試過，也不成功。感到既然不吉利，就折返回家，希望第二天運氣好些。晚間，他們繼續不停很起勁地跳舞、唱歌。我們的到來顯然是引起全面歡慶的導因。有些人一再慫恿我們加入，而我們在對自己的體力表示懷疑後，還是參加了這兩項餘興節目，與肌肉結實的番人手牽手，跳舞、唱歌，直到精疲力盡，再也跳不動為止。我們累垮了，不得不退場，上床休息去了。晚上大家常交換菸草。婦女抽起煙斗來，跟男子一樣熟練。他們當中沒有任何人表現出像漢人那般無禮且令人厭惡的好奇心。吃飯時，我們是在戶外的「場地」吃。他們總會退下，等我們吃完，才又加入。有些婦女十分好看，而且都有同樣誠實的表情。我們感到自己是處在可以信任的人之間。婦女將她們又黑又厚密的頭髮裝飾得很美。中分，用一寬的頭冠，夾以不同顏色的絲線，編成辮子。與大約十五年前歐洲所流行的式樣差不多。也絕對不能輕視他們的菸草，雖然沒什麼香味，也變質得很快，但淡淡的，吸起來很舒服。錢對這些單純的人來說，沒什麼價值。他們所需要的一切東西都由實物交易取得。客家人供應輕武器，火藥、以及農業器具等以換取皮毛，鹿乾、獸角，及菸草。我們停留期間，送了信給對面距離最近的生番部落，邀請他們來會面，並與村人做實物交易。我們被告知，他們由於不祥預兆而無法前來，送信的人獨自返回。為了接待他們，已做盛大的準備。殺了一隻豬，並已備大量的香酒（samshoo，或燒酒）來滋潤他們那極度能吸收的肉體。他們喝酒喝得很厲害，對是什麼樣的酒也不挑剔，只要很強很烈就好。為防範醉後較量，武器都預先被拿開。他們很容易為飲酒爭吵，有時會造成尷尬的錯誤。最後去打獵那天是最有收穫的。天亮後沒多久就出發，由大群武器配備齊全的獵人陪同，朝南方前進，沿著河岸走了約十五英里。涉越過去時，發現已處在生番的領地。在河岸與眾山之間有一塊平坦的空地，約半英里寬，長滿又長又粗的草，高達我們身體中段處。在這裡，我們中大部分的人被排成一個半圓形，面朝內。其他的人，帶著狗，就爬上山丘的一側，開始驅趕獵物。很快就有一隻很良好的牡鹿突圍而出，馬上成為瞄得很準的火繩槍彈的犧牲品。我們這些在下邊的人，只有聽到槍聲，見到那動物毫無生命地滾下山的福氣。果然是一頭成年的碩大野獸。須兩個男人來抬，都還有點困難呢。又再驅趕了一陣子，無所獲。我們就退下，涉越過河。那時約兩點，我們開始往回走。事後得知，我們是在敵方的土地上打獵。純因我們人數多，加上又是由兩個歐洲人帶頭，才沒有連自己也被番人獵殺。那一帶的番人與六龜里的人是敵對的。度過極為疲憊，但很愉快的一天後，在夜裡很晚時才回到住處休息。照例得到分配給我們的一份獵獲物。那是此極良好的鹿後腿肉。次日，發現身體太僵硬、太累，無法開始往回家的路出發。槍也跟我們同樣的都閒散下來。隔天體力較為恢復，始能動身，向自己保證不多久就會再回來造訪。跟友善的村人道別，他們一再要我們再去住。同時擔保會很熱誠歡迎，再去打獵。後來我又有機會再去拜訪六龜里，受到與前次同樣的親切招待。④離開後，我對熟番原來就有的好感，更深、也更加肯定了。

---

④懷特另外一篇遊記似乎也是跟一八六八年初的探訪活動有關，因此，不知第二次拜訪六龜里為何時。White, F[rancis William], "A brief account of the wild aborigines of Formosa," *Transactions of the Ethnological Society of London* n.s. 7 (1869): 165-66.

III

史蒂瑞

Joseph Beal Steere, 1842-1940

美國人，探險家、自然史學家、大學教授

〈來自福爾摩沙的信件〉

史蒂瑞
Joseph Beal Steere (1842-1940)

　　史蒂瑞，美國人，密西根州出生，在同州受教育（學士一八六八、法律學士一八七〇）、工作（密州大學）、養老。是探險家，自然史學家，大學教授，晚年歸農。史蒂瑞大學畢業後由他親戚提供經費讓他到處探險。史蒂瑞先探訪南美洲，然後經過大太平洋到達中國南部，從廈門搭船去福爾摩沙繞一大圈，再往馬拉半島、香港、菲律賓群島等地區，最後回美國開始工作。每到一處就蒐集動物、植物、民俗器材、自然史學所需之標本等東西，一箱一箱運回美國博物館去，探險完畢，所蒐集的物品也夠他研究一生了。

　　史蒂瑞不像一般來台的旅行家，他不但跑過很多地區，在福島也待了半年之久。一八七三年十月從廈門到台灣來，一八七四年三月中才離開。起先在南北港口繞一圈，然後慢慢地走訪各地聚落。陸地上主要依賴傳教團的網絡進行他的調查工作。從台灣府到水沙蓮（今日月潭）、埔里、大社等地，是跟隨長老教會的甘為霖牧師走的，而北上到艋舺就靠馬偕博士引路。福島南部走的兩條路線，一條從台灣府出發，前往東邊的岡仔林，另外一條走打狗至萬金庄的山路，基本上也是順著教會的網絡。基督、天主兩教派傳教團的人員都曾協助過他。當然，路上的安全、住宿、挑擔等都依賴漢人與平埔族群提供勞力、食物、地理與人文知識。甚至連史蒂瑞蒐集的動物和植物也靠這些人（尤其是各地小孩子）採集。

　　今天史蒂瑞從台灣蒐集的標本有不少還放在密西根大學各博物館內，等待學者重新組合，開一個有規模的特展。幸虧幾年前李壬癸教授已經重新整理史蒂瑞的手稿《福爾摩沙及其住民》予以出版。我們翻譯的文本則是史蒂瑞為了回

饋他親戚的協助，而寫下來的〈來自福爾摩沙的信件〉，當時都登在密西根州安阿伯城的報紙（*Ann Arbor Courier*）上，代表史蒂瑞對台灣島所見所聞最早的感想，也因此相當可貴。

想更進一步查詢有關史蒂瑞的生平與著作，請參考下列諸書與文章：

1.　　Steere, Joseph Beal, *Formosa and its inhabitants*, Paul Jen-kuei Li, ed. (Nankang: Institute of Taiwan History, Academia Sinica, 2002).

2.　　Stephenson, Samuel, "Joseph Beal Steere," url: http://academic.reed.edu/formosa/texts/steerebio.html

來自福爾摩沙的信件

作者：史蒂瑞（Joseph Beal Steere）

摘自：《安阿伯新報》（密西根州），一八七四年四至七月。

Steere, J.B. (Published letters describing expedition to Formosa). *Ann Arbor Courier* 10 April 1874 (Byline: Takao, Formosa, 10 October 1873); 24 April 1874 (Tamsui, 1 December 1873); 1 May 1874 (Tamsui, no date given); ?? May 1874 (Tamsui 1 December 1873); 22 May 1874 (Tamsui, 1 December 1873); 29 May 1874 (Takao 21 January 1874); 5 June 1874 (Taiwanfu 10 January 1874); 12 June 1874 (Taiwanfu 1 February 1874); 3 July 1874 (Canton, China 10 April 1874).

（#70）一八七三年，十月十日，**福爾摩沙，打狗**

　　在廈門等汽船到此島時，我跟美國傳教士Kip和Rapaljee先生在該市中國人的禮拜堂參加了禮拜式。那禮拜堂坐滿了人。有些婦女坐在一個小的地方，用簾子與禮拜堂的主要部分隔開。禮拜式和我家鄉的差不多，然歌唱部分則是中國特有的。不過，大家似乎都唱得很起勁。有一班教會學校的小男孩坐在我前面，張大嘴，盡情地唱。有個小傢伙頭全剃光了，其餘的則在背後留個小辮子。

　　講道部分，對那些小男孩來說，似乎太長或太深了。他們多次打瞌睡，頭點得厲害，像有從很高的長椅上翻倒的危險。他們的腳則懸垂著，碰不到地。不過偶會一驚，醒過來，繼續聽道。表情沉著、嚴肅，是那種較適合其長輩該有的表情。

　　在中國，商人與銷貨員之間，主人與僕人之間，他們所用來溝通的語言，對剛抵達的外國人來說，成為一件相當有趣也很重要的事。因為那是讓人瞭解自己的唯一方法。除非他費心去學習（純正）漢語。那可要下好幾年的功夫。這溝通用語叫做洋涇濱英語（pidgin English），或商務英語。「pidgin」這個字

的英語發音，大概是中國人耳朵所能鑑別的，最接近「business」（商務）這個字的發音吧。此語言（因其已重要到可稱為「語言」了）是將漢語的詞、句照字面譯成英語。漢語特有的成語、句子的結構等都完全保留。一個人若晚餐想吃橘子，可以跟僕人說：「得我的一塊橘子」（catchee my one piecee orange）；僕人剛結了婚，會告訴你：「我的有得一塊妻」（my have catchee one piecee wifee）。

　　暫住在廈門領事家時，一天僕人來到我房間，說：「有得下面兩塊英國人要見你。」（have got down side two piecee Englishman, wanchee see you）後來終於搞清楚「下，面」（down side）是樓下的意思。下去後，發現「兩，塊，英國人」（two piecee Englishman）原來是兩個美國傳教士來訪。洋涇濱英語對「主教」這個詞的表達方式，依當前所傳述的如下：「一個第一，上面，天堂商務，人」（one piecee number one, top side, heaben pidgin, man）。為外國人服務多年的僕人與買辦，他們所學的都是這種語言。在中國大部分的商務也都是透過此媒體來進行的。

　　汽船「海龍號」在中途一個海港處因颱風而延誤，等了很久以後終於出現。我於是跟兩個會說一點英文的漢人僕人，搭船來這個地方。他們是我為了來福爾摩沙島而特別雇用的，幫忙我採集。越過海峽時風浪很大。我這唯一的乘客，因暈船而一直留在臥鋪上。抵達此島北端的港口淡水時，我發現僕人在廈門時又上岸去，未能及時離開，所以被遺留在當地。我在淡水上岸，利用汽船攔泊在那裡時，參觀了陶德先生的茶葉公司（Dodd & Co.）。

　　在此島的那一端種了不少茶葉。茶採了後，再經日晒，就交給外國人處理，通過一個烘烤過程，以便運輸。這是把茶放在竹籃內，在炭火上烤，讓其足夠乾燥，可經久不變質。然後再裝盒，貼上標籤。那些多半或全部是一種叫烏龍的茶，幾乎全為美國人所飲用。

　　用來卸煤的船長且狹，煤是從河上游的礦坑運來的。那地方看起來相當忙碌。

　　我散步到荷蘭古堡。這是此島兩百年前為他們所占領的遺跡，至今仍穩固聳立著。英國領事用來做為住處。一棵榕樹，長在頂端的垃圾堆上，很久以來都是駛入港口船隻的陸標。荷蘭人被一個獨行的中國海盜克服，而他結果又為中

國當局緝拿處刑。此島大部分的地區，以及一切有價值的，好幾代以來都為中國和平占有。唯一可做為歐洲國家霸占福島的理由，就跟他們要征服大陸本土的一樣，其實都沒有正當理由。雖然在這些地方的外國人常說，他們希望福島在英國或美國的手裡，這樣可能會公平開放通商。

淡水附近的山與丘陵都比大陸的綠得多，但木材卻早已被中國人砍伐殆盡。

從淡水到此地（打狗，P290）的航程還算平穩。我們經過澎湖群島（Pescadores，P218），這一群島嶼約在福爾摩沙到大陸的中途。島嶼都很低平，高度不超過海拔二十到三十英尺之間，顯然是最近才升起的。有幾個漁人的村莊。他們大概完全靠海為生，因為島上似很荒蕪。

進入打狗的海港以猴山做為陸標。此山形成一多孔石灰岩山脊的一部分，塞滿珊瑚與貝殼。山脈的走向與此處海岸的方向幾乎有數英里是平行的。海港本身非常安全，可是很小，且像島上這一邊的所有其他海港一樣，都頗淤塞。主要的山脈舉目可見，仍有原住民居住，那裡鄉野的木材尚未被漢人砍光。

到魚市場去了幾趟，也到海灘上漁夫撒網處找，這樣就已取得大量奇特的魚與螃蟹。我在矮樹叢裡則已找到若干品種的陸貝與樹貝（tree shells）。石灰岩山丘部分為這些矮樹叢所覆蓋。淡水的小溪以及用來灌溉稻田的溝渠裡，都有許多黑螺（melanias）與其他的淡水貝類。在淹積數英寸水的稻田裡，有一些很優良的鱟（limuli）浮游在水上。

這裡的田野似乎有很多東西可採集。不過，我剛受到這裡一個蘇格蘭傳教士，即甘為霖牧師（Campbell）的邀請，要我伴隨他去旅行。他打算進入島的內部探訪他的幾個傳教所。要到達這些傳教所，走路要五天的時間。我們到時候會置身於「野蠻人」之間。這在此島的中央地帶，幾乎是可以肯定的事。我們預期去一個月，再回到島的這一端。我在此處尚留下一些事情，待回來時再處理。

（#71）一八七三年，十二月一日，福爾摩沙，淡水

福爾摩沙英國長老會的甘為霖牧師，台灣府的英國領事布洛克先生，與我，十月十四日出發，做一個進入此島內部之旅。甘為霖牧師是要去近此島中

央地帶的一些傳教所。我們這一行，包括我們自己、兩個僕人、五個苦力（是揹負行李的），以及三個抬轎子的苦力，與一個轎子，以防我們之中要是有人累了或病了。

中國苦力將其重物分開，在竹竿的兩端各掛一半。以緩慢、搖擺的小跑步出發，我們發現即使疾走也很難跟上。但他們跑了一、兩英里後，常會將行李放在路邊的小棚子裡，多有榕樹展開的枝葉遮蔭。苦力會喝上一杯很淡但很燙的茶，或吃一碗飯，休息數分鐘，然後再上路。一天的行程大概就由一打多這類短距離且快速的行走組成。在停下休息的地方，我們倆會分食一個大柚子（pomelo，或文旦）、燻鱈魚，或者吃一些大蕉（香蕉的一種）、橘子等物，然後再趕上其他的人。

離開台灣府後的幾英里田野似乎太陡，不適於灌溉，而種植甘薯與甘蔗。後者為紫色的那種，較小，節與節之間很短，但十分甜。在此島南端種糖的重要性正快速增長。未加工的糖被運送到大陸與日本，有時還運到英國。

在通過此地後，我們進入一處極寬廣的平原，遠延到我們視線所能及處。土堆將之分成小塊田地，都經灌溉，種植稻米，現在即可收成。田裡滿是男人、婦女和小孩。其中有些人用很小的鐮刀割下小把小把的稻子，束成綑紮，其他的人將之抬到打穀者那裡。那人站在一個很大的木盆前，盆子幾乎整個被高達六或七英尺的一塊布圍住，以防稻米飛出。板條放在木盆上，稻桿上的米被擊打，僅一、兩下就徹底把桿上的穀粒清除，剩下來讓婦女清理的實在不多。木盆用杆子抬到田裡各處，等到滿了，就用籃子把稻米搬到晒米場。那是被踩踏得很硬且平滑的一些泥土場地。在那裡把稻米展開來晒乾。這田野各個地方一年可產稻米兩次，有些還可收成三次。唯一打斷此一英里又一英里，千篇一律的稻田的，是小叢的竹子，星散在平原上。每個竹叢後，都匿藏著一個骯髒的漢人小鎮，塞滿泥土屋舍。

漢人本質上喜歡住在市鎮。他們去稻田耕種、收割，但夜裡回到市鎮。田裡唯一的避身處是一些用草或稻草蓋的小屋。有人夜裡來此守望，以防小偷或野生動物。在中國別的地方是怎樣的情況，我不大清楚。不過穿越整個福爾摩沙島，都看不到任何能讓人聯想起我國的農家的，我們農家的家庭都住在自己的田地上。

　　我們所走的路，雖是兩個大城市之間的主要通道，卻只是一條狹窄的小徑，隨著田地之間的分界線盤繞。以致於在很快速、疲累地走了一天後，我們發現自己離台灣府幾乎不到二十英里。第一夜，我們在火燒店鎮（Hoisiutiam，P088）一個漢人的旅店過夜。以後住宿的旅店都差不多。給我們的房間很髒很小，泥土地面，與豬圈僅由一個竹製屏風隔開。整個店裡都瀰漫著鴉片煙的味道。我們買了蛋與米，加上隨身帶來的醃肉類，吃了一頓豐盛的晚餐，就上床睡了。由於太累，也顧不了那一大群會爬的東西。它們慣常從寄居漢人旅店的人那裡抽稅。

　　第二天，我們走過一個跟第一天差不多的鄉村。在有些地方看到花生田。婦女坐在地上，用很銳利的樹枝在那裡挖掘。豬群撿食她們遺漏掉的。小男孩看住那些豬，不讓其越界。婦女頭上戴著一塊藍色的布，繫在下巴底下。很像老式的兜帽。她們的鞋子很粗、很奇怪，是用棕櫚葉做的。可讓腳不致陷入泥漿太深。田裡滿是泥漿。我們看見有幾塊田地，種著一種大型的植物。繩子的粗纖維即由此植物做成。不過主要的作物，像前面的田野一樣，還是稻米。我常在廣東與香港的市場裡看到一種奇怪的乾果，形狀跟公牛的頭與角幾乎一模一樣。我發現它們生長在此地的池塘裡，是一種水生植物的果實。

　　第二天晚上我們住宿在有圍牆的嘉義市（Kagee，P097）附近。據說此城市人口在三萬到六萬之間。圍牆的圓周有數英里，用磚與石頭蓋得十分牢固。上面很寬，足以讓四、五個人騎馬並行。大門用第二個牆與外層的門來加強。雖可能是在最近一世紀內建蓋的，但並沒有大炮保護，也無抵禦大炮的措施，跟中國人幾千年以前的建蓋的城牆沒什麼兩樣。

　　歷史學家若想澄清幾個有關早期與史前時期的築城術與防禦工事方面的疑點，最好來中國查訪。因為他們很可能會發現，目前正使用的築城術，跟荷馬所描述那包圍特洛伊（Troy）城的，是同樣的形式。雖然中國兵士都攜火繩槍，有時也持來福槍，佩刺刀，但他們視為優先的，不在這些武器，而仍在用弓和箭的技術。

　　嘉義市遠在近山腳處，除了步道外，沒有小道或其他交通方式。為何仍有如此多人聚居該地，實很難以瞭解。

　　第三天天尚未亮前我們就已上路。星星仍在閃耀。晨曦從東邊的山上逐漸

漫延過來。我們離開左邊往淡水去的路，轉向東北。晚上過夜的村莊正在山腳下。我們現已抵達「野蠻人」所在的附近地區。碰到的漢人隊伍都持刀、槍等武器。

第四天我們往上經過一條山澗溪流。我們整天在山丘間爬上爬下。有時在桫欏與他類熱帶植物之間，有時在長滿高草的山側。漢人在那裡砍伐木材，以把「野蠻人」驅走。經常可見到樟腦樹樁與鋸成段的木頭。不過，砍樹一般只為取得可做成良好厚木板的那部分。經常有人給我們指出Che-fan（「野蠻人」的名稱），下山來獵取無力抵抗的漢人頭顱的地方。他們事後又退返森林。

第五天旅程的早晨，我們碰到一隊水番（Tsuiwhan，P342）。那是一個「野蠻人」部落，已經捨棄獵頭的習性，現與漢人和平相處。那些可憐的東西跪在小徑上，我們的跟前，看起來像是，只要我們想要，隨時可以親吻我們所站的地面。他們穿著很破舊的鞣皮打獵上衣，長達大腿處，讓小腿赤裸著。都攜帶武器。一部分的人持中國式火繩槍，其餘的則帶弓和箭。他們個子很小，但容貌比漢人好。並無漢人所特有的那種斜睨的眼睛與倒翻的眼皮。

走了兩、三個小時後，我們來到一個很大的山谷。中間有個湖，有二、三英里長。此山谷與湖曾是水番所獨有的。他們有幾個村莊在附近，但是漢人逐步侵占，用極低的價錢向這些可憐的「野蠻人」買下最好的土地。他們像印地安人一樣真正喜歡烈酒，而為了換取酒喝，寧願割捨任何東西。我們走下湖岸時，見到一個「野蠻人」單獨在湖中的蓮花間用網捕魚。答應給他一些菸草，他就很慢、很謹慎地划到岸邊。我們得到機會細看他的船和漁獲。那條船是個很大的樟腦木段，將中間弄空。顯然是用火。看起來像是幾世紀前做的。並沒有末端，為了防水流入，得放入黏土。船底有五、六條小小的魚，很像在我們西方磨坊水池裡會找到的鯰魚（cat fish）或杜父魚（即美洲鯰魚，bull heads）。也有一些貝類，顯然是anodons品種的。

我們到達的消息傳到湖的另一端時，老酋長派人送上來一艘獨木舟，跟先前的那艘一樣，但有三十到四十英尺長。我們跟行李一起上船。湖非常美麗，每一面都被山環繞。東邊的那些山上仍密覆著原始森林，西邊的則已被漢人逐漸侵占，而掠奪去許多木材。

水番主要的村莊在西邊。我們於是就在那裡登岸。年老白頭的酋長以及

部落裡所有的人，男人、婦女、孩子都出來歡迎我們，跟我們握手，說：「penan」，發音極接近漢語的「平安」（pengan）。漢人從不握手，所以這若不是一個古老的福爾摩沙原住民的習俗，就是他們從基督徒那裡學來的。

我們立刻被領到其中的一個房子去。那是一個很大的竹製棚屋，用草覆蓋。在泥土地面上不同處有四、五個火堆。並有同樣多的低矮竹製平台，做為床用。有幾堆火就有幾家人居住。中央支撐屋頂的柱子旁邊擺著火繩槍、弓、箭，及他類戰爭與打獵的附件。還掛著多串猴子、野豬、鹿及其他獵物的頭殼骨，都經細心保存。

甘為霖牧師在此離開我們，繼續到傳教所去。布洛克與我則多留幾天，在湖邊打獵與採集。我們在找地方暫住上有點問題，但一老年漢人，他是此地的主要人物，決定收留、照顧我們。我雇用來幫忙採集的僕人中，有漢人也有「野蠻人」。我從台灣府一路帶來的酒精罐很快就裝滿了魚、蛇、螃蟹等物。我們常在湖邊划船，用槳划來划去，但除了一個品種的小鷺鷥鳥外，沒找到什麼。這種鳥很多。我們也找到幾隻很良好的蝴蝶。村子裡的小男孩陪我們一起採集，結果帶來大量的蚱蜢、螳螂，和其他昆蟲。

這整個族群，從酋長到底下的人，結果都是大乞丐，不斷到我們房間來要東西。但因我們本就想盡可能多見到他們，而我也試著記下一些他們的語言，所以也就不大在乎。他們有一個很奇怪的習俗，那就是把上排中間兩個牙齒旁邊的牙各敲掉一個。讓中間那兩個單獨直立著，像個松鼠一樣。這似乎只有對男孩快達成人時期時，才如此做。

當時正好是稻米收成的時候，多數的水番都被雇幫漢人收割。可能用來償還以前欠下的債務。男人和婦女都從事收割、打穀等工作，而有些則將打好的稻穀揹回村莊去。他們負著重物踏著重步行走時，不斷重複一個單調但悅耳的「哦呵哦呵」聲，遠遠傳到山丘與湖邊。有次我曾聽到過一隊男孩唱一個很狂野奇異的繁複環繞的歌曲。要是巴納姆（Barnum[1]）能將這些男孩和他們的音樂運送到美國，那必會讓他發大財的。他們似乎是非常有音樂天賦的族群，跟其漢人鄰居、主人間有很大的差異。

（#72）一八七三，年十二月一日，福爾摩沙，淡水

　　跟一些水番獵野豬失敗後，我們決定繼續上路。告別得有點匆促，那是因為主人有個兒子去世，一家人全都在哀悼，十分悲慟。漢人對悲慟的表達太過於情緒外露，讓周邊的人很不自在。

　　我們傳話給老酋長，告知我們想要繼續往前走，需要人幫忙抬行李。次晨八、九個人來揹負原來三個漢人抬來的東西。

　　水番尚未學會像漢人那樣，用一根竹竿橫跨肩上，來挑負重擔。他們每人有一個扁的小木框，綁在背後，然後把重物固定其上。每個人都攜帶舊式的火繩槍，不然就是弓和箭。老酋長伴隨隊伍，以領一份工資，及任何落入其職位的額外小貼補。

　　我們離開那老漢人。他曾那麼親切地收留我們，現正因失去兒子而在哭泣。離開他們家很遠了，還可以聽到那家人響亮的哭聲。護送我們的「野蠻人」，他們的外貌足夠野蠻，定能讓最熱愛蠻荒生活的人感到滿足。酋長的大兒子，光著頭，後面長髮編在一起。穿著鹿皮上衣，只遮蓋到大腿的部分。讓小腿與手臂都赤裸。他是領隊。其餘的，衣著武器都一樣，以印地安式的列隊跟隨著。老酋長殿後。為了尊嚴，他只攜帶自己的火繩槍與布洛克先生的一把大傘。他以「野蠻人」的方式把傘敞開在頭上，雖然既沒太陽也不在下雨。他年輕時曾為野豬攻擊，腿部有個很深的傷口，肌肉顯然被割裂到極點。然未經開刀也已痊癒。不過留下的裂口，能讓我把手放進去。即便如此，再加上他已八十歲了，但他似乎仍跟這批人裡面任一個同樣年輕。

　　就在我們離開水番的小湖和山谷，而一切都似乎進行得很順利時，那些「野蠻人」突然趴倒或蹲在地上，有些還開始呻吟，其餘的則用大刀在槍較粗的那端連續重擊。當我們詢問是怎麼回事時，發現原來有隻以預告未來著稱的鳥，在小徑左邊發出叫聲，這代表惡兆。停了一會兒後，雖又出發，但他們仍呻吟不止，並用槍托敲擊。這個代表惡兆的鳥以同樣的方式使前進停止兩次。但後來在右手邊聽到，我們就繼續上路了。

　　我們穿過一個樹木叢生的鄉野。有很多樟腦。漂亮的山谷長滿野生的大蕉與桫欏。由於拿著網子走在最前面，我採集到相當可觀的稀有森林蝴蝶與飛蛾。是從小徑與路邊的灌木叢裡飛起的。

　　他們指出這幾年內小群漢人曾被生番獵頭的一、兩個地點。這些生番似乎習

①美國遊藝節目經理人，以主辦聳人聽聞的遊藝節目演出和奇人怪物展覽而聞名。

慣在這樣荒野的小徑守望，直到無抵禦能力的人來到，就從藏匿處衝出，能砍多少頭就盡量砍，然後很快地撤回到山上的村莊去。

下午我們走出此樹木繁茂且多丘陵的鄉野，進入一個很大的平原，叫做埔社（Posia，P237）。直徑約五到七英里。內有三十多個村莊，其中多半是熟番的。大部分的地已經耕種，但亦很容易可見到，遠沒有漢人做得那麼仔細與徹底。

我們很快來到一個寬而淺的溪流。那裡有一打左右的婦人與男孩在捕魚，採用一種很新奇但非常成功的步驟。那是在峽谷中築堤壩，把溪流的水攔住，成為一個狹窄的水道，將很長一段距離河床的大部分放乾，然後從小洞內以及石頭下捕捉小魚、蝦、龍蝦等。我們出現時，他們都放下工作，到小徑上來跟我們熱誠地握手，說「平安」。這似乎是從傳教士那裡學來的招呼話，而現已變成這些野蠻基督徒特有的風俗之一了。他們似乎由衷歡迎我們。很可能從未想到會有留鬍子的白種人，而卻不是傳教士的。或認為我們至少應是好基督徒，所以也可算是弟兄。

順著溪流往下走，好幾次都得涉越。那水由於從山上下來，非常冷冽、清澈。我們攀爬上一百英尺處，發現自己置身於一個直徑約一英里的高地上。由於太高而不便於灌溉、耕種。但上面建有烏牛欄（Ogulan，P200）村莊，以及其他一、兩個村莊。在我們進入土屋零落的烏牛欄小鎮，所有的人都出來跟我們打招呼、握手。那地方每個男人、婦女、小孩都跟我們說「平安」。在受到漢人冷淡、猜忌的對待後（他們常跟在我們腳後跟穿過村莊，喊著「whan-a」即「番仔」），對這樣親切的招呼真沒心理準備。我們被領到一個剛蓋好的小禮拜堂去。在那裡見到甘為霖牧師，於是安頓下來，做兩個星期的停留。

那禮拜堂，蓋得跟山谷裡另外兩個一樣，大部分或全部都由熟番自己建蓋。並未受到傳教士的協助。是土磚的房子，有石頭的飾面，樟腦木做的木工活。樟腦木只需在當地砍即可。房子的地面是泥土的，座位為很粗的樟腦木長椅。有二、三十個女孩與男孩正在學習，直到我們進去才打斷聚會。在一個有草覆蓋的小土屋的一側，是那個神職人員住的地方。他做的工作跟牧師與教師的差不多。另一側則是甘為霖牧師所稱的「manse」，即牧師的住宅，結構相同。我們就住在那裡。

　　許多訪客來看我們，讓泥土地飛揚起不少塵土，而那兩個用油紙做的窗戶更是被許多好奇的手指戳破多處。但是，即使有這些缺點，我還是挺高興能暫住在這些好客的人之間。

　　布洛克先生進村時傷了腳。在我們等待他腳復原時，甘為霖牧師善加利用時間，去山谷裡各傳教所探訪，我則把帶來的酒精罐打開。很快就形成一個相當蓬勃的市場，收購魚，陸貝與淡水貝類，蛇、烏龜，以及其他人們在打獵或捕魚時發現的任何有趣物。

　　這趟旅行所得到的蛇近於八十條。幾乎所有的都是從此地找到的。有幾種是有毒的品種，其中有一條非常漂亮的綠色的。有天他們帶來一條大蛇，用套索綁在長桿的一端。宣稱那條蛇有劇毒。就在我們接近去檢視時，牠把頸部壓平，露出兩個像眼鏡的斑點，讓我想起曾讀過的，對「cobra de capella」的描述。自我抵達此處，由專家鑑定後，證明的確是眼鏡蛇。

　　凡是獵人覺得有趣的，就帶來給我。我一般都不必自己去獵捕。最先捕獲的大概是一隻褐色的大鹿，有一對非常良好的鹿角。那是老Kisanhia所射殺的，他是教會的長老。鹿是夜裡帶過來的。那些人用火把照明回程的路。把鹿帶到禮拜堂前邊一個老舊的小屋，開始剝鹿皮。全村的人圍站在旁邊。有些老婦人和男人在感謝神把鹿賜給他們。小男孩也圍擠過來，用手沾血喝，就好像喝蜜糖一樣。鹿之後，是一隻很大、很好的猴子。再就是兩、三隻飛松鼠，大得跟貓一樣。然後是極優的雉雞，屬於很罕見的品種。較為次等的捕獲也很多。

　　小男孩、小女孩帶來甲蟲、蟋蟀、蚱蜢及各種各樣的昆蟲，換取到一點零錢，感到心滿意足。那些錢他們馬上就花在漢人小販籃子裡的糖果上了。這些小販總是就在眼前。

　　熟番似乎原先來自彰化（Chung-wha，P053）。那城市附近仍有幾個他們的墾居地。他們宣稱是三十多年前從埔里社（Polisia，P230）移居過來的。為躲避負欠漢人的債務，跋涉過極痛苦的兩天路程，進入「野蠻人」的蠻荒領域。自從那些貧困的家庭遷來之後，很可能還繼續有移民來此。現在他們在這山谷的人數約達四千。他們比漢人族群優秀、強壯。除了有些可用通婚來解釋的例子外，他們都沒有倒翻的眼皮。嘴很大、很寬，這一點與漢人也不同。他們中有些人的面貌特徵，幾乎像歐洲人。他們無疑代表一部分的原住民，即那些擁有

沿著此島西部良好土地的。不過極少像漢人那麼節省與勤勞,也沒有他們在交易上的精明,這些原住民逐漸被驅回山區。他們仍有「野蠻人」對打獵、捕魚的熱愛,將大部分的時間都消磨在這些事物上,而那原本最好用在稻田上。他們仍說土語,似乎源出於馬來語。年輕人都說土語,但不少會閱讀中文。許多老年人則對其主人的語言,即漢語,只懂一點點。

傳教士來到他們之間時,他們依漢人的習俗,家裡原有一些偶像與祖先的靈牌,亦有一些自己的狂野舞蹈與歌唱,同時還似乎有某種對鹿頭的祭拜。

他們通過Kisanhia的影響而接受基督教。這是一個老人,深受胃潰瘍之苦,飄泊南下到台灣府,進入傳教所的醫院就醫,結果治癒。同時也學到一些福音。走了一百多英里回到自己族民那裡。拋棄偶像與祖先的靈牌,跟其家人開始做基督教的禮拜,很快就有鄰居加入。在傳教士聽說此趨勢之前,已有超過一百人搗毀偶像,而遵守安息日──但在星期六而非星期日──因為老人在回家的路上把日子數亂了。

此趨勢僅有一年多一點的歷史,而傳教士也只來探訪了三、四次。現在卻已有超過兩百個教會成員。大概有六百到八百人之間定期出席做禮拜。並不是所有的人都信奉基督教。唯一的原因似乎曾是由於缺乏傳教士的教導。他們與台灣府的傳教團相關聯。那裡有一個牧師與一個醫療傳教士。共有十二個傳教所。有同樣多數目的(即十二個)年輕人負責教導與傳教。這些年輕人經常自己學到的福音也不多,跟他們負責教導的人幾乎差不多,難怪不是非常有力的福音傳播工具。他們用羅馬拼音的白話文來印行聖經與聖歌本。那是用羅馬字母把漢語拼出來,而不是用漢字來寫。小女孩、男孩都已經學會(用字母)閱讀與書寫了。不過,只用聖經與聖歌本做課本,無論對教師或是孩子來說,都讓學習的工作變得十分單調。

地理、算數,及其他對我們來說很普通的那些學科,在漢人之間卻是未知的。羅馬拼音的白話文是教這些學科的很好媒體,但目前尚無教科書譯成此語言的。每天夜晚與早晨小禮拜堂都有禮拜。以打鼓召集群眾。讀一章經文,每個人輪流念一節。許多男孩、女孩都太窮了,除了一件遮身上衣外,什麼都沒有。但白話聖經他們都唸得很流利。部分的年長者則閱讀漢字。在一個長者帶領祈禱後,就會唱一、兩首聖歌。有時是以傳教士教過的曲調,但更多時候是

用他們自己的調子，就是那些曾在敬拜偶像的舞蹈上用過的，現在則用於更高尚的目標上。他們自己的曲子很奇怪，但頗優美。我們的作曲家，若要搜尋新東西的話，在此定可找到。他們的聲音非常悅耳，對音樂真心熱愛，非常願意學習。我想學習一些他們的音樂，所以叫他們來了好幾次。一個小女孩，約在六到八歲之間，牛痘的疤痕累累，是唱詩隊指揮，負責提音。他們為我唱了歌之後，我也唱一些家鄉的主日學聖歌作為回報。在我離開前，他們已學會三、四首，依自己的聖歌曲調來唱。

我們的衣服、容貌、書籍、行李等，都讓他們感到非常好奇（但仍頗有禮）。幾乎總有一群人圍過來看我們吃東西，清洗等。有個有趣的老頭，他總在我們身邊，看看有什麼事情發生。為了彌補褲子太短、太薄，他早晚都提著一籃點燃的煤炭。蹲在地上，把籃子放在赤裸的膝上，形成一個很有特色的人物。

（#73）一八七三年，十二月一日，福爾摩沙，淡水

我們開始為到埔社以東「野蠻人」領域的旅行做準備工作。對從那裡到達太平洋抱很高的期望，因此要橫越福島的中央，也是最寬的部分。但從一開始就注定會失望多次。少數幾個交易商人在跟「野蠻人」做生意時，學會他們的語言。這些人是我們找到通譯與嚮導的唯一機會。甘為霖牧師上次去造訪時，曾帶了這樣一個嚮導，是個名叫Atun的熟番番。此人吸食鴉片，是個壞蛋，只要可能就欺騙甘牧師。不過因「野蠻人」，即生番，偷了兩頭水牛，和熟番之間正有些衝突。所以除了Atun以外，沒人敢進去。靠喜愛鴉片的不斷驅策，一般只要付錢，他什麼事都會去做。但我們發現這次連Atun也不那麼起勁了。

討論了很多，又等了幾天以後，我們終於動身。Atun以一個獵野豬的短矛在前面帶路，一個生番婦人跟著。她嫁給熟番，現在跟去做調解人。然後是兩個抬行李的年輕男子、甘為霖牧師的漢人僕人、再就是布洛克先生和我，都帶著槍。甘為霖牧師殿後，持著一個結實的手杖，那是牧師地位所能容許他攜帶的唯一武器了。我們轉身離開那遮掩住埔社山谷的山丘，而朝通往「野蠻人」家園的狹窄小山谷走時，大家不免都感到有點猶豫，不知是否還能活著回來。但我們屬於那三個族群，即蘇格蘭人，英格蘭人，美國人，他們凡是承擔起什麼

事來，一般是不會退縮的。

　　小徑沿著一條湍急冷冽的山溪往上走，經常得從一邊涉水到另一邊。山丘的各側都很高聳陡峭，高度在一千英尺以上。北側覆蓋著零散矮小的松樹和橡樹，其間的空地上稀疏地長著一層粗草。山丘南側的上端則密覆著繁茂的熱帶植被，以及許多品種的蔓藤纏繞在樹間，盤捲從樹上垂懸，幾乎跟巴西的一樣豐盛。究竟是什麼原因使山谷的兩側在外貌上有如此大的區別，實很難以理解，因為土壤看起來是一樣的。那山溪首先切過朝上翻轉的沙岩地層，但大部分的路線是流經板岩。這些板岩帶有結晶的石英紋理。

　　走了兩個小時之後，在上邊一個山溪的橫越處，我們見到幾個「野蠻人」。Atun與那個婦人前去會談。他們是很差的人類範本。矮小、近乎全裸，有種畏縮的樣子，屬於那些習於在矮樹叢裡守望，直到一些無抵抗能力的人落入其掌握中，但並非那種有勇氣在公開戰事中面對敵人者。他們都攜帶舊式的火繩槍，對我們的槍感到很好奇且懼怕。約中午時分，山谷略微擴展。我們見到上邊溪岸有一塊很小、崎嶇不平的空地，種了稻。相當大聲叫喊後，終於喚醒那兩個男孩，他們大概是留守在此照看屬於部落的水牛，使不致走遠。他們指出小徑由此可帶我們穿過高粗的草地很長一段距離，然後又再往下進入溪床。

　　我們現在進入較經墾殖的領域，在南邊的陡峭山丘上，好幾處都被粗略清除過。在這些已開墾的地點有些小屋。我們可以看見有人從遠方觀察我們，他們似乎對我們起疑。不過，當我們停下時，有幾個人前來圍在我們四周。我們很大方地送了許多禮物，並想勸服他們帶領我們到前面的村莊去。但他們似乎很不情願這麼做，還說了好些故事阻止我們繼續前去。首先，村裡的人都喝醉了，進去會不安全。其次，他們剛活捉了一個漢人，在割下他的頭顱之前，正舉行舞蹈與盛宴慶祝。Atun停下來，那天不肯再往前走。於是我們很不情願地接受一個跛足老人的邀請，晚上在他的小屋過夜。我們可看到房子在山側我們上面數百英尺處。攀登上去很艱難。我們用手攀住樹樁、根部等，以幫我們往上爬。而這就是福爾摩沙原住民被迫墾殖的土壤。他們砍下較小的樹，較大的則用焚燒的方式清除。然後堆積小塊石板，把地鋪上，成為小梯田，以防土壤被沖走。然後再種上甘薯、芋頭，一種無需灌溉的稻米，以及小米。從剛收割的稻子殘株的等級來看，土壤似乎還不錯。

等我們抵達那小屋時發現，在住宿上不會太舒服。那只是在山側挖的一個洞，是每邊約八英尺的正方形。用石頭堆在四周，樹枝架在其上，然後用茅草覆蓋屋頂。他們起了火，把一個寬淺的鑄鐵平底盤放在火上，煮米飯與芋頭給我們做晚飯。漢人僕人說，即使飢餓已戰勝味覺、清潔等精緻的感受，但如果想吃的話，最好還是別看是怎麼煮的。在圍站著等待那糊狀物煮熟時，我們發現身上爬滿跳蚤，是從狗身上和四周的舊乾草來的。我們趕緊搬到穀倉去，那是此處可提供的唯一的另外一個避身處。這是一個很奇特的小建築物。用草與樹皮做成。有四個杜子架撐，離地面約四英尺高。每個杜子上都有木頭的頂蓋，以防松鼠等物爬上去。這只能給我們遮蓋，但沒有其他的保護，而夜晚看來會很冷。我們於是在迎風的那面掛起一條毯子，地上放一個中國床墊，夜晚準備就緒。等待晚飯。他們把飯拿過來給我們。就用煮飯的鐵盤盛飯和芋頭，份量不少。儘管沒有桌子，我們還是好好享用了一頓。

這時，有幾個男孩、年輕男子，以及三、四個高大健壯，有刺青的生番婦女來拜訪我們。對我們的衣服，身體容貌等看得太仔細了點，這在文明社會視為不夠禮貌的。他們是大乞丐，直到我們送了針、梳子等物才肯離開。那時我們才能捲進被子裡睡覺。

早晨，發現我們的朋友，即那些「野蠻人」，很樂於來拿新的禮物，但至於帶領我們更深入則不情願。

等吃早飯期間，我帶著槍閒逛，走入用材林的邊緣。發現林子裡到處都是奇異的鳥類和動物，然幾乎不可能捕到。因為整個地面都太陡峭了，所以我不停地在往上爬，或滑下來。在此空曠地的邊緣，我發現十五到二十種之間的陸貝與樹貝品種，在差不多同樣多的（十五至二十）分鐘內。然後就攀爬下來，到穀倉去吃早飯。跟晚飯是同樣的東西，只是加了一隻雞。煮雞的湯用一只藤籃送來。

Atun發現要是我們不再往前走，付給他的工資就會大減。終於帶路前往山谷，朝著那些村莊走上去。不過每碰到一個老「野蠻人」，就停下來跟他交談，要求許可繼續前去。

往山谷上走時，愈來愈狹窄。有些很好的小瀑布由山側的懸崖飛落。自離開埔社後，幾乎一直往東走，但現在轉往東北，朝一個溪流的支流上溯。沿著

走，幾乎到達源頭。我們開始攀爬很陡的山丘。這一帶若不是很粗略地栽種甘薯，就是過去曾種栽植過。小梯田上長滿榿木（alder），高二、三十英尺。這樣艱苦攀爬了兩個小時後，來到山頂。進入一個房舍散置的村莊，大概有四十個住家。有同樣多的穀倉。後者跟我們前夜住的那個同樣類型。進入村莊時，可見到幾個婦人、小孩從對面跑出來。最後由一名男子接待。他像前夜的主人一樣，好似也在生病，但他把我們領到一個房子去，把那房子交由我們支配。

這個房子，樣式跟其餘的相同，約三十英尺長，十五英尺寬。房子所在的地面似乎被挖空，而我們要進入房內得往下面去，像洞穴一樣潮濕。除了門沒有其他的開口處，所以雖然當時是正中午，仍暗得看不見東西。此房子的蓋法，是堆起一個很厚，高三、四英尺的石牆，然後在固定在石牆間的柱子之間交織進樹枝，全部再用茅草覆蓋屋頂。我們寧可坐在外面的突出的牆上，也不要進入那陰暗的地方。很快就被一群人圍繞，有男人、婦女，小孩。幾乎所有的人都有病，要不是腳和腿上有傷口，就是其他的毛病。很需要藥物，而我除了碘酒酊劑外，什麼也沒帶。各種疾病我都給塗上一點，等我塗完，每個人皮膚上幾乎都有一些深色的碘酒斑點。

我們現在動身上路，穿過一個小鎮，這時發現有點不對勁。Atun告知目前最好保持安靜。這時我們見到一個房子後面陳列了一些人的頭殼，就上前去細看。在一個小平台上有二十四個排成一排。顯然最近才為它們舉行了一些儀式，因為上面還有些竹枝與狹長的彩帶。其中多半是陳舊發白的，但有幾個靠近中間的，還有皮膚與人肉在上面，乾枯到看起來有最恐怖的怒容，而「野蠻人」把牙齒敲掉做成項鍊的習俗，只有使其更加可怕。有幾個有砍得很深的大切口，好像是用斧頭或很重的刀砍的。我拿出筆記本，想替那場地做個素描。這時Atun又來干預，說我們檢視那些頭殼讓他們生氣。我們只得作罷。頭殼很快就被移到較不惹人注目的地方。

這之後像似有點平靜下來。布洛克先生和我就帶了槍，繞著村莊遊蕩，射殺了幾隻鳥。我進入一個濃密的小竹林，因鳥都躲進去。但回到村莊時，我才發現自己必定做了什麼可怕的事，因為大家都打手勢要我走開。我不能接近任何一個人，直到Atun拿來一葫蘆的水，灑在我的臉上、手上和胸上，這就把我所受的邪靈（無論是什麼樣的）淨除了。至於問題究竟出在哪裡，就我們所能理解

的是，那是一個埋葬場，他們都懼怕神靈而不敢進入。從這件事與其他幾件事件上，我們推斷出，這些「野蠻人」生活在高度迷信與禁忌的壓力下。這跟桑威奇群島（Sandwich，在南太平洋上）居民在成為基督徒之前是一樣的。即使到現在，馬來群島有些部落仍如此迷信。

現在天色既已快黑了，我們就進入他們所提供的房內。看到我的童僕和僕人都無比驚恐，所以連晚飯都沒準備。那房間在其兩端各有一火堆，所以是給兩家人用的。每個火堆處，都有兩個很低的竹製平台，用來坐臥。靠松樹火把照明，有個婦人負責照顧。她每幾分鐘就把它弄熄，用刀砍之，使其更亮。房裡的家具包括另一個鐵鑄的平底盤，幾個裝水的葫蘆。門對面掛著幾個木筏上使用的吊具，用來掛這家人的武器與裝備。這些武器包括兩枝老式火繩槍，主要是此部落用來打獵的。戰爭上用的武器是兩根很長的竹製矛槍，以及兩把很大的彎刀。刀鞘上有長綹漢人的髮辮裝飾。也有兩個紅色的袋子，用珠子與漢人頭髮高度裝飾。本來我們對袋子的用途有點疑惑，直到Atun告知那是用來裝獵獲的漢人頭殼的。我認為這些東西會是很好的投資，馬上提出要購買。但不知怎麼，即使我拿出很多紅布和珠子等物，就是買不到。唯一能向他們購買的是衣服。多半是用某品種的蓴麻做的，非常牢，要是費心織，可織成非常精緻、美麗的布料。這些布料常用紅色的毛線刺繡來裝飾。紅線取自英國的法藍絨布，或類似的東西。是從漢人那裡買來的，拆散重織，然後縫在布上。男人穿的唯一衣物是一件粗織的上衣，是用這種麻做的，可能是苧麻，在農業報告中經常描繪。婦女的服裝並不那麼容易描述，似乎是用這種布條纏繞身體而成。

我們也買了幾個奇特的樂器。做法是在一根竹子裡切割一個舌狀物，含在牙齒間，急拉一條繫在上面的線來使其振動。聲音很像單簧口琴。通常把好幾個口徑綁在一起。我聽過好幾個人一起合著拍子吹的極好演奏。這似乎是部落裡特屬於女孩與年輕婦人所有的東西。她們會把此樂器帶來演奏音樂，然後試圖交易珠子、剪刀等。

這些年輕美人都以一種奇特的方式刺青，讓她看起來（在我們看來）一點也不漂亮，不過在部落的年輕男子中可能價值大增。刺青就我所知是用煤煙，從耳朵到上唇刺三條細狹的平行線條，再從耳朵到嘴角刺三條，又從耳朵繞到下巴刺三條。介於這幾套線條之間有兩個空間，刺著交叉線，使其相互形成小

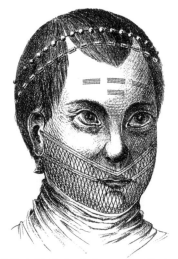

Method of tattooing the face practiced by the women of the tribe of Chewhan living east of Posia, Formosa.

●住在福爾摩沙埔社東邊的生番部落，婦女在臉部刺青的方式。《紐約的美國地理學會期刊》，第6期（1876），面向頁307。

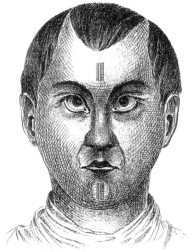

Method of tattooing the face practiced by the men of the tribe of Chewhan living east of Posia.

●住在福爾摩沙埔社東邊的生番部落，男子在臉部刺青的方式。《紐約的美國地理學會期刊》，第6期（1876），面向頁308。

菱形。臉的下半部有如此大量的刺青，讓年輕婦女臉色顯得十分暗沉，老年婦女的則褪成藍色。此外，額頭上還有長方形的橫塊，約四、五個。同樣的刺青在膝蓋下小腿的前段上也有數個。男子僅在額頭上有一個垂直的小塊刺青，另外在下巴上也有一個。據說有些人每獵取一個人頭就在胸上刺一條線，於是勇士就以其線條數目而知名。但我並未見到這樣的刺青。婦女頭上都以寬平貝板做的頭環裝飾，像白色的寶冠。下垂的耳環也是用同樣的材料做的。

我們的晚飯又是同樣一滿鍋的糊狀物，是將稻米和小米一起用水煮成的。樣子和味道都很像玉米糊。這些朋友留下來，直到很晚才離開，那時我們才終能上床睡覺。不過，發現床鋪對歐洲人來說不夠長。所以夜裡不斷醒來，不是發現腳跟懸在外，就是頭伸了出來。然感到很欣慰的是，我們仍夠長到能伸出來。早晨，我們再度被那些擠進來看我們的「野蠻人」吵醒，面對又冷又濕的天氣。

我們現在離一個村莊的群落只有很短的距離。已抵達分界線，河水從那裡流入太平洋。但找不到人帶我們再深入。Atun堅決拒絕前進，所以除了回頭別無他法。又做了一些交易後，我再度發揮藝術能力，替他們的傷口塗上碘酒。然後開始動身回程。我們暫住的那家主人帶著火繩槍伴隨，有點像個護衛。下山的速度比上山時快多了。很快又來到主溪流的山谷。在一橫越處，碰到一隊十五到二十人之間的「野蠻人」。粗麻上衣的全副戰士的裝束，頭、手臂、小腿與腳完全沒受到保護。由於長期在多岩石與長滿荊棘的山嶺間攀爬，他們扁平的腳幾乎像動物的角一樣硬。武器是竹製的長矛，八到十英尺長。還有大刀。有兩、三人像是他們的首領，刀上有漢人的髮辮裝飾，身側並帶著裝頭殼的袋子。跨肩揹著小網袋，裡面裝著為作戰活動所配給的米飯和小米餅。他們似乎在等待我們。落在後邊成一列縱隊單行，跟著我們一起跋涉了約一英里左右。這時另一隊人，有六、七個人，在小徑的旁邊等候，也加入縱隊。後來又來了另一隊，使總人數增加到三十到四十人之間。不過到底是為我們做儀仗隊，還是別有企圖，實很難說。他們一直跟到最後有經墾殖的土地處。我們在那裡停留幾分鐘吃點東西。這時一個年輕人，用珠子裝飾得很花俏，耳朵上帶著直徑兩英寸的白色貝殼大圓盤，走向前來。跟我們說三十個村莊的酋長Aweatan，就在後邊，希望見我們。但因找不到任何可確定他的所在之處，而我們若想在當

夜抵達埔社，就沒什麼多餘的時間，所以決定繼續往前走，在天黑之前安全進入村子。熟番跟我們熱情握手，道平安，似乎十分高興見到我們平安歸返。

生番獵人頭的傾向，目前可能因對漢人感到要報復而加劇。漢人將他們從山下肥沃的土地驅逐到幾乎無法進入的山區。但這獵人頭的習俗不大可能是因為報復精神而產生的，較可能是此民族對敵人頭顯熱愛的老嗜好。擁有人頭在部落裡代表地位與重要性。其語言，就我們所能推斷的，似乎源自馬來語。而他們對人頭的愛好，或許可追溯到與婆羅洲的迪雅克族（Dyaks）同樣的起源。那並不完全是為了報復，從熟番的例子即可證明。他們每年贈給生番稻米、牛隻等禮物，以求得和平。但每年不分男、女、孩子，仍有十四到二十人失蹤，親戚知道他們的人頭正裝飾著某些生番的住處呢。

就我們對這些人的瞭解，任何國家想消滅他們都是合理的。中國人未能及早做到，就已遭受責備。有好幾個歐洲的船員曾因船難逃到陸地上，由生還者得知，他們為「野蠻人」所殺害。由於一艘日本戎克船在東海岸翻船，船員被謀害事件，中國政府目前正跟日本有紛爭。日本政府要求中國負責，做為占有福爾摩沙島的藉口。

以目前進展的速度，漢人還要數百年多才能完全占有此島。因他們並未做明確的推進，其方法只是從一個山丘到另一個的逐步侵占。這樣可以砍下木材，而把「野蠻人」從其庇護處驅出。在福爾摩沙可能還有部落從來沒聽說過漢人，沒有受到他們的影響，除非是間接的，比方說因其他部落被擠回去而接觸到。雖然有許多部落與民族（nations），但一般通稱生番，為漢人所命名，表示未熟或未開化的「野蠻人」，而熟番則表示熟的或開化的「野蠻人」。

（#74）一八七三年，十二月一日，福爾摩沙，淡水

在埔社的熟番中待了兩個多星期之後，我們終於準備好往海岸前進。在此停留至少讓我對此野蠻族群裡基督徒的仁慈與好客銘記心頭，他們不像漢人那麼狡詐吝嗇。即使如此貧窮，向他們買東西時，卻很難讓他們收錢。

離開他們時，單是道平安與握手是不夠的。老年男人與婦女會跑到我們前面，再一次的祝福我們，要我們記得他們，等我們回到自己的基督教國土時，要告訴那裡的基督徒他們也在努力做正確的事。不少男人和婦女伴隨我們走了

一、兩英里路，涉水過河，來跟我們做最後的道別。在抵達漢人已開墾的領域之前，才不再繼續。那是兩天的行程，得穿過生番的領土。熟番只有大批人時，才通過，這樣較安全，不會被襲擊。我們隊伍的人數約達七十人，多半配備有火繩槍。

　　第一天一整天我們都沿著河往下走。現在是相當大的溪流了，因埔社山谷所有的支流會合在一起，所以我們發現要涉過，很困難。不過，當天之內我們得涉越好幾次。約中午時，聽到靠近小徑處有鹿鳴聲，好幾個人急匆匆跑過去，以為鹿是陷阱捕獲，熟番常如此捕捉野獸。但結果這鹿是個很小的品種，被一隻大鷹的爪子抓住，而老鷹也無法帶著鹿飛上去。老鷹看到人就飛走了。那隻鹿初時有點茫然，而向那些人奔去。他們因為沒想到會有這樣的變化，也沒準備好開槍，而用刀去砍擊，結果讓鹿逃了。他們回來講述故事時，對沒有捕獲此鹿，所給的理由是，天父沒有將鹿賜給他們。

　　就在停下過夜之前，我們通過一個很良好的山谷。有幾百個熟番一度曾在此定居。房子的圍牆、灌溉用的溝渠與梯田都還存在，但已長滿灌木叢與野草。在被生番一再襲擊，而損失了一百個人後，他們不得不放棄此墾殖地，撤退到較安全的地方去。在此處最後一次過河，我們來到幾個被草覆蓋的小屋，在一個林木濃密的河岸。像我們這樣的隊伍習於在那裡過夜。很快就有十二個營火點燃，隊伍裡幾個人帶了槍，打獵去了。其他的人則轉往附近一條偏離水道的小溪去，溪裡蝦和小魚很多。用過晚飯後，大家聚在一起崇拜。然後以他們自己的狂野音樂伴奏，唱了幾首聖歌。營地逐漸靜下來去睡了。

　　次晨，我們翻越過一個陡峻的高山，往下進入一個小溪的山谷，有些地方經由沖洗，切割出一百英尺深的河溝，使兩側的峭壁成垂直狀。有些地方，這個河溝只有五或六英尺寬，所以我們以一列縱隊單行來走。由於沖洗經常十分粗糙，許多樹樁已部分或全部轉化為煤了。見到山丘上光禿禿的沒有樹木，覆滿粗草，因此可斷定已抵達漢人墾殖地的邊界。好些個這樣的山丘上都蓋有小的瞭望台，以警告人們生番來襲。我們可見到有人在那些台望上觀看我們。聽到他們向下面的人喊叫，通知我們的到臨。這些小的崗位經常是漢人與「野蠻人」間血腥遭遇戰的發生地點。他們指出一處生番夜裡偷襲，用乾草將漢人燒死的地方。

我們現在可看見漢人在工作，在山丘上砍伐木材與草料。不多久後，我們進入那有大牆圍起的彰化市東邊的大平原。當晚住宿在一個非常好客的漢人家。雖然他是吸鴉片的，但擁有很大的地產，其中大部分都種植甘蔗。有一部分已被壓榨，做成一種顏色頗深等級的蔗糖。我們知道曾見到的瞭望塔屬此人私人所有，因為他的地產臨界「野蠻人」的領域。他請我們享用了一個真正的中國晚餐。有十二小碗或更多的魚，肉，禽肉，配上蔬菜，用多種方式來烹煮。他跟我們一起坐下來，十分客氣，凡他認為特別好的，就撿少量放在我們的碟子裡，用他自己的筷子來夾送。

次晨走了三個小時，來到大社（Toasia，P331）。這是個熟番的小鎮。就我們所能查明的，大社是此部落最初的家鄉。附近的土地非常豐沃，稻米豐收，正在收成。但大部分的田野都落在漢人的手裡。那些仍為熟番所據有的，則都負債累累。

熟番的首領Tungsou，曾從漢人那裡買了一個中國小官來做，就住在此。他馬上設盛宴歡迎我們，殺了一頭牛，一、兩頭肥豬，一些禽類等。在那小禮拜堂旁邊放置三、四個大壺，裝滿水，開始煮開水。有極大量的準備工作。小禮拜堂的桌子擺好，有大約四、五十人來參加宴會，但卻準備了足夠兩倍人的份量。並沒有敬酒，但Tungsou談了一下熟番從其貪婪的鄰居，即那些漢人處，受到的冤屈。因布洛克先生既在英國領事館工作，或許希望能請他幫忙。

我們在此分手。布洛克先生從彰化回到台灣府，而甘為霖牧師與我繼續向北走十二到十五英里，到熟番在內社的墾殖地。這是在山丘間一個十分美麗的山谷。有兩個村莊，（居民）可能有八百人。都是基督徒。或者，至少都是去做禮拜的。因兩個村莊連一個偶像或祖先的靈牌都沒有。他們從一個年老的獵人Kisanhia那裡認識最初的基督教概念。他曾在台灣府的傳教醫院接受治療。他們幾乎是在一天之間就把偶像拋棄，而接受基督教。他們非常親切地招待我們。就如在埔社一樣，他們也為傳教士蓋了個小房子，這樣傳教士以後來造訪時可居住。而我們就讓自己很舒適地住在那房內。

到附近的神職人員那兒用晚餐時，我對每天受到的招呼感到十分有趣。通常會有半打左右的老婦人叫道：「Chiah-pah-la？」意思是，「你是否吃飽啦？」這似乎是這可憐族群想像中，在此世上所能獲得的，最近於完全幸福的事了。

他們預期下個星期就可收成。所以忙著提取一種很弱的米酒做準備。他們的傳教士不是美國人，所以只勸告他們要酌量，而非完全戒酒。也有大隊的人馬出去打獵。帶回三隻野豬。其中一隻非常大，有極巨大的獠牙，是褐色的，可能只是一般的中國品種野化了。不過，此島上的確可找到一個非常小的奇特品種。

甘為霖牧師和我，在內社（Laisia，P154）的時候，去了一趟客家人居住的市鎮，叫做大湳村（Twalam，P348），在其東南方約十英里處。我們原預期會見到更多的生番，因為這是他們常來交易的地點。雖然此島北部的客家人幾乎跟漢人一樣多，但這是我見到客家人的第一個地方。他們據稱來自廣東省，但並不說廣東話。婦女不綁小腳。一般不跟其他的漢人居住在一起，被漢人叫做客人，即陌生人。他們是一個很刻苦耐勞，勤勉的族群。似乎比平常的漢人勇敢，因為他們一般據有緊鄰「野蠻人」的邊界。我們除了兩、三個「野蠻人」婦女外，其餘都未見到。由於刺青跟我們在埔社東邊見到的那些是同樣的，看起來她們之間應有親緣關係。她們的村莊很靠近漢人在此地的那些。因她們指出在後面數英里的山側上有一些褐色的小塊地，那裡就是她們的墾居地。

大湳村附近的鄉野大部分是台地，無水可供灌溉，因此未經耕種，且長成很高的羽狀草。這些台地不多久前可能曾是山谷的一部分，但因溪流量減至另一個高度，而任其孤立。溪流切穿不光滑砂岩的嚴重傾斜地層。我在其中找到不少化石。

熟番用一般的處方，買了值四元的毒魚藥，那是漢人栽植的一種植物根莖。一天清晨，二十五到三十個男人和婦女，動身往有村莊建蓋的小溪上游走去。都攜帶火繩槍，因為我們正要進入生番的領域。我們必然在最糟糕的路上走了五或六英里。每幾分鐘，就得涉溪一次。然後又穿過荊棘榛莽，攀爬陡峭的溪岸，終於抵達一個他們認為是有利的地點，那裡有個深潭。男人和婦女此刻在岩石上坐下，開始把買來毒魚的根莖搗爛，然後把這團東西放到潭的上端，逐漸與水流一起流下去，把水弄成混濁的乳白色。在等待毒藥對魚產生效果的當兒，大家聚集成幾個小組來用餐。每個小組都很虔誠求神祝福他們簡單的食物，那是小籃的米飯和醃包心菜。他們把最好的拿給我。其中一人把一根樹枝削成杓子給我用。用過餐後，魚開始浮上水面，側著身體游來游去，游出

到河岸來，似乎在找尋較純淨的水。熟番現在順著毒藥下溯，開始用矛尖刺魚，再用網撈進來。雖捕到兩、三條頗大的魚，不知為什麼，這樁捕魚事件，結果相當失敗。

甘為霖牧師現在回頭往此島的南端去，而我雇用了三個年輕的熟番男子來幫我抬行李和採集物。以男僕Onga充當翻譯，開始往淡水出發。從內社我們走了約十五到二十英里，越過山丘與起伏地帶，多半是略帶紅色的黏土。由於缺水，只有很少地方有人居住。但木材一般都已砍光，現在長滿又高又粗的草。無論哪裡只要焚燒殘餘物，就會有巨大樟腦樹的樹樁與樹幹陳露。在有一處我見到一棵仍挺立，直徑有七、八英尺。在有些稍微免於受火焚燒的地方，長著許多野生的茶樹。我注意到，在有個地方，一棵樹，開滿了花，約三十英尺高，直徑約為一英尺或更多。我們從這些山丘出發，往海的方向走去。由後壠（Oulan，P201）市的港口出來。那裡有不少戎克船停擱著，一大批來自中國大陸的移民正登陸，開始找工作。每個人都帶著放衣服的袋子或籃子，還有一把極大的中國傘。

從此港口我們又再走向內陸。離開稻田，越過高地，未經耕種，其間有些小的山谷相交。那些山谷則經仔細灌溉。我們在中港（Tung Kiang，P345）的一個小鎮停下來過夜，在一個骯髒、滿是跳蚤和他類的爬蟲的小旅店度一夜。

次日，大部分時間都在高地上走。風吹在臉上很強勁，因為東北信風，或叫季風，已到來。我們經過數個村莊與有圍牆的竹塹市（Tekcham，P315）。大部分的人口為客家人。第二夜，我在山丘裡的一個小鎮停留。隔日經由河路到達新庄（Sinchin，P263），再乘小船，晚間抵達此地（即淡水）。

福爾摩沙的北部不像南部與中部那麼肥沃。地也太高，不適灌溉。但這些高地與丘陵的土壤似乎很適合種茶。栽植此種植物在此，好像幾乎有無限擴充的可能。這些高地，目前是用很小的中國犁，由一頭牛來拉，只耙出兩、三英寸深的犁溝。若以更好的工具來耕種，他們可能在雨季可以再栽種其他的作物。但是漢人讓灌溉代他做大部分的工作。在犁耕前先放水讓土壤變軟，然後再灌溉已軟化土地尚濕時犁地所形成的土塊。無法灌溉時，他耕種的結果則必然是很差的。

（#75）一八七四年，一月二日，福爾摩沙，打狗

　　我為馬偕牧師帶來一些信件，他是加拿大長老會派來的傳教士，總部設在淡水。一登陸，我就往他家去。穿過漢人市鎮陰暗狹隘的街道，走了相當一段距離才到。馬偕先生不在家，我沒見到他。但有三、四個年輕人，都是漢人，正在研習，期望成為傳道機構的神職人員。他們很親切地招待我，盡力讓我舒適。天氣已經涼了，他們用基隆的煤炭生的火，很舒服。我在那裡找到幾份美國報紙，使再度回到文明的範圍之內，更加愉快。

　　次晨，星期天，我坐一艘小船上溯到艋舺坑（Bankokee，P015）。在馬偕先生在那裡設立的一個傳道所找到他。那個小禮拜堂坐滿安靜的聽眾。下午，我們到同一個山谷裡，幾英里路外的另一個佈道所去。那是我所見過最富有的地區之一。稻米剛剛收成。我們通過美好的竹林大街，有橘子樹叢。還有幾塊栽植麥子的地，那是我在此島首次見到的，正快成熟。在第二個禮拜堂的敬拜者，像第一個的那些一樣，全都是漢人。他們多半是獨立自主的農夫，擁有其四周很肥沃的稻米田。

　　現在馬偕先生在北部靠近Owlan[2]處的平埔番之間有兩個傳教所。在此山谷靠近淡水處有三個，而第四個正在建蓋中。福音的傳播，比他所能照應的還更快。這些禮拜堂都是由會眾自己建蓋。他們拋棄偶像與祖先的靈牌，要求傳教機構派一個教師來。馬偕先生離家來此才兩年。在這段時間裡學會足夠的漢語，以便教導會眾，並給他們講道。他抵達九個月後就開始第一回講道，現在已有超過兩百個固定的敬拜者，而其他地方仍不斷在他面眼前開展。

　　福爾摩沙目前似乎對傳教工作特別開放。此島的民眾比大陸的更容易接受基督教的教義。這是有道理的。他們是移民，所以那些在中國本土讓他們如此難以接近基督教的特殊環境，如廟宇、家族等，在很大程度上，都已捨棄。

　　馬偕先生原就是一位教師。除了訓練目前跟他學習的年輕男子神學與基督教宗教學以外，他還試圖教一些科學知識的原理，因為歐洲國家的權勢都歸功於此。牆上掛著地圖，由於缺乏更好的，馬偕先生就依記憶自行繪製，並用圖表來說明日蝕的原因等。這些年輕男子都對學習展現值得表揚的熱誠。比方說，有一次他們整晚不睡，希望把一些科學的基本作品抄寫下來。中國教育似乎就在盡量多學數千的漢字，把先賢的話語背下來。如此，等一個學生得到學位，

---

②Owlan，可能是Oulan，後壠。

被視為夠資格擔當其國家最高的職位時，卻對地理、算術以及歷史都全然無知。目前所流傳的中國地圖，把中國放在正中央。有幾個小斑點在邊緣一帶，而據稱「野蠻人」可能住在那裡。即使對這一切懵昧無知，中國文人對歐洲和歐洲的知識卻極為蔑視。他們似乎正是妨礙其國家享有現代進步的階級。

　　我在淡水花了幾天時間整理在島內部採集的物件，由茶船交運。很幸運在那裡找到此船，正裝載貨櫃直接運往紐約。然後就動身搭船上溯到基隆。用做此務的船隻很狹長且十分輕便，很容易就可抬過急流。我們在半夜出發，但中國海關的職員既然好意提供他們的船隻，所以我一直睡到清晨。當時我們已接近急流的尾端了。所經之處風景相當美麗。這兒的鄉野太多山，無法大量耕種，不過絕大部分的木材已被砍伐。

　　這條小河有極多處急流。每碰到一個，船夫就會跳入水中，用一個很大的竹子橫過船隻急速甩動，簡直是把船舉過急流，抬到溪流上游水較平穩處。那時他們會再用竹竿來撐船。裝煤的同類船隻經常迅速越過我們，往下游急駛而去。水流的湍急，船夫的叫喊聲、吵雜聲，形成相當令人興奮的場面。在十英里內就有二十處急流的河上航行，除了漢人以外，沒有人會這麼做的。

　　下午較晚時，我們發現自己在河的尾端，一大隊正在卸煤的船之間。離基隆只有兩或三英里。那條河幾乎將福爾摩沙此端形成一個較小的島嶼。攀爬一個陡峻的山側，上面覆蓋著多種羊齒植物，幾分鐘後，來到山頂。那裡，在幾棵榕樹間有個很玲瓏漂亮的中國小廟。從那裡可以清楚見到基隆與其漂亮的海港。遠處有個極大的鋸齒狀的岩塊，叫做基隆島。基隆的外國人總共算起來不到半打。他們在海港的南方，以及在靠近現在做為錨泊地點的那一帶建蓋房子。漢人的市鎮則座落於海港上端的淤泥灘間。那裡幾年前可能曾是錨泊地點，因為福爾摩沙所有的海港幾乎很快就遭堵塞。此淤塞的結果或許是由於此島逐漸上升而增加。這在基隆這似乎更有道理，因在棕櫚島（Palm Island，P207）上，其海港的入口處有珊瑚暗礁，看起來年代並不古老，現在完全露出水面。

　　由於中國海關Tituschkin與Land先生的好意，讓我在採集上得到很大的協助。我開始尋訪海港附近的漁村，詢求有關貝類、珊瑚等物。漢人小男孩通常都貯藏了不少這類的東西。總會有一群人圍聚在我身邊，每個人帶著籃子或用

竹節充當容器，裡面裝滿貝類。大部分是已磨損的，沒有價值。但有價值的也已夠多，值得付錢以仔細檢視所有的。我耗費很多時間來揀選這些採集物，並用很奇特的中國銅幣來支付他們。在海港較淺的地帶，我們從多層的活珊瑚上走過，有許多不同的品種與顏色。色彩鮮豔的魚群在四周游來游去。漢人發現我對這東西有興趣，開始潛到水裡，把大塊的珊瑚扯下，拿來給我。我很快就展開相當大的珊瑚交易。曾一次有三條船裝載量的珊瑚在碼頭處等候收購。我一直買到海關房子的陽台都擺滿了，在旁邊的我的屋子也如此。總共取得二十個品種左右。有許多美麗的魚、甲殼類、貝類等從珊瑚上掉下來，也都加入我的採集。

　　就在離開之前，我到煤礦海港（Coal Harbor，P056）去了一趟，在基隆南方數英里處。雖然基隆附近所有的山丘也都有煤，但泰半的煤都從該處取得。鬆散沙岩的山丘為溝壑所切割。煤層從這些溝壑裡現露出來。全都由漢人開採，他們在此事業上投入的資本很少。所鑽穿的坑洞看起來都像狐狸洞一樣，小得讓人無法站立於內。這些坑洞一積滿水，就被棄置，另開新礦坑。煤用籃子，或一種滑車，沿著礦坑的底部在水和泥濘中滑行，運送到礦坑的入口處，然後用籃子以平常的方式運送到港口，有時是數英里的距離。我們碰到很多苦力，衣服幾乎脫光，辛苦工作，他們所負荷的重量，足跟騾子負的一樣重。煤礦的儲量很豐。大概都夠接近地面而能輕易開採。質量很好，但據說燃燒得太快，若單獨使用，對汽船來說不很經濟。

　　做了所有在基隆能做的事後，我打包行李，回到淡水。及時趕到將這些採集物交由茶船運送，跟第一批的一樣。我跟馬偕先生在淡水一帶做了幾次旅行。探訪一些大的茶葉種植場。茶葉種植在山丘上，那裡因缺水，無法種稻米。茶樹，由於不斷地採收，所以維持成矮而濃密的樹叢，兩到四英尺高。栽種成排狀，每排約間隔三英尺。葉子是非常深的綠色。那些茶葉種植場的茶樹正長得很繁茂，非常美麗。開很大朵的白色香花，疏疏落落的散布在樹上。只摘取幼嫩的葉子，而且要在其剛要展開時摘採。但我去的時候太遲，沒能見到採茶的方式。

　　我們也去參觀了硫磺泉，當地的自然奇景之一，約九或十英里的距離，要相當費力攀爬才能到達。硫磺泉在底下河流的上面數百英尺的一個山谷中。附近

很大一段距離的植物都被上升的有害水氣殺死。硫磺泉占地一英畝多。有些是噴氣口，熱的蒸氣沖出來，力量之大，可把像核桃般大的石頭噴到空中。其他的是溫泉，泉水起泡沫，在沸騰的熱度溢出。大量的純硫磺沉澱在這些溫泉及附近所有的地上。都在在冒煙、冒蒸汽，也都注滿硫磺。漢人曾在此加工製造硫磺，從他們的壺罐裡可見到大量積留在內的溶渣。我們沿著這些溫泉流出的溪流往下走，經過很大的鳳梨田。很遺憾的，現在已過結果期。福爾摩沙以此水果著名，甚至遠運到香港。在溫泉下邊半英里多處的溪流，現在是十到十二英尺寬，三到四英尺深，正冒著蒸汽。一開始太燙，不很舒服，但在裡頭待幾分鐘後，就令人感到十分愉快。當時又有涼風吹來，更加舒暢。水裡礦物質的含量極高，喝一口，差點讓我窒息。歐洲人曾用硫磺泉來沐浴，效果很好。但我認為此泉水尚未有人分析過。若證明有價值，水極充裕，溫度又高，是值得考慮的項目，因為在中國的所有歐洲人都能在此得到水療。

聖誕節時我仍在淡水。馬偕先生與我，及其他的外國人，一起受邀到陶德先生家去享用一個真正的英國式聖誕大餐。他是那裡的一個商人。這一餐有李子布丁、烤牛肉、火雞，以及其他所有讓我們在此遙遠國土想起家鄉的好東西。

過海峽，又是另一次多風暴的航程，再度暈船數個小時，但這次有同伴安慰。因為船上有好幾個乘客，他們是在去廈門的途中。——我們都輪流餵魚[③]——離開三個月後，又將我們帶回（打狗的）港口。

（#76）一八七四年，一月十日，台灣府

在打狗過了新年後，我跟傳教士走陸路來到此地。

打狗位於猴山的山腳處。那是一座高約一千兩百到一千四百英尺之間的山，成為海峽這一帶很好的陸標。猴山由奇特的石灰石組成，崎嶇不平且成鋸齒狀，並布滿洞穴與裂縫。東北方有鯨魚背（Whale's Back，P357），以低矮的山脊與猴山相接，是另一座同樣結構的奇特山丘。在圍繞的平原上突出聳立，像被翻過來的一大塊冰，急速凍結。此山丘以約四十五度的角度向東南方傾斜，而此島西邊的岩石則泰半向西方傾斜。

我們第一夜在舊城（Koosia，P140）度過。那是一個有圍牆的城市，在打狗北方六到八英里。自從墾居福爾摩沙後，此城市已有過繁榮與衰退的時期。就

如現在，大部分地方都已損毀。李庥（Mr. Ritchie）先生在此地有個傳教所，我們於是有個非常舒適的地方暫住，避開一群好奇的漢人。他們一般極為大膽，人數又多，所以就隱私來說，還不如就在大街當中吃飯睡覺。次日，我們抵達台灣府，通過慣見的景致，即平坦的甘蔗與稻田。小徑上有大量粗糙多刺的露兜樹（screw pine）遮蔭。就在離此城市很近時，我們通過一個很大的空曠廣場，一端有個小廟，並有個旗杆用來升清朝官吏旗幟。我被告知，這是刑場。約三十到四十年前，就在此地，將近有一百名英國與東印度人，因所乘的兩艘船在福爾摩沙海岸翻覆，流落到此，而遭到砍頭。只有一個愛爾蘭人，他假裝發瘋，跪倒在清朝官吏面前猛拜，才免於一死，而得以講述此故事。

此城的圍牆從很遠就可見到。高約為十八到二十五英尺之間，頂上寬約十二到十四英尺。用磚蓋成，周長七英里，有八個大門。牆頭上蓋有許多小的守望塔，在大門上蓋著約兩、三層樓的寶塔一樣的建築物，做為防衛用。一般都有幾個兵士留守其中。沿著主牆上面外圍處又建蓋一道狹窄的牆，四或五英尺高，一英尺半厚。這道牆上截滿小且狹窄的槍眼，用來放射步槍或弓箭。每個槍眼都有編號，這樣防守的兵士可以知道自己的位置。然並無用炮來防衛城牆的安排。大炮只要發射第一次，就可把此脆弱的圍牆上部夷平，而讓防衛者的掩蔽全失。雖然此牆或許是這一百年內建蓋的，但卻跟一千年前的中國城牆完全一個模樣。荷馬時代的英雄曾在城牆前作戰，當戰爭結束後，在城牆後撤退。中國城牆仍用古法建蓋，可能是荷馬時代城牆很好的再現。

在我們進入的每一邊的大門口，都有一個十二英尺高，拿著戰斧的巨大戰士，以慣常幻想式的中國風格畫在牆上。在牆內的一個廣場，有幾個清朝官員正在用弓箭練習。在中國，即使在已有裝彈機與設有來復槍的大炮等現代武器的今天，軍隊升職仍比較看重射箭與用劍的技術。

雖然中國占有此島僅兩百年左右，但已經有六到八個城市是用這類圍牆來防禦的。台灣府的人口據估計應在四萬到八萬之間。但圍牆之內很大部分的空間為田地與竹林所占。不過，在圍牆外邊朝海的那面有一很大的市郊。荷蘭人建蓋的一個老城堡仍聳立在靠近城市中央的地方。有一條很長的街通過市鎮，因太直而不大可能是中國街道，據說曾是荷蘭人的牛車路。

幾天前我從這裡到平埔番人當中去了一趟。他們是原住民，或可說是平原

③所謂「餵魚」指量船。

的原住民的存留者，被漢人驅逐到台灣府以東，山腳貧瘠荒蕪的山丘去。我們
通過一個高度開墾的田野，約八到十英里。可以灌溉處用來種植稻米，較高無
法灌溉處則種植甘蔗。正準備收割甘蔗。田裡滿是男人、婦女、男孩，割下甘
蔗，剝除葉子，再用手推車運到一個像帳篷的大建築物去，在那裡壓榨。這些
建築物是將很長的竹子植成一個圓圈，將其折彎，在頂端連結起來，再用草
覆蓋其上。直徑常為四十英尺，高三十英尺。在平坦的鄉野上，從很遠的距
離外都可見到。在此把甘蔗放在兩個石頭做的大圓柱面間，由水牛搖轉攪動
來壓榨。靠近一座廟處我們停下來，在幾棵很美好的老榕樹樹蔭下吃午飯。飯
後不久就抵達山丘處。似乎只是一些易碎的砂岩層，由於高山被抬升而翹起，
而愈走近高山，似乎愈向西傾斜。不久，我們就發現自己在一大片小丘裡，有
些抬升到兩百英尺。上面即便有一點土壤，也太稀少，而不夠耕種，只長粗草
與一些灌木叢。有很多芒果樹，這種樹似乎覺得這裡是適合生長的地點。在山
丘上走了幾個小時，沒見到房子，也全無開墾的跡象，只有零零落落幾個男人
和男孩，在撿集柴枝與草做為燃料。近傍晚時，我們走到一個在兩山丘之間的
小山谷。那裡有些婦女和孩子在挖掘花生，照料豬隻。從他們奇特的衣服，急
於跟我們握手，用「平安」打招呼等，都可看出我們是置身於平埔番與基督
徒之間。再過去一點，見到一些簡陋的房子與小禮拜堂，我們已抵達岡仔林
（Kongana，P139）了。不過，並沒有什麼值得稱為「村莊」之處。房子散置在
山丘間，無論哪裡有已耕種的土地，那裡就有房子。

　　平埔番無疑是福爾摩沙豐沃平原的古老居民。在漢語裡，「平埔番」就是
「平原的野蠻人」的意思。那些定居在台灣府東部的人數可能達到六到八千之
間，是以平埔番、熟番、Pak-whan等為名的原住民。他們已接受中國的習俗，也
已歸順中國的統治。在全島各地則可能有兩萬五千到三萬人。不過，仍不斷發
現新的平埔族村莊。那些村莊完全被漢人墾殖者包圍，但本來卻不知其存在。
平埔番似乎仍有一些部落式的政府，也盡量避免與漢人混合，因為他們的法律
對雜婚要強制罰款。他們在外貌上，比漢人更為高壯、優良。有些年輕婦女，
在尚未被辛苦工作與艱難生活壓垮之前，是相當漂亮的。婦人的服裝是很大、
很寬的長褲，配一件貼身的夾克，及用一長條的藍布纏繞在頭部做成的包頭
巾。把頭巾的末端在頭兩側拉出來，像兩翼。似乎比漢人婦女寬鬆、不合身的

裝扮好看多了。平埔番的婦女亦尚未採用束腳的習俗。平埔番不像漢人那麼節省與勤勞。在基督教傳入之前，他們習慣用土地和作物抵押，換取資金來舉辦崇拜偶像的盛宴與婚禮。在放高利貸的漢人手裡，這類的貸款往往超過複利。他們現在都十分貧窮，且負債累累。而此島不為人知的東部也有數千個平埔族人。他們是在不同時期移民過去的，以躲避無情的債權人。拋棄房子、土地，與家庭，匿跡於高山的「野蠻人」之間，自此消失無蹤。

　　三、四年前，基督教新教派的傳教士來到他們之間時，似乎許多人都皈依成基督徒，傳教士有時一天要給八十到九十人施洗禮。但後來不得不將工作留給只學到部分的助理手裡，這些人無論在道德或心智上都不適於擔當此職責。那些平埔番似曾抱持希望，認為在跟漢人打官司上，或能從傳教士那裡得到幫助。然金錢上的困難，很快就讓他們醒悟此為不可能。去年一整年此傳教工作幾乎都停頓不前。若有訓練良好的助理，加上很大的傳教力量，要使他們普遍都成為基督徒，大概不會有什麼困難，因他們好像都有這樣的傾向。聽傳教士說起一些非常奇怪的故事，可看出這些助理的心智能力。有一個助理曾聽到傳教士為福音能傳播到地球上不同的國家而祈禱，所以他每次祈禱結束時都要為福爾摩沙、澎湖（在中國與福爾摩沙之間的小島）、埃及、蘇格蘭做祈求。對他來說這幾個國家就組成地球上所有不同地帶的名單了。另外有一個助理，從基督進入耶路撒冷的描述上，取得這幾個字：「驢子的驢駒」做為他的文本。他宣稱由這些字可聯想到非常深奧的神祕事物，然後就偏離正題，幾分鐘後又回來，再重複這幾個字「驢子的驢駒」，又再說這些字與很深奧、很重要的神祕事物有關，但認為自己無法解釋。這就是他講道的總和，是全部的內容。另外還有一個助理，以「約拿與鯨魚」（Jonah and the whale）[④]做為其文本，做出驚人的結論，宣稱約拿結果勝利，而將鯨魚射殺。

　　平埔番已失去自己的語言，只說漢語了。不過，我聽說兩英里路外有個老婦人，她會一些自己語言的詞彙。我就動身，越過陡峻的山丘去找她。雖已八十多歲，她仍坐在地上挖花生。她給我很長一個詞彙單。（從這些詞彙）似乎可看出平埔番與此島「野蠻人」，以及馬來人是有親緣關係的。這個老婦人和她家人都是基督徒，她曾跋涉過山丘去岡仔林的小禮拜堂參加禮拜式。但每趟遠行後，就得在床上躺三天休息。雖然天氣頗涼了，但她穿的衣服很單薄，不夠

④約拿為《舊約聖經》上的先知，象徵帶來厄運的不祥之人。

多。因為打擾了她，我給她一元錢做為酬謝。她似乎非常高興，我走的時候還祝福我。

　　傳教士曾告知平埔番之間仍有手稿存在，我有幸取得了一些。手稿用中文註明日期，歷經三個皇帝的統治時期，將近一百年的時間。是用平埔番的語言，但以羅馬拼音及阿拉伯數字所寫成。同時無疑的，是荷蘭傳教士教導的結果。因為只要他們始終保持此書寫語言，他們當中必曾有基督教教旨的書籍與遺物存在。這些文件似可證明荷蘭人被趕走後，一百多年來，在這些山丘裡仍有基督徒存在。平埔番這麼輕易就拋棄從漢人處學到的少許偶像崇拜，而接納基督教，可能是因他們之間仍有此真正的宗教傳統。我所有的文件，以及我所看到的大部分，似乎都是付款的合同、土地的契據等。但或許仍存有他們早期信仰基督教的證據，可能有被迫害的記載。那會讓人很感興趣。

　　我在岡仔林停留的期間，從附近鄉野來的人每晚都會聚集，點燃火把，沿著小徑照明自己的路線。他們會在小禮拜堂做禮拜，唸一章新約聖經的章節，在自己的與熟番的音樂伴奏下唱幾首聖歌。熟番的音樂是由北部的神職人員帶下來的。音樂對他們有很大的影響。禮拜式過後很久，他們仍坐著唱這些基督教的聖歌，忘記貧窮、負債，以及工作上的辛苦。

　　在岡仔林從砂石上採集到相當數量的化石後，我跟平埔番裡新交的朋友道別，昨天回到此地。只要一找到機會，我就會去一個叫澎湖的小島。此島在福爾摩沙與中國大陸之間。

（#77）一八七四年，二月一日，台灣府

　　從岡仔林回到此後，隨即乘上一艘德國的縱帆船「Fairlee」號。船長答應在澎湖讓我下船。我們清晨兩點啟航，當時只有微風，但到天亮時，突然颳起強風。船已被往下驅到澎湖的南方。試圖逆風而行，不成之後，船長掉頭駛回福爾摩沙。次晨我們得知在打狗對面，用另一天時間再逆風行駛到台灣府。第三天我們又向澎湖出發。這次算很幸運，終於抵達了。就在夜裡，逆風航行數小時後，足夠靠近其中的一個島，於是一艘中國漁船出來，將我帶走。我在漁夫島或西嶼（Sayson，P258）登陸。處於許多像海盜一樣的漁夫之間，我跟他們溝通的唯一方式，是經由我的漢人男僕Onga。對他們來說，一個外國人似乎是

極新奇的，我很快就被村莊裡大部分的人圍繞。答應付一點錢，找到一個人讓我暫住他家。在福爾摩沙海峽上被拋來擲去，暈船三天後，即使房子很簡陋，也夠滿意了。次晨，我開始進行交易。雖然風仍很大，海水又高漲，可是這些漁夫每個人都會為了一點現金而潛入大浪中，給我帶來活的珊瑚。

多半的房子與牆壁都是用珊瑚建蓋的。夏天時，這些人必然水陸兩棲。休息了一天之後，我走遍全島，並去探訪南端的小燈塔。這是中國特有的公家機構，十分獨特。用廈門的花崗岩建蓋，很堅固，是一個四層樓的寶塔，約三十英尺高。在每層樓的每個正面，都有一個保佑海員的女神像，以淺浮雕的方式刻在花崗岩上。下層有個木製的女神像，前面香火不斷。看燈塔的人（我認為是佛教的法師），據說禁戒肉食與其他世俗享樂。神像前面放置了一對占卜用的石頭，據說船員來此祈求航行吉祥。塔上的燈好像是次要的事。那是一個很巨大的燈，用花生油點燃。但四周的玻璃，被吹到上面的泥土弄得很暗，透過玻璃幾乎見不到海。

島本身和附近其他的島嶼，似乎是由一大塊玄武岩形成，在沿著海岸懸崖上，以柱形呈現。島頂端的玄武岩因氣候而逐漸粉化，形成一薄層的土壤，幾乎遮不住後面的岩石。東北季風時期，這些島嶼幾乎全無植物生長，但許多人仍在其很小的田地上犁耕。有一處，一個綁小腳的婦人握著犁，用繩駕馭水牛，蹣跚地跟著走，雖然當時風吹得很猛，好像要把我們提上去，吹到海裡。在另外一個季風（即雨季）時期，幾乎所有的島嶼都栽種甘薯和花生。飼養許多公豬和禽類，運往廈門與福州。雖然從駛經船隻的甲板上看，這些島嶼似乎顯得十分空曠，幾乎無人居住的樣子，但所有島嶼的居民加起來也有約八萬人。在西嶼度過幾天，採集了不少珊瑚與貝類後，我搭乘一艘當地的戎克船，駛到澎湖島的媽宮（Makang，P188）海港與市鎮去。不過風仍很強勁，船差點翻覆。媽宮是一個相當大的市鎮。設有防禦工事的樣子，但就如多數中國設防的例子，大炮滿是鐵鏽，炮架太腐朽而必須支撐起來才能頂住槍的重量。媽宮大概有兩萬個居民，有個很大的市場，福爾摩沙與廈門的大部分商品在那裡都買得到。我租了一個房間，忙著採集珊瑚、魚類、貝類，以及海裡的所有奇妙物。這些東西中，有一隻是龐大的水螅（polypus），或叫章魚（devil fish），展開來有十英尺。雨果在《海中苦工》（Toilers of the sea）⑤一書中曾描述過一

⑤Hugo, Victor, *Toilers of the sea* (New York: Routledge & Sons, 1866).

隻，而我找到的這隻確實大得夠做其兄弟了。島民說這種魚很危險，常把豬引到海裡去，有時還用同樣的方式害死小孩。要兩個漁夫一起攻擊，這樣可以互相幫助，用一個船鉤從底下抓住，撕扯下一、兩隻手臂，使致殘，以便在其無助時拉進船裡。不過，章魚仍可存活且緩慢移動數個小時。這種魚可以吃，我試過，不過對文明的味覺來說，並不特別美味。我的童僕非常粗心，把我的刀叉留在台灣府。有好幾天都用一個袖珍摺刀和一個小的中國湯匙來吃東西，因為我不會用筷子。全島上都沒有一個刀或叉子。但幸好在我快餓死，吃法已差不多要變成「野蠻人」時，一艘中國的炮艇駛入港口。船上剛好有刀和叉，我就借用了，這才又能吃東西。約在此時有個大節日，廟那裡有歌舞會。有個露天劇院在廟前搭起舞台，有幾個男孩穿得像紳士淑女在演戲。從表演本身我看不出故事在講什麼。中國的戲劇似乎帶有一點像古希臘劇的宗教角色。至少經常在廟裡或廟前演出，且都在宗教節日時演出。在廟前有許多用顏色紙繃成的動物，如同真物的尺寸。有一隻老虎張著嘴，還有水牛、龍等，底下垂掛著用線繫著的石頭，以防風吹翻。有為數眾多的清朝小官在場。表演完畢時，他們都排成一排。最高職位的官員上轎離開時，其餘的都磕頭。然後權力次高的上轎子，其餘的又跪在地上磕頭。就這樣一直輪到較普通的一群，他們逕自上轎，不那麼拘於形式。

我到澎湖島更遠的一端去了一趟。澎湖島是這群島嶼中最大的一個，約十到十二英里長。土地幾乎都犁過。我們經過幾個房子，看起來像農舍。不過，如同其他地方一樣，這裡的人多半住在村莊裡。在高牆的保護下，幾個包心菜、蕪菁（turnip），幾乎是唯一見得著的綠色東西。冷冽的東北季風損毀了一切。在此島北端，見到一些橘子樹，是種在珊瑚高牆的遮護下，正在結果實。不過離開遮護處，高山的植物很難得以生存的。我們在此島北端的一個村莊裡找到一個基督徒。他領我們到他家去，招待很熱誠。此人曾在打狗住過，屬李庥先生的傳教所。

從島的這一端，我們可以見到在其北方與西方有許多小島與岩石。除非是意外，那裡除了中國帆船以外，從未有其他船隻航行過。許多船隻曾在此迷失，以後再也沒人聽到過。漢人島民，天性就是打劫者與海盜。有值錢的船貨四處漂浮時，他們會覺得去救人性命是件蠢事。我在西嶼時就見到他們這種很現實

的脾性。一天，我見到許多人匆匆搶上自己的船去，帶著鎚子與斧頭，跟其他這類的工具。詢問之下，發現是棲息在島上較高點的望哨帶話來，說岩石上有艘翻覆的帆船，有人與船貨落在水裡。他們以其可笑的小船，從四面八方向那裡聚集，就像禿鷹見到腐肉一樣。

在這些島嶼上生活了將近兩個星期後，我把所採集的東西，那包括接近半噸的珊瑚，約三十個品種，兩、三蒲式耳容量（一蒲式耳等於八加侖）的貝類，以及一個裝了數百品種魚類的十二加侖容器，都裝上一個開往台灣府的小戎克船。我們清晨兩點啟航，到天亮時已見不到那低矮平坦的澎湖群島。而福爾摩沙高聳的中央山脈則出現在前方，山脈的長度在五十到六十英里之間，都為白雪覆蓋。船起伏搖晃又前後震動得十分厲害。我被塞擠在一個小船艙內，窄小得無法坐直，也不能平躺。不過，這已是此船所能提供的最好房間。船長留在甲板上，把空間讓給我。在我上面的架子上有個很舊、煙汙、骯髒的小神像，前面有幾根線香。偶爾會有一個船員下來，點一根新的線香，合起雙手，向那神像拜一拜，然後又再上去工作。中國的戎克船建得很牢固，用很厚的木板隔分成許多狹窄的小室。這些都做得不漏水，所以當戎克船快裂成碎片時，仍能浮起。他們用水泥來填接縫，使得瀝青和松節油都用不上。這水泥是用生石灰與油做成，非常持久耐用，較文明的國家也可學習使用。戎克船都有一雙很巨大的眼睛畫在船首，這樣船不會碰上危險。船桅沒有繩索支撐。絕大部分的損失似因桅杆折斷而引起，使船隻在海上無助地漂流。帆是用巨大的草蓆做成，以很粗陋的絞盤升起。中午，我們已可見到安平島以及荷蘭古堡的熱蘭遮城（Zeelandia）。三點時越過沙洲，降下帆，船員用長竿將船推到靠近沿岸的拋錨處，結束了我的澎湖群島之旅。

（#78）一八七四年，四月十日，中國廣東

三月十六日我動身從打狗前往福島的東邊，由巴德先生（Budd）伴隨，再度去探訪「野蠻人」。他是個年輕的紐約人，在打狗商務處工作，很想看看「野蠻人」的生活情況。同去的還有我的旅行夥伴，布洛克先生，他想趁中國新年期間回到山腳下獵雉雞。我們下午很晚才動身，在打狗越過海灣後，走了五、六英里的路，穿越一處低平富饒，種植稻米的田野，來到有圍牆的埤頭市

（Pitao，P226）。我們在那裡的基督教禮拜堂找到清潔安靜的住處過夜。不過，城市裡充滿銅鑼與鞭炮的噪音，還有漢人所能製造的各種震耳響聲。他們在準備次日中國新年的節慶活動。

次晨一大早，我們就出城門，再度進入一個很肥沃，經高度耕種的鄉野。較高的地大部分都種甘蔗，尚未完全收割好。較低平的地有五、六英寸的水淹蓋，正要種稻子。有牛拖著像耙子的犁，耙過泥漿與水，做最後整地鬆土的工作。有些小塊土地上已開始栽植。稻子先在小塊的地上密集播種，讓其長到四或五英寸高，再拔起來，分束成小捆，葉子修剪成同等長度。農人插秧時，將這些成捆的稻苗浸在身前的水裡，每次種三、四行，每行間隔約八英寸。這樣點播穴裡的三、四株秧同時既面對每一行橫的一面，也面對其直的一面。插秧的速度很快，秧苗剛塞滿手指，就栽入柔軟的泥漿裡。不過仍很用心，故而許多田地看來都像是照著直線栽種的。秧苗留在水田裡，很快就長出強健的根來。幾天之內就可做首次的除草鋤地。我們一個星期後回程時，在同樣的田裡見到此項作業。

這完全是赤著腳做的。做這份工作的人握住一根結實的棍杖來支撐自己。用腳在泥漿和水裡塗抹，幾乎像泥鏟一樣，把已冒芽的水生植物掩埋，並把泥漿引至稻苗的根部。有一處，我見到一個婦人用此方式工作，同時還拿著傘撐在頭上遮太陽。

我們在離海岸十到十二英里之間處渡過淡水河。河床寬一英里，多處有河槽流經。河水猛漲時期，整個河床都淹滿水。因山上曾下過一點雨，所以我們發現有些河槽對徒涉來說相當深。但那些苦力，分擔行李，抬在頭上過河，把所有的東西都安全帶過去。

我們現在通過幾個小鎮，大家都在慶祝新年。真不可思議，我們居然買不到任何食物。這大概是一年裡唯一的節日，漢人因太忙而不想賺點蠅頭小利的。

離山區不出數英里處，（在福爾摩沙，除非被雲遮掩，不然高山總是歷歷在望）我們先來到客家人的村莊，再進入在山腳下那些平埔番的村落。這裡的平埔番似乎跟其偏北的同胞略有不同。婦女不戴頭巾，而戴圓錐形的寬竹帽，用小塊玻璃和閃亮飾物來裝飾。像那些偏北方的同胞一樣，他們也被逼擠到較為貧瘠的土地，跟高山與「野蠻人」為鄰。同時，也像他們一樣，為現在所擁有

的貧瘠田地而負債。他們中有很多是天主教徒，許多婦女在頸上戴著十字架。

　　原計畫住宿在萬金庄（Bankinesing，P018）的天主教傳教所。但抵達該地時，發現那裡已住著停泊打狗的英國炮艇官員、廈門的海關專員，及矮小的西班牙道明會（Dominican，或多明尼哥教派）神父。他一點英語也不會說，僅用手勢和表情來勉強溝通。

　　天主教會在此地點設立傳教機構約已十年，平埔番裡有數百人皈依。福爾摩沙的天主教徒，在為傳播福音所忍受的艱苦工作上，至少不如基督教徒。他們一般很安靜地待在自己的禮拜堂與機構裡，經由漢人代理來做傳教的工作，而基督教徒卻攀爬高山，跋涉溪流。

　　Jimenez神父（Padre Jimenez）發現我會說西班牙語，非常高興。但很快就覺得有義務告誡我，說所有的基督徒都正走向「地獄」。每次我一回房，他就要跟我爭論。最後，就在我準備好回打狗時，他來見我。態度跟先前所用的獨裁風格相當不同。跟我說他認為那些以基督教信仰生活了許多代的新教徒，是由於無知。但神是慈悲的，故可能還有點希望。不過，那些見過世面的人有責任來改革，並返回母教會。我知道這是對我做直接攻擊，所以回答時先告訴他我自己國家的全面次序與寧靜、每個村莊都有教會與學校、人民的一般智能與道德品質，以及犯罪極少等。然後告訴他我在巴西見到的嚴重不道德與邪惡。每個階級都賭博、人民的無知、法官的貪汙腐敗等。再告訴他在祕魯居民八千到一萬之間的市鎮，那些住在一起而結過婚的，算起來大概只有幾打。在那裡私生子不算不名譽的事，行為莊重卻得不到嘉許。他們數百年來完全都在天主教的教導下。基督徒未曾有機會干涉或損害其工作。我告訴他，我尚未見到他的宗教有任何優點，讓我想拋棄父親的信仰，而改信他的。因我打算去探訪馬尼拉（Manilla），而在回家途中也可能經過西班牙，故信口答應他，我會仔細審查那裡人民的情形，會試圖找出天主教的優越原因何在，若發現那是在其宗教上，那麼我會開始考慮皈依為天主教徒。這個允諾似乎未能讓神父太滿意，因為他跟我同樣知道，世界上很少有幾個地方是比馬尼拉更為腐敗與不道德的。

　　這村莊的平埔番有每隔三天跟「野蠻人」交易一次的習慣。我們雇用了幾個平埔番人充當通譯，這讓我們受到較好的接待。交易日的清晨，約二十輛或更多的牛車發出嘰嘰嘎嘎的聲音，每輛都由兩隻水牛拖拉，載著兩個、三個平

埔番，通常是婦女，向交易地出發。那是在北方三、四英里的峽谷口。有條經常使用的路通往該地，顯示他們定期到市場去。我們在十點左右抵達交易地。婦女解開水牛的繩索餵牠們。大部分的男人都持著長矛與火繩槍，躺在一塊大岩石的陰影裡，等待「野蠻人」到來。此岩石形成峽谷的一面。中午過後才見到人影。然後見到幾個在我們上面很遠處，沿著一條小徑下山來，沒多久三、四人由峽谷出來，攜著長矛。四處張望，確定沒有詭計後，退回去，然後三十到四十個人才走進來。全都揹負著木頭和草料綑紮。他們似乎有個很奇特的習俗，在交易時，雙方都舉起數支長矛。我注意到，從事貨物交易時，次次如此。「野蠻人」除了木頭和草料別無可交換的。平埔番則以一點鹽、甘蔗甜酒（rum）和布料來償付。

　　「野蠻人」對於是否讓我們到其村莊去，顯得相當遲疑。若不是出於恐懼，就是希望得到更大的賄賂。他們說正在種植小米，要是我們去了，可能會使太陽晒得極熱，而把幼苗燒死。協談許久，又給兩村莊的酋長各量出一塊紅布料，另外也送其他的頭人一塊，他們終於同意帶我們回去。他們分擔揹負我們的行李。我們開始走上峽谷。很快就來到一條很強勁的溪流，在到達平原前，就在此消失於地面。在首次越過溪流時，「野蠻人」將行李丟下，要我們付錢，否則拒絕前行。他們拒收我給的布料，似乎即將離棄我們。照這樣子，我推斷他們會搶奪所有的東西，最好還是回頭。所以就叫童僕把送給酋長的紅布料收起來。因我決心，若不讓我們進入，就別想從我們這裡得到好處。但他們已先送過去部分的布料，也不打算去要回來，直到我把酋長手上的槍奪過來，也同時備好我的槍，以防有什麼麻煩。紅布很快送回。我雇用的平埔番拿起行李，我們開始往回走。「野蠻人」此刻發現我們真打算回頭，就跟著我們，用手勢說服我們跟他們走。既然他們準備對待我們好些，我們也就轉頭，跟他們去了。

　　沿著溪流走了半英里，每幾分鐘就須涉越一次。然後轉向山那面往上爬，穿過比我們頭還高的青草與雜草。掙脫低地後，草較短，我們很快就可見到周遭整個鄉野。這一帶山上木材缺乏，幾乎全無，大概都被砍下出售。又被年年的火災抑制而無法增加。唯一可見到的樹是芒果樹，數量很多。若不是「野蠻人」栽種的，就是樹苗竄出時，任其長大。現在花正盛開，蜜蜂群聚。很快就

來到已經耕種的地方，很像在北部見過的。小塊板岩與雜草被集聚成行，像小梯田，以防一下雨，土壤就流失。耕種的土地很險峻，對耕種相當有幫助。所用的工具也很重要。一般是削尖的樹枝，十分粗陋，有時包鐵使其堅固。這可不是件小事。在險峻的山側，用削尖的樹枝就可輕易掘土，再將土搬移到另一處。在平坦的地面上，就須用更好的工具了。

攀爬了兩、三個小時之後，我們來到高山幾乎垂直的一側，有小徑盤繞。此處建蓋了粗陋的圍牆，八到十英尺高，顯然用來防禦。以有凹口的竹梯攀登，危險時可拉上去。通過之後即可望見村莊，幾乎全隱匿於竹子和其他樹叢間。村莊建在山陡峻的那側。差不多唯一可見得著的部分，就是有茅草覆蓋的小穀倉，棲息在柱子上，零零落落地散置各處。進入村莊時，我們經過一小塊田地。有個老人一動不動地站著，像座雕像。舉起手和眼睛，好像在為田地祈求祝福，或是在擋住我們可能帶來的什麼厄運吧！房子的主要部分都是長而低矮的結構，用石板建造、覆蓋。屋頂全朝一個方向，且都向上坡延伸，以致相隔一段距離外，就很難察覺。屋頂部分由木柱支撐，有些相當大，有粗略的雕刻；部分則靠厚重的牆支持。這些牆把房子隔成小室。窗和門由厚石板片做成。我們得彎腰屈背才進得去。房子內部，像屋前那小塊地一樣鋪著石頭，頗乾淨。緣著牆有石板搭的低矮臥鋪，上面覆著草蓆，做為床或坐椅。外層的厚片，多處被穿透，讓蜜蜂得以出入。有些房子的臥鋪內，蜂群肯定有十五到二十個之多。

我們發現大家都坐在自己屋前那一小塊鋪了石頭的地方，而門關著。我們被告知，他們已有好幾天未進房子去，是因一些跟新年以及耕種時間有關的迷信。

我們被帶到酋長的房子去。他坐在門口吸煙，穿著豹貓皮（tiger cat skin）的外衣，那是他職位的標記。雖然送了紅布，但他對待我們並不很親切。不過，有兩、三個該部落的盛裝少女，站在他身旁，穿著能取得的所有華麗服飾，頭上戴著有綠葉與花朵裝飾的花環，開始唱起歌來，好像是為了歡迎我們。酋長透過通譯讓我們知道，這些女孩是待售的，一人二十元，我們可自由選擇。這些「野蠻人」雖可把女子出賣給我們，但卻受到奇特的禁忌，不許供給我們食物或火。要是我們未自備補給品，食物上就會很艱苦了。等我們吃了東西，準

備去睡覺時，他們告知，在次晨禁忌解除前，還不能進屋去，但可睡在附近的一間小草屋內。我們把露宿的床鋪好，睡了。那些待售的美麗少女還在外面唱歌。約半夜時，屋頂漏下的雨水滴到我臉上，把我吵醒。不多久後，平埔番和「野蠻人」進來告訴我們禁忌已除，可以進屋去了。他們已開始喝酒、唱歌。我們決定最好留在原處。我不斷從一邊翻身到另一邊，避開從屋頂滴落如小溪般的雨水，並聽著他們狂野的音樂，度過餘夜。他們似乎在唱某種輪唱，先由婦女唱幾個音節：「安阿那安阿那」，開始時用低音調，逐漸增強，直到氣竭。大聲吸口氣，然後全部停止。過了幾分鐘後，男子以同樣的方式開始。這樣繼續，只有極少的變化，直到清晨。天亮時雨已經停了。「野蠻人」似乎心情好些。不過，我們被告知，禁忌尚未解除到可以交易。有個老人想用煙斗交換一些布料，酋長發出「parisi」這個字，就讓一切停止進行。此字所含的意思似乎極為恐怖、危險，而沒有「野蠻人」膽敢違背。

我們希望去上邊一英里處另一個大得多的市鎮看看，但他們拒絕帶路。直到發現我們決心自己前去，只好很不情願地在後邊跟隨。沿路我找到幾個罕見的羊齒植物品種，卻發現禁忌甚至延伸到植物上。因當我摘取那些羊齒植物時，他們對著我耳朵叫道：「parisi！」可是發現我並不懼怕時，就想把那些植物拿走。不過發現得花些力氣，並可能引起麻煩，也就算了。

我們經過數個峽谷，長滿桫欏及其他繁茂的植物。找了藉口進去其中的一個。我四處張望，很快就找到幾種很稀有且奇特的陸貝品種。但我的「野蠻人」朋友很快跟蹤而來，纏擾不堪，我只好放棄。不得不將就於匆匆放進嘴裡與口袋的那幾個。

第二個村莊，或該說是好幾個村莊的聚落，除了房子與住民的數目外，其他都與前者相同。此地住民人數幾近一千。（第一個村莊則大概有兩百人左右。）好像整個部落都在此。我們被告知，他們正與東邊的，以及南邊隔一個山上的那些「野蠻人」在作戰。我們可以見到我們上邊，有個很長的山脊。據他們說，從那山脊以東數英里處裡可以見到太平洋。這肯定可信，因知我們就在離海十二到十五英里之內，不過他們拒絕引領。那裡已無路可行。我們對「野蠻人」的語言或漢語也都一點不會。只好放棄橫越的希望，準備回去。

我們進入此村莊老酋長的房子。發現裡面擺滿各種各樣的戰利品。沿著一

個橫梁上，掛著半打或更多的鐵耙，即中國式的耙子。這些大概是跟其主人的頭一起被奪來的。他們單獨在田裡工作時受到突襲，只留下無頭的身軀，來講述自己的故事。也看到一個魚叉，大概原為某個遇難船隻所有。還有一條很大的鍊子，恐怕也是以同樣的方式掠奪來的。幾個婦女圍坐著，在編織一個開口的袋子，可揹在身後。其中一人，在酋長的命令下，給我們拿來一盤煮芋頭。我的童僕知道我對頭蓋骨有點興趣，就打聽了一下。他們讓我們看在壁龕中放有幾個。然後又帶我們到有草覆蓋的小屋去。那裡有好幾個堆成一堆，放在一角落。那地方有若干張小草蓆，好幾個十到十二歲之間的小傢伙躺在那兒，歡喜玩樂，就好像在家裡一樣自在。我推斷這地方是用做男孩的宿舍。根據某種古老的習俗，這可給予他們勇氣。眼前一直見到頭蓋骨，可讓他們更切盼能取得敵人的首級。這些頭蓋骨的年代已經很久了。我認為此部落已快停止獵頭，變得太依賴山下那些較為開化的鄰居，而發現最好戒除這種消遣活動。我也沒見到多少打獵的跡象。他們大概比那些在北邊的族人更為依賴田裡的產物。語言上顯示，他們跟平原的平埔番屬同一族群。他們個子非常小，平均很少高於五英尺，但一般都相當健壯。臉上不刺青，但婦女橫過手背刺上三條寬紋。每個指節上刺一個十字形。沿著手指的下部關節刺兩、三條細線。男人則沿著手臂外刺條帶，橫越過胸部的上部。在糧食不足時期，他們把不少女孩賣給平埔番。那些人再利用她們在交易時做媒介。他們頭上戴著有葉與花裝飾的花環，那是他們的習俗。這在婦女身上很普遍，不過我見到許多男人也用同樣的方式來裝飾。

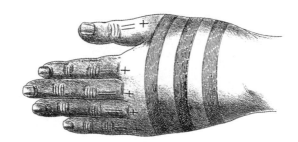

Form of tattooing the hands practised by the women of the tribe of Kale-whau, living east of Takab Formosa, and near the village of Bankimseng.

●住在福爾摩沙打狗東邊，靠近萬金山村莊的傀儡番社（kale-whau）婦女在手上刺青的方式。《紐約的美國地理學會期刊》，第6期（1876），面向頁312。

那滿覆松樹的山脊將我們與太平洋隔開。看了最後一眼後，我們轉身折返。集攏行李，快速往下走。我曾停下來細看幾個婦女用的工具。她們原在靠近小徑處挖掘，我們走近時，就退開去。不過，一旦見我撿起她們原在用的削尖樹枝時，就趕過來，從我手上奪回，對我大叫：「parisi！」。

我們平安無事回到萬金庄，準備返回打狗。星期日穿過萬金庄時，只匆匆見到那裡的天主教徒一瞥。顯然有人告發，說我是個異端，因此他們並未像其北邊的弟兄，給予我那麼熱忱的招待。

星期一我們走了一整天，回到打狗。在那裡整理好採集物，然後搭乘海龍號到廈門。過海峽時，航程很愉悅。我再度在我國（美國）領事韓德森（Henderson）先生那裡暫住了幾天。在領事家看到，我去福島旅行的六個月期間，信件已經累積了不少。我把大部分的採集物留在廈門，交由第一艘茶船轉運，自己則來到香港與廣東。我希望去菲律賓之前，能在中國做一點小規模的採集。

FORMOSE (Chine). — Groupe de Naturels de Ban-kim-cheng, d'après une photographie. (Voir p. 414.)

●一群在萬金山的土著。取自照片。《天主教傳教團報》，429號（1877年8月24日），頁405。

IV

甘為霖

William Campbell, 1841-1921

蘇格蘭人，長老會宣教士

① 〈福爾摩沙的「野蠻人」〉
② 〈澎湖群島記行〉

甘為霖
William Campbell (1841-1921)

　　甘為霖，蘇格蘭人，出生於以造船業著名的格拉斯歌城，長大後從當地的自由教會學院畢業，被英國長老會派往台灣傳教，一八七一年抵達打狗港，一九一八年退休，在台宣教的時間長達四十七年之久，跨越晚清與日本殖民兩個時代。

　　甘為霖具有探險精神，傳教活動將他帶至台灣各地，尤其是到北部的平埔族社宣揚基督教。早年他常常在台灣府到埔里（或更北邊的大社、內社）這段路程間奔波。沿途也進入內地的水沙蓮（即今日月潭），或去探訪埔里東邊的山地原住民部落。甘為霖的傳教事業後來也擴展到澎湖群島，以及台灣府以東的平埔族山地村落。除了東岸和高山地帶以外，甘為霖幾乎福島各地都去做過觀察、宣教、散發傳單或小冊子等。在南台灣的宣教員之中，甘為霖大概是跟北部加拿大長老教會的馬偕關係最為密切的。早年甘為霖數次前往淡水去看馬偕，同時陪他繞過北部各教會探望信徒，或走到新的地帶去傳教。若沒有冒險精神，這是絕對辦不到的。再說，甘為霖要是沒有走訪各地的經驗，日後在傳教、研究、翻譯等方面，也就不會有那麼多的成就了。

　　其實在福島開港後不久時，宣揚基督教的確很不容易，且因可能牽涉到地方社會利益衝突或社會菁英分子的反對，教會史上出現不少教案之類的問題。甘為霖的時代也不例外。一八七五年在白水溪（嘉義附近）探訪新設的教堂與教徒時，遇到當地有權有勢的吳志高及其屬下放火並攻擊教堂，甘為霖因為在場，差一點就送了性命。這件事情煩擾甘為霖多年後才解決，對他往後傳教的方法與理念確實頗有影響。無可否認的，甘為霖所堅持的基督教道德標準，加上具有一般洋人的驕傲個性，也是促成這些衝突發生的原因之一。

　　除了探險與傳教之外，甘為霖在另外四個方面的成就也都很獨特，那就是盲人教育、台灣歷史研究、閩南語研究、文獻與教材的翻譯等。早在八○年代

初期甘為霖已經開始編譯盲人教材，幾年後才正式出版，以聖經與宣教性質為主，然也印行清朝聖諭給盲人讀。為了編這些教材，甘為霖運用的書寫方式則是他本人改造過的布萊葉點字法，用來寫羅馬拼音（而非漢字）的閩南語白話文。一八九一年九月他促成英國長老教會在福島創立盲人學校，因而福島南部教會先在台灣府租屋作為教學用，後來並在府城建蓋學校。日本占領台灣以後就改由殖民政府辦理了。

研究荷蘭時代台灣史的人，大概都讀過甘為霖所寫的《荷蘭統治下的福爾摩沙》或《紀錄福爾摩沙島傳教業務之成功》。這兩本大作包含甘為霖編譯的歷史文獻，以及他自己書寫的歷史。雖然今天的研究者希望透過原文（即荷蘭文）來瞭解那段歷史，但是和甘為霖同時代的人卻認為他已經是荷蘭時代台灣史的權威了。

至於閩南語的研究，甘為霖在一九一三年出版了他自己編的《廈門音新字典》。這本書經過九十多年後的今天，還有學者仍在使用。甘牧師對原住民的語言，尤其是已經失傳的新港語和華武壟語，也下了一點功夫，曾編譯荷蘭時代傳教員所寫的文本和字典。除此以外，像探訪原住民部落一樣，甘為霖也蒐集各地詞彙。

想更進一步查詢有關甘為霖的生平與著作，請參考下列書籍與文章：

1.　潘希奇，《台灣盲人教育之父：甘為霖博士傳》（台南：人光，二○○四年）。

2.　Keller, Ian, "Reverend William Campbell (1841-1921)," manuscript, 2006.

選文簡介：

想編一本《甘為霖全集》不是一件容易完成的工作，不但文體繁多，很多小冊子和手稿也不容易找到。除了前面提過的教材、字典、歷史文獻、歷史研究成果等書外，甘牧師也寫過不少公開信給倫敦後方的教徒看，常刊登在英國出版的〈信使與英國長老教會傳教士的紀錄〉上。有些信的內容類似遊記，因而常轉登在學報或其他刊物上。晚年，甘為霖對福島南部長老教會以及他本人以往的活動很感興趣，因而蒐集相關文獻來編寫《福爾摩沙島南部英國長老教會

手冊》與《福爾摩沙札記》兩本書。

　　從這些繁雜的書籍裡面我們選了兩篇比較有趣的遊記。一篇描述他一八七三年五月探訪埔里、日月潭等地；另外一篇文章紀錄甘牧師中法戰爭以後跟長老搭船去澎湖傳教。雖然文體相似，但是因為目的地不同，而時間上相差十三年之久，所敘述的現象亦有所差異。

❶〈福爾摩沙的「野蠻人」〉

　　甘為霖首次遇到福島各族群而產生的印象（與偏見），在這篇文章裡都很容易可以看見。因為傳教的對象當時放在平埔族身上，跟此族群對立的漢人與所謂的「生番」，就比較不受到甘牧師的同情。不過，因為這次有機會拜訪埔里東方的「生番」，而感覺此居民比較陌生，所以對他們的房屋、部落環境等的描述，也就比較詳盡。這篇遊記也顯現了甘牧師的冒險精神，以及他觀察新地帶的方法。較令人驚訝的是，他在短時間內可以參觀埔里的二十多個聚落、內地的七、八個番社、和日月潭的四個村落。雖然文本中未將所有聚落都做詳細形容，但是他所提供的訊息還是很寶貴的。讀者要特別注意甘牧師筆下所描繪的路程、房屋、自然環境等。

❷〈澎湖群島記行〉

　　這篇文章的導論很像一般的領事報告一樣，先介紹澎湖群島的地理，然後評估群島的天然資源、農業生產、商業產品等。不過，甘為霖畢竟不是商人或外交官，所以此文章後半部就注重他個人的興趣。譬如說，有一段文字敘述荷蘭時代的澎湖史，呈現甘為霖當時正在致力於歷史書寫的工作。因為中法戰爭剛結束，甘為霖還能看到法軍攻打澎湖所留下來的痕跡。出乎預料之外，他滿同情法國人，並讚揚法軍占領澎湖時的所作所為，甚至於還認為澎湖人敬佩法國海軍統帥，也會定期紀念戰亡的法國水手。很難想像這段文字是甘為霖所寫的。法軍攻打澎湖與台灣的時候，甘為霖與其家屬馬上就往廈門避難，造成福島傳教工作停頓。再說，甘為霖想要在澎湖群島擴展傳福音的範圍，就應該更同情澎湖人在戰爭之中所受的苦難。總而言之，〈澎湖群島記行〉是一篇充滿矛盾的文章，卻因為如此，就更能讓讀者瞭解外國傳教士的複雜面貌。

❶ 福爾摩沙的「野蠻人」

作者：甘為霖牧師（Campbell, W.）
摘自：《海洋大道：地理學評論》，新叢刊，第一卷（一八七四年），頁
410-412。
Campbell, W. "Aboriginal savages of Formosa." *Ocean Highways: The Geographical
Review* New Series 1 (1874): 410-412.

　　埔社（Po-sia，P236）或叫埔里社（Po-li-sia，P238），是一個美麗且經充分
灌溉的大平原。位於壯麗的中央山脈的心臟地帶，此山脈貫穿福爾摩沙島的中
央，將其分為東、西兩個部分。埔社位於彰化市以東近三十英里處，在此系列
山脈的斷裂處。從台灣府到此地，有兩個走法。一為走一般的北路，直走到嘉
義，再繼續由東北路往東走，第四天下午即可抵達。然而，由於進入埔社前的
幾個小村莊，那裡的漢人慣於盜竊，平原上的熟番因此極少走此近路。這也正
是漢人所希望的。他們對熟番無疑都緊盯防備。熟番本為開發此地區的先驅，
現在狡猾的漢人用盡各種欺騙與壓迫的舉動將他們逐出。所以他們一般採用的
路線，也就是我走的那條，是從嘉義直接往北走到大社（Toa-sia，P331）。此處
須帶武裝隊伍護送，以通過那未開化的生番（Chay-hoan）地帶。離開大社後，
我們將繼續朝東南方向，沿著較小的山脊底部，再走九英里左右。然後再朝東
走兩天，通過一個蠻荒且多山的地帶。漢人與熟番都尚未膽敢前去那裡定居。
用這樣的方式，埔社在離開台灣府後六天可以抵達。埔社的居民幾乎全為熟
番，他們形成占據此島西部兩大開化的原住民部落之一。另一個是平埔番。
　　我在一八七三年四月二十三日抵達埔社的第一個村莊，烏牛欄（O-gu-lan，
P200）。在拜訪此社的二十九個村莊（總共有三十二個，其中三個位於平原
外略遠的山丘地帶）時，經仔細查問，我估計埔社的全部人口可定為六千人左

右，原沒料到會有這麼多。有幾個村莊在平原的中間，但多數位於小山山腳下
較偏遠的角落，都有高大的竹叢環繞，將其隱匿，幾乎無法見到。埔社的範圍
與人口的約計，只有在走遍各方向後才能得到。這要沿著山丘底部不規則的路
徑走，不時會碰上隱蔽村莊，就近入探訪。這次來埔社，我花了數天時間做此
有趣的工作。每進入一個村莊，就馬上到學校去。村人很快從每家出來，全都
聚集在那裡來看外國人，聽他說些什麼。幾乎每次都得到親切的接待。那些人
給我們泡茶，並用其他方式來表明善意。多虧一個同事的先見，我儲備了大量
奎寧，結果非常有用。我們經常碰到一群來做實物交易的生番，就會給他們像
針、打火石一類的小東西。那些發燒的人，就給他們服用奎寧。然因此而得到
邀請，則相當出乎預料。

　　一個熟番交易商A-tun會說那些「野蠻人」的方言。一天傍晚，天快黑時，
他帶了一隊生番來到烏牛欄，替酋長A-rek帶話給外國醫生。有些酋長的族人吃
了我的藥，病好了。酋長A-rek要我去其居住地，替那些病得無法離開小屋的人
醫治。當然，我告訴他們醫生不在此地。他目前正在南方的一個大城市裡[1]。但

THE MISSION CHURCH AND SCHOOL, TOA-LAM, PO-SIA, FORMOSA.

●傳教團在福爾摩沙埔社與大湳的禮拜堂與學校。《英國長老教會的信使與傳教士記事》
（1879年1月），頁10。（此數位圖像由John Shufelt提供）

既然我給過藥，而效果不錯，對他們解釋說我並不是醫生這個區分，試了也沒用。我反正也很高興有機會到更東邊的地方去，就決定五月十二日星期一跟他們一起離開牛睏山（Gu-khun-soa，P077）。有三個人將陪同我去，即A-tun，做我的翻譯、我的本地男僕，他是個已婚的平埔番人，以及一個漢人挑夫。酋長A-rek派兒子來領我們到他的村莊去。離開牛睏山數分鐘後，就進入山間隘路，正式上路了。我們越過山丘，涉過溪流，走了七個小時，連條路的影子都看不到，而總是往東走。最後我們才停下，吃點東西，再繼續前進。終於從陡峻山丘的坡頂見到托魯萬（Tur-u-oan[2]，P347）村莊，是此部落的總部，也是我們當晚要過夜的地方。在我們與村莊之間的那條溪流，比所有我們曾通過的都要來得深且急促。幾乎所有的居民都出來看他們外國人的第一眼。我們在最大的房子前停下。一進去就見到那個酋長，他的名字曾多年來都是這些山區西邊原住民恐怖的緣由。酋長A-rek發燒已有一陣子，頗為虛弱。我給他服用相當大劑量的奎寧。不久之後，他喝完一罐Liebeg公司配製的肉精，喝得津津有味。那天晚上沒做什麼別的。我們抵達時天已快黑。外面的景象實在不怎麼讓人動心。三十多人擠進這個大房間來，起初還有點害羞，但晚間他們逐漸暢談起來。我贈送給A-rek約半碼的紅色法藍絨布料，那是他們極為珍視的東西。還有幾把木製的梳子、打火石，以及一小段我曾用來把鑰匙拴在一起的銅鍊條。擁有該物顯然讓那招待我的主人優越感倍增。那群人講的許多話都由A-tun翻譯出來，其中不少是對我的評論。我是那個從上面來的白皮膚外國人，即使我的頭被砍掉，也不會死，等等。

　　次晨很早起來，我鼓起勇氣出外看看這個地方。第一個引起我注意的是一串頭殼，綁在酋長屋子的末端。幾乎都是裂開的，不少還有一些人肉粘附，似乎一兩個月前才從身體上割下。其他多數的屋子也都如此裝飾。在一個小草屋那裡，我數了數，共有三十九個頭殼，另一家有三十二個，第三家有二十一個，等等。有人告訴我，那些是他們部落間打仗勝利，還有成功襲擊高山西邊居民的戰利品。可憐的生番，在蜂擁群來侵蝕的漢人臉上，看見自己必然失勢。在慍怒的絕望下，他對任何人都手下不留情。有人告訴我，每年都有十到二十個埔社的人在這些襲擊中被殺。在走進那大茅屋時，看見更多這些生番墮落的證據。許多看起來很可疑的器具亂扔在那裡。從其中一個橡木上垂懸的厚厚一團

①指台灣府，那裡有個長老會辦的醫院。
②是泰雅族德奇塔雅群（後改稱霧社群）早期的住區。

長髮，無疑的，是由被謀殺的熟番與漢人的辮子所組成。他們的頭殼正在外邊漂白。我相信生番中有許多是食人者。

我深深同情這些可憐的人。他們在許多方面都是很優良的種族，大家都說他們很貞潔、誠實。謀殺是他們眾多罪行中最普遍的一項。人的生命對他們來說價值很小。他們喜歡砍殺那些真正或想像的敵人的身體。男女都刺青③。老婦人的臉刺繪得太厲害，使她們看起來很令人厭惡。他們的時間主要用在打獵上。我們去造訪的第二天，一大隊人才打獵回來。我們一再嘗試讓他們記住一些最簡單的道理，但他們的頭腦似乎連一個印象都無法接受。在他們面前寫下一些備忘便條這樣的行為，就會激起懷疑，他們以為我是在準備什麼東西要來傷害他們。我試著解釋我在做什麼，但沒有用處，所以我就把記事本收起來了。

有人告訴我以下的奇怪習俗是這些生番的慣常做法。當任何一個人去世的時候，他的朋友會把房間一端總以文火悶燒的木段清除，就在那個地方挖一個深洞。將屍體以坐姿放在洞內。屍體旁邊擺些死者生前用的煙斗、菸草，以及其他物品，然後舉行一個簡單的儀式來表現悲痛。兩個最親近的朋友將墓填好，爐火再放回原處。一切都照常過下去。

他們的房子與我在別處見到的不同。建蓋時先從挖掘一個很大，方形，約四英尺深的洞或坑開始。將坑底的泥土壓得平實，做成地板。四圍以大石頭環繞建蓋。這些再往上建高，形成一個高於地面三英尺的石牆。然後從一面牆到另一面牆上覆蓋一個竹的構架，大得足夠在每一邊都突出，形成兩、三英尺深的屋簷。再將石板（應說厚石片才更正確）鋪在上面，建築物就蓋好了。

抵達的次日，酋長、還有其他一些人，都特別友善，因為贈送的藥將發燒治好。他們提議帶我去看他們的井。A-tun很肯定的告訴我，說那是因他們相信我的誠意。他們說，有一個井曾長期受到邪靈的影響，造成不少人死亡。他們有個習慣是晚上向井裡發射，希望長槍的子彈會將敵人驅走。我發現那井是一個水泉。裡面的水是我所嚐過的最清涼也最甜美的，且幾乎有無限的供量。我向他們強調，說他們應該放棄一向飲用的不潔水，而回頭來喝此井水。

他們居住的房子陰森恐怖，像藏骸所似的，低矮且骯髒，讓我覺得奇怪，怎麼還會見到這麼許多健壯的傢伙。四周的景致是我所曾見過最荒蠻，也最壯觀的。葛倫科（Glencoe④）不能相比。周圍所有的地方，以及往東一整天行程的

鄉野範圍內，所用的語言都跟A-rek部落的一樣。A-rek在他年輕時說的話，曾是方圓數英里內這些山地人的律法。仍有十三個村莊受他統治，我拜訪了其中的七個。見到不少發燒的人，就給了這些人一些奎寧。有幾個有很嚴重的矛槍傷口，那些人我則幫不上忙了。在旅行的這段期間裡，我碰到另一位酋長。他的領土在托魯萬南方約五英里處，是三十個村莊的首領。他的名字叫做A-ui-a-tan。我贈送給他幾根英國針，他很驚訝並欣然接受，因為他所熟悉的只是易貨時換來的，是那種極為拙劣的小段生鏽鐵絲。

　　離開時，我向酋長A-rek保證下回還會再去拜訪。也被迫接受一件禮物，那是一小塊土著布料，是他妻子特別為我織的。

　　從埔社回到台灣府，我們沒有如來時的由大社走，而是往南方走一條新的路線，去拜訪青番（Chin-hoan，即生番），或叫水番。在埔社的牛眠山村莊曾遇見過三十個。青番住在離埔社南方一個很大的淡水湖岸，約一天的行程。此湖

[THE DRAGON-NOURISHING POOL, FORMOSA.

●福爾摩沙的龍潭。《英國長老教會的信使與傳教士記事》（1878年11月1日），頁210。
（此數位圖像由John Shufelt提供）

③原文為「paint」，繪臉。
④蘇格蘭山區的旅遊勝地，在西部的山岳地帶，山區風景非常美。

長約四或五英里，寬約三英里。當時此部落的酋長正在湖上釣魚。湖上，見到他們特有的狹長型獨木舟，每條獨木舟都由單根樹幹做成，用做成葉子形狀的短槳來推進。青番在島上別處都見不著。他們的四個村莊各叫水社（Chin-sia，應為Chui-sia之誤，P044），Wa-lan（疑為「貓蘭」，P353），北堀（Pa-khut，或剝骨，P205），以及頭社（Than-sia，應為Thau-sia之誤，P318）。

於五月二十七日抵達台灣府。

❷ 澎湖群島記行

作者：甘為霖牧師（Campbell, W），英國皇家地理學會會員
摘自：《中華記事與傳教士期刊》，第十八期（一八八七年），頁62-70。
Campbell, W. "A few notes from the Pescadores." *The Chinese Recorder and Missionary Journal* 18 (1887): 62-70.

　　澎湖群島（P218），除了幾個小灣與岩塊外，是由二十多個有人居住的島嶼所組成，位於福爾摩沙西南海岸不遠處。兩者之間最短的距離約為二十五英里。整個群島在海圖上所記下的位置為：緯度從北緯23度12分到23度47分，經度為東經119度19分到119度41分。這些島嶼合起來組成台灣省的澎湖廳，隸屬常駐當地的滿清文武官員的管轄之下，他們則向在台灣府的長官負責。

　　根據已故船長柯林森（Captain Collinson, R.N.）所做的調查[1]，最大的島，周長四十八英里；次大的，十七英里。前者據於東北方（的位置），在本地方志上稱為大島。後者，位於大島以西，在平均距離足足有三英里處，漢人稱之為西嶼，歐洲人則稱之為漁翁島（Fisher Island，P066）。

　　媽宮（Ma-keng，或馬公，P189）在大島的西南端，是此群島的主要市鎮，可俯瞰同名的大海港所在的一個小灣。此海港受到極好的遮護。這些島嶼與福爾摩沙西海岸之間，以戎克船進行相當可觀的交易，媽宮即為其總部。

　　大島與漁翁島之間的通道，其北端因珊瑚礁以及陸地從兩邊同時往內傾而變得大為狹窄。因此而形成的深邃礁湖或海灣，漢人稱為「澎湖」。如前所述，這也是整個廳的名稱。

　　其他較大的島嶼都在大島的南方。任何船隻從媽宮港出發，前往此群島嶼中最南邊的戎克島（Junk Island[2]，P094），必須先駛過兩個海峽。第一個是海盜

---

[1]Collinson, Richard, "Sailing directions for the Panghu, or Pescadore Archipelago, with notices of the islands," *Chinese Repository* 14 (1845): 249-257; Admiralty Chart No. 1961, "Pescadores Islands," 1844, 40" x 27".
[2]疑為澎湖七美嶼。

海峽（Rover Channel③，P242），約六英里寬。其次是尖塔海峽（Steeple Channel，P274），約三英里寬。

從一段距離外看，澎湖群島所呈現的外貌確實十分荒涼，也不起眼。陸地在各方向都不高過海拔三百英尺（大部分的地方甚至還比此高度低得多），像台地一樣平坦，同時幾乎毫無樹木或矮灌叢。

尤其是那些較大的島嶼，只有在仔細視察下，才顯露出較為有利的一面。那些看起來光禿像沙的平原上，始可看到已經過高度開墾。雖然由於強風、乾旱，以及不適合的土壤，而極少看到稻田，但凝視著那些寬廣起伏的巴巴多斯（Barbadoes）小米田時，絕不會感到有此缺憾。眾多的村莊裡也有很清潔的，用珊瑚建蓋得非常堅實的房子。瓦片的屋頂使景色更增魅力。村莊一般位於避風的安適小灣裡，或在某個寧靜的小溪上邊。船隻既可找到遮護，又可迅速出海。

澎湖群島的人口，根據當地聰慧住民的說法，約有八千人④居民雖分散到如此眾多的島上，但要得到相當正確的估計，似乎並非那麼困難。他們之間不斷有來往，而媽宮的官員與商人對他們的情況都算相當清楚。他們中絕大部分是從福建省廈門地區移民來此者的後代。

主要的農務都由婦女擔當。男人則一般忙於捕魚，或從事福爾摩沙與澎湖群島間大量的貨物交易。輸出品主要包括鹹魚、花生、豬、禽類、蛋等，用以交換稻米、甘薯、水果、鹽，以及其他這類的日用品。

相當遺憾的是，輸入這些必需品時，也同時帶過來大量的鴉片。在這樣一個隔離的地方，要是對此毒品完全不知曉，也不至太令人驚訝。但卻完全不是這麼回事，因鴉片在此地的需求比在福爾摩沙西部的漁村更大。人們解釋說，每隔一陣子的暴風雨氣候，往往會讓他們有好幾個星期的時間都被逼得閒散無聊。還有許多人以吸鴉片來緩解風濕病痛與劇烈的頭疼。

還要補充的一點是，教育年輕人在此受到很大的鼓勵，頗令人高興。幾乎每個村莊都有自己的學校。本人被告知，年輕男子從澎湖群島北上去參加中國的科舉考試，人數常超過一百，而且那是很尋常的。此考試每三年在台灣府舉行一次。經常可遇見秀才。甚至連有些舉人的家鄉都在此地。有人很得意地指出一個很無關緊要的小島，說那曾是某某進士的出生地。

澎湖群島在十七世紀早期首度受到西方國家顯著的注意。一六二二年荷蘭人試圖在澳門建立勢力而被拒。就是在這之後的一年間，他們的小艦隊往上駛到中國海岸，並強行占據這些島嶼。

他們遭受的抗拒必然很小。與福爾摩沙交易還是後來的事。與大陸本土的來往也比目前少得多。更何況澎湖群島當時居民的人數很少，在維持生計與防衛上，幾乎必須完全依靠自己很微薄的資源。

因此當時主管官員的結論是，要與那些勢力強大的外國人交戰會是很愚蠢的行為。他們別無選擇，只有蒙受恥辱，見那荷蘭旗幟在後來成為台灣省澎湖廳的地區招展。

當然，發生事件的情報適時傳到福建巡撫的衙門去。柯林森船長繼續如此地敘述：「在福建對岸，廈門與福州的當局，盡力試圖驅逐這些新來的入侵者，而不成功。發現此方法沒有結果，繼而力勸他們捨棄澎湖群島，轉取更為富裕的福爾摩沙。最初此提議遭到拒絕，但兩方之間時而談判，時而決裂；一會兒做敵意的攻擊，一會又簽訂那些徒有其表的條約。這樣一連串的交替更迭（這在當時是很典型的）之後，加上四千名中國部隊登陸此群島的最大島，駐守其堡壘，因此阻礙一切交易，荷蘭人終於同意轉移到福爾摩沙去。他們在那裡建立熱蘭遮堡（Fort Zealandia，P069）。在占據澎湖群島時，荷蘭人對待當地人民的行為是如此苛刻，有如囚犯，致使民眾大體上都拒絕與他們交易。」

在此抗爭期間所揭示出來的，就是那些早期的荷蘭人（Zee roovers）對澎湖群島表明偏愛，超過那更肥沃且領域大得極多的福爾摩沙。其理由十分明顯。澎湖群島有充裕的海港容量，同時任何人若想逃離中國海變化不定的危險水流或咆哮的颱風，那麼最好避開福爾摩沙。

跟澳門比較，相當自然的，最近的經驗使荷蘭人會決定全體一致的選擇澎湖群島。他們從大陸本土來這裡僅需一天的航程；在這裡，中國北部的大市場都在很容易到達的距離內；更重要的是，在這裡，他們海島的位置，且僅置身於少數居民當中，可讓他們不致受到日常的煩擾，同時也不必擔心遭受突襲。

然而，我們已經見到，荷蘭人想利用在澎湖群島上設立一個海運與商業的補給站，以削弱葡萄牙人，而使自己致富的大計，是無法實現的。在媽宮港入口處以南的荷蘭古堡廢墟，乃是此狂妄無效嘗試的當然見證。

---

③介於望安島和虎井嶼之間，日本時代稱為「八罩水道」。
④巴克禮牧師於同一份期刊上，一八八七年四月那一期，說此數字為排印錯誤，應為八萬人。

必須跨越整整兩百六十年這麼長的間隔，那些島嶼才能得到唯一的另一次契機，再度具有外交上的重要性。一八八五年春季，一個安靜的下午，福爾摩沙的人民聽到像是遠處雷聲的極大聲響，而嚇了一跳。但那並非雷聲，而是法國沉重的裝甲艦隊正在爆破摧毀漁翁島和媽宮的防禦工事。那些防禦工事都裝有外國製的大型火炮，有數千名本地兵士據守。這些兵士是匆匆從大陸各軍事基地聚集來的，然卻沒有任何助益。因為此次戰鬥的方式與他時迥然大異。果然，不多久，就可見到法國艦隊巨大的炮兵連隱隱迫近。

根據流行的傳聞，中國人未浪費時間在任何客套禮儀上，立刻開始對前進的船艦開火。但那些船艦仍繼續穩定地往媽宮方向迫近，寂靜無聲，預示不祥。大約在手槍的射程內時，他們突然對市鎮外圍的大堡壘發出如此猛烈的炮襲，許多人心中必然充滿驚愕與恐懼。的確，有些人說在眼見法國槍炮齊發所造成恐怖的嚴重破壞，官員與兵士都開始逃離戰壕。然而這個說法並不完全正確。從身體正面受傷，後來摸索到台灣府的基督教醫院就醫的兵士人數來看，很有說服力地顯示，那些可憐的就事論事的漢人中，對侵略其國家者，有不少必定做出很崇高的抵抗。

法國占據媽宮後，很快就發布通示，告訴所有相關者，所發生的是由於兩國之間的紛爭而引起，人民無須負責。同時會盡一切努力，保護無辜者，讓他們免受任何不必要的苦難。愛好和平的當地居民現在無須恐懼，而若向他們索取什麼，無論是貨物還是勞力，都將樂意以當前的價格來支付。

艦隊司令庫爾貝（Admiral Courbet[⑤]，或庫大人Kok Tai-jin）的名字，一定就在此時開始變得如此受到澎湖居民的敬重。在他嚴格的掌管下，法國水兵方面，若有任何近於過度的行為，馬上就會遭到制止。他並使用一切方法讓大家知道，對於所有生命、財產的保護，都須依賴新政權要能維持下去，而人民自己要能保持平靜。

媽宮的許多商店與房舍，若不是被軍艦扔擲的炮彈摧毀，就是被撤退的漢人破壞。他們希望留下給法國人的愈少愈好，可能也想為自己的利益，做些小規模的劫掠。儘管如此，房舍倒塌的情形，並未能防止在敵對開始時逃離的數百人，現在重返家園。同時也並未減輕他們的大志，即盡可能賺取最多的那些又新又好，現在傾注當地的墨西哥銀元。法國人慷慨雇用他們做為苦力、船夫

等。而當大量日常供應的魚、肉、蔬菜等運進來，法國人購買時所出的價錢，就連張三李四的心中也必定會欣喜萬分吧。在他們之間關係較為平和的時期，歐洲人方面，完全沒有壓迫的行為，而在漢人方面，也沒有肆意的報復。這應歸功於每個人。

法國人短暫占據接近尾聲時，他們在媽宮豎立兩個相當堅固的木製防波堤。撤出此地時，即使那是用極好的木材構成，同時也很輕易就可拆除，他們還是讓那些防波堤留下來。他們也讓那個在市鎮上邊的高地上，又像停屍房又像禮拜堂的小建築物，完整無缺地保留下來。很可惜的，在離開前，不知是因自私還是體貼，法國人沒有將大量未爆炸的炮彈帶走。那些炮彈可能仍埋在土中，或仍平放在媽宮附近的曠野上。已經有五件以上的意外事件發生，造成至少二十人死亡。這都是由於漢人的頑固自私，一再去亂動那些危險的東西。他們的確曾把其中一個炮彈解開，而將裡面的火藥賣了三百錢。然他們的一般做法，就是用大石頭猛擲，希望炮彈爆炸後可撿到大批破裂的金屬片。

在最近發生的一次事件裡，一個年輕人居然倖存（是令人永遠難忘的奇觀），但他的兩個同伴則被炸成碎片。出事的幾個小時後，本作者因為有事去拜訪知縣，而跟那位官員提到，所有剩餘的炮彈應小心地搬到捕漁船上，然後扔入二十英尋（噚）的水中。他唯一的回答只是淡淡的一笑。

在這裡應該提及另一個有點悲哀的事實。那是由於見到三個孤零零的小墓地而想起的，墓地內埋著那些法國軍隊官兵的屍體，他們死於受傷或疾病。最遠的那一個墓地，位於戎克灣對面低矮山丘的底部。另外兩個在市鎮上方的平原上，可見到澎湖海港的水域。

法國人在澎湖群島停留的時間非常短暫，但我們見到墳墓的數目卻極多。就此看來，法國人的死亡名單必定是長得驚人。漢人自己承認，這並非全由戰鬥造成。在談到將發燒與霍亂的病人抬到其最後安息處的次數之多時，他們仍像是真的很同情。

至於當地人民是否做出任何的干擾，可由下面的敘述看出來。跟那三個墓地相關的圍牆、大門，以及其他的資產，都一直保存得十分完好。今年六月中旬，本作者有一天跟相當大一群人站在一起，透過大門，往裡面看那打磨光滑，用珊瑚所做成的方尖石塔。那是敬愛艦隊司令庫爾貝的人，為紀念他而豎

⑤Amedee Courbet (1823-1885)，一八八四年十月底命令封鎖台灣的法國海軍總司令。一八八五年六月十一日死於澎湖。

立的。這些人都非常親切有禮，樂意幫忙，在交談上毫無隱諱。以下就是對我
們面前紀念碑上那位艦隊司令庫爾貝，他們所給予的一些評論：「伊真好膽！*I
chin hó-ta*。」「伊不只嚴*I put-chi giam*。」「伊賢體貼甘苦人*I gau the-thiap kan-kho
lang*。」勇敢，正義，仁慈！這是多麼高貴的證詞！尤其艦隊司令庫爾貝對說這
些話的人來說，還是征服者的關係！任何一個真正的騎士，還可能達到比此更
高的理想抱負嗎？在那一小群人中，至少有一個人是為他除帽致敬的。

若不略為提及澎湖群島做為基督教傳教場地上的問題，這些「記事」則不能
完整。整整半個世紀之前，虔誠的郭士立（Gutzlaff[⑥]）前往福爾摩沙的途中，
曾在此地暫時停留。但他的造訪似很短促，僅到達媽宮附近一帶，並僅限於出
售小冊子和聖經。這是到今年（一八八六年）以前，唯一能找到的傳教士探訪
澎湖群島的紀錄。當本作者，由福爾摩沙一個傳教所的一位本地人助理伴隨，
從東石（Tang-chioh，P303）搭乘戎克船橫越過海，六月六日晚間在媽宮登陸。
本意原想探訪群島上的每一個島嶼，但因生病，而僅拜訪了（除了兩、三個例
外）那些在海盜海峽以北的島嶼。我們在各處所受到的歡迎與鼓勵，遠超過我
們最熱切的期望。

我們最先在南寮（Lam-liau，P161）做短暫停留。這是一個很大的村莊，在
媽宮東北約八英里處。我們之所以被帶到這個地點，是由於這裡是林兼金（Lim
Kiam-kim）的出生地。他年輕時，約在十六年前，曾在福爾摩沙得到基督教力
量的拯救。到一八七九年他去世時為止，都一直在做輔導教師與福音傳揚者，
對那裡的傳教工作很有貢獻。雖然就目前的情形看來，他的影響並未留下很顯
著的痕跡。但大家想起林弟兄時都顯得十分尊敬，而對我們此次帶來的神的信
息，都聽得十分專注，且能持續下去。

在首場的聚會裡，對他們宣講人類的罪惡，以及如何通過那被釘十字架而
又復活的救世主來得到救贖。約有三百人坐到半夜。散會前，還有人問了不少
問題，這讓我們的精神極為振奮，感到上帝自身的聖靈恩典就在我們的身邊。
第二、第三天舉行的聚會，也同樣令人鼓舞。散發了數百份基督教書籍與小冊
子。許多人都很親切地來拜訪我們，單獨談些比較私人的問題。要略為提及的
是，聚會時，我們把前排的座位指派給孩子們，讓他們非常高興。也贈送了一
些有優雅圖畫的小傳單給幾個年紀較大的孩子。

下一個做短暫停留的地方，是在赤崁（Chhiah-kham，P039），是「大島」最北邊的市鎮，也是與福爾摩沙的魚貨商行進行交易的小港口之一。民眾已經聽說我們在南寮及其附近村莊所做的工作，則已為接待我們來訪做好準備。晚間，在海濱上方一個小廟附近，差不多每一家都派有代表來迎接。沒有人能要求比那些人更為專注的聽眾。在此地，群眾也是直到半夜才被勸服散會。

造訪了幾個偏遠的村莊後，我們移轉到鳥嶼（Bird Island，P023）去。島上居民超過一千人。我們在那裡又有幸能宣揚福音，直講到聲音嘶啞。此外，那些群眾不但「專心聽講」，並極親切招待，得到的回報更大，讓我們又驚又喜。

那些島民曾一度有此惡名，說他們是澎湖群島上最傑出的海盜與打劫船難者。但現在，任何地方都找不到比他們更為安靜且更為勤奮的人了。他們說，約在八年前，（英國政府）曾分發給他們一千六百元錢，以酬謝他們給予一艘失事英國汽船的協助。

此後一整個星期都在漁翁島上的十三個村莊裡度過。完全是靠上帝持續的慈祥引導與照顧。那些群眾首次聽到永生的話語，是如此的全神貫注。此情景將永存在我們的記憶中。

在明亮的月光下，雖然舉行了多次的聚會，但由於大家都很專注的緣故，仍然還是很感人。過去的經驗使我們確信，炎熱的夏季月份裡，在中國村莊宣揚福音，滿月時是最佳的時間。當然，那是指若一切順利的話。比方說，有一個條件是，人們必須預先知道我們會到附近，知道當晚用過晚飯後，在村莊的廣場上，或在廟的前邊，我們想要見到一大群人。同時也要將約束不了且普遍存在的「男孩成分」列入考慮。本作者，不只一次的，因為這個緣故而失去很好的機會。那是由一幫惡作劇的頑童，把村莊裡所有的惡狗都找來幫忙，喧嘩吵鬧聲把本作者趕開。這樣的問題最好馬上處理。其實只須略施手段，就可贏得他們的友誼，甚至將他們轉化為非常有用且願意幫忙的同盟了。

關於最近去澎湖群島所做的探訪，結束前還須再提一件事。那就是當台灣府的弟兄得知，在媽宮與其附近「大門已為我們有力敞開」時，建議應用福爾摩沙南部教會的經費，派遣一位傳教士去常駐在那些島嶼上。其中一位本地的長老自己率先捐獻，捐了五十元錢。大社那自給自足的教會會眾，在聽到澎湖

⑥Charles Gutzlaff (1828-1851)，德國人，曾任倫敦傳教協會在中國的傳教士。一八三二年四月曾經去過澎湖與安平港。可參考其遊記：*Journal of three voyages along the coast of China, in 1831, 1832 & 1833, with notices of Siam, Corea, and the Loo-choo islands* (London: Frederick Westley and A.H. David, 1834).

群島與台灣府所發生的一切時，他們很快地就為此收募到超過一百元錢，以鄰近的彰化市開始做有系統的福音宣揚工作。此城市是該縣（或轄區）的中心，形成英國長老會傳教團在福爾摩沙所據場地中最北的地區。一八七一年秋季期間，由此地數個村莊起始。現在雖然已有六個教會，有將近四百位成人會眾散佈在此區域，但這個由我們本地一個會眾團體所發起的，深入縣城本身的傳教所擴展運動，從各方面來看都很受歡迎。因為這帶來一切的活力，同時也使得「更美好的希望」有深遠的可能。

V

不知名
Anon.

〈福爾摩沙與日本人〉

不知名
Anon.

　　〈福爾摩沙與日本人〉這篇短文的作者不知是何人。只曉得其出版處，即「全年」週刊，總編輯為有名的小說家狄更斯的後人（Charles Dickens, Jr.）。由文章的題目與發表日期（即一八七五年二月二十七日），就可知道作者在這個時候寫有關福島的報導，一定與日本剛結束的遠征有直接的關係。不過，假如詳細統計歷年來歐美雜誌出版有關台灣島與台灣居民的文章，則會發現一八七五年發表的出版品並不是最多的。有些歐洲讀者群（像基督教傳教團與其支持者）早就開始關心福爾摩沙。然話說回來，一八七〇年代中期以後所寫的遊記、論文、探查報告等作品的內容，大體上都比早先出版的更深入、詳細。湯姆生（John Thomson）、艾比斯（Pavel Ibis）或史蒂瑞（Joseph Steere）等的報導文章，都是這類的作品。

　　〈福爾摩沙與日本人〉卻既不是遊記也不是調查報告。這篇短文的性質只能代表一般讀書人（較模糊的定義，意思是說那些經常看英文報紙、期刊的讀者群，絕對不能代表多數識字的歐美人）對福爾摩沙的瞭解而已。作者對台灣島和台灣族群的認識上也有很多盲點。他起先設法由過往的歷史來認識福島，不過他的歷史知識頗為淺薄。作者大膽地認定漢人與福爾摩沙原住民以往的接觸未存有多少歷史記載。不管是清朝以前或明鄭以後的漢人活動，都不能詳細說明。雖然如此，他還是口口聲聲地認定漢人移民與清朝政策，使得原住民不但尚未開化，其人口也不斷地減少。

　　相形之下，作者認為十七世紀荷蘭與西班牙在福島建立的殖民統治相當成功，可惜的是維持的時間太短，而無法在短期內完成其傳教與文明化的大業。

他還列舉西班牙統治下的菲律賓，來證明歐洲的殖民統治比較善良、有效。當然，他這種例子更顯示作者視野的片面與歷史知識的短缺。雖然如此，他畢竟也看過一些歷史記載，並設法傳述一些過往的事情。譬如說，荷蘭殖民者和鄭成功之間所發生的衝突與後來的戰爭，以及英國東印度公司在福島設立的貨品交易站等，這些方面的歷史知識他都試圖傳述，並設法普及。

文章後半段觸及眼前的政經狀況。作者重新敘述日本遠征恆春半島原住民部落的事件，有點像記者的報導。不過，他也表達了個人的看法，解釋為什麼日本在那時候決定處罰牡丹社。作者似乎有點擔心中日關係將來會惡化，而造成東亞環境不穩的狀態。像很多當時在中國、日本經商的外國人一樣，作者對台灣的資源、農業生產、商業狀態等都很感興趣。不過，無可否認的，他所瞭解與敘述的福島，尤其是在自然風景方面，也存有某種程度的幻想吧！

總而言之，〈福爾摩沙與日本人〉代表了一八七〇年代一般英語世界的知識階級，對原來是陌生地帶，而因日本遠征後才變成新聞的福爾摩沙島的認知。此篇短文可以讓我們進一步瞭解這群讀者的盲點。

福爾摩沙與日本人

作者：不知名
摘自：《全年週刊》，第三二八期（一八七五年二月二十七日），頁463-468。後來收入新叢書《日常用字》。
發行者：小狄更斯 (Charles Dickens, Jr.)
Anon. "Formosa and the Japanese." Edited by Charles Dickens, Jr. *All the Year Round: A Weekly Journal* No. 328 (27 February 1875): 463-468.

　　福爾摩沙在一六八三年才開始隸屬北京政權。福島在此之前的歷史，沒有什麼可敘述的。據保存在澳門的一些中國文獻記載看來，中國人直到一四八○年才發現此島。然中國帆船喜歡集結海岸，這是眾所周知的。他們居然會數百年來都錯過一個離大陸本土不遠的大島，實在令人難以置信。兩者之間的距離並不比布林迪希（Brindisi①）到對岸希臘島的更遠。也沒有都柏林到荷利赫德（Holyhead②）那麼遠。對於中國人據有該島的這段時間裡，在那裡都做了些什麼，我們所知很少，甚或是幾乎一無所知。中國人對當地的土著沒有多少教化，因為歐洲人來到他們之間時，發現這些可憐的東西懂得的實在極少。中國人，無疑的，一般會捕海參，搜尋可食的鳥窩。他們也發現島上的樟木比中國任何地方的都好，而開始大量砍伐。

　　一五二四年前後，葡萄牙人見到一個大島，有高山，並隱約可見樹木繁茂的迷人峽谷，以及覆滿綠茵的美好低地，因而把此島稱為「福爾摩沙」，即「美麗的」。繼葡萄牙人之後又有西班牙人到來。後來在一六二四年時，荷蘭人曾在北③海岸設立一個貿易站，並建立城堡，即熱蘭遮城。他們以為自己的地位既已如此穩固，就開始向原住民傳教，並把一部分的聖經譯成福爾摩沙文。對原住民來說，歐洲的勢力未能在該島持續下去是很悲哀的。三者中的任一個，若能在那裡立足，都會比中國人更好。中國人除了讓原住民逐漸在地球表面消逝

①布林迪希（Brindisi）義大利東南部港市。
②荷利赫德（Holyhead）英國威爾士西北部安格爾西島郡的最大市鎮，是威爾士到愛爾蘭的都柏林間的渡船連接線。
③方向錯誤，應為南海岸。

外,並沒有給他們任何幫助。我要是福爾摩沙的守護神,而由我來做選擇的話,我會覺得西班牙人比較好。他們自己國家的政府雖不怎麼樣,不過他們似乎有改善其統治下族群的本領,而非將其滅絕。福爾摩沙南邊不遠處,在菲律賓群島上,西班牙人就有很好的治績。他加祿人(Tagal④)的原住民跟世界上任何一群人一樣地滿足。西班牙人教他們工作,並喜愛工作。也訓練他們的音樂能力,直到他們成為一個能舉行音樂會的國家。的確,在「最多數的人得到最大的幸福」這個原則上,我們必須宣布菲律賓是個成功的範例。還有,西班牙人在福爾摩沙建立的半宗教性的新殖民地要是很繁盛的話,我想不出有什麼理由說福爾摩沙不能成為另一個呂宋(Luzon)。福爾摩沙人跟他加祿人屬於同一個種族,都是黑牙齒的嚼檳榔者。跟中國(漢)人則全然不相似,同時也不完全像馬來人(Malay)。他們不是一個壞的族群。誠然,要為日本的侵略找藉口的話,當然有必要對他們猛烈攻擊。傳教士郭士立(Charles Gutzlaff⑤)對他們個性的形容是:「只要別去招惹,他們是相當無害的。」這說法對大部分所謂的「原住民」也都適用。

滿州的韃靼人征服漢人,而成為中國今日的統治者,也因此把荷蘭人趕出福爾摩沙。極大數量的漢人(記錄上說有兩萬五千),在大陸本土被打敗,渡海來到福爾摩沙。或許漢人預期韃靼人,就如他們的出現一樣,很快就會消失無蹤。至少他們以為福爾摩沙是個可用來觀望事情發展的便利之地。故給荷蘭人一個知會,說:「我們要索回此島了,所以你們必須離開。拜託!」有一陣子兩者尚可並存。因為有一位名叫尼古拉(Nicholaus)的(中國人叫此名字,真是很怪),他曾受洗,在澳門長大,後成為福爾摩沙最富有的商人⑥。他率領流離失所的難民對抗韃靼人,裝備好艦隊,從廈門以北的海岸快速推進。此人最後終被招撫到北京,他的兒子國姓爺則被驅逐出中國沿海地區,而不得不以福島避難。此人繼而很直接地告訴荷蘭人,他們必須撤離。可是長官揆一(Governor Coyet⑦)卻完全不以為然。他向巴達維亞總部求救,派遣荷蘭軍艦來支援。增援艦隊抵達時,國姓爺看來是那麼的性好和平,那指揮官認為揆一是無事自擾,根本用不上他或其槍炮,所以軍艦就駛離了,而中國人馬上就開始攻擊。他們先占領了一個城堡,後來連城外的市鎮也棄守,讓中國人占領。不過,熱蘭遮城堡則無法攻下。荷蘭人有一千五百人,而敵人則有數千人。但無論何時

④他加祿人(Tagal),或譯為塔加爾人,是菲律賓的少數民族之一。
⑤Charles Gutzlaff (1828-1851),德國人,曾任倫敦傳教協會在中國的傳教士。一八三二年四月曾經去過澎湖與安平港,但是未曾去過台灣東海岸,也沒見過台灣原住民。
⑥即鄭芝龍。
⑦Frederic Coyett (?1615-1687),荷蘭東印度公司在台之長官。

他們一攻上去，唯一的結果就是街上堆滿漢人的屍體，而城堡仍固如金湯。因漢人發動攻擊時非常突然，所以擄獲許多戰俘，其中有傳教士和其他的人等。而漢人現在試圖通過這些人來逼迫荷蘭人投降。據說其中有一人[8]的處理方式很像羅馬的雷古盧斯（Regulus[9]）。他在島上已居住多年，國姓爺深信他對長官的影響。一面要他若能勸誘荷軍投降，就給他很大的賞賜，一面威脅事情不成則會有極重的處罰。然此傳教士反倒激勵其同胞堅守下去，再去巴達維亞請求支援。見到陪同此人的中國使者十分憤怒，揆一長官於是請求此傳教士留在城堡內。但他說：「不，我必須言而有信。」於是返回，而在其同胞面前，被折磨至死。結果揆一長官並未去向巴達維亞求援，而似乎是去向在北京的韃靼人尋求援助。我唯一找得到對此事件的描述來自俄國的消息權威人士，同時並不很明確。總之熱蘭遮堡終被突破，而揆一長官同意撤離此島。

那是一六六二年的事。八年以後，我們的東印度公司花費許多時間與精力在這些偏遠地帶觸探，最後認真經營此項工作，我們的大印度帝國即是其成果。開始與台灣的國王，即國姓爺來往（台灣是此島的中國名字）。他們獲准設立貿易站，條件為「我們可自由通商（任我們想把產品賣給或運送給誰都可以），同樣的，別人也能與我們自由通商。可以隨時晉見國王，他能為我們雪冤，給予我們公平的待遇。所有的出口貿易都是自由的；而國王進口物品不用支付關稅。」然有一續加的協議更為重要，那就是所有船隻入港後，得交出其槍炮和彈藥，直到再航行時為止。在這些條件下，福爾摩沙並未讓我們得到什麼好處，貿易量很小。看來條件不錯，結果卻很造成許多紛擾。一六八一年公司放棄該貿易站。兩年後滿州人征服福島，將之隸屬於福建（Tokien[10]）管理。廈門為福建的首府。

自從公司離開後，福爾摩沙的歷史是一片空白。原住民大部分被逐漸驅往南部與東部，越過將此島分為兩半的很雄偉的火山山脈。當然其中有些為漢人所馴服，而後者中也有許多野蠻化，掙脫禮節、滿清官員，以及台灣府的總督大人等的束縛，而進入山區去。甚至連漢人有時都會焦躁不安，渴望變化。在家鄉時，他們一般就會淪為海盜，但福爾摩沙對海盜並不適合，因為一連兩百英里路程的一大片地方，都沒有任何一種的港口。在福爾摩沙，一個非法之徒的漢人不到海上，而是像羅賓漢一樣，到那美好的綠林去。而這綠林是極好的，

一走過多霧、濕軟的平原，就有豐富的火山岩屑，生長的稻米為世界最佳，蔗糖也大部分由此出口到中國去。海岸則無趣多了，邊緣多為低矮的沙丘。水淺處，潮水流出很遠一段距離，留下極寬的海灘，覆滿無數檸檬色的小蟹。就如潮水規律地退去一般，猴子（島上有一大群）也下來捕蟹。但是這個看了一段時間後，也頗令人厭煩。那裡實沒有什麼有趣的，唯一值得安慰的是海岸倒非常衛生。雨季，天天下雨的時候（熱帶下雨就是如此），都下在山上，海岸上絕少。當然偶爾會有颱風。北回歸線橫越過此島下端，所以正是颱風區。那時風會把樹拔起，把房子吹毀。林裡可聽見竹桿相互擦摩，咆哮聲像是有上百架風琴合奏發出的。一七八二年時全島因遭受颱風侵襲，損失慘重。

除了猴子以外，很少野生動物。事實上除成年牡鹿、野生水牛、到處可見的野豬外，就沒別的了。在菲律賓島上也是如此。而在中國本土則有像老虎這類的動物。有人說這是福爾摩沙並非由中國斷裂的一個證明，也許曾一度和呂宋島相連，以巴士群島（Bashees，P020）與其他剩餘的小島群做為交會處。要是陸地上猴子很多（多到有個主峰叫猴山），那麼水裡也有數不盡的鱷魚，成群行動，以至於乘輕便的小船或騎小馬過河，都很不安全。（島上以擁有一些中國小馬而自豪，是特為奢華的歐洲人或過胖的滿清官員進口的。）

同時，地底下的財富也可與地面上的美麗相匹配。有金礦與銅礦。煤礦已經大量開採。石油，那「未來的燃料」，就如其他大部分的地方一樣，在此亦找得到。還有原始林，當文明人將自己深植此地時，那很快就會被破壞了。

福爾摩沙就是這樣的一個地方。那些「若不被激怒則是無害的」原住民，是人類的很好的樣本。弱者相繼死亡，存活者都身型極佳，非常強壯，若能避開野蠻生活方式的風險，即使七十歲了，卻仍可外出打獵、捕魚，敏捷有如才剛過青少年時期。人人都攜帶武器，農夫和牧人都隨時備有弓箭，就像猶太人在蓋城牆時一樣。除了弓與箭，他們還有很寬的劍，以及一些中國製的老火槍。瞄準時絕對不會不用支架。萬一招惹了他們，則以卑劣行為報復。他們會在一角落等候，等你通過時將你擊倒刺殺。傳教士對他們仍未放棄希望。西班牙以前的經營仍在苟延。英國人和美國人也忙於介入——前者（據其敵人說），就像在東加王國（Tonga）等地一樣，以有利潤的貿易，用東印度鴉片和曼徹斯特的貨品，加上傳揚福音，來賺取大筆金錢。

---

⑧即指傳教士亨伯魯克（Antonious Hambroek）。
⑨雷古盧斯（Regulus，？-250 B.C.），羅馬將軍，執政官，第一次布匿戰爭中被迦太基人生俘，後被假釋遣返羅馬議和，勸告元老院拒絕接受敵方條件，回迦太基後被折磨致死。
⑩「Tokien」，即「Fukien」之誤。

　　原住民雖然很討厭，但極度垂涎此島的不只一個歐洲勢力。三年前，德國人向中國政府出價五百萬。當時尚無賠款要付，所以遭中國拒絕。但是在下一次鴉片，或根據條約開放商港，或傳教戰爭等之後，中國皇帝也許會被迫賣掉此島。近來義大利嘗試以一個相當低姿態的方式，設立一個貿易站。但是迄今沒有多大成功。不過去年，福爾摩沙常常見報，每次有郵件來，都帶來預期中的中國與日本失和的新聞。那只因幾個日本漁夫在福爾摩沙的南海岸被原住民屠殺。日本卻很便利地忘記才沒幾年以前，殺害那些不幸在其岸邊遭船難的人，也是它自己的習俗。不僅如此，他們還更甚之，也殺害任何在外國土地遭船難而後來回到祖國的日本人呢。不過日本現在已經文明了，有了鐵路、電報、以及穿歐式服裝的軍隊。更重要的是，他們現在已有外債（national debt）了。也難怪對福爾摩沙的野蠻行為如此憤憤不平。

　　福爾摩沙的原住民為何突然變得如此野蠻，實在令人不解。因為八年前，一位美國人[11]因殺害羅妹號（Rover[12]）的船員事件，趁機去到福爾摩沙，與幾位酋長，特別是那偉大的卓杞篤（Tok-e-tok）「會談」，而訂了一個協議。此後船難的人應該扣押，用來領取贖金，而不應將其殺害。那是相當大膽的作為，很長一段時間也頗成功。一個有名的例子是，在一八七一年，一艘屬於英國公司的戎克船靠岸去伐木。在砍了一船的木頭後，遭遇颱風而沉沒。船員三十五人中十七人罹難，十八個生還者未被殺害，而被關在一個堆房裡。消息越島傳到必麒麟（Pickering[13]）那裡，他當時在台灣府擔任代理商。立刻派兩位英國人到南部去打探事情的真相。休吉斯先生（Hughes[14]）及其朋友此行（絕大部分是徒步的），從某一立場來看，跟福雷斯特（Forrests[15]）橫越澳洲西部一樣的值得注意。在原住民那方面，他們沒碰到什麼阻礙。只有一次，有個牡丹社（Boutan，P027）的族人（牡丹社是最野蠻的部落，在最東南端），大概是因喝醉了酒或抽了鴉片煙，而抽出大劍，繞著他們跳舞，口吐白沫，眼珠轉動，看起來就好像要「失控而瘋狂砍殺」了。但就在他們開始害怕起來時，此人的妻子跑過來，身形高而優美，像多半的牡丹婦女一樣。她把丈夫的劍從其手中奪下，狠狠地罵著，把他趕到茅屋裡去了。第二天這可憐的東西很謙卑地來請求原諒。這證明女權在北緯23度與東經121度處深受尊敬的一個實例。抵達卓杞篤的村子時，他們發現酋長外出打獵去了。但受到他妻子們很殷勤地大事招待。做鹿肉

---

[11]Charles William LeGendre (1830-1899)，美國駐廈門的領事李仙得，或譯為李賢得，或李善德將軍；最早的漢名為李讓禮。
[12]羅妹號（Rover）為美國商船，一八六七年在南端貓鼻頭觸礁。
[13]William Alexander Pickering (1840-1907)，曾任打狗海關官員，台灣府一洋行職員。

給他們吃，是用六種不同方法煮的。還有新鮮的豬肉，好吃的米飯，要喝純淨的水或香酒（shamsou，番薯做的酒）都可以。當然兩個白人吃飯把整個村子的人都引來圍觀。雖然那格子花樣的茅屋是卓杞篤的王宮，但他們仍被那些熱切的眼睛環圍，不過沒有任何一個人來煩擾。若有一個人被外面的推擠進來，那些女子（酋長的妻子們）瞪一眼，就足夠讓他們慚愧得無以自容了。總之，此故事讓我們想到法國國王在公眾場合用餐時，巴黎人圍觀的版畫。不過，巴黎人可能比牡丹人更會推擠呢。即使今天在英國，我們對擠著圍觀著名人物吃東西這種場面，大概也不會陌生吧。

　　酋長第二天很早就回來了。立刻安排一個露天的會議。由一年老的婦人走入聚集的眾人之間，吟唱著求神明保佑兩方的和平與親善關係。結果協定此倖存的十八人，只要依據價目表一付贖金，就該盡快送往台灣府。這些可憐東西的高興程度可想而知，因為他們本以為自己是被野蠻人留下來吃的。休吉斯先生急著趕回去，好盡快送錢來。可是卓杞篤堅持他們留下參加盛宴。他們肯定（依我的看法，有點過於嚴苛）自己處境困難，只要兩、三杯香酒喝下肚去，友善的主人就可能變成盛怒的狂人，故最好還是讓步。他們無須等候太久。一百個獵人立即出發，幾個小時後滿載而歸，有鹿、野豬，和小型的獵物。這些都剝了皮。很快就展開像荷馬或維吉爾所描述的盛宴。讓那幾個白人震驚的是，除了他們以外，每個人都是用一層的香蕉葉做盤子，而他們卻有整套的餐具，盤子、刀、叉等一應俱全。雪菲耳（Sheffield）、伯明罕（Birmingham）、Stoke-upon-Trent這些城市，竟然做到讓其貨品深入福爾摩沙最野蠻的地區。他們似乎確實有辦法將產品賣到任何地方去。盛宴結束後，戰舞開始，然後（用芭蕾舞風格）絕妙地模仿鬥雞。最後在月色下，整個部落的人護送兩個白人到他們的地界，以其習俗，祝福他們好運。那十八人後來在適當的時機，安全送交給必麒麟先生。

　　要是這就是牡丹人辦事慣例的公平取樣，很難瞭解他們怎能忘記自己在一八七三年[16]曾殺死五十個日本屬民。我相信在數字上一定有些錯誤。雖然日本人的行為，以及我們自己的罹難者，使這類的醜陋傳聞相當可信。不過，日本人想要發動戰爭，只是要讓其軍隊維持較好的情緒。因為並非所有在日本的人都喜歡大規模的改變。那些「大名」（即封建時代的諸侯）的世襲特權被剝

---

[14]Thomas Frances Hughes，駐打狗的中國海關關員。可參考其探訪卓杞篤之報告：Hughes, T[homas]. F[rances], "Visit to Tok-e-Tok, chief of the eighteen tribes, southern Formosa," *Proceedings of the Royal Geographical Society of London* 16 (1872): 265-271.

[15]John Forrest (1847-1918)，一八六九至一八七四年間曾三度橫越澳洲西部。

[16]年代錯誤，應為一八七一年。類似的錯誤並不少，顯然作者對台灣的瞭解不深。

奪，迫使無論富有或貧窮的人都更改穿著方式，解散和尚的職位。事實上在六年內做了比在歐洲許多世紀以來所做的更多。鐵路和電報、裝甲艦、紙鈔等，就其本身來說，都很不錯。雖然日本的保皇黨很可能為黃金出口被禁的那段美好往日嘆息，不過武士是一個很大的階層，突然失去生存的工具，也喪失社會的報酬。所以有很長一段時間都很不平靜。兩年前在Kinsin就曾發生暴動。[17] 口號為「攻打朝鮮；攘夷，打死外國人；恢復封建制度」。這些叛徒燒毀一個城堡，打敗御門部隊的一個支隊，在暴動擴散到全島之前，才好不容易被鎮壓下去。就在那時，日本的特使[18]設法在一八七三年跟歐洲的特使們一起去晉見中國皇帝，再返回日本。他在北京政府面前很強烈地抗議福爾摩沙事件的暴行。但

是恭親王奕訢的回答是：「很遺憾，我們在福爾摩沙南部無能為力。」日本自然十分憤怒。李仙德與他們一起從北京回到江戶（今東京）。他在一八七一年[19]曾勘察過福爾摩沙的海岸，於是將地圖與航線圖提供給他們。既然他們所須做的取捨，是在跟外國作戰或對國內的不滿意之間選擇一個，口號當然是：「要是中國不願或不能為我們雪冤，我們則必須自己來做。」

除了颱風以外，其他並無什麼危險。因為福爾摩沙十八個獨立部落的戰士人數，總共不超過兩千五百人。而那些日本快信上歸類為「壞」的土著，估計只有六百左右。遠征福爾摩沙仍可能有引起與中

JAPANESE CARRYING MOUNTAIN GUNS IN FORMOSA.
After a War Cartoon by a Japanese Artist.

●日本人在福爾摩沙攜帶山地槍隻（取自一日本畫家的戰爭卡通）。《Harper週刊》，39期（1895年12月21日），頁1223。

SKIRMISH IN BAMBOO THICKET WITH ABORIGINES, FORMOSA.
After a War Cartoon by a Japanese Artist.

●在厚密的竹叢間與福爾摩沙原住民進行一場小規模的戰鬥（取自一日本畫家的戰爭卡通）。
《Harper週刊》，39期（1895年12月21日），頁1223。

國戰爭的風險。而這樣的戰爭，要是戰敗，結果會是毀滅性的。會將日本至少倒退好幾個世紀。同時會捲入俄國或德國正虎視眈眈的領域，他們正想強行加入，做為盟邦。

　　日本這樣一個由商人控制的國家來發動遠征，就如所有這類的事情一樣，花費會比原該花的高出十倍。整群批發商與貿易商人都有這些或那些東西要脫手。他們當然都以出售者的價錢來買進。去年五月出發。以三艘（蒸汽）戰艦，一條炮艇，以及一艘武裝的史魯普型炮艦（sloop），共載三千五百人，還有一艘運輸船載滿工人與構架等物，以用來建造殖民地的小房舍。三個牡丹村落很快就形成一片火海。山谷上方也有會戰，那兒有十二個日本人死傷，而他們則殺了頭目和他的兒子，由其所戴銀色戒指得知。把其他的部落嚇壞了，於是都來歸順，帶來乾魚和木柴。七月一場大戰爆發。此處高地遭到襲擊。牡

⑰日本明治七年（一八七四）爆發的「佐賀之亂」。
⑱副島種臣（一八二八至一九○五）。
⑲李仙德一八七一年不在台灣；一八七二年三月則第三次去探訪卓杞篤。

丹社的番人在其樹葉覆蓋的茅屋掩護下發射火繩槍。不過被日軍打敗。至於存活者的際遇如何,無人知曉。要是他們未能成功抵達山頭,那麼就有可能被其他的部落砍成碎片。於是日本這個文明的國家也加入滅絕一個部落野蠻人的行列。有點讓人不舒服的是,得知日本人還砍下戰死敵人的首級,並且帶走。然話說回來,他們最多只得到歐洲文明十年的薰陶。

接著是努力於和平修好。日本將軍將旗子發給每個歸順的部落,給他們香檳酒喝,讓他們感動得流下眼淚,咒罵牡丹人,並發誓永遠向日本天皇效忠。

這整段時間裡,中國始終沒有任何動靜。日本的力量似乎讓他們癱瘓。但現在一切都已過去,道台在台灣府張貼告示,告訴人民「日本人來懲罰殘忍的牡丹人。他們已這麼做了。但現在似想延長滯留,中國皇帝告知,他已派遣兩位高官來命其離去。牡丹社的人是犯了錯誤。不過應由我們來處理。在此同時,皇帝命令所有的部落都將武器收起,照常工作。他會跟日本人解決問題的。」中國延緩任何干預,讓日本人只要有一點小藉口要做的事都做了,以此方式避免了一場戰爭。日本將軍西鄉,當然拒絕對那兩位地方行政官讓步。「我們在此,而我們要據有一個城堡來保護遭船難的國人。」但中國人說:「你們不得滯留。」最後,在經過許多外交上的交涉,以及許多措辭強烈的公報後,日本終於暫時屈服,而福爾摩沙不再是一個宣戰的理由。

然所發生的事件已足以讓我們對未來慎思。中國與日本之間一次敵意的接觸,他們龐大的軍隊,加上與日俱增的汽艇艦隊等,對印度不會沒有影響。印度若受到影響,則表示英國必須警惕。故即使只是一個沒沒無聞的福爾摩沙島,卻隨時有可能成為我們西方的麻煩之源呢。

VI

F

英國人，姓名不詳

〈深入福島內部之旅〉

　　F，英國人，姓名不詳。其遊記〈深入福島內部之旅〉一八七五年三月六日寫於打狗，可提供一般遊客的觀點及其旅行誌，內容與文體跟領事、自然史學家等人寫的遊記不大一樣。

　　據這位遊客所述，他跟另外五位歐洲人來福島純粹是來玩的，沒有探險或做生意的念頭。因為遇到過年不必工作，所以找個有趣的地方遊玩。光從這個訊息，我們即可知早在一八七〇年代，台灣已經成為住在東亞交商港口的歐美人士之「觀光區域」。

　　其實，「F」這位英國人也不是最早來台灣遊玩的歐美旅客，而且他寫的遊記也不是一八七〇年代唯一的具有觀光性質的遊記。概觀所有一八六〇、一八七〇年代歐美人所寫的福島遊記，則可以找到五、六篇相似的文章，而每一篇內容與性質都不太一樣。譬如說，陪史溫侯去見台灣府官僚的德國人Maron，他將一八六〇年代台灣港口剛開放時的東西文化衝突，給我們提供了一種有趣的紀錄。一八六七年從南部打狗一路上坐轎子到淡水的「Z」先生（可能是史溫侯曾經提到的法國人），雖然西海岸從南到北的大小城市都看過，但是他留給我們的紀錄卻非常的簡短無趣。想從他那篇日誌深入瞭解當時福、客聚落的情況，是不可能的事。有名的英國攝影家湯姆生（John Thomson）或者年輕俄國海軍官艾比斯（Pavel Ibis）寫的遊記則剛好相反，不但風景、人物都描繪得很深刻，對當時討論的台灣原住民來源、語言類別等問題，都有他們的獨特看法。兩位也都提供福島人物、風景的圖像，所以雖然湯、艾兩氏在台灣只停留幾星期，其遊記遠比「Z」先生的好看多了。

　　那麼，「F」先生的〈深入福島內部之旅〉有什麼特色呢？六龜里的天然美景、漂亮的女人、原住民熱忱的接待，與「F」先生自己帶來的豐富食物和器具等，都是這篇遊記的主題。作者對土著族文化之幻想與「文明社會」的檢討，透露出十九世紀旅行家典型的異國情調。加上他描寫法國人和英國人不同的喜好和娛樂活動（即打獵與「遊蕩」），顯現出一種濃厚的近代國族主義者的視野。由於這些特色，這篇文章或許能當做衡量長久居住在福島的陶德、伊德、史溫侯等人描述台灣的另類標準。

深入福島內部之旅

作者：F（英國人）

摘自：《生活的年代》，第一二六卷，第一六二二號（一八七五年七月十日），頁122-124。原摘自：《旁觀者》。

F. "A trip into the interior of Formosa." *The Living Age* Vol. 126, No. 1622 (10 July 1875): 122-124. Originally published in *The Spectator*.

一八七五年三月六日於打狗。[①]

只要身體健康不出問題，那麼留在此地多久我都無所謂，因為島上有許多令人嚮往的去處。現在中國因對福島產量豐盛的煤、金屬和木材等的價值有所認識，已感到有必要索回全島，所以此時在福島旅遊特別有意思。在中國新年假期的這段時間裡，我深入山區旅遊，此行極為愉快。我們一行六人（三個英國人、三個法國人），從福島的首都台灣府出發。此城在打狗（P290）北邊三十多英里處。實在很辛苦地跋涉了兩天半後，終於抵達六龜里（Lak-tu-li[②]，P155）。那村落隱匿在深山內一個美麗的山谷裡。村民有一半是平埔番，另一半是「野蠻人」。都跑出來瞪眼著看我們以及那一大群跟來的苦力和挑夫，感到十分好奇。帶著那麼多人，是因為我們可不想過太艱苦的生活。那負責給養部門（即供應食品和日用品）的人辦事辦得還頂不錯的。村民克服了初始的驚訝、不信任的感覺後，就展現出天生的好教養，盡全力來歡迎我們。

他們送來食物、煙斗、水果等東西。這些我們都謝絕了，而要了一個大方桌。我們把桌子放在附近一棵大樹的樹蔭下，桌上很快就擺上豐盛的飯菜。你真應該看看這些大自然的純真之子，看著我們為一餐份食物所做的各種準備時，他們的那種表情。展開並鋪上雪白的桌布，擺上各種各樣的盤子、杯子、刀、瓶子（裡面裝著樣子很惡劣的酒），以及叉子（在他們眼裡看來是純銀

[①]此文可提供一般遊客的觀點及其旅行誌。
[②]Lak-tu-li，應為Lak-ku-li，即六龜里。

的）等，沒完沒了。對他們來說都是奇妙無比，而造成興奮的歡鬧。這讓人禁不住要反省，文明實極為浪費。對一個文明人在舒適、快樂上來說是必需物的，有多少實在是不必要的奢侈品呢？午餐後，法國人就像勇士一樣，射獵去了。三個英國人則在樹蔭下躺著，由於煙斗的作用，也是因為該處寧靜、祥和的美，而——嗯，怎麼說呢，就睡著了。為了替自己開脫，我必須說，在白天睡大覺可不是我的惡習之一。也就是說，不管我多努力嘗試，也睡不著的。只有實在太累時，才會如此。當天早上的翻山越嶺著實讓我累到那種地步。也就因為如此，我睡醒時才會頭痛得厲害，脾氣也就壞極了。不過傍晚散散步，在河裡洗個澡之後，頭痛與壞脾氣都消散了。說「河」，其實是相當大的山澗湍流，此處布滿靜水深潭和急流。水很涼、很清澈，就像水晶一樣透明。法國人返回時，剛好趕上吃晚飯。沒有獵獲任何野物，又累又餓。就是麼，我早說過覆蓋的植物太厚，是射不到任何東西的。他們當然怪我老把事情看得太消極了。

大家都很早就上床了。累極而睡後，一大早六點就被那永不疲勞的伙夫叫起床。那人是那種早上無法睡懶覺的人，所以一般說來，是個令人無法忍受的討厭東西。不過這回，他用五點到六點的這段時間，把雇童、廚子全叫起來，將早飯都準備好。所以他很無禮地叫醒我們時，我們都只對他報以微笑。我們在清洗過，穿戴好，吃飽後，就很友好地開始討論當天的計畫。那些法國人還是很熱中於打獵。我的兩位同胞則尚未能決定。他們有幾分傾向於相信我的預測，又有幾分想跟隨那些法國人去，結果還是選擇了後者。留下我一個人在該地獨享那最令人愉悅的「閒蕩」。實在很可惜，唯一表達這最優雅樂事的一個字：「loaf」（即虛擲光陰或遊蕩的意思），除了是美國才特有的字外，還是那麼的粗俗。

對於六龜里女人的美麗，我尚一字未提呢。的確，這個題目是很容易讓我太激動或高興，而失去冷靜的判斷，而我也不願任意評論。我想可以這麼說，以其習俗來說，她們是我見過最可愛的女子。她們的服裝、髮式與自身的美麗很搭配，達到好品味的極致。同時她們的每個舉止姿態都極優雅，就像羅馬神話中的月亮和狩獵女神黛安娜一樣。再說，她們既勇敢又善良，既天真單純又美麗。對其丈夫來說是很適當的配偶。要是說丈夫們沒有妻子般美麗，那麼他們

●年輕的平埔番少女。《周遊世界》（1875年），頁240。

也同樣的誠實、純真、單純。就在我躺在草地上時，有時看著附近環繞的美麗景色，有時看著一群快樂的多采多姿的婦女、孩子（男人都去打獵或工作了），感覺自己跟那裡的地方和景色似乎格格不入。我穿著汙穢的、西式剪裁的衣服，戴著可笑的遮陽帽，好像在一幅一切都優雅美麗的圖畫上的一塊瑕疵。此不協調的感覺不僅止於外表。像我這樣總是渴望變化與刺激的人，處身於這群快樂、知足、單純的人當中，到底在做什麼？他們即使對良善所知不多，對邪惡知道的應是更少吧！

我一下子就做起夢來，決定把一切拋開，與平埔族人禍福與共，跟他們住在一起。我把自己的手和心都獻給了Lai-lai。她那漆黑的秀髮和流露出驚奇的眼睛，前一晚就已擄獲了我的心。我會成為一個勇猛的獵人，而健康的生活會讓我像馬一樣地強壯。我可以教導這些人各種各樣對他們有好處的東西等等。直到突然聽到朋友E用那絕非動聽的音調，高呼我那不怎麼悅耳的名字，打斷了我的美夢。他告訴我午餐準備好了，大家都在等我呢。我很不情願地起身。不過我得承認看到午餐，提醒我文明還是有其好處的。且整體來說，是比番人的純樸生活更符合我的需求。午飯過後我又做了更多的白日夢。真是奇怪，一個人在用餐後，比其他的任何時候，都更感情用事十倍。正當我的英國同胞們呼呼大睡時，那些勇敢的法國人，雖因早晨什麼獵物都沒看到而有些灰心，仍然又再動

身去「狩獵」。天氣涼下來時，我們三個英國人再次出去閒蕩，又洗了個美好的澡，再返回去關心晚飯的準備。法國人空著手回來，這次他們真的氣壞了。但不知怎的，他們吃飯從來不會遲到。我們坐下吃晚飯。對第二天清晨日出之前就得啟程離開，大家都感到很難過。

本來除了飯後盡快就寢外，我們沒打算要做什麼別的。真的，雇童已把我們露宿的床鋪搭好。此時有人通知，村民要為我們舉行一場舞蹈，向我們致敬，要我們到那場地去。我們見到全村的人都聚集在那兒。男人、婦女、小孩都在有樹環繞的一塊大廣場上，邊緣上有些零零落落的房子。讓我們就座後，舞蹈就開始了。男人都牽著手，圍成半個圓圈，然後是已婚的婦女，再來是未婚的女子，最後才是小孩子。直到形成一個大圓圈。然後他們開始唱歌。男人先開始，已婚的婦女接著唱，未婚的女子是下一輪，小孩子隨其後。男人唱的明顯等於我們一首歌的兩行。在其他的人都輪流同樣做了之後，再繼續唱下兩行，如此這般繼續下去。圈子一直都在轉動，先往一個方向，再往反方向。一下子擴大，一下子縮小（這跟我們有時的跳法一樣。要是我沒記錯的話，有一種替代加洛潑舞③的蘭謝舞，或諸如此類的什麼，就是這麼跳的）。每個人都合著音樂和緩的節拍。雖很單調，大體上卻並非不悅耳，而且是很壯觀的。要是當時有月亮則更佳。因為燈籠很少，也很分散。十一點時，我們表示要去睡了，因為第二天還有很長的路要走。我散發了許多小的五分銀幣給孩子們，那讓他們高興極了。那些銀幣到此時肯定已做成項鍊，這些人只會把銀幣做此用處。我們向村民表達對其熱誠款待甚為感謝後，終於可離開回去睡覺了。

第二天早晨，天還沒亮，我們用過早飯，在平埔番人還沒起來之前，很早就離開了。他們有那少有的美德，不到八點左右是不會起來的。回去的旅程，我們兩天走完。那還是愈少說愈好，我已經把心留下了。總之，是非常的令人傷心的。發現自己又處身在漢人之間，也實在是極為可怕的經驗。

---

③一種二拍子的快速輪舞。

VII

艾比斯

或伊比斯，Pavel Ivanovich Ibis, 1852-1877

愛沙尼亞人，海軍。

〈福爾摩沙：民族學遊誌〉

艾比斯（或伊比斯）
Pavel Ivanovich Ibis (1852-1877)

　　艾比斯（或伊比斯），愛沙尼亞人，農家出生。當時，愛沙尼亞被俄國沙皇統治，因此當艾比斯成人後自然而然就是沙皇的臣民。艾比斯一八六八年自俄國海軍軍校畢業後，就開啟他航海的日子。此時正是沙皇擴展大俄帝國時代，陸、海軍都得配合沙皇的野心。東北亞於是就成為海軍需要探訪、測量的地區之一。一八七二年十月艾比斯被編入海防艦「Askolda號」之艦隊中，而開始預備全球遠征。因為此任務而使艾比斯有機會到訪日本、清帝國、韓國等國家之海港。

　　「Askolda號」一八七四年十二月到達香港時，必須停留數月來修補、補充補給品等。艾比斯趁此機會向其長官請兩個月的假，搭船去台灣看看。當時日本剛剛結束其恆春半島之遠征，而由於此清朝、日本的衝突，福爾摩沙在國際上之知名度突然提高很多。艾比斯不但知道日本出兵攻打台灣原住民部落，他也看過歐洲學者所寫的有關福爾摩沙「野蠻人」的文章。因此，他探訪台灣是想要瞭解此出名的「野蠻人」的文化、語言、體格等。艾比斯知道台灣原住民的起源已經成為歐洲學者爭論的問題，他也曾經聽說或許福爾摩沙土著族之中也有矮黑人。半信半疑之下，他總是想去看看。

　　下面翻譯的〈福爾摩沙：民族學遊誌〉就是艾比斯調查台灣居民與全島的遊記。因為文章很長且頗詳細，不必多花篇幅來說明其內容。只提醒讀者，除了此篇德文寫的遊記之外，艾比斯在一八七六年曾先發表以俄文寫的文章。雖然內容相似，但是不完全一樣。請注意下列參考書。

　　艾比斯一八七五年三月離開了福島回香港，重新入隊。兩年後這位年輕人就

離開人間了。一八七六年六月他生病住院（海防艦此時靠近北亞港口，即符拉油沃斯托克，所以在此住院），病情尚未好轉就移送歐洲。最後艾比斯選擇去義大利療養，然不幸於一八七七年就過世了。

想更進一步查詢有關艾比斯的生平，請參考下列文章：

1. Chigrinskii, M.F., "Puteshestvie paulia Ibisa na Taiwan" [The journey of Paul Ibis to Taiwan], *Sovetskaeiia Cetnografieiie* No. 2 (1982): 60-64由Victoria A. Pustynsky翻譯成英文，請參考下列網站：http://academic.reed.edu/formosa/texts/IbisBio.html

2. 德文原稿：Ibis, Paul, "Auf Formosa: Ethnographische Wanderungen," *Globus* 31 (1877): 149-152, 167-171, 181-187, 196-200, 214-219, 230-235.

3. 艾比斯寫的俄文遊記比德文稿早一年出版：Ibis, Pavel, "Ekskursiia na Formozu" [Excursion to Formosa], *Morskoi sbornik* 152, i (1876): neoffitsial'nyi otdel, 111-149; 152, ii (1876): neoffitsial'nyi otdel, pp. 111-141.

福爾摩沙：民族學遊誌

作者：艾比斯（Paul Ibis，或伊比斯）
摘自：《地球》，第三十一卷（一八七七年），頁149-152, 167-171, 181-187, 196-200, 214-219, 230-235。
Ibis, Paul. "Auf Formosa: Ethnographische Wanderungen." *Globus* 31 (1877): 149-152, 167-171, 181-187, 196-200, 214-219, 230-235.

　　I.本島概述：位置—地理結構—地震—海岸線與海灣—河流—氣候—動植物群—物產—人民

　　一八七五年初俄國皇家海防艦「Askolda號」在香港做較長時間的停泊。我便利用了一、二月這兩個月的時間，船上工作人員用不著我時，在福爾摩沙做了一次環島旅行。由於我們的日本遠航而讓我對此島，實應說是對其居民，產生了相當的興趣。這次探訪的目的，首先是想對這群惡名昭彰的人及其環境盡可能多做瞭解。同時並想查明其族籍，一直聽說那是很有疑問的。其次是想查證福島內陸，是否真如Fr. Mueller在其《民族學遊誌》（*Norvara-Travel*）上所聲稱的，有一個深膚色的Papua族。

　　我去旅行的時間是再合適不過的了。日本人剛離開，島上一片詳和。中國人也依合約所議訂的，開始對居民的行為負起責任，並籌畫事務，且只要適當就一切維持舊狀。至少暫時是如此。他們與各部族頭目的友善會談，結果亦相當成功。原住民方面亦無所可懼。在南方他們仍深受日本武器震撼，而不致對外國人發動新的攻擊；島上其他地方的原住民，則因自己比南方的同宗享譽更佳，而頗感得意。此外，一月、二月正是島上天氣相當好的幾個月份，既乾燥又不熱，因此有些自然的障礙，如道路溜滑、得涉水過河、感染熱病等這些原需克服的困境都不存在。我帶了圓規、量尺、筆記本，盡可能少帶行李，從島

南走訪到島北。且只要時間和情況容許，就偏離到邊遠地區，以便能在原住民的領域內見到他們。這些原住民通常都待我很友善，而我就這樣地接觸到十三個部落，為其量身、做素描、觀察其風俗，並收集其語言中的詞彙。總之，我對能達到此行之目的感到相當滿意。

●台灣略圖，三百萬分之一的比例。《地球》，第31卷（1877年），頁150。

然在觸及「福爾摩沙的原住民」此議題真正的宗旨之前，我想先對福島本身及其中國的部分做一簡述，這樣隨後才能更清楚地建立起其民族學。

福爾摩沙的緯度在北緯21度55分到25度18分5秒，經度在東經120度8分到122度。長二百海里，最寬處有七十五海里。面積約為一萬零六百平方英里。雖離中國本土只有二十到一百海里，但在地理結構與動植物群上，卻跟大陸有相當的差異，倒是跟菲律賓群島比較類似。福爾摩沙島的形成，正如菲律賓群島，也是純火山地形的。中央部分為高峻陡峭的山脈，有海拔一萬一千英尺到一萬二千英尺的高峰，其山脊則有八千英尺高，往北東北方向延伸一一五英里（寬為從北緯22度34分到24度44分；長為從東經120度44分到121度15分），成為東西的完全分界線，在南方則高度驟減。然在北方與其毗連的，有一個等高但僅有十五英里長的山脈，與之垂直。[1]山脊本身到尾端時已混雜成一堆，很不明顯了。主幹由縱列的石板岩組成，向東陡降。

西側與之平行的幾個較小山脈，由沉積岩形成，較緩和地向外延伸，形成此島真正的中央部分。再往西邊，有黏土與沙土層的臺地，向東以極微的坡度逐漸低緩，最後形成平原。這涵括此島的西部，幾占全島（總面積）的三分之

[1]此即為Dodds陶德山脈，或烏石鼻山脈。

一，逐漸低緩與海相連，形成很淺的海岸，只有幾處可以通行。

　　我應對此島西岸的形成略做解釋，因為這裡的地形值得注意。西南海岸有珊瑚礁，且不僅在沿岸，即便在很大一段距離外亦仍可見。其中最大的幾個為：打狗的猴山（Ape Hill，P005），是一一〇〇英尺高的環狀珊瑚礁；打狗與東港（Tang-kang，P304）間的鳳鼻頭（Saddle Hill），高達四六八英尺；南端瑯嶠（Long-kiau，P184）附近的幾座山也不比它低，常可看到小堆的珊瑚礁露出水面數英尺。

　　在主要山脈的東邊，土地崎嶇不平並多山（是山岳地帶）。各種現象顯示這些山脈與分界線亦是平行走向的。海岸通常直接由海洋聳立，高數千英尺。島的北方，除少數的例外，也都是山地。這裡的山脈與Dodds山脈是平行走向的。愈北則高度愈遞減。海岸由沙岩組成，向南傾斜。基隆海岸有煤礦。在最北端，淡水與基隆之間，是一些火山，叫大屯（Tatun）火山群，其最高點約位於海拔四百米左右。最近才重新由其火山口找到硫磺，據說此島沒有別的火山。另外必須一提的是，在Dodds山脈有一些石油資源。

　　島的最南端聚合成一個像半島般的部分，是在北緯22度25分處。雖不高，但多為崎嶇不平的多山地區。整體來說，都與海平面近乎垂直。此很短的山脈在沿岸處由沙岩組成，內陸地帶則為石板岩。各處的地層都向東陡降。未聽說儲有煤礦。在西海岸，可見到數個層層相疊的沿岸階地，其中最高的上面已長滿青草和低矮灌木叢。由此可得一結論，即此海岸仍在向前擴展，此現象在其北邊的台灣府附近，特別是熱蘭遮城（Fort Zelandia，P069）處亦可見到。此城在二百年前荷蘭人建造時就在海岸右邊，然現已在內陸半英里處了。更何況，台灣府的舊海港已不存在了。

　　福爾摩沙地震頻繁，但很少強烈到造成嚴重傷害。我在島上停留時所經歷過的兩次地震，只是一個緊接著一個的輕搖了幾下，並無地底下的震動伴隨。

　　福爾摩沙的海岸缺少海灣。西邊僅打狗（北緯22度37分）有一個良好的海港，可惜太小。此海港由一長串的珊瑚礁所形成，露出海面與海岸線平行。可能一度與猴山相接，現已由一個十一英尺深，約三百英尺寬的峽道與此地層分離。如此與海分隔的海灣約有六英里長一英里寬，但僅其北邊夠深可通船，並連接到一小河。打狗因受到猴山及相當高的珊瑚礁所保護，而能避開盛行風，

故整年都能安全停泊。台灣府的錨泊地則無掩蔽而不安全。船隻必須停泊在離岸很遠處，僅能靠木筏登陸，因該海灘即便對小船來說都太淺了。島的東海岸有兩個海灣，有些中國人確信極易即可改造為良港。此即蘇澳灣（Sau-o-ban，北緯24度37分5秒，P254）與擢其黎（Tschok-e-dan，北緯24度7分，P340）；另一個在島的北邊，深入山裡，不受任何一面風襲的，是基隆灣（北緯25度7分，P120）。就各方面來說，此均為中型船隻的最佳錨泊處。不過直至目前，此港在貿易上尚無特別的重要性。因該處的煤礦經營方式仍十分落後，沒有什麼可供輸出的。同時淡水為北部的其他產品，如茶葉、樟腦、木藍等提供了很方便的輸出地。淡水的港口，或應說是淡水的三角洲，在進口處有一個沙洲，退潮時只有七英尺深（而漲潮時則有二十一英尺）。除此以外，其實並不比基隆港灣差。島西南的瑯嶠灣（北緯22度7分）則在東北季風期間可供船隻停泊。

至於河流方面，全島只有兩條較重要的，即北部的淡水河和西南部的東港河。前者在緯度25度11分處流入海洋。有兩條支流：大料崁溪（Tok-sham，P334），和新店溪（Sam-quai，P249），匯聚在三角洲前十英里處，並攜帶基隆河的水量。兩條支流均有三十至四十英里長的航道可通船，因此對貿易，特別是樟腦的來說相當重要。其主要產地在島中央的山裡，亦即這些支流的起源處。東港河起源於島中央的山裡，也有兩條支流，為一山脈所分隔，與平原以偏南方向平行。在北緯23度之下，我在那裡從兩支流航道的中間橫渡。兩者均已有相當的水量，雖正值乾季仍可通船。因此，至少得在更北三十至四十英里處尋找其源頭。在平原匯聚，然後繼續收納數個較小的河流，而形成一個較寬的水流，然可惜略淺。在北緯22度28分處，匯流入海。雨季時東港河沿岸氾濫，平原上四、五英里寬的一條土地為水所淹，這塊地由年年滯積而轉變成沙漠，這些大量的砂石同時也阻塞了河床。河流因為洪水氾濫一年年地加寬，結果在東港一排排的屋子每年都被水沖走。東港在此河的左岸。島上其他河流沒有什麼貿易的功能，多半是山頂的溪流，冬天幾乎乾涸，而雨季則快速暴漲，以致無法通行。

福爾摩沙的氣候，直到北緯24度，都屬熱帶型氣候。只有兩季，即濕季和乾季。第一個季節從五月起西南季風時開始，到九月東北季風來臨時結束。帶來高溫及大塊雨雲，造成每天下午的陣雨。七月雨最烈，這之後其勢減弱許多。

乾季由九月到四月，一滴雨都不下，晴空無雲。至少到三月前熱溫均可忍受。
北緯24度以北此模式就結束了。這裡的冬天帶來很多雨量，而夏天則相當乾
燥。有人告訴我，在淡水一帶經常接連數個星期下雨不停，有時可好幾個月都
見不到太陽。要是記得福爾摩沙島北邊，在東北季風時會把濃霧散播到整個福
爾摩沙海峽，就可知那亦並非不可能。

　　由於雨量充沛，福爾摩沙的植物茂盛：島上山區一帶，在南部遍佈無法深入
的叢林，有極錯綜複雜的多種藤本植物，巨大的羊齒植物與桫欏（fern trees）。
北部則是散布最廣，極壯觀的樟腦林。此處的平原是我所見過的物產最富，開
墾最廣的地帶：有產量豐盛的小麥、玉米、稻米、蔗糖，以及多半的熱帶與副
熱帶水果，如鳳梨、香蕉、薑、芒果、橘子、檸檬等，亦長得極為繁盛。竹子
高達八十至九十英尺。良種檳榔樹在此長得如異他群島（Sunda）的一樣大，不
過沒有椰子樹。

　　此外，福爾摩沙島的動物群亦相當多，並很強健。有一些是他處所沒有的品
種，如福爾摩沙鹿、某種食蟻獸及雉雞等。蛇與有毒昆蟲的種類則不多，後者
僅於雨季始出現。似乎有數類的蝙蝠與飛狗。西海岸魚的種類特別多。似乎亦
有從中國引進的水牛、豬、狗等，然卻完全無馬。

　　福爾摩沙貿易用的產品，截至目前有蔗糖、茶葉、稻米、水果與蔬菜、木
藍、樟腦、油、麻、野獸皮毛、獸角、魚、芝麻、咖英里、海菜、洋菜、各
種木材（特別是硬木），以及煤炭等。外銷達到二百萬兩（taels）；內銷約為
一百七十五萬兩。（三兩=六又二分之三泰勒Thaler：德國十五至十九世紀的銀
幣；一泰勒值三馬克）。兩者均仍在繼續增長。

　　福爾摩沙的居民有兩類，即漢人和馬來人（Malays）。前者人數最多，泰
半是來自鄰近福建省的移民，居住在島西邊的平原上或住在北邊。後者，約有
十五萬到二十萬人，顯然是最早的居民，因此可被視為是原住民。他們住在島
上山區小型、獨立的部落，因此居於東邊和南邊頂端。在這些漢人稱之為「傀
儡」（Ka-le，即野蠻人）的自由原住民與漢人之間，還有幾個半開化的族群，
已多少仰賴中國政府為生了。在福爾摩沙內部並無一個Papua族，或類似的族群
存在。漢人或原住民本身對此也一無所知。有人認為他們或就是在南半島的那
些醜陋、膚色較深的居民。然亦可能是這些馬來人占據此島時，發現一個不同

的且膚色更深的人種，而以戰爭將其滅絕了，或跟他們混雜，因而發展出主要可以膚色深淺為區分的無數部落，並有幾乎同樣多的家族類型。

II.福爾摩沙上的中國領土：十五世紀中國對福爾摩沙的屯墾─福爾摩沙的荷蘭人─鄭成功（國姓爺）與台灣府的征服─中國的領土分成五個縣─城市─台灣府─島上的行政─福爾摩沙上中國的軍勢─一八七五年南台灣動亂的起因與發展。中國政府對原住民的立場：在日本遠征前後政府與原住民的關係─與部落長老間的和議─山間築路　福爾摩沙島上的基督教傳教⊥

十五世紀初期，第一批漢人在福爾摩沙西海岸登陸時，他們見到的原住民是善良的，很樂於轉讓其土地，也積極與其貿易。然兩者間的友善關係並未維持下去。太多的外國人湧入，十分貪心，方式又很急進，很快就增生間隙，也埋下日後族群仇恨的種因，並一直延伸至今日。這些經常淪為流血打鬥的衝突，結果使中國等了很長一段時間才確認福爾摩沙為殖民地。因此，當荷蘭人出乎意料地在一六二二年占領澎湖島並開始築建堡壘時，他們對於把福島割讓給荷蘭人，以交換其退出澎湖島沒什麼疑慮。荷蘭人接受了此交換條件，而於一六二四年在台灣府登陸，隨即開始建設熱蘭遮城的堅固城堡。十年之後他們亦在打狗、淡水、基隆安置下來。他們那時是整個西海岸和北海岸的主人，跟馬來人的關係比漢人好些。他們引進母國的法律、設立學校，並向這些原住民傳揚基督教。同時基本上都跟原住民女人通婚，其目的自然是讓這些人跟荷蘭人的關係更加緊密。同此時期，對明朝末年大批湧進的漢人，荷蘭人的策略則是仇視，主要出於恐懼被其取代。

在明朝敗降的混亂之中，把中國讓位給滿清的倉促時期，帝國偏遠地帶一些受人民擁護的政府首長起來宣布獨立。安南的也是如此。這個鄭成功，即國姓爺，是一個勇敢、精力旺盛的人。我不知道為什麼他被稱為「海盜國姓爺」。他意識到自己無法與滿清長期抗爭，決定把注意力轉移到福爾摩沙。他在以前與荷蘭從事貿易關係時，就已對此島相當熟悉。據說他母親是福爾摩沙人。他祕密地獲得當地漢人居民的協助後，帶領二萬五千人在台灣府登陸，封鎖港口，占領了此城市。荷蘭人在此期間得忍受各種生活必需品之匱乏，九個月後此城市終於投降，而鄭成功自稱為福爾摩沙王（一六六二年）。他得勢不久後

即去世。此島有頗長一段時間宣布獨立，直到一六八三年才成為中國的屬民。

福爾摩沙，其實應說是北與西福爾摩沙，自此以後就被納入中國的政治體系。除了少數的例外，馬來人均自平原消失。部分原因可能是由於他們逐漸滅絕；部分原因則可能是他們撤退到中國勢力尚未及的山區去。這個平原現在滋養的密集人口有如在中國的最富裕省分。其布局被規畫得再周詳不過了。事實上每塊地上都有建築。無數的城市都有一萬以上的居民。一千人以上欣欣向榮的城鎮則一個緊接著一個。若說福爾摩沙人裡有四百萬是漢人，這估計我認為並不過分。中國宣稱其所估計的人口超過一千萬，那是太誇張的了。

中國在福爾摩沙的政府分成五個縣：北部的淡水廳，主要城市為竹塹市（Töck-tscham，居民約三萬人，P332），是很富裕的地區，近來茶葉的產量特別增高。與其臨接的是噶瑪蘭廳（Kamolan-ting，P105）山谷，向南延伸到蘇澳灣。最近才成為中國的屬地。

在平原上則有彰化縣，主要城市為彰化市（Tschang-hwa-hien，居民約一萬五千人，P338）；嘉義縣（Kagi-hien，P099），主要城市為嘉義市（居民一萬到一萬五千人）；以及台灣縣，主要城市的台灣府是本島的首都（居民七萬五千人）。最後這一縣亦包含此島中央多山的地區，即開化的馬來人部落平埔番的所在。這三處的蔗糖產量都極豐盛。

南部的縣是鳳山縣（Fung-shan-hien，P070），主要城市埤頭（Pitau，居民一萬五千人，P226）是最豐饒的地區，也是島上人口最多的地方。亦產稻米和大量的蔗糖，產量僅次於檳榔。南方半島瑯嶠現亦屬鳳山縣。這動盪不安的地方，雖在日本遠征之前原已有中國人居住，然並未被視為其版圖。因由日本人而造成締約，促使中國有義務築防禦工事，以確保附近部落的和平相處。於是占領瑯嶠之後（一八七四年十二月二十四日），原未歸屬政府的北邊幾個較小的漁村，也共同築堡壘以鞏固城防。南方半島跟西部平原，經由此而在原住民之間建立起一個安全網。此外中國人亦據有東港、打狗、台灣府等地，以防範如一八七四年日本遠征這樣的外來敵人。台灣府以北則無須如此，因整個海岸線都太淺，船隻無法進到射程之內。

前面提到的城市都築有鞏固堡壘（受到很厚的城牆保護）。除了台灣府以外，其他沒有一個值得詳述，就是一般的中國城市而已。屋子輕小，適合當地

的氣候。街道狹窄，也不怎麼乾淨，似乎每條都完全一樣。城裡的生活經常被形容為多采多姿，其實是很麻木的，只有外國人才會感興趣。在中國旅行過的人，要不就是想到大自然去，否則寧可留在自己簡陋的住處。這些城市的客棧同時也都是鴉片煙館，十分簡陋，令人厭惡。

然而，你可在台灣府停留一整天而不覺無聊，但再久就不行了。最值得一看的景致之一，就是熱蘭遮城的遺跡。位於城外兩英里處，在安平港的附近。那是非常堅固的工事，就像所有荷蘭人在福爾摩沙的建築一樣，都是打算要維持數百年的。（就像打狗、淡水、基隆等幾個荷蘭建築的狀況都仍維持得不錯，如淡水目前的英國領事館就是。）不幸的是中國政府把熱蘭遮城很重要的一部分拆掉，以用其極為堅固的材料來建蓋兩個城堡。相當破壞了此遺跡的整體形象。在此城市的裡面，也可看到一個小的荷蘭城堡的殘存部分。要遷移會太困難也太昂貴，實際的中國人於是將部分有拱頂的地窖改為住家或養豬地方。台灣府的寺廟實不值得一看，既不豪華，也沒有建築設計上的特色，同時還很不乾淨。多半的寺廟祭拜孔子，其教義是此島最主要的。

台灣府本身占地很廣。周圍的城牆周長有四英里。有八個門。每個門都有一個很高的瞭望塔。街道只有八到十英尺寬，是直的，鋪小石子。難得的倒是很乾淨，這在中國城裡是少見的。較大的貿易街道則鋪有木板的天頂。這些鋪設得很均勻的間隔小段，都鑲有珠貝的嵌飾，使街道在白天能有足夠的光線。夜晚的照明更是明亮，滿足我們的一切需求。裡裡外外掛了無數的紙燈籠，一個緊接著一個，讓街道跟一波波的人群看起來相當的奇特。晚上八點城門就關了。再晚一點，連個別的街道也用竹門關上，較大的街甚至關上好幾處。這是中國所有大城市的警察都使用的實際措施。

在城牆的西邊和西南邊一帶有一個較大的郊區，街道較寬廣，屋子也比城裡的好。那是此城最富有的商人居住的地區。較小規模的貿易商與工匠則住在城牆內。在這些工匠裡可以找到享譽全中國的銀匠，他們的工又廉價又實在，不過仍無法跟廣州的相比。廣州銀匠的品味及其精純和雅致，是衡量此行業的最高準繩。

台灣府既離海岸一英里半，歐洲貿易行的商人及其商社都設在安平。歐洲人自己的住家則在城裡，且多半是中國式的屋子。他們的社區限於八到十人左

右。其他三個港口的也不比此多多少。所以在福爾摩沙島上的歐洲人總人數不超過五十人（只有兩位女性住在那裡）。這些歐洲人泰半是商人，是安南富有買主的代理商。福爾摩沙全島的貿易幾乎都操在他們的手裡。

中國對台灣府人口數字的估計是二十萬人。我不知其根據為何。因至少就此城市來說，他們並未做過此類的人口調查。據當地英國領事館的看法，應不多於七萬五千人。我認為這個數字比較合理。

此城的駐防部隊約有步兵一萬人，全島則約有二萬人。僅試想這二萬人全是由各類的遊民與小偷組成的，就很清楚他們是何等的人，而對他們不會有什麼期望了。他們的道德水平是很低的。一個可以找到工作，還過得去的中國人，絕不會去當兵，也會盡可能地避免與這種人接觸。這些人唯一的工作和消磨時間的方法，就是打紙牌和抽鴉片了。除此以外，此地的中國兵就像在中國的一樣，均無很好的訓練，裝備亦是很差的火繩槍、矛槍以及類似的過時廢物。所以因對抗原住民而野戰行軍到山區時，他們經常由於不耐辛苦與生活物品的匱乏而棄逃。

此島的行政與全中國的一樣。每個縣屬第三或第四品中國官員的管轄之下，其職位責任極大，卻無多少自主權。對每個略特殊的案子，都得給台灣府的巡府御使一個報告，靜候此巡府御使的建議後，才能有任何的反應或執行。此島的知府本身只是二品中國官員，一樣也要聽從其所屬的福建省的巡撫（governor-general）。這種作法是如何的迂迴曲折，如何的浪費時間，是很顯而易見的。這樣的報告、偵詢、等待會造成怎樣可怕的後果，從下面這個例子就可看出。這也造成了中國政府與原住民的關係不良：

一八七五年一月中旬，就在眼看和南福爾摩沙一些部落頭目的和平談判相當成功時，幾個中國兵到瑯嶠的途中，被原住民野蠻地攻擊、殺害。統率二千人的瑯嶠駐軍統領（commander），除了告知鳳山縣的知縣（prefect）外，什麼也不能做。而鳳山縣的知縣則把這件事向此島的知府（governer）報告。然後向上報知福州的巡撫，再向上報知北京。由於正值新的一年開始，要處理的事務很多，加上皇帝隨後去世等，清廷很忙亂。福爾摩沙的問題要如何決定不受重視，被推到後面，等比較平靜時再處理。就在這樣的情形下浪費了一個月。原住民對中國新年及皇帝去世的重要性一無所知，而把中國人這種遲疑，全看做

是懦弱的行為。因此他們有一夜集中力量偷偷對楓港營（Hong-kong，北緯22度11分，P090）展開突襲。九十名中國人喪生，其中亦有中國官員。他們再次向上報告，徵詢解決辦法，終於得到清廷的答覆：「必須以武力懲罰原住民。」這是統率二千人的瑯嶠駐軍統領（commander）在士兵被殺害的當晚就可做的。即便我本人認識他，也注意到他頭腦清楚的程度，可以執行得比現在動員全島的軍隊來得更成功些。因為當時要懲罰的部落是孤立的。有力的攻擊可以削弱此叛亂團體，也就可以恢復和平，因為當時大半的部落尚未從日本所給予的打擊下復原。然而，現在他們都抬起頭來了。由於中國沒有行動，而顯現的無能、軟弱和膽怯，使他們自信夠強大，足以把中國人由海岸趕走，毀滅中國占領的城市，以護衛其未來的獨立自主。一個接一個的部落加入此群鼓動者。雖然他們一邊好像正要跟中國訂約，裝出和平的樣子，一邊卻熱烈地武裝備戰。對楓港營的突襲，明顯顯示其目的何在，那是有意要激起戰爭的挑釁。當中國軍隊終於在三月攻上山時，他們被迫節節後退，或很技巧的被誘到峽谷去，受到包圍而慘敗。再加上溫熱的季節近了，兵士間感染熱病散播，死亡的人數比敵人彈箭造成的還要多。福爾摩沙的軍隊並不令人滿意，還得從福建送一團一萬人來增勢，而甚至如此做也無法有效的改變情勢。我最後（一八七六年二月）在香港聽到的是和平尚未恢復。

　　是否會很快恢復，這是個很難回答的問題。南福爾摩沙的部落是最善戰、最好冒險的，決心不計一切地護衛自己的自由。雖然他們的人數不超過二千人，仍在北部鄉間占優勢。那是尚未開發，完全荒蕪的地帶，只有幾個地方可通行。每個山道、每個峽谷本身就是防守的據點。同時，他們從來不做對其不利的公開作戰，而是以腳步，無跡無影地跟蹤敵人，然後從草叢裡射擊，或以突襲來削弱敵人，或將之誘至隱匿處，使其無法撤退而犧牲重大。所以當衡量無論是精力、靈巧及自然的優勢，都在攻擊者這一方時，即可輕易斷論，平均說來十個中國兵抵不上一個原住民。因此只有在強大武力鎮壓下，南福爾摩沙才會對中國政府屈服。

　　從上述的故事即可知，戰爭是原住民自己發動的。那無論在南部或此島的任一部分，一向都不是中國政府的意圖。在日本遠征之前，那個政府甚至從未想過對山區行使其政權，更別說用武力對付他們了。何必如此做呢？此島在

名義上歸其所有，在此之前亦無人有任何反對的意見。從無人關切他們與原住民之間的關係，對發生在南海岸和西南海岸的盜竊行為應由誰負責，亦無人在乎。然此時日本的遠征改變了事態。此遠征造成的談判讓中國政府意識到，如果原住民不承認其主權，則他們對此島的所有權，以前沒有根據，以後也不會有了。日本的遠征更進一步地顯示，在這些情況下，他們得在福爾摩沙島忍受一個外來勢力的危險是如此的真實。目前為止，暫因一八七四年十一月所通過的合約而很幸運地度過此危機。此合約議定日本放棄琊嶠，而中國則對原住民的行動負責。然他們也不得不承認日本有可能再回來。因此原住民必須在中國的控制下，尤其是住在海岸的部落，他們很可能引起外來勢力不愉快地介入。要完成此計畫的理論很巧妙，執行亦很人道。那就是要以最和平的方式進行，但必須也能讓自己滿足，至少有部分的。讓各部落的頭目期待每年的捐助物餽贈（即豐厚的禮物），讓他們因在某方面順服政府而得利，以使其日後逐漸依賴。在此幫助下，政府即將占領沿海一些漢人居住的村莊。最後，也是此計畫之關鍵處，即要穿越山區與沿著東海岸修一些好路，可連接到所有有漢人居住的地方及平原處。這是一個原住民無可反對的計畫。與頭目間的談判從一八七五年的一月開始。在南部，如我們先前所看到的，很不幸的出了問題。然往更北，則似乎走上一條較順利的路。我在島上停留的這段時間裡，有一條從平原到東海岸的路（北緯22度5分以下）已經完成。另一條沿著整個東海岸的路也進行得很迅速，沒聽說跟原住民間有什麼衝突。

　　這些路在往後對原住民會有極大的影響。福爾摩沙人像所有的馬來人一樣，也對貿易喜歡到了變成一種愛好。即使在最深厚的仇恨下，原住民跟漢人之間仍有極活躍的交易行為。他們會走一整天的路到最近的平原上的村莊去，把打獵所獲換成武器、彈藥、酒和其他的小玩意兒。就如在南部和東海岸，僅為了貿易的緣故，他們甚至還得容忍最兇險敵人的整個鎮都設在其領域上。這些道路會使貿易更增生氣。原住民會更常來到平原上開化的人之間，而他們對大自然又聰慧又多識，會看到許多對他們有用的，就會慢慢地被同化了。更進一步地，與漢人間愈多和平的互動，就愈能減弱他們對這些人的仇恨，而可化解那對兩方都不利的可悲的種族仇恨。有事業心的漢人日子久了以後，也會沿路定居下來，甚或如南部某些地方已有的現象一樣，會跟馬來人生活在一起。

文化與工業會緊隨而來，打獵會被農業取代。直到最後，頭目若被稱為村莊的中國官員而非頭目時，他們也不會在乎了。彰化東北邊的一個強悍的熟番（Sek-hwua）部落，最近自願接受中國統治的例子，即顯示這一連串的事件並非幻想而已。這也是其他中國官員所期盼的。

加句題外話，我在某處讀到政府以福爾摩沙野蠻人的頭懸賞。我一直試圖探查此說法是否真實，卻一直無法證實。以剛才說明的政府那一道的且祈求和平的計畫看來，這樣一個可笑又恐怖的做法是不可能的。再早一點，在無法想像馬來人會暴動，而把他們看做是以搶劫、謀殺，使得這塊土地不安全的野獸時，也許才可能會這麼做。

此部分結尾前，我想用幾句話來談談在福爾摩沙島的傳教士。

天主教的五個傳教所都在島的南部。在平埔番之中。基督教教會在此，應比在實際的漢人中，較容易為其接受。

傳教士尚未深入到山裡去。要向那些生番宣揚崇高思想，找到信徒，是很困難的。因為他們幾乎沒有宗教信仰。對一個更崇高的存在（神）、造物者，或人類的指引，毫無所知，也不知有來生。把意外和不幸歸罪於存在空氣中、森林裡、水裡的惡鬼，而為了要討好它們，必須每天向其供奉一些食物和飲料。我在任何地方都未見到有寺廟、偶像、祭師或魔法師等。這些傳教士，本身若是醫生，可用一些靈巧的療法，而從原住民處取得進展，因為他們似乎懂得醫療（的重要）。然我很難相信任何人能不用檳榔和米酒（samshu），而成功地讓生番變成基督教徒。至於那些已經成為長老會信徒的漢人和馬來人，我不想談他們是否是真的基督徒或者只是表面如此罷了。反正他們都是模範的祈禱者就是了。不過，我認為他們應該在崇拜的時間，停止那些所謂「唱歌」的、可怕的尖喊鬼叫，那讓我感到很厭煩。聽到這麼一個禱告組把大家熟知的聖樂吼成那樣子，看到也不欣賞這惱人歌唱的那些非基督徒臉上，帶著全然可以瞭解的嘲諷微笑，任何人都會深深受辱的。傳教士真不應該教他們唱歌了。

III.在南福爾摩沙的探查：離開打狗—東港—枋寮（Pong-liau，P235）—枋寮與瑯嶠之間的海岸—卑南族—跟射不力（Saprêk，P252）族的接觸—深入射不力領域—歡迎儀式—與頭目共餐—瑯嶠—日本的營地—到射麻里（Sabari，

P244）的短途旅行及前往東海岸—頭目伊厝（Issek）與卓杞篤（Tschutok）—滯留的日本人遭生番殺害的村莊—獵鹿—深入牡丹（Butang，P030）部落的領域—石門。

在登陸打狗，對福島安全上的問題做了一些打聽後，我就做了一個先穿越南福爾摩沙的計畫。瑯嶠在當時很容易到達，會是此旅程一個很好的起點。

感謝一位德籍商人Mannich先生樂意幫忙。我在打狗時承蒙他很熱心的招待，使我得以快速完成旅行的準備工作。Mannich先生本人也到內陸去過幾次，對我的意圖因此很感興趣。同時還以實際的建議，特別在那最重要的問題上，即要帶什麼禮物才能見到原住民，給了我極大的幫助。因我盡量把行李減到最少，所以只需兩個苦力來抬行李（這裡沒有馬也沒有驢）。這兩個苦力都是由傳教士推薦的，是負責任的男僕，結果證明他們也確實如此。而且其中的一個還會說一點英語，這樣他可以在中國人裡作我的翻譯；另一個則做飯做得還不錯。當然由此為基地，在到瑯嶠的路上，我必須把守住祕密，不讓他們知道我打算去探訪那令人懼怕的傀儡番（Kale）。否則他們不會乖順地跟隨我。

我在一月二十三日離開打狗。第一晚住在東港的傳教士宿舍，此鎮有二萬居民，其中三分之一僅以捕魚為業。捕魚在整個西南海岸都很盛行，不但能因此供應此島居民食物，同時還讓他們跟安南和汕頭有很頻繁的貿易。風浪平靜時，成百的中國式帆船和竹筏（用竹子做的，可在海上航行的筏，裝有舵和茅草做的帆）遍布海面。可以看到上千的人忙著清洗、裝箱、醃製、晒乾魚類，幾里路外都可以聞到這種地方發出的腥臭味。

東港有一全然獨特處，那就是即使晚上也相當涼快，但這裡的屋子仍主要以竹子編成。此則因河水年年氾濫之故，讓此鎮總有被水沖走的危險。漢人瞭解這一點，因此就不蓋石頭的建築，因為那跟最廉價的竹屋一樣，隔年反正也會被水沖走的。

在東港傳來可怕的謠言，說幾個中國兵在到瑯嶠的路上被傀儡番人殘酷地殺害。後來證實此為事實。我雇用的人非常認真地看待此事，很勉強地才同意繼續前進。兩天後，待我們進入一個漁村（或者可說是有五千居民的小鎮），即枋寮的時候，那些中國人的勇氣盡失。我很重的說了他們幾句，但更重要的還是由於對我那雙管獵槍和手槍威力的信任，才控制得住他們。

　　過了枋寮，地方上的特色速變，長滿作物的農地和翁鬱的菜園都不見了。等到枋寮的最後聲音、最後的貧瘠馬鈴薯田都在我們身後時，所有人的生命、活動的跡象都停止了。壓迫的寂靜籠罩著旅者。崎嶇、荒蠻、雜草叢生的山脈更緊緊逼近海岸線，直到最後終於在海洋中很陡峻地聳立出來。足跡略可辨識的路徑，有時接近水邊，消失在沙或礫土裡；有時走向很陡的上坡或下坡。

　　在枋寮和瑯嶠之間只有三個很小的漁村，即內勢湖（Lam-sio，P165）、略南的刺桐腳（Tsche-tong-ka，P339），和在北緯22度11分的楓港。原住民容忍這些村子的少數中國居民。這些人是必要的，因為他們是進口武器、彈藥、衣服、菸草、白蘭地酒，及各種珠寶的商人。不過，不再准許新的移民。我住在楓港村的一個年老、很受尊敬的中國老先生家。他告訴我自己經驗裡的幾個例子：他還年輕的時候，是個有事業心的人，一則也是因需要的關係，就計畫定居在楓港和瑯嶠之間，希望可以很快、很輕易地致富。鄰近的原住民部落對此並不反對。他於是很安穩地蓋了一個屋子，種了田和菜園。等他覺得自己跟傀儡番的關係夠穩定了的時候，就把妻子、孩子帶來一起住。有一段時間這一切都頗順利，雖然原住民常常相當傲慢地對待他，有時候在貿易上也占很大的便宜，但他夠聰明而能避開跟他們有嚴重的爭執。這是因為他在這裡的生意比在平原的好，他在平原一無所有。然由於一個不幸的貿易協定，原住民見到，或可說相信自己被侮辱了，於是一切都改變了。首先他的田地和菜園被破壞，然後牲畜被偷走。他還不離開時，屋子也在夜間被突襲而毀了。他救出自己和孩子，但妻子卻成為此恐怖行為的被害者。我在小路上多處看到的遺跡證實這個故事是真實的，同時也顯示我的主人並非是唯一做過此嘗試的人。

　　在南勢湖我首先遇見的原住民是從卑南族來的男女，從山上下來是為了用皮毛和花生來換取火藥。看到他們，我的高興遠勝於我同伴的驚愕。我馬上把菸草、檳榔和燒酒拿給他們，總之讓他們克服了羞澀，以致後來終於讓我描繪。至於替他們量身，則進行得一點也不順利。量身的圓規讓他們嚇得只要我一去拿，就慌忙跑開。我得把量器收起來，才能使他們冷靜地留下來。後來我就用不同的作法，我若要給一個傢伙量身，就先放一碗燒酒、一些火藥槍彈，或其他吸引他們的東西在我身旁。讓他知道若能鎮定地忍受整個過程，就可得到所有的東西。他若還是遲疑，害怕那邪魔（這倒很少發生，因為燒酒是太有吸引

力的誘惑物），我就讓他清楚瞭解我是一個醫生。為了要能做好醫療工作，必須很清楚我要幫助的人，而因此就得為他們量身。這通常會有幫助。然後我就很仔細的用量尺開始這個程序。先量手、腳、身體，再量頭，到最後再用量身的圓規。儘管用燒酒和彈藥火藥，還是有人嚇跑了。隨著量身，我試圖進入內地，但並不成功。他們認為其頭目是一個憤怒的人，無其許可，他們不能帶著任何外國人一起，不管答應給什麼禮物也沒用。要等他的許可則要四天之久。這就是我為什麼決定還是繼續向南行較好。

第二天我的運氣比較好。在楓港村我碰到一些從射不力族來的男人。一旦我願意送些補給，他們就同意帶我到村莊去。把我當兄弟一樣的推薦給頭目。不過，作為一個偉大的白人領袖，我應給部落開一個大派對。這也就是說，我應該帶足量的燒酒和檳榔，使每個人都能得到好處。這不難辦，因為整個部落不超過一百五十人。我的旅行新夥伴（人數增加到一打），只要他們拿得動，就盡量的把葫蘆（作成的容器）和囊袋，還有一人高的竹管裡裝滿酒，然後我們就上路了。隨從裡，我只帶了一個翻譯，因為有幾個原住民也能說一點中國話。

我們離開鎮上的時候是中午。漸漸地少數的稻田、日本人的營區，以及村莊的最後幾個屋舍都在我們身後了。再向內路進一英里，就會完全為荒野所包圍。我們所沿著走的山與河岸的小路上，都布滿濃密無間斷的森林，沉寂深深環繞著我們，只偶而被受驚嚇的鳥叫聲或小瀑布單調的咕濃聲打斷。我們一個緊跟著另一個人，安靜地沿著狹窄的小路走，有時蜿蜒地通過叢林，沿著河岸走，有時迂迴地穿過杜鵑花叢。約兩個小時後，我的同伴停在一小塊地上。其中的一人發出很響亮拉長了的口哨，遠處樹叢裡有聲音回應。這時聽到細樹枝斷裂，樹葉沙沙作響，聲音愈來愈近，直到最後樹叢終於分開，有幾個女人走出來。她們是我同伴的妻子，藏身在此等候先生歸來，以幫他們一起把重物扛回家去。這種體貼並非多餘的，因為現在的路直接往上坡爬，陡到有些地方必須抓住樹枝才不致向後滑。我跟我的中國助手很快就喘不過氣來。我的同伴和他們的妻子則很輕快敏捷地移動，好像在平地行走。當我精疲力竭地靠在樹幹上喘口氣時，他們僅輕笑。我們爬了一千五百英尺以上時，終於爬過山脊，而在我們面前，其實應說是在我們的下面，有一個狹窄陰鬱的山谷，那就是射不

力族的狩獵區。陰暗嶙峋的山四周環繞，眼睛可見之處，除了森林外沒有別的東西。沒有茅舍、沒有煙囪顯示人跡，只有河流，像很狹窄的銀色帶子穿過村莊的地面，給這嚴肅駭人而沉靜的畫面帶來一些變化、一點生命。我們的路現在走向數百英尺的下坡，然後在山谷的一千英尺處往橫的方向走。黃昏時森林

Dorf der Sapréf.

●射不力族的村落。《地球》，第31卷（1877年），頁182。

變得較疏鬆，有些砍倒燒焦的樹幹，沿路上仍發亮的灰堆，以及遠處的狗叫聲等，表示附近可能有人。最後我們踏出森林，進入一大塊空地，引向山谷，我們面前可看到一些射不力村莊的小屋。

　　來到此村莊的入口處時，我的同伴就止步了。一根竹竿設立在前方約三十步處。做了信號要我朝此目標射擊。這之後，在他們對我的射擊，經嚴格察看而表示讚許以後，我就被歡樂地領到村裡去。在其他好幾個部落我也都得這麼做。我對這種作法的唯一解釋是，射不力族以打獵著稱。他們以一個人打獵的本領來衡量他。因此，只有好射手才被視為是平等的。要是我失誤了，那麼大概會被羞辱地取笑一番。要想見到部落的領袖和他們最好的獵人勇士，恐怕就

會頗困難的了。

在第一家的院子裡，有人叫我坐在一張長凳上等候頭目。他會在那裡歡迎我。我的十二個同伴和其餘的村人，在射擊時圍擠過來，圍了一個半圓。那些女人很快地拿來一個大容器，裝滿了我帶來的白蘭地酒後，就退到屋子裡去了。

頭目馬上就來了。他是個中年人，外貌相當不好看，但是姿態極傲慢，裝模作樣。對我和整個肅靜的群眾很快地看了一眼，就坐在我對面那把為他放置的椅子上。一少年搖著綁在箭上的黃旗走近他，深深鞠躬，把旗子和一個塗得鮮豔俗麗的油布箭囊放在他腳下。頭目瞥了他一眼，此少年就進屋內去了。現在沒人動一下，沒人說一句話。所有的人臉上的表情像是有很深的目的，有慶典的嚴肅，大家都在等待那歡迎的儀式。這死沉的寂靜維持得愈久，頭目的表情就愈發陰鬱了。起先我對此景覺得頗為有趣，而漸覺我的處境沒這麼舒適了。顯然他們是在等我這邊走出第一步。我應怎麼做才不致違反這從各方面看起來都是非常嚴格的禮節呢？有個好意的少年最後幫我脫離此窘境，他讓我瞭解到這是把給頭目的禮物拿出來的時候了。我於是站起來，走到這陰沉不悅的頭目面前。他用很嚴厲詢問的眼光看著我。我放在他膝上的一塊黃色絲料，一條鍊子和幾串玻璃珠子掃除了他頂上的烏雲。他站了起來，把左手臂放在我的右肩上，並指示我同樣做。這時候，有人傳給我一碗燒酒，我們輪流飲用，把它喝光。我的翻譯告訴我，現在我是頭目的兄弟了。歡迎的儀式就此結束。安靜的群眾然後就站起來，很興奮地走向盛燒酒的容器去。我那尊貴的兄弟很快就跟他們打成一片。他的故作姿態完全消失了。變得很多話，像個頑皮的射不力一樣大笑、尖叫。等最後他離開時，忘了所有的禮儀，搖晃不穩地拉扯聲帶嘶喊，使整個村莊的狗都叫了起來。

夜深了，我被帶到領袖的屋中（tapau），在村莊的中央，跟其他屋子唯一的不同處，僅在於空間較大。在我面前那象徵他尊嚴的在箭囊上的旗子，高高地在空中飄揚。在此頭目屋子的院子裡，村人已為慶祝聚集，很興奮地聊著。我進去的時候，所有的談論就停止了。所有的臉上換上如此歡慶的表情，讓人要很努力才能忍住不笑出來。在進口處，頭目顯然是戴上了他所有的珠寶。走到我的面前。他穿了兩件夾克，一件穿在另一件外面。最裡面的一件只是用紅

色絨布做的，用黃色的鑲邊。最外面的一件是藍色的，在手臂上有紅色的裝飾物，以及不同顏色的鑲邊。胸部一帶釘了幾排日本錢幣（十分的那種）。兩條同樣裝飾的黑色圍裙裹住他的臀部，僅遮住半個腰部。頭髮用藍色的髮帶、珠子和鍊子綁在一起。各色的大小玻璃珠子很沉重地圍著頸子。鑲著鏡子碎片的圓棒在耳垂上散閃著亮光。手臂上帶著銀的、銅的手鐲。在這個戴滿各種廉價飾物，過分盛裝者對面，跟他一起歡迎我的，是他的妻子和女兒。她們穿戴得非常樸素。除了耳朵上的瓷器圓片，頸子上的珠子項鍊及手鐲外，沒有特別的珍寶。她們的頭髮顏色很淡，在頸處束起，賣弄風情地用藍白條紋的布包著。她們把這裡漢人的服飾略經修改，用來裹著還不錯的身材，很令人喜愛。

　　頭目很恭敬地帶領我進入屋子以後，遞給我一個手填的煙管，轉向聚集在此的眾人，開始一段很長的講話。他們多為看起來很誠實體面的男子。此時又得再喝燒酒。然後整群人移入屋子的第二個隔間。那是一個很高很寬的房間，爐子上愉快爆裂的火讓屋子光線充足。地上有個像飯桌的家具，上面放滿熱騰騰的碗盤。女人仍然在桌上擺這擺那的。推過來一些小的板凳（不到三英寸高）。然後要我們入座，頭目要我坐他旁邊。其餘的客人也全都各自依其年齡、地位的尊貴坐下。在大家都有米飯、筷子、燒酒了以後，主人就站起來，一邊把酒灑在他的身邊，一邊嘴裡喃喃訴說。事後我得知那是對惡鬼的乞求。他也同樣地用米飯如此做。從我坐在那兒起，在場的沒一個人吃東西。所有的注意力都在判斷我的個性。只在有人給我送來茶，以及給我熱水洗手、漱口，而我站起來時，他們才開始吃喝。胃口好得令人羨慕。順便一提，他們的菜並不差呢。至少在我看來比中國菜的味道好些。有些烹飪方式，比方說酸鹿肉的作法，即使在歐洲的廚藝上也能得到讚賞的。

　　吃過飯以後，年輕人才准進來。他們在此之前一直在院子裡很有耐心地等候。把剩下的燒酒拿出，這群木愣愣的人就都活潑起來了。談話聲愈來愈響，到了最後，已沒有嚴厲的頭目，沒有尊貴的長老，沒有壓抑的年輕人，只有快樂、喧鬧的小伙子。夜深很久後聚會才散。我躺下休息，對這一天過得完全滿意。即使很硬的床或只有一層草牆隔開的豬叫聲，對我都沒影響。我很快就睡著了。

　　次晨，我訪查了一下此村莊和其四周的環境，畫了一些東西，收集了射不力

方言中的一些詞彙。也就是說做了些我通常做的工作。下午我跟頭目和他家人道別時，他們送了我一塊極好的鹿腰肉。我回禮時，他們又給我一袋烤花生。這些東西都是我的中國助手得掮的。他請我從此別再給這些野人燒酒，否則他們會每樣小東西就要回送另一袋的禮讓他掮負。

　　一些年輕人伴隨我一起到楓港去，結果要回家時已經太晚，就留下做我的客人。

　　這是我第一次接觸所謂的「可怕野蠻」的福爾摩沙原住民。甚至還有人指責這些人是食人的，真是天曉得。我得說他們比某些自以為達到某種高水準文化的人，給我的印象還好些。無論在射不力，或我盲目信任原住民的其他任何地方，這種信任從來一點都未被濫用過。每一處他們都以同樣的開放、誠實來友善地對待我。我從無須抱怨無禮或侵擾。只有一開始要得到他們的信任，要能見到他們相當不容易。只要想想其處境，及其與其先人跟中國人交往的慘痛經驗，就知道這是很自然的。也難怪他們對外國人不信任了。

Quajan.

●Quajan社。《地球》，第31卷（1877年），頁183。

　　我更深入探訪時，不期遇到Quajan族（或Quai-hwan）的人。他們很卑鄙多疑。依我中國助手的推斷，這些人原想向我們射擊。因為這個原因，他們把行李扔了，真心想要逃跑。但由於極為尊重我的手槍，而防止了他們那麼做。結果是我在身邊那野蠻人的燭芯上點著了菸，把香菸放在他們每個人的嘴裡，而化解了危機。最後為其中的一個人做了素描。

　　一月二十八日，抵達瑯嶠。這裡又是二十平方公里的肥沃平坦的土地（南岬的西部）。純由漢人開發居住。據官方的數字統計，共有一萬人。在沿海一帶的村莊裡，瑯嶠是最重要的一個，與打狗和台灣府都有貿易來往。漢人當時在此村莊的周圍一帶已建好三個碉堡。第四個碉堡在山上的地基已打好，雖然我

不確定是否已完工。村莊裡應有四千人的軍力，已有二千人在此。中國人付出很大一筆款子後才接收的日本軍營已不存在。在日本軍隊撤走後的第二天就燒掉了，因據中國官員的解釋是，那些建築太差，對中國兵士來說很不舒服。依我的看法，現在這些中國的土屋，一個接一個的擠在一起，四周還有牆圍繞，絕對比我在楓港軍營看到的那些日本式、輕巧寬敞的草屋更差。中國的軍營或者碉堡（若要叫一層厚土牆圍繞的營房碉堡的話），正是那種熱病、梅毒及其他流行性傳染病鐵定會產生的地方。尤其是兵士過的那種懶散的生活方式，更是如此。他們整天待在那讓人感到壓迫的軍營裡，躺著抽鴉片或玩牌。

　　瑯嶠的居民多半從未見過一個歐洲人，所以我一般被當做日本人看待。他們很開心地歡迎我。鄉下人對日本人的印象不錯，因他們散發了一些目前在南福爾摩沙通行的小錢幣。

　　我發現要避開瑯嶠那些隨時戒備的中國官員的注意，短途旅行到東岸去，並不容易。在他們的地盤內，每個外國人都由這些人負責，而英國人已讓他們清楚知道此責任的重大。

　　在禮貌容許下，他們盡可能地用各種方法，如邀請晚餐或提前幾天通知來訪等，使我無法採取可能會用的藉口。但就如我所說過的，次晨我就溜走了。一個人也沒帶，甚至連我自己的人也沒告訴一聲。日本炮兵隊所造的道路，總會把我帶到某個地方的。我因此就選了那條能最快把我帶上山的路。很幸運的，在那裡遇到幾個射麻里社的獵人。他們很驚訝地把我當作日本人（Dsipún）來打招呼，很樂意把我帶回村莊去。射麻里就是那個毫無抵抗就降服於日本的部落，而在日本遠征（侵台）期間一直與之保持友好的關係。我在午時抵達此村莊。這些人在知道我既非日本人，又不是因沉船，而是自己直接由西方來的，都覺得很奇怪。要跟他們解釋我究竟是什麼人，那甚至比跟那些漢人解釋還難。幾乎無論在哪裡，漢人都把我當作是傳教士、醫生，或英國領事。

　　我此趟旅行特別幸運。射麻里社的頭目伊厝正要去大舉獵鹿，許多部落頭目和鄰近部落的獵人都受邀參加。既然在這裡都見到了，我就省掉去他們自己的村莊探訪了，也因此省下好幾天的功夫。當天下午，我就去拜訪了那頭目。他的屋子在離村子半小時處的一個迷人山谷裡。見到他時，他正努力地在拭擦武器。他的妻子與家裡其餘的女性手上，則都忙著為即將舉行的慶典做準備。

●射不力族男子。《地球》，第31卷（1877年），頁199。

伊厝沒有什麼客套地歡迎我，也沒要求禮物。請我喝茶，和一種味道很好、用小米釀的酒，並問我此行的目的何在。然後邀請我第二天參加他們的獵鹿。說實在的，從他的態度或外貌，沒有任何一點可以讓人有理由稱他為「野蠻人」的。整體來說，我覺得大家常常未經深思就很輕率的使用這個字眼。就一個民族有永久居所、開墾的土地，他們的需要與財富超過僅是大自然本身所能給予的，因此貿易成為必需，甚至還享有某種程度的奢侈。這樣的一個民族，即使他們不會讀、寫，數字不能數到十以上，大體上並不瞭解政府是什麼東西，我也沒辦法再稱他們為「野蠻人」。因此，在福爾摩沙這個詞只能用來形容極少數的族群。現在再回頭來看伊厝。這個友善的人至多可將之比為一個富有的地主。喜歡舒適與友伴，完全在自己負擔得起的情況下生活。但也知道雖這樣過日子而仍能不讓經費透支。他的地和菜園都種植得很好。水牛飼養得很好，屋子是個昂貴堅固的建築物，也配備有舒適的家具。請我住的房間有（漢人做的，做工很好的）椅子、桌子、架子。牆上在鹿皮上掛著大量的槍、刀、矛及其他打獵用的裝備。這些是主人很引以為傲的收藏。廚具與家庭用品多半是中國貨，也不是最差的。由此可見射麻里社的頭目知道如何過得舒適。他很滿足的、吃得很好的外表，以及他和藹可親的風度，在在都展現出這一點。他的衣服很樸素，頭髮梳成一個馬尾巴，這是漢化的第一步。

　　我從那裡又去到豬勝束社（Tuasók，P343）的村莊。在射麻里東北四英里處。頭目卓杞篤（Tohutok[②]）住在這裡。別人告訴我此人是十八個部落聯盟的首領（不過在我看來，這個聯盟，若不只是名義上的，也是很鬆散的）。我見到卓杞篤時，他完全醉了，正在跟自己的另一半（即其妻子）打得很熱烈。我的拜訪也因此很短暫。

當晚我睡在射麻里村子裡一位中國老人家，他很受原住民的尊敬。射麻里像豬勝束和幾個其他的部落一樣，都很容忍漢人，但完全不跟他們通婚生子。

既然與伊厝去打獵要到中午才開始，且會花掉一整天，我就用早晨來執行我的計畫，繼續向東海岸前進。第二天一大早就上路了。還是一個嚮導也沒帶。雖然大家都搖頭，對我得經過龜仔律社（Kuarút，或龜仔祿，P144）的領土提出警告。我走的乾河谷一小時內把我帶到一個通過巴龜律社（Bakurut，或八姑律、吧姑祿、八姑用，P010）的村莊，我到達那裡，在居民間引起不小的轟動。女人和小孩哭著跑開，男人拿著武器從屋子裡趕出來。我看到自己很快地被一群很髒，看起來很多疑的東西圍繞起來。他們以各種的比手劃腳，努力想找出我的船是在哪裡擱淺的。我沒別的辦法，只有向東方指，結果我多了不少不想要的嚮導。讓我稍微安心的是其中有個漢人，這樣若有緊急事件時，我至少跟他多少可以溝通。他們逼我馬上離開。一直沿著河岸遍布的稻田和洋芋田③此時全消失了，讓位給了森林。愈來愈高，愈厚，直到最後形成完全無法穿透的叢林。我們沿著河床，有時涉水過河，費勁地攀越過大石塊、巨礫、大樹幹，然後我的嚮導們選擇了一條窄路進入森林。我們悄悄地前進，避開每一枝小樹枝，傾聽每一個聲響，因我們現在正通過龜仔律社的地帶。巴龜律社跟他們是敵對的。原被悶住的浪花吼聲愈來愈清晰。直到後來我們終於能從樹與樹之間看到海面上的閃爍。在原住民謹慎地勘察了那一帶，沒看到有什麼可疑的之後，我們才離開森林，踏上此河口的岸上。那是一個小沙州，我注意到有幾個草屋在樹蔭裡，細細的煙柱上飄。那個年輕的漢人一直都站在我身邊，趕緊解釋說暴風雨時龜仔律社在此觀望海洋和船隻，也就是他們殺害了日本船的琉球島民。（這即是引起日本遠征來此的眾所周知的後果，或許應說是藉口。後來日本叫嚷得這麼厲害，把事情弄得很大。其實這整個福爾摩沙島的事件，並沒有別的目的，只是日本為了打斷其居民正在醞釀的惡兆，即叛變或動亂，以防止革命。結果很成功。）日本船在更南一點的地方擱淺，缺水大概是把沉船的人帶到這裡的原因。更深入內陸，可看到這艘船和其他不幸船隻的木殼板，被用作墳墓上的椿籬，也被放在小溪上作橋用。我的同伴意識到他們辛苦地走了半天卻是白走時，相當生氣。我沒遭受沉船，也沒有船在這裡，而只是想看已不存在的日本船殘骸。還好他們沒有如我所害怕的那樣變得極為憤怒。那個

②Tohutok，前面拼為Tschutok，兩者都指頭目卓杞篤。
③可能是指甘薯田。

漢人很成功地把自己放在我們之間。但我緊接著又給了每個人一點菸草，所以很快就平靜下來了。回程時我們得加倍小心，因為小屋內閃爍的火光，讓我們可推斷出那可怕的龜仔律社人是多麼地接近。

對了，伊厝的打獵相當刺激，進行得很順利。沒什麼值得詳述的，就是一般的追獵，像獵物豐富的歐洲各處所舉行的差不多。只是你得想像坐在馬上的不是穿獵裝的獵人，不是高雅的紳士淑女，而是汙穢、半裸的少年，不很優雅。隨後也不是開胃的早午餐，而是在頭目家有點嚇人的鬧宴。

第二天晚上我回到瑯嶠。對我不明不白的失蹤，那裡已有人很擔心了。我雇用的人幾乎已對我放棄。見我回來且心情愉快，都特別高興。他們只要有機會就告訴每一個人那奇妙的歷險，多半是嘲笑我的。這是我從聽者驚訝、不可置信的表情上推斷出來的。

往北邊進入牡丹社（Bútang，P030）領域的另一次旅行則完全失敗了。那是南福爾摩沙部落裡最強壯、最令人懼怕的部落。第一個晚上，在森林的曠地裡我就已經發高燒，或許是濕衣服造成的。因為我一天中必須多次涉水過河。次晨，我在路上被幾個高士佛社（Kuskút）的人發現時，已呈相當無助的狀態，經過很長很認真的討論後，他們把我帶回那所謂的石頭大門。我從那裡蹣跚地走到下一個中國轄地。

這所謂的石門，由日本人而得名，是由兩個巨大的、幾乎垂直的石牆組成，河被夾在其間而壓擠過去。這看來是進入牡丹社與高士佛社領域的唯一入口處，日本人與這裡的原住民曾有過一次激烈的交會。原住民在自我防衛上受到很大的挫折。雖然有樹叢與森林的掩護，仍無法防止敵人逼近。此門的北邊，土地上全是野生植物，可能比射不力族的領域還要蠻荒。此門的南邊，山較低緩平坦，山谷很寬，零星地在多處開墾。石門向南一小時處，有首個中國轄地。從所有的建築物都是新的來看，還是最近才建立的。

服用了數種對症的藥物後，燒很快就退了，我馬上就恢復得足以離開瑯嶠。中國官員很是滿意。

IV.南福爾摩沙的原住民：A.射麻里社（Sabari），蚊蟀社（Wang-tschut，或蚊蟀，P352），豬勝束社（Tuasók），巴龜律社（Bakurút），龍鑾社

（Liongrúan，P179），猴洞（Kantáng[④]，P108），Quajan等部落：其外貌、服飾、補給品、住屋、工具，及武器、食物、飲料、工作與貿易，精神的發展；生活習慣、傳統等。B.射不力族和卑南族。

在南福爾摩沙我總共跟九個原住民部落有過接觸。射麻里社（約有二百人強）在北緯22度4分，東經120度48分處；在此以北數英里處為蚊蟀社；在其附近的為猴洞社；射麻里社的東北邊是豬勝束社（約有一百人）；東邊是巴龜律社（約一百五十人）；南邊是龍鑾社；然後在楓港跟瑯嶠之間是射不力族（約有一百五十人）；最後在最北邊的是卑南族，是一個很大的族群，領域延伸至東海岸。

除了這幾個部落以外，還有很大數目的其他部落，我對其名字和位置才剛開始略有所聞。據我估計南福爾摩沙的原住民總數不超過三千人。

即使在這一點上也可觀察到，在頗小的空間裡，部落與部落間的差異不僅決定於外在的情況，如土地的肥沃與否，或工作的類型等，而其類別之中也有一些天生的特性，這是除了祖先不同或因某些不同種族交配而形成的外，無法用別的來解釋。雖然南端的居民，前面提過的七個部落，也許在某個層面上可視為一個部落，或許是他們相互間的交配，將其天生的差異減到最小。然即使是最粗心的觀察者，也不會把一個卑南族或射不力族的人誤認為是跟他們相似的。他們外表的差異是如此的大。前者一般很醜，身材瘦長，有髒黃色的皮膚；而後者，尤其是卑南族的人，則體格很好，很健壯，有很美的古銅膚色。在語言上則有相同的差別。雖然兩者像所有福爾摩沙的口語一樣，都可以追溯到他加祿（Tagalog，菲律賓少數民族之一）的根源去。

讓我們先來看看南端的居民。

就如我所說過的，他們的身材很小，很不好看又很不勻稱。要麼很瘦長，要麼很短小。腰部、小腿，與手臂都骨瘦如柴，肌肉很弱。肩膀很直，頸子一般很短，胸部平坦。頭很小，有時有點窄，有時很短。臉很寬，顴骨高，下巴突出。鼻子寬扁。嘴很大，嘴唇很厚。眼睛狹窄、深褐色，常有點斜長。耳朵不大，雖然耳垂因圓棒穿洞而增大了不少。頭髮漆黑，不很厚。鬍子與身上的毛髮都很稀少。膚色是深色，但並非褐色，而是一種髒黃色，在有些村落裡，還帶點綠色。臉上的表情通常很嚴肅，很難引起信任。眼神是悲哀的。嘴永遠

④Kantáng，該為Kautang之誤。

是緊閉的，極少張開，即使笑的時候也是如此。姿勢很慎重，步伐很規則、有力。每個動作都像表情一樣的冷靜、鎮定。他們一般的姿勢是坐在地上或在矮板凳上，手臂環抱著膝蓋。

他們的女人不漂亮，也同樣的身材矮小瘦弱。胸部發育得很差，乳房很小，圓錐型的，頭髮也不多。通常看起來很沮喪、淡漠。無論是服飾或舉止都無賣弄風情的意思，也沒有對美的直覺。其他有些部落，在這些方面，則至少已經發展得相當不錯了。對了，我沒看到幾個女人身材是比剛提過的蚊蟀社和巴龜律社那些還好的呢。

這些部落的服裝是中國式的，但經過選擇性的修改增減而較合身。男人穿黑色或深褐色的短夾克，通常都鑲了紅色或白色的邊，短褲也是同樣的顏色，只半長到小腿肚處，用有色的帶子繫住。頭髮前面剪得很短，其餘的部分或結髻或捲成小馬尾。通常都盤在頭上。有些人穿著野豬毛作成的綁腿，就像呂宋島的矮小黑人的一樣（見*Globus* XXIII，頁247。這麼一個腿上有一圈野豬毛的Mariveles黑人的圖片）。他們也穿鹿皮鞋子。頭飾為窄的藍色髮帶或布巾。女人的服飾為藍色或白色的褲子上加一件上衣，只是比中國女人穿的短些。頭髮不編辮子，而是以紅色髮帶、鍊子、或一串珠子紮起，以一馬尾盤在頭上。頭髮上綁了一塊布。

與其他原住民不同的是，他們用來裝飾自己的小玩意較少。這可能是因為他們較其他的部落進化，而不再把這樣的東西看為有價值。然而，用圓的木或瓷的圓棒穿耳洞而拉大耳垂的陋習仍很普遍。這些中國製造的圓棒，直徑有一英寸或更大，塗上很粗俗的瓷漆或用貴重物品裝飾外層。我並未見到毀傷牙齒或這類的事。他們也不刺身。

總的來說，他們的生活空間比射不力族煙霧瀰漫的小屋建造得更好，也配備有更舒服的家具。射麻里社和豬勝束社的村莊，跟這一帶漢人的並沒有什麼不同。都很愜意地位於河谷中的水邊，有很高的竹子、菜園、耕田圍起來。由一些獨立的大家庭組成。每家住著一個家庭及其所有的親戚。屋子是用生磚蓋的，那些房間通常蓋成長方形的長條，裡面沒有通道，雖然沿著整個屋子的外圍有疏鬆竹牆形成的走道連接。每個開門處在竹牆上都有一個相對的。沒有窗子。屋子中間是家長的房間，寬敞的房間也公用為吃飯間。兩邊都是家庭不同

成員的臥室，以及廚房、食物儲存間等。地是黏土或石塊的。房間的側牆上有武器和鹿角裝飾，可是後牆則由小米堆到頂上，很小心地排好。我搞不清楚其目的為何。也許只是為了總會有相當乾燥的小米。有些矮長凳和座椅，也用作枕頸子的枕頭。較富有的，還有中國製的椅子、床、櫥櫃等家具。屋子前邊的院子是長方形的，略微高起處很小心地剷平，保持得很清潔。因為玉米都是在此打殼、晒乾的，也有些其他工作是在此做的。在屋子前邊有為水牛蓋的圈欄。因為他們是農夫，所以都養了不少水牛。巴龜律社的村子較有特色。很低的長方形小屋，有很高陡的屋頂（是用稻草和竹竿做的）。牆只有三到四英尺高，是用竹子編的，用黏土覆蓋。光線十分陰暗的屋內只有一個房間。家具也配備得很差。可以看得出來他們不大跟漢人交易。每個屋子都位在一塊空地的中間。屋子之間是動物的圈欄和菜園。家用器皿像鍋子、陶器、碗、杯及農具等，都是漢人製造的。只有長凳、草蓆、和數不盡的葫蘆做的盤子等，則是原住民自己製作的。

　　如前述的，家畜有水牛、豬、狗和貓，也養鴨子、鵝、雞。

　　他們像所有的部落一樣，有自己的武器，也都是從漢人那裡獲取的。有：（1）很不方便的火繩槍，約四英尺長，槍柄很短。（2）矛，通常是一個六英寸長的刀柄附著在八到十英尺長的矛桿上。（3）直刀（約二英尺長，一又二分之一英寸寬），在木鞘內，木頭只蓋住刀的一面，另一面則由繩子或鐵絲蓋住。（4）弓，約三到四英尺長，箭是竹的，有鐵的尖頭（有的有倒鉤，有的沒有）。至於子彈，其火藥是倒入竹籤裡，跟鉛彈丸一起放在細網內，揹在肩上。裝了較精細火藥的獸角則掛在頸鍊上。火繩槍繞掛在上身，刀永遠插在腰帶下，矛也很少離手。所以一隊的原住民呈現頗別致的圖像。他們去到漢人居住地甚或進入鄰近的村子時，總是全副武裝的。

　　他們一天吃三餐：早上七點一餐，中午一餐，太陽下山的傍晚時一餐。每餐的主食是米飯，跟漢人的一樣。再加上番薯（煮的或烤的）、烤花生、青豆、包心菜和其他的蔬菜。有時有豬肉（水煮或煎烤，是他們很愛吃的）、獵物、動物的內臟、雞鴨類、魚（也是用不同的方式燒的，但總切成小塊）等。由於他們自己種稻米，所以小米就比其他部落吃得少。主食裡不放鹽。鹽似乎當零食吃，因為我看到他們就像吃糖一樣的單吃鹽，不加別的。

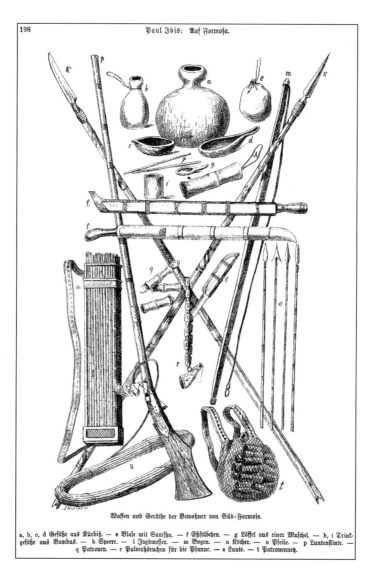

198　　　　　　　　　　　Paul Ibis:　Auf Formosa.

Waffen und Geräthe der Bewohner von Süd=Formosa.

a, b, c, d Gefäße aus Kürbiß. — e Blaſe mit Samſhu. — f Eßſtäbchen. — g Löffel aus einer Muſchel. — h, i Trink-
gefäße aus Bambus. — k Speere. — l Jagdmeſſer. — m Bogen. — n Köcher. — o Pfeile. — p Luntenflinte. —
q Patronen. — r Pulverhörnchen für die Pfanne. — s Lunte. — t Patronennetz.

●福爾摩沙南部的武器與工具。《地球》，第31卷（1877年），頁184。內容説明：a, b, c,
d：用葫蘆製的容器；e：燒酒袋；f：筷子；g：蚌殼做成的湯匙；h, i：竹製的酒杯；k：矛
槍；l：獵刀；m：弓；n：箭囊；o：箭；p：火槍；q：子彈；r：裝火藥的獸角；s：引信；
t：子彈網袋。

　　飲料是中國的米酒（燒酒或tsiu），wawa或bawa，一種當地用小米釀成的不很烈的酒，不然不是喝茶，就是喝煮飯或洋芋（即甘薯）時所剩下的熱水。飯桌則是用木板作成的，就放在地上。飲食禮節跟我察訪射不力族時提過的一樣。大家都很開懷地喝酒吃菜，平常很沉默寡言的人吃飯時變得興奮多話。大聲打飽嗝表示稱讚，就像在東方的一樣。飯後會給茶和熱水，把嘴和手清乾淨。最後有一管煙，這時大家或在蓆子上或在長凳上，盡量地讓自己舒鬆一下。女人不跟男人一起吃，而是在桌前服侍。總體來說她們只以很少的來滿足自己。我從來沒看過女人喝燒酒或wawa，也沒看她們吃過豬肉，就好像那是一種禁忌一樣。不過這只是我個人的觀察，不敢說得那麼肯定。

　　至於麻醉品，檳榔則用得很多。男人、女人，甚至小孩都嚼。男女兩性抽煙也都抽得很兇。煙管來自漢人。

　　由於島上這一帶的土壤本質很好，故農業是原住民的主業。其次是打獵。樹林裡的鹿、山羊、和其他的野生動物都很多，其肉、皮、角可家用或交易。所有的男人都是射擊能手，無論是弓箭還是獵槍都一樣擅用，但因為火藥和鉛都要花費不少，所以他們幾乎都寧用弓箭。

　　他們種植稻米、小米、小麥、番薯、甘薯（bataten[5]）、花生、蔬菜、香蕉、檳榔樹及包檳榔的荖葉（betel pepper或chavica betal）。

　　原住民與漢人間的交易（金錢沒有價值）顯得相當活躍。儘管漢人非常懼怕傀儡番人，仍然住在其附近，甚至住在他們當中，從這一點即可知交易對漢人來說利益有多大。交易本身通常在漢人的村莊舉行。原住民想要或需要交易時，就會成群來到瑯嶠。他們在那裡有特定的客戶，原住民以木頭、獸皮等這類帶來的東西換取一些想要的東西。主要都是燒酒和菸草。有很多欺騙行為，每件物品都要經過細審和批評。在我遊歷福爾摩沙的時候，瑯嶠當地的人無論在哪為原住民辦家庭招待，讓他們能有食物吃，有地方休息，都會得到豐厚的報酬。中國官員的友善待遇及給予好處，是認為這樣可在政府與原住民間建立信任，以鞏固原就已經發展出的和平關係。然而，去年夏天的動亂將會使這一切結束。

　　我只在這些部落裡住了幾天，故不會試圖將其特性發展成一正確的圖像。我只能說一下他們給我的印象。而這如我已經提到過的，有時印象並不差。有人

---

⑤Bataten，該為batata、白薯、山芋。

告訴我的有關他們的恐怖故事，我認為太誇張了。整體來說他們都是很好、友善、誠實的人。即使有點閉塞、多疑、易怒，但也同樣的容易平靜下來，容易贏得他們的好感。他們參與海邊的搶盜行為，必定是因經常有沉船而造成的。沒有足夠的理由把他們看做是腐敗墮落的人。我現在相信，只要有合理的控制和對待，很快就會把他們變成和平、努力工作的農人，因為他們具有學習的意願與能力。對外國的、不瞭解的東西，都表現出很大的興趣。當解釋給他們聽時，則露出很天真的快樂。跟他們解釋也一向都不困難。還有，他們之間有許多能以中國話表達意思，甚至還頗懂一些中國字，那是需要相當的耐心和記憶的。他們自己沒有文字或數字，而數數字的系統不超過十，也缺樂器或校準的歌唱。此外，他們的雕刻很粗，主要是模仿漢人的。整體來說，他們發展得沒有很長遠。

說完這些以後，再談他們的生活方式。那極為簡單，用幾句話就可說完了。小孩即使在很年幼的時期就得工作。男孩，視其體力，幫父親在田裡做活，伴他去打獵，去漢人的村子，有足夠的機會顯示發展其技能、智慧和勇氣。而這些特質正是那些可把他們培養成一個男人，給予他在部落中地位的。女人在母親的眼下長大，幫做各種較適合女性的工作。當男子達到青春期時，父親就為他選擇新娘。跟女方父母商量好所有的婚禮安排。通常新娘帶著衣服和珠寶來，跟著新郎進入其父親的家。另一個方式則為年輕的新郎去替其岳父工作。婚禮是整個部落都參與的慶典。孩子出生也是一樣。一個家庭有愈多的孩子，在部落裡受到的尊敬就愈高。由此就發展出父母對孩子太疼愛，結果可能會造成孩子對長者的尊敬、孝心不夠。未發現任何多妻的情況。他們為死者哀悼一天，然後就埋於森林裡，沒有什麼儀式。在埋葬處沒有石碑，也沒有標記。

每個村莊都在一領袖的管理之下。此領袖被稱為頭目。他的權力並不大，也沒有賦予任何特別的特權或責任。有衝突時，他有權說話。然而在更重要的事情上，他得召集所有家庭首長組成的協議團體，來決定事情。有些個鄰近的村莊也共有一個頭目，像卓杞篤就是如此。

我在其他的部落所看到的，都是同樣的這些傳統，同樣的自我管理，沒有太多不同。就如我已經提過的，他們間的差異，主要是在類別上，其次是服裝，以及最終在他們所處的較低文化水平上。

　　射不力族的人（我們尚未仔細審查）雖然不高，還是比住在更南邊的部落的人高大些（依我所量的，射不力族的人平均身高為六十二點八英寸），體格也長得較好。在他們強壯的體格下，常可見到強健的肌肉，特別是在腿上。他們的臉通常很寬，顴骨高，下巴突出。但表情比較高貴、沉穩。眼睛很平直，但並不大。瞳孔是很美的褐色。嘴唇厚，但嘴並不寬。膚色是純深褐色的。頭髮一般是黑的，常常帶一點褐色，很密很厚。剪到頸部，塗了很多油，用一條藍色或紅色的髮帶、一串珠子或鍊子束起來。有些甚至在頭髮上戴小貝殼或黃花。他們的服裝則在前面已經形容過了（就在我去探訪的時候）。

　　他們的女人很強壯。身材很吸引人，腰和胸部都長得很好。他們看起來很快樂滿足。常可看到年輕漂亮的臉孔，活潑頑皮的眼睛。可是老女人則極醜。他們的衣服雖然並非沒有品味，也不是身材不好，但很樸素。很緊的中國式上衣，寬短的褲子，很合身。除了手臂上大量的白錫和銅的環鐲以外，他們幾乎不帶任何飾物。

　　射不力族的村莊在山上高處，由個別的小屋組成，每個屋子之間相隔五十到一百 步的距離，但有一狹窄的小路連接。矮牆由稻草編成，沒有窗戶，也沒有門。兩者都由一敞開的牆取代。夜裡則以草蓆遮住。圓錐型的尖屋頂架在牢固的竹架上。小屋裡邊分成兩個部分：前邊亮的那一半是白天住的；後邊暗的那一半，有爐子的地方，則是晚上住的。常有一小部分圍給豬住。家庭用品多半是中國貨，但是比射麻里社用的品質差些。因他們不種植稻米，所以不養任何水牛，也不養雞、鴨或鵝，因為他們所有的家禽類都不敢吃，連蛋也不吃。主要

●射不力族的老人。《地球》，第31卷（1877年），頁183。

●卑南族的老人。《地球》，第31卷（1877年），頁184。

以打獵為生。因為除了一點番薯、洋芋（甘薯）和青菜外，別的什麼也沒有種植。他們的武器與前面提過的部落一樣，只是造得較好，也保養得較好，都維護得很乾淨。卑南族跟射不力族的不同處僅在於他們長得比較高，臉上的五官也較深。他們的女人一般來說不漂亮，身上穿戴得較多。整體看來，這兩個部落可被視為是福爾摩沙的南部原住民與中部部落間的過渡者。

V.在福爾摩沙中部：通過鳳山縣—中國村人—到達天主教宣教會的萬金庄（P018）—短途旅行到加少山？（Katsausán，P116）—過打狗和台灣府到六龜里（P156）—平埔番的領域—客家人—萬斗籠社（Bantauráng，P019）和加少山的比較：外表，服裝、屋子等

二月二日我離開瑯嶠。直到枋寮之前都沿著老路走，沒有接觸到新的部落。然後就向東北斜穿過最肥沃、最外圍，以及最多人居住的鳳山縣。這肯定是福爾摩沙最好的地帶，是我所見過風景最宜人的地方之一。就像一個大花園一樣，從海岸一直延伸到藍色高山的山麓。山崎嶇的尖峰和峭壁，給淡綠的農田、竹子、椰葉做成強烈的背景。數不盡的村子隱藏在高大的竹子、香蕉、果樹的陰影裡，顯得那麼清純整潔，我從來沒想到漢人也能如此。這些人本身，尤其是從未有歐洲人來到過的地帶的人，也是脾氣很好的，很友善好客，也誠實，與我們在大陸貿易城市裡接觸到的漢人，真是天差地別，而對整個漢民族的判斷，一般似乎都是根據那些人做的。整體來說，大家認為漢人總之是很懶惰、腐敗、墮落等的。每次聽到全民族被隨便亂講的幾句話咒罵，都讓我很生氣。特別是出自那些經年坐在香港或上海政府辦公室的人，他們因此自以為有理評斷漢人，即使他們所有的時間只跟貿易商或船主、苦力有來往。因時空的限制，使我無法更準確的提出抗議，來表達我對中國與漢人的看法，然即使冒了脫離正軌的危險，我也要維護那些農夫。

我跟福爾摩沙農夫的接觸愈多，對他們的地位、生活方式和觀點愈清楚，對他們的看法也就更好了。最後我對自己原來不信任這些人感到很慚愧。我無論在哪裡歇腳，都是受歡迎的客人。全家都盡力招待，讓我什麼都不短缺。出門時東西和金錢都可以隨便放，我不在時，他們會查看並欣賞那些東西，但從來沒有東西不見過。我和我雇用的人睡的地方，吃的食物，從來沒人要我們付出

什麼代價。沒人願意收錢，我只能送些小禮物來表達謝意。他們在跟我每天的接觸上，都是那麼的友善誠實。就是在交易上，漢人也是很可靠的，他們說話算話。不會操縱其貨品，也絕不會用比樣品差的東西來交貨。打狗一個有聲望的歐洲人，因購買蔗糖而跟農人有多年的關係。據他說，他們之間的合約一向都只是口頭的。無論情況對農夫或貿易商來說會是多麼有利，他們從來沒有毀約過，總是說過就算。可以看得出來他們瞭解「待人如己」這句話的意思，也遵行之。對別人的要求也是如此。這也是應該的。他在處事上誠實、有禮、直接，因此也要別人用同樣的方式來對待他。歐洲人在中國經常會犯的那種不尊重、不誠實的作法，對他們是種侮辱。他們知道那不是開玩笑。在中國的歐洲人被當地人毆打或丟石頭的例子裡，多半都是他們自討的。當一個傳教人士或推銷商又在中國的村子裡被打時，不必馬上就聯想到政治仇恨或歸罪於野蠻行為。報紙上當然會把故事說得很可怕。農人的生活其實是很平和的，大部分也很快樂。男人、女人在家裡的權力平等。都同樣地努力工作，同樣地把孩子教養成誠實有用的人。沒聽說有把女人或女孩關起來的事。有手的就要工作。妓女業只有城裡才有，也絕無歐洲的那麼公開、那麼放肆。在大家都很早婚的這些村子裡，這種事根本也不會發生。此外，農夫也沒有畜妾，那太昂貴了。要是他的妻子不能生育，法律給予他離婚的權利。整體來說，他生活的方式是有節制的，飲酒不多，少有抽鴉片的，他充分瞭解鴉片害人的後果，那樣定會使他很快就傾家蕩產的。除此之外，他們也很愛社交，一杯茶、一管煙似乎就可跟鄰居聊個整晚，或在廟裡閒談。廟對那些村子來說似乎有俱樂部的功能。同時，中國農夫比許多其他國家的還更獨立，整體來說，他們厭惡嚴苛的法律，也更自由。因為他確識法律，知道法律對他的要求，知道什麼是被禁止的，而遵守之，使其不致觸法。稅並不高得過分，所以只要努力工作很快就可以過得不錯。看不到乞丐，因為每個村子都會照顧其窮人、老者。每個有錢、有辦法的人都以幫助需要的人為榮，而願意捐出衣服、食物、藥物、甚至儲存在廟裡的棺材，將之送給真正需要的人。漢人的村子就是這樣的。難道還能說他們墮落嗎？我看到的可是很有勇氣的人。

還是再回頭談我的旅行。

經過辛苦的跋涉，我在二月四日抵達萬金庄，在那裡受到天主教會S神父[6]

---

[6]天主教聖道明教會Rev. Fernando Sainz神父，即郭德剛神父，西班牙籍，一八五九來打狗傳教，一八六一年從打狗、前金，前往萬金村傳教。

熱情地招待。這個神父是一個人所能接觸到的人緣最好、最高貴的人了。他來
到福爾摩沙島已經十二年了。已完全定居下來，不再有回歐洲去的念頭。他的
態度總是那麼真誠，而得到整個社區的信任和愛戴。他說這一點補償了遠離家
鄉那寂寞生活的所有缺憾。

　　萬金庄是平原最東邊的村子，就位於山腳下，山在此地點向上聳立到相當
的高度。居住在此的為平埔番和馬來人。他們已接受中國文化，生活在中國的
保護之下。這些人跟鄰近山上的部落保持良好
的關係，因此要從這裡安排去訪加少山並不困
難。就很容易找到一個有燒酒、檳榔和一隻豬
可帶去的嚮導，和揹補給品的人。更好的是村
子裡的中國官員，一個年老的馬來人，親自幫
我找來所需的人數，而讓我省掉許多採購和計
畫上的麻煩。

　　加少山在北緯22度35分，水的分界處。是
一荒蠻地帶，完全不適耕種，也不能畜養動
物。村落都在山上極高處，唯有通過很難走的
小路才能抵達。他們只有一個共同的領袖，那
人還很年輕。我去探訪的那個村子，漢人叫做
陶社（Tau-sia，P310），離萬金庄約十英里。
整體來說，對加少山我沒聽到什麼好話。他們
被視為很野蠻、酗酒又貪婪。不過在我看來，
平埔番對其鄰居的缺點，似乎太苛刻了些。雖
然我的確認為他們很懶惰、脾氣暴躁，尤其

●加少山社的少女。《地球》，第31卷
（1877年），頁215。

是喝醉的時候，那時很容易惹是生非。不過，平常酒醒時，他們也可以是很和
善，有生命力的人，不必怕他們的。他們還可說是很煩人的，然所用的方式是
那麼的幼稚，而不會真的令人討厭。他們看到每樣東西就跟你要，但是不給也
沒關係，他們仍然很滿足。

　　我順利地做了這次旅行後就回到打狗，以休息幾天，並添購那已用盡的補
給。

　　二月九日我再次出發。先到台灣府，在那裡逛了兩天，到處看看。然後直接東上到六龜里（Lakuli，在北緯22度[⑦]2分；東經120度47分處）。在那裡又見到一個獨立的部落。台灣府與六龜里之間的整個鄉野，都是很肥沃美麗的多山地區，是從平地到高山間的轉折地帶。風景變化多端，使穿過峽谷，越過山嶺的辛苦旅程十分愉快。每到一個高度眼前都會展開一個新的全景圖。一個比一個奇妙、壯觀。山路崎嶇，一下穿過狹窄的峽谷或垂直禿裸的板岩區，一下又越經稻米和甘蔗田或翁鬱的菜園，接著又是陡峭的上坡、下坡，過河，穿越叢林。愈向東走，山谷就愈狹窄。六龜里的東邊是平埔番所居村莊中的最後一個，這塊地方是綿延不斷的山岳。這就是可畏的萬斗籠社[⑧]的領域。山地的西邊，在台灣府與六龜里之間住著漢人。東邊主要是平埔番，他們把其種族特點保留得比平原的平埔番更好。漢人與平埔番都住在山谷。那裡的土地肥沃，極利於種植。但是在更高處，尤其是在最高的山區我見到一大群特別的人，他們不像漢人，也不像原住民。漢人稱他們為客家人。他們的外貌沒有一點蒙古人種或馬來人種的影子，而會讓人誤以為是吉普賽人，以為他們屬於印歐人種。有些人聲稱（也許更正確的說，這是Ratze Chines, Auswanderung s.124的看法）他們是中國南方山上的原住民，長時間以來跟隨廣東人來到福爾摩沙。到底哪種看法是正確的，很難決定。因為客家人的生活方式已變得跟漢人完全一樣了，忘記了自己的語言，對自己的過去歷史一無所知。若僅從其身體的外貌來判斷也頗危險。客家人多半都很強壯，膚色比漢人和馬來人深。臉是橢圓形的，前額很高，鼻子挺直，扁得適中。嘴型有力，但不厚，嘴也不大。眉毛和眼睫毛濃密，鬍子長得很盛，二十歲的男人已經有很壯觀的八字鬚了，下巴和下顎上的反而卻刮得很勤。他們的臉部表情很有力、聰明，舉止很嚴肅，高貴沉靜就像一個真正的印地安人一樣。女人也比漢人的好，也較漂亮。身材跟男人的比例適中。不綁小腳。客家人沒有村莊，他們散居在山裡安靜的隱退處。在那裡種些地，但主要的似乎是養牲口，因我看到許多牛和山羊群。交易上是以羊毛、樟腦和木藍為主。我對客家人要說的就是這些了。

　　在六龜里，如我所說過的，我又再度見到獨立的部落。他們是從鄰近村莊來的萬斗籠社。由於新年的市集，帶了婦女、小孩來到六龜里。他們與平埔族的關係，限於這種每年一次的，只有一天長的交易拜訪，否則在山谷裡從不會

---

⑦艾比斯之俄文版本為23度，才是正確的。
⑧萬斗籠社，今舊萬山，在濁口溪上游近中央山脈附近，屬魯凱族。

見到他們。而若要在他們自己的村子裡找到他們，就連平埔族的人也覺得太危險。跟他們更向東深入走是不值得的，因為從各方面來看，他們的村莊和住家跟加少山的很類似。對於他們的外貌，也可以這麼說。只是他們比加少山人的膚色略淺一點。兩個部落跟南福爾摩沙原住民的自我區分，比我以為的還更重要些。但若要將他們跟另一個馬來族人做一比較的話，他們則更像他加祿人（菲律賓少數民族之一）或我在納閩島（Labuan，或譯拉布安島，在沙巴之西）所見到的Dayaks（Borneo的原住民）與蘇祿群島（Sulu）的島民，而不那麼像馬拉加（Malacca，馬來半島的市鎮）或南海島民的馬來人。他們的語言像他加祿語的地方，遠超過南福爾摩沙的方言。男人平均約為五英尺高，且長得很健壯，體格很好。臉幾呈橢圓形或圓形，顴骨像下顎一樣都不特別突出。眼睛很大，圓鼓鼓的，深褐色，而眉毛和眼睫毛都很濃密。鼻子並不特別寬但通常很直，長得很好。嘴唇雖略多肉，但嘴型很好。膚色不比他加祿人的深。頭髮並非黑的而是較深褐色的。剪頭髮只剪到前額上邊，其餘的則裹在包頭巾底下。女人整體來說可算漂亮，只是傾向於太大，跟男人的比例上看也太高了。然而，很明顯地吸引人的，是她們明亮的大眼睛，還有那美好的又厚又長的頭髮。

　　男人穿得很別緻，有藍色、黃色等各種明豔的顏色，而黃色最普遍。穿著一件或多件薄夾克，一個大的黑色包頭巾（加少山人也戴紅色的），不穿褲子，而用一條圍裙圍住臀部（雖然只在遠征時才那麼做）；在家時就在腰部圍一塊布。較長途旅行時腿上綁布條，剪成像褲子的樣子。萬斗籠社穿得特別鮮豔。我看見年輕人的夾克是用許多不同顏色的布塊縫成的。一個褲腿是紅色的，另一個是綠的或黃的。他們耳朵上，不像那些南方的原住民，並不戴任何圓棒，而戴漢人製的長串耳環，通常最底下是珠子。在手臂和手指上有幾個環戒，戴項鍊，多色的玻璃珠子，特別是大的，都很普遍，但女人戴得比男人多。在服飾上，女人穿的顏色也比男人黯淡。衣服的基本顏色是藍色、白色，或黑色。裝飾包括彩色的鑲邊或繡花，都很簡單。他們穿一件長衫裙，外加一件上衣或白夾克，後者很短，以致讓胸部有一半都裸露出來。腳上從腳踝到膝蓋都用裝飾過的布條綁著，所以看起來像穿了褲子。輕攏在一起的頭髮上覆蓋了一大塊布，布垂在背後，褶紋很美。其上有一大圈的葉子（萬斗籠社族則多為黃

花），這件珍品跟他們那多半很好看的臉頰相當合配。最後完成男女兩者服飾的是一塊很薄的，藍或黑色的長方形披肩。越肩穿著的方式使右手空出來，然能遮住背部和左邊的身體。還有，男人和女人都沿著手臂外側刺上五、六條鮮豔的條紋，在手背上也有幾條。臉上和身上其餘的地方都沒有刺紋。

他們的武器（主要為矛）以所征服敵人的毛髮來裝飾。我必須承認極少數人是無此飾物的。

加少山村莊的屋子主要是用石板蓋的，即使窗戶和門鎖也都是用石板做的。只有屋頂是以竹架支撐。住家的屋子總是背對著山牆。牆前邊僅四英尺高，可是屋頂很陡的屋角，使屋裡邊頗寬敞。屋子的入口通常在右邊。先進入一個像前廳的地方，再從那裡進到左邊的客廳。那是個很寬的房間，但有幾個窗口，所以光線還好。牆的四周有一英尺高的睡覺空間，鋪著毯子和毛皮，這也就替代了所有的家具。一角落有個烤爐。家庭用品是中國貨。每個屋子前邊都有片空地，空地上有個食物儲藏室。這是一個有很高的稻草屋頂的小屋，架在四到五英尺高的柱子上，為了防止老鼠進入。

以其生活方式與發展來說，他們跟射不力族處於同樣的水平。據說萬斗籠社把死去的親人埋在自己的家裡。他們唱歌很準確，也有和諧的合唱或獨唱，這是我在南方從未聽說過的。很憂傷的主旋律讓我想起桑威奇群島人（夏威夷群島的舊稱）的老歌。

萬斗籠社的人既在我到達六龜里後的夜裡就離開了，我沒什麼事情可做，於是就往西北走，經過平埔番地帶，於二月二十日到達嘉義縣。我計畫從這裡再做一個短途旅行到山上去。

V.平埔番：其村莊，宗教—舞蹈—外貌，服裝—從嘉義到彰化—跟熟番在一起：對中國人和其他原住民來說此部落的地位如何—熟番的特質—島的北邊—離開—福爾摩沙原住民祖先的假說—略談福爾摩沙的一些語言

雖從萬金庄到嘉義的全程上都有平埔番，或可說是有平埔村莊，且總在山區附近，然可以辨認出其真正的領域，則為前述的台灣府以東之山區，尤其是此處最東部分，有山地的特質。他們的村莊像六龜里、廊亭內？（Poe-ting-loe，P228）、陶社（P310）及其他的一樣，都是有二百到三百人的重要小鎮。無

論在地點位置或內部的設備上，都不比鳳山縣的中國村莊差，而且還有很多的菜園、花園。這些人可在樹蔭下和涼快處休憩。檳榔樹、木瓜、香蕉、大蕉、芒果、及其他水果樹，有時在屋子間形成美麗的組群，有時使整個景致都極華美。環繞村莊的是巨大的竹叢形成的林蔭道，遮掩了一切。在這樣安靜隱蔽的小鎮上，讓一個人覺得自己真是舒坦。而跟那些單純熱心又友善的人在一起也是如此，要轉身離去幾乎讓人覺得悲哀，就像總要離開一個熟悉的地方一樣。

平埔族人目前和漢人沒有太大的差別。隨著中國的文化，他們也接納了中國的語言。同時除了陶社一個村莊以外，都遵從孔子的教義。無論他們是單一的部族，或曾為整個平原許多部族的殘餘者，我不打算去斷定。如果是後者，那麼他們已經大量的相互混雜，可能還有外國血源（中國和荷蘭），此必然會造成其部族間的差異被中和的後果。除了許多其他的因素外，他們的傳統也會對此問題提供資料。這問題，對住在此地，會說中國話的歐洲人來說，並不困難。因平埔族的傳統與諺語仍繼續存留下來，我即聽到他們用馬來語唱歌。那如他們所說的，是其野蠻祖先就唱過的，老人還能明白歌的內容。我從翻譯者那裡所盡可能瞭解到的是，這些人歌頌月亮、太陽、森林、自由，以及個別偉大部落領袖的英雄事蹟等。

在陶社的村莊裡（約在北緯23度12分，東經120度32分處）我發現平埔族的宗教被保存下來。包括崇拜古老動物的頭殼和鹿角，那些都存放在一特別的小屋內。那些人本身並不知道這些頭殼和鹿角來自何處，僅知是祖先遺留。這些東西既給祖先帶來保護和健康，為什麼不能再繼續如此做呢？傳教士還不能改變他們對這些聖物力量的信念。因為受洗的不多。我看到兩個這樣的頭殼小屋。其中的一個就在村莊裡面。有一對頭殼，一個鹿角，兩個老矛，對稱的附著在祭壇的牆上，跟彩色的石頭掛在一起。有幾個水瓶、裝了燒

●一個平埔族的寺廟。《地球》，第31卷（1877年），頁231。

酒的壺、檳榔樹枝等，或豎立或擱置在前邊。那些是族人在其生命的重要時刻帶給聖物的祭品。另一個小屋在田裡，已是半毀的狀態。每個平埔族的人每個月必須用些東西祭頭殼兩次，通常是米、燒酒、檳榔或類似的東西。進屋時把帽子脫掉，把一口燒酒噴在祭壇上，在此同時彎身鞠躬，然後把祭物放在祭壇前。這就是整個崇拜的範圍。在重要的冒險行動、婚禮、孩子誕生，以及人生所有的重要時刻，都要同樣的這麼做。並沒有祭師。

　　他們的舞蹈中還有中國文化尚未取代的地方，像那很狂野的圓圈舞，只在有月光的晚上才跳的。大家聚集在村裡長老的家前，老人在聊天、喝茶、抽煙、嚼檳榔的時候，年輕人就縱身於跳舞的狂歡裡。顏色很鮮豔的混雜在一起，年輕的女人和男孩子圍成很緊的圈子。歌唱開始，很發人憂思的淒涼情調，一再重複的歌詞。他們很優雅地提起腳來，向後一步，向前斜角兩步，那時刻在圈子裡很慢地繞著自己轉。唱歌聲一點點的愈來愈大聲了。節奏愈來愈快，優雅的腳步變成狂野的跳動、踩踏，直到最後那個圈子斷了，跳舞的人要麼散開，要麼就笑得滾倒在草地上。年輕的女人跳得特別忘情熱烈。她們的衣服抖動，臉上狂野發亮，頭髮鬆散，這給那些沒參與的人一種幾乎是神祕可怕的感覺。他們跳舞時的服裝跟平常的略有不同。在臀部裹了一塊很薄的黑布。這一點，還有鬆散的頭髮，幾乎讓人錯覺他們跟他加祿女人極為相像。

　　從類型來看，他們跟萬斗籠社最相似。只是身體體格較弱，而且也較高些。（就我的量身他們平均身高為六十五英寸。）臉上的表情特別平和，加上穿中國服裝，都使他們看起來不像非漢人。多數沒有綁馬尾，但把塗了很多油的頭髮盤在頭上。並像福爾摩沙島上的所有漢人（以及福建省的）一樣，用一個很大的黑色頭巾布罩住。他們的女人不像萬斗籠社的那麼好。雖然跟男人比例來看是一般高，但動作通常卻不規律。她們的服裝為一件短夾克，就像萬斗籠社女人穿的一樣，短的黑色或深藍色的褲子，通常捲到膝蓋上邊，還有已經提過的黑披肩，那就跟萬斗籠社的一樣，垂在身體左半邊。披肩的邊上繡著紅、白或藍色的鑲邊。在頭上戴著一塊黑色的頭巾布，通常大得驚人。玻璃珠子，手鐲、耳環等只偶爾戴戴。在平原上他們就都穿著中國服飾。

　　整體來說，平埔族被認為是愛好和平、勤奮工作、且很愉快的人。漢人跟傳教士對他們都讚不絕口。後者稱他們也非常善於獲取新知，並很渴望學習新的

●平埔族的小孩與婦女。《地球》，第31卷（1877年），頁232。

東西。這些條件也是基督教教義如此易於為其接受的原因，比早先在平埔族人裡更容易些。

　　我無論在嘉義或在北邊的村莊裡，都無法找到入山的嚮導。傀儡番最近對漢人的暴力行為使旅行很不安全，所以無人願意伴隨我去。這是有一個人告訴我的。雖然在我看來，中國官員到現在已經知道我的計畫，這也是他們的眼中釘。單就他們很和氣肯通融的樣子，並無法解釋為什麼現在隨時有數個兵士跟著我。這些兵士應該是連生命、靈魂都由我掌控的，但我第一個命令，叫他們回家，他們就不遵從了。自己單獨前往山裡是不可能的，因為總要有人抬那些送給原住民的禮物跟一些行李，所以需要幫手。此外，我在南方到牡丹社領域的旅行上，已經感染過的熱病又再度犯了，使我相信這樣的冒險行動是無用的。

　　只有在彰化我才能偏離那筆直且狹窄的小路而去查訪熟番。這個所有部落裡，智慧最高、最有文化的部落，最近歸屬於中國的保護之下。他們長久以來就被認為是和平、嚴肅、友善的一群人。甚至連膽小怕事的中國官員也讓我到那裡去旅行。

　　熟番住在離彰化東北約二十英里處（屬熱帶），為平緩的梯田和多山地帶，中部的山區由此起始。他們有數個村莊，結構和佈局都跟中國人的很相像。由以前的部落領袖管理。他們現在已成為中國官員了。我在二月二十四日

抵達其中的一個村莊，即大社（Toa-sia）。他們很愉快地將我迎入長老會的傳教所，村長親自負責招待我的飲食。每到午飯時候及傍晚時刻，就由一個像儀式的行列帶到他那兒去。我得在那裡吃他的煮雞、鴨、烤豬肉等。要習慣熟番這樣嚴肅拘禮的方式實不太容易。而且就只我一個人，很奇怪地坐在那裡，被儀式般地餵飽。

　　熟番跟馬來人的類型極為不同，差別比其他所有的部族都更大。所以，要不是他們的語言（而非他們的整個行為舉止）跟此結論沒有衝突，有些人甚可能會對他們的馬來人血源產生懷疑。成年的男人上真看个出有馬來人的類型。他們臉的表情這麼的敏銳、有精力，這麼高（平均為六十七英寸，不過許多都超過七十英寸），身體這麼強壯，膚色又這麼淺。頭是橢圓的，前額很高，眼很大、很直，眉毛很濃，睫毛很長。頭髮和鬍子，就像他們身體上其他地方的毛髮一樣，比其他中國人和馬來人的都粗。鼻子雖然厚但不扁。嘴和牙齒都特別大。成年男人是這個樣子的，但是小孩子，甚至二十歲以下的青年，以及多數的女人，其類型則不會有疑問。如果不看淺色皮膚、大而圓鼓的眼睛的話，那他們是純粹的馬來人。對了，這個地方不是我第一次觀察到在異族交配後，女人所保留其祖先的類型比男人的來得純。熟番有頗多外國血源是無庸置疑的。因為荷蘭人殖民的系統是跟其統治地的原住民通婚，以使原住民跟荷蘭人的關係更近。在福爾摩沙也是如此。在基隆海灣的一個小島上，有一小群的人（一般也叫做平埔番）住在那裡，外貌讓人肯定他們是跟白種人有很長遠的異族交配。對於熟番，我們也可做同樣的假設。在他們當中找到一些老的荷蘭文件，還有他們的高文化水平，那是在受漢人的影響之前就已經擁有的了。即使要用這些來證實或許太薄弱了些，但這些跟假設並沒有矛盾。他們一定是跟荷蘭人學到怎麼種植菸草的，而不是跟漢人。在他們的語言裡菸草叫做「tamako」，而在中文裡這個字是「hun」或「tscha-hun」。還有，他們用麻織成一種很堅實的布料，整個北福爾摩沙都在用，因為很牢固耐用，但在中國其他任何地方都沒有這種織布。

　　熟番把前額的頭髮剃掉，把頭髮束成一個馬尾。他們的衣服包括中國人的褲子、鞋子、未經漂白的麻紗做的貼身上衣、手臂上和背上經常以華麗圖案裝飾（橫的紅、藍、白色條紋，設計得很有品味）。女人穿中國服飾，只有髮型不

●來自熟番部落的婦人。《地球》，第31卷（1877年），頁232。

一樣。那就是部分的頭髮梳得蓋住前額，剪到剛齊眉處，餘髮則綁成一個髻，盤在後腦。他們在頭上戴一塊黑色長方形的布，兩個尖角輕輕的攏在頸部，這樣就形成一個兜帽，可以把臉遮得很好。

　　熟番主要以農業為主。除了稻米、蔗糖、檳榔及各種水果，還種植木藍屬植物、茶葉與前面提過的菸草。此外他們也種樟腦，並把樟木運送到彰化。

　　熟番是我接觸到的最後一個部落。要從大社（P331）到水番（Tsui-hwan，P342）去就得向東走。這個族群住在更南邊一個小山湖的湖岸，也被視為是愛好和平的部落。不過我沒時間去，得趕到淡水，這樣才不至錯過乘汽船前往香港旅行的難得機會。

　　從大社到淡水的旅程很可怕。第一天晚上天上就烏雲滿布，次晨開始所有的時候（有五天）都一直下雨。路很滑，河水高漲害我得涉水而過。還有其他成千的不便處，使得穿越福爾摩沙西北連綿的海岸，這本就枯燥沉悶的旅行，更是特別的令人生厭與無聊。野營的地方很差，既不擋風也不遮雨。因住在海邊居民的生活似乎極為貧困。有一夜我甚至得用我的雨衣改善屋頂，把屋內的骨頭和頭殼清除以後，才能睡在一個已經毀壞的寺廟裡。我每天頂著寒風和大雨，而總要走完十八到二十英里，日日夜夜都全身濕透。我相信就是因為這樣的辛苦活動才使我沒有生病。在這樣一個旅行後，到了大稻埕（Twa-tu-tia，

P349）的布朗公司時，可想像我感到多麼的舒服。我又再次地享受到在台灣府時已接受過的殷勤招待。

　　大稻埕是一個位於淡水上游幾英里的村莊，在茶葉種植園附近。淡水的歐洲商社的代理商住在這裡。他們在這裡購買、烘乾、包裝茶葉等。春天，茶葉收成的時節，這是一個十分有生氣的村莊。但是冬天時，多半的歐洲人都住在淡水。

　　我對大稻埕的茶葉生意略微熟悉後，只有足夠的時間往基隆河上游旅行，去看看基隆的煤礦場。我發現那些礦場處於很原始的狀態。一切根本毫無制度可言，任何人只要想挖掘，就可以自己挖一個洞，無論在哪裡挖都可以。同樣的，想要棄置也可隨意棄置。因為煤層到處都裸露在表層，所以要開發新的煤道毫無障礙，而使得隨意挖掘或棄置都更容易。煤層有二十五到四十英寸厚，以十五度到二十五度的角度向南下降。通道斜走，約三到四英尺高，二到三英尺寬，所以最多僅容兩人用的車把煤送到地面，然後再用一小駁船運到基隆。中國政府有意發展煤礦事業，但找了一個英國工程師來勘察後，他認為煤層太狹窄，而無充分理由花費大量資金去採購機器，或建造從礦場到港口的鐵路等。若在附近能發現更多的煤，情況就會有所不同了。基隆的煤很好，只有百分之十的煤渣，且一磅只要價四到五元。我在三月七日搭乘中國炮艇離開基隆到淡水去。當晚就從那裡乘船出發前往香港。

　　我的福爾摩沙全島旅行，以及跟原住民的結識就此結束了。然對旅行家和自然科學家來說，還剩下許多要做的。同時在自然科學中的任何一個部門，都有許多要做的。此島真正的中心是高山，那仍然沒有人研究過，尚需很長的時間來做。到目前為止，像我自己這樣以及其他穿越福爾摩沙的半吊子，既沒有什麼研究此部分必備的知識，又沒有這個時間，以致鮮有成績。我所報告的那一點點東西，縱然那也是我在兩個月內所能做的一切，只是要提高這些人對此地的注意，讓有科學思想的旅行家注意到東亞這個美麗又極少人到訪過的地帶。在此同時我也要建議你別從西邊強行進入內地，而最好由島的東邊開始旅程。由蘇澳灣或由卑南（Pilám，P222）進入，這樣就不必跟中國政府接觸。還有，絕對不要用中國嚮導或挑夫，他們的膽小懦弱常會壞了大事。許多時候在原住民手中還比較安全。

就我所看到的福爾摩沙的原住民，我深以為，雖然我們所打交道的是他加祿的後代，但並不是大他加祿家族的某一支。他們的口語可能表示其真有他加祿的血統。然就我們在平埔番身上所看到的，一個部族很容易忘了自己的語言而採用一個外國語。如果福爾摩沙的方言只是互相關聯，以及和他加祿有關聯的話，這並不一定意味著島上的居民都是從呂宋島來的。福爾摩沙跟菲律賓群島距離很近，盛行風、潮流，及有一連串的小島連接福爾摩沙和呂宋島等，這所有的一切都顯示多數的部族是從菲律賓群島來的。但他們也可能是乘馬來帆船（Prahus）從婆羅洲來的，或是從蘇祿群島（Sulu）或加羅林群島（Caroline Islands）來的。最近才有一個載了三十個帕勞群島（即帛琉群島）島民的雙連舟抵達基隆。有些家庭猶如這些人一樣，由於機緣而被帶到此地，經過一段時間而發展成特定的部族。他們在那裡早晚會跟新來者混雜，而形成一個新的部落類型。如果除此以外，我們還承認福爾摩沙內部有Papua族，而部分被戰爭所毀，部分跟馬來人交配而形成新的部族類型，並以此種方式解體，那麼也難怪，在此島上我們有這許多膚色極為不同的部族類型。每一個都靠長期相互間有缺陷的交配而持續不息。這是我對福爾摩沙的馬來人部族祖先的看法。對此看法究竟是排斥還是證實，那是比我有更好的準備，且能投入更多時間的那些未來研究者的責任了。

最後，我要強調的是，福爾摩沙的原住民既非瀕臨滅絕，也絕不能認為他們正在衰退（除了南部地帶，那裡無止盡的血腥戰爭讓人如此相信），他們是身心都未被腐化的人。我在任何地方都沒見到像梅毒那類墮落的疾病。因為結婚得夠早，所以沒有婚姻不貞的問題，從每家都可看到的大群孩子上，就能證實這一點。到處都看不到滿嘴牙齒、充滿活力的老人。還有，即使在中國控制之下，接受中國文化，他們的命運也不可能會像塔斯馬尼亞（Tasmanians）或紐西蘭島民的一樣，因為中國政府並無意根除任何部落。

VIII

必麒麟

William Alexander Pickering, 1840-1907

蘇格蘭人，曾做過水手、中國海關檢查員、
英國洋行職員、探險家、通譯、英國殖民地
官僚等

〈福爾摩沙中部的番人，一八六六至一八六七年〉

必麒麟
William Alexander Pickering (1840-1907)

　　必麒麟，蘇格蘭人，曾做過水手、中國海關檢查員、英國洋行職員、探險家、通譯、英國殖民地官僚等，生平不平凡，尤其是透過他個人所敘述的經驗。必麒麟住在台灣才七、八年之久，但是跑過台灣許多地區。或許是外國人之中最瞭解十九世紀福島每一個社群狀況的「台灣通」。從偏遠的高山原住民部落到府城高階層的清朝官吏，他都有過接觸。

　　必麒麟最早來台灣是一八六三年跟隨Maxwell海關稅務司到安平港來管理海關稅務。之後他來回安平、打狗之間，辦理稅務的事情，一有空就往內地村落探訪。幾年後，從海關屬退出來而進入洋行工作，他更有跑外地找交易的良機。加上他好險的個性，必麒麟的名字就常常出現在當時各種大事件的紀錄上。一八六七年「羅妹號事件」剛爆發，必麒麟和James Horn馬上往瑯嶠灣去探查事宜，跟隨劉明登將軍部隊的美國駐廈門領事李仙德到達車城、社寮以後，常常倚賴必麒麟幫忙，尤其是需要跟漢人村長、番社頭目溝通時，一定請必麒麟參與交涉會議。兩年後，當李仙德再去豬勝束番社探訪十八社頭目卓杞篤時，他也邀請必麒麟陪行。同年（即一八六九年）十一月，北部洋行的船隻在東南海岸沉沒而數名船客在豬勝束番社附近上岸後，卓杞篤通知必麒麟，請他南下幫忙。必麒麟照常去處理善後事宜。

　　一八六八年爆發的「樟腦事件」也跟必麒麟有關。此時他老闆怡記洋行（Elles & Company）希望插手台灣樟腦交易，但馬上侵犯到中部豪族與官商的利益。必麒麟往梧棲設法購買樟腦，與當地居民鬧事，差一點就回不來。此後英、美領事都介入，使案情升高為國際衝突，雖然必麒麟不再是事件主角，但

是歷史記載總會記得他曾參與其中。

必麒麟是一位有爭議性的人物。讚揚他的人（像海關總稅務司Hart或李仙得）都說必麒麟語言能力超人，極善於協商，與乞丐和皇帝都能夠相處。批評必麒麟的人（譬如和他發生衝突的官吏）認為他好動、太驕傲、具有十九世紀歐洲人特有的殖民主義者的性格等。也許對處在社會、文化與政經邊緣的必麒麟，很難找到適當的標準來衡量他這類人物。

一八七○年必麒麟因為健康狀況不佳，就離開福島回英國養病。後來被派往英國海峽殖民地當通譯官，之後升為「華人護民官」，晚年回母國寫回憶錄。

想更進一步查詢有關必麒麟的生平，請參考下列的文章與書籍：

1. Pickering, W.A., *Pioneering in Formosa: Recollections of adventures among mandarins, wreckers, and head-hunters* (London: Hurst and Blackett, 1898).

2. 必麒麟，《歷險福爾摩沙》，陳逸君譯述（台北：原民文化，1999年）。

3. Stephenson, Samuel, "William Alexander Pickering," url: http://academic.reed.edu/formosa/texts/PickeringBio.html

4. "Formosan vocabularies," *Notes and Queries on China and Japan* 1, vi (29 June 1867): 70-71. 雖然此短文並沒有註明是必麒麟本人所寫的，但是從其內容來看必定跟必麒麟此次遊訪六龜里、萬斗籠等地有關，值得參考。

福爾摩沙中部的番人，
一八六六至一八六七年

作者：必麒麟（William Alexander Pickering），寫於新加坡
摘自：《英國長老教會的信使與傳教士記事》，第三卷（一八七八年），頁
15-16, 29-31, 69-71, 90-92。
Pickering, W.A. "Among the savages of central Formosa, 1866-1867." *The Messenger and Missionary Record of the Presbyterian Church of England* New Series 3 (1878): 15-16, 29-31, 69-71, 90-92.

　　我由一位漢人辦事員陪同，還有苦力抬著要送給各酋長的禮物等物，離開了台灣府。當晚就抵達木柵（Baksa，P009）。長老會福音傳教團當時尚未擴展到那個地區，但是平埔番人很親切地接待我。當漢人苦力不敢再往東走，木柵人次日清晨就派遣一些年輕族人替代苦力跟我去，引領我到六龜里（La-ku-li，P156），那是進入番人領域前的邊界村莊（見雕版圖）。我不必描述木柵到六龜里之間的鄉土，不過有些地方還頗有情調的。六龜里平埔番的一個打獵隊伍，在離村莊約三英里處一個很高的山脊頂上，遇到我們。這些人很熱誠地歡迎我們，並幫我們扛行李。在六龜里我受到一位廈門漢人的接待。他的名字叫Lo-liat，我將住在他家。這個Lo-liat在番人領域的邊界是很典型的。就是那種不計後果，肆無忌憚，吸鴉片上癮者。他跟番人交易，借錢給他們，總之就是以欺騙那些

●從六龜里見到的景色。《周遊世界》（1875年），頁233。

原文編註：必麒麟先生當時在福爾摩沙居住。此次旅行是為調查在該區的肉桂樹皮，他的報告記錄下當時不為人知的福爾摩沙中部那些尚未信仰基督教的部落。

單純的番人為生，無論開化的或野蠻的都一樣。我們抵達後的第二天，一個年老的萬斗籠社（Ban-tau-lang，在莫里森山西面斜坡上的一個生番部落，P019）的婦人用鹿角來跟Lo-liat交換實物。贈送幾個禮物很快就讓我跟她變成好友。她請求我去看看她的部落，並許諾會熱誠歡迎。此婦人曾嫁給一個漢人，除此之外，她也曾在芒仔社（Bangas，P013）生活過一段時間。那是為了抵抗東邊大部落施武郡社（Sib-bu-kun，P262）侵犯，而組成聯盟的部落之一。此聯盟由芒仔社、美壠社（Bi-lang，P022）、排剪社（Pai-chien，P202）、萬斗籠社，和其他部落組成。萬斗籠社由於與施武郡社相鄰，所以在爭戰上總首當其衝，故而人數一年年減少。

　　Lo-liat告訴我，要到芒仔社去，唯一的安全方式，就是跟某個平埔番獵人一起去。這個人在芒仔社的一場大屠殺中，父母與家人都蒙害，所以立志報復。他對那部落造成如此大的磨難，以致於他們寧可與他和平相處，因此將酋長的一個女兒嫁給他。我去見此人，發現他擁有一個大農場和許多水牛。他極高興見到一個歐洲人。在接受了一些火藥後，答應幫我應付芒仔社人。我們定了一天去拜訪他們。派那萬斗籠社婦人去通知其酋長，此婦人的名字是Pu-li-sang。在六龜里有兩個漢人，最近才從中國本土渡海來到那裡求生活。其中一個名叫Keng-li，是個十八歲的年輕男子，來自安溪（An-khoe，在廈門北邊），的確是個有膽識的人物；另外一個名叫Hoan-ah，是那種遊手好閒但無惡意的人。這兩人要我讓他們加入隊伍，答應負責扛行李。Lo-liat也決定利用此機會去看看生番的村莊，他居留多年，卻從未離開過六龜里。我備有珠子、鏡子、打火石與打火鐮、紅布與鐲子等做為禮物。通過Pu-li-sang回話，一切順利。

　　有天清晨我們的隊伍就出發了。這一行人包括那獵人與Pu-li-sang，當嚮導。那個辦事員Ah-san、Lo-liat，以及抬行李的Keng-li與Hoan-ah，還有我本人。涉越過那從荖濃（Lau-lung，P171）流下，流經六龜里的大河以後（見六龜里的雕版圖），我們立即開始從一個非常陡峭的小山山脈往上爬，上面密覆叢林。約用了三個小時才走到脊頂。多處的路徑幾乎都是垂直的。有巨大的樹加上厚密的莽叢，完全遮蔽陽光，所以不僅陰涼，還相當冷。然Lo-liat與那辦事員Ah-san，在往上爬到半程時就躺了下來，好一陣子都無法讓他們起身。那獵人與Pu-li-sang前來助援，用那類不友善的獵人行伍，及在那地點曾犯下的兇殺事件等可怕的

故事，來嚇唬他們。因此他們即使欠缺鴉片與勇氣，還是不得不跟我們一起繼續推進，直到脊頂。那兩個扛行李的後來也走不動了，但Pu-li-sang把大部分的重擔，甩到背上，用一帶子綁在頭上來固定，靜靜地昂首闊步走在前面。一路上見到巨大的樟腦樹、非常大量的原生茶樹，也有不少肉桂樹皮。到達脊頂時，Pu-li-sang指著越過一個寬廣山谷到對山的地方，說芒仔社的村莊就在那裡。但必須點燃火並開槍通知該社我們已接近。如此做了以後，從那所指的方向聽到有槍聲傳來，也見到煙。Pu-li-sang告知必須等她進去看看，是否可讓我們去拜訪，因有必要確知沒有不幸的預兆出現以致無法接待我們。在此地點，狹窄的小路上設置了許多被火淬硬的竹釘，顯示芒仔社在跟有些部落打仗。這些竹釘雖然傷不了靴子，但對赤腳的土著來說是極危險的。在此等候Pu-li-sang返回時，Ah-san與Lo-liat又再度洩氣了。他們後悔答應伴隨我來。他們說歐洲人笨得不顧惜性命，同時生番可能不會傷害歐洲人，因為稱之為親戚，但是「人」（即漢人）卻應該更謹慎些。若依漢人的做法行事的話，他們現在可以既安全又舒服地在六龜里或台灣府了。Pu-li-sang終於返回，說一切都很順利，所以我們繼續前行。約兩個小時後到達芒仔社。該社位於陡峭、多岩石的小山坡頂，可俯瞰四周的鄉野。房子是用小石板蓋的，平鋪，邊沿放置大石板。門約四英尺高。土著站在屋外，但除了微笑以外，並沒有強烈的表情流露，僅用手敲打其嘴，這是表示驚訝的手勢。我們走到酋長的小屋去。在此，我們解下所有的武器與貴重物品。主人說一切由他負責。從那時起一直到黃昏，都被男人、女人、小孩仔細檢視與盤問。這樣進行時我們不得安寧。生番不用燈，但小屋中央生了一大堆火，草做的火把也足夠給予不穩定的光線。近黃昏時有個隱約的人影從門外奔進來，叫道：「必麒麟（Puck-a-ring），馬醫生（Dr. Maxwell）。」把我嚇了一跳。當那人抓住我，重複這麼叫時，我並未感到比較輕鬆。因為認出那個生番是一年前（跟馬醫生一起）遇見的。當時我們從美壠部落探險返回，他在側身受了重傷後逃離荖濃族人。此人原是惡名昭彰的獵人頭者，也是芒仔社裡最優秀的男子之一。在受傷後，他很不容易地由其同伴扛回家。那同伴是在荖濃社襲擊事件裡唯一未受損傷的。（一八六五年底，必麒麟先生與馬雅各醫生在一個荖濃平埔族人的帶領下，曾到排剪社與美壠社去。此兩個社位於芒仔社以北相當有段距離處。穿越山區回返時，他們遇見一隊芒仔社人，有五個

〔三男二女〕，而與這些人打招呼。他們穿著比平常更盛裝的服飾。正要去與美壠族人完成某個婚姻協定。茗濃社的人似乎曾與芒仔社的有些過節。所以，

●1860年代必麒麟的相片。

在必麒麟先生與馬雅各醫生啟程返回台灣府後，那個茗濃社的嚮導聚合了一隊人，一兩天後，伏擊那四個返轉的芒仔社人，而設法殺死其中的兩個，並將Chan-po殺傷。必麒麟先生事後頗久才得知此事。由於此奸詐行為而引起的爭鬥，後來讓茗濃社的平埔族人受到嚴重的損傷。）我很肯定他會認為我跟這事件有牽連，但是讓我很驚訝，同時也鬆了口氣的是，Chan-po極為熱誠。他用手勢表示我們是兄弟。那天晚上的時間都用來唱一些很哀傷的歌曲，在山間常常唱的。曲調對漢人和平埔番說來都很熟悉。我發現未婚的男子與小男孩都睡在一個從地面架起的一個小棚內。這個建築物像是一種寺廟，有人頭掛在裡面，節日盛宴也在棚內舉行。看到敵人的人頭，據說可激起年輕人的勇氣。此次拜訪時，芒仔社人的食物並不很豐盛，所以我們得對水煮的小米與甘薯，加上一點乾鹿肉感到滿足。他們的習俗是每個人輪流招待客人。對這些人，將他們自己的一切都與人分享的方式，我感到非常高興。但有時他們的盛情也頗令人感到困擾。比方說，在有一家拿出蜂巢來時，裡面主要是些幼蟲。既然大家似乎都認為這是頗美味的，我只好逼自己照他們一樣，把我份內的巢跟一種芋頭做的糊一起用力咀嚼，吃了下去。我們兩天以來抽煙、聊天，而男孩與女孩則在樹林裡尋找肉桂樹皮。他們找到了一些。在分發禮物，要讓大家都滿意有點麻煩。但一點點小東西就能讓生番很開心。一點彈藥或一個扣子，常常就能讓一張不滿的臉色轉化為微笑的。漢人對這樣野蠻的生活已感厭倦，小孩的遊戲也讓他們嚇得要命。小男孩手上最早拿的東西就是木製的刀和槍，或者弓和箭。他們用這些玩具玩偷襲與獵頭的遊戲。被害者倒地時，其他的人就會從埋伏處

跑出來，假裝割下他的頭，很得意地舉起來。那職員（Ah-san）看到這裡時，表情如此驚嚇恐懼，使得有些男孩以逗他為樂。他們喊他，指著他的頭，作勢要砍掉。這一點，再加上他曾從一個平埔番獵人那兒聽過的一個故事，讓他與Lo-liat都急著要回去。那個故事是芒仔社的人從一個男子那兒學習到如何用石板蓋房子，他們答應用鹿皮等物來支付。可是完工後，生番就割掉那可憐的漢人的頭來結清帳物。我猜那只是個謠傳，但這兩個漢人總深信不疑。所以，停留了三天之後，我們就由一個芒仔社的人護送，返回六龜里，還帶回一些肉桂樹皮。

平埔番的迷信

　　我在六龜里停留了幾天，採集肉桂樹皮，而因此有機會注意到此區平埔番（開化的原住民）的迷信。我相信與鄰近生番的那些迷信幾乎完全一樣。我被邀請伴隨一些男子去做短程的狩獵。但當一切都安排好了，我們還得等待吉兆。這些吉兆往往是某些鳥的叫聲或飛行的方式。連續兩個清晨都有好的徵兆，我們於是動身，但走了幾個小時，越過山，涉過河與叢林之後，聽到一些鳥聲，見到鳥以某個姿態飛行等，使得首領堅持返回。據他說，我們非但不能獵到野獸，同時還會因忽視守護鳥的警告，而可能遇到不友善的生番，造成不幸。然我們有一天完全沒有任何阻擋，卻一無所獲。這一切讓我感到很厭惡，再也不跟平埔番獵人出獵了。

　　我見到一種由六龜里婦女所舉行的宗教儀式。住在漢人附近的平埔番中，這種儀式已經逐漸消逝。他們拿出一個很大的收割時用的木桶來，將木板放置在桶上，做成一個舞台。每一側都豎立兩根竹子，有一根橫杆與這兩根竹子綁住。一位懂法術的婦人，帶有珠飾，穿著白色法衣式的衣服，那是用平埔番人所織的麻布做成，衣服邊緣飾有鈴鐺。她在桶上跳舞，被一圈的女孩與老婦人圍繞。她們手牽手，繞著桶子不停地轉走，邊唱著一個單調的哀悼歌。台上的婦人一開始時很緩慢地跳著，但是步法漸次加快。此時歌聲隨著高亢，速度也愈來愈快。她終於顯得很狂亂，不支倒地，陷入失神狀態，而被人抬入屋內。恢復知覺時，從她所說出的話，即可得知下一季耕種的吉利時辰。我認為年輕婦女，在某個年齡時，被傳授此儀式的神祕知識。無疑地，婦女似乎承擔起平

埔番生活上的宗教角色。

第二次拜訪芒仔社

　　那位萬斗籠社的婦人Pu-li-sang，向我保證，說她的族人很想見一見白人，並聲稱部落裡最優秀的人，就是她的一個名叫Lee-gai的兄弟，可能會帶領我到莫里森山（即玉山）的頂端。萬斗籠社與一些東海岸部落用那裡做為共同狩獵的場地。我於是決定要去。六龜里的人都試圖勸阻我，但我很渴望見到那可怕的部落。這次旅行盡可能地輕簡。我只帶了兩個漢人挑夫Keng-le和Hoan-ah，還有我自己。Pu-li-sang答應要是他們抬不動行李時，她會幫忙揹負。我們的路線要通過芒仔社。他們雖然很親切好客，卻最纏擾不休，什麼東西都要乞討，甚至連一個人褲子上的鈕釦也不放過。我必須把禮物分配給隨從，以隱藏得好些。有天清晨我們動身，徑直走入芒

●莫里森山，即玉山。《周遊世界》（1875年），頁221。

仔社去，沒有什麼客套。這段旅程，前次曾用了很長的時間才完成，這次僅用了四個小時。芒仔社的人給我們的招待非常好，但我們必須十分小心地看守禮物，防範他們盯視。對我們要穿過其部落（到萬斗籠社去），他們並不支持。他們告知，有些萬斗籠社的人被施武郡社（Si-bu-koon，莫里森山東側的大部落，而萬斗籠社在山的西側，P262）的人殺害。同時他們正在舉行一個一般性的齋戒，所以是不會接待我們的。Pu-li-sang也同意最好等到有進一步的消息。在等待的四、五天裡，我們在每一家輪流享受盛宴款待，在鄉野附近漫遊，每晚還有音樂會款待，直持續到天亮。那時，婦女和小孩，由兩、三個全副武裝的男子護送，到小塊的土地上去種植甘薯。在我所見過的所有部落裡，男人除了打獵、戰鬥，以及刺青來裝飾其手臂外，從來不做任何別的事。婦女背負所有

的重擔、煮飯、織布等。布是極好的麻布，並用歐洲布的不同顏色的線，在上面織出很漂亮的圖案。在所有的狩獵上，婦女都隨行，以扛回很重負荷的肉。那些肉一般都在獵場用未枯木材生的火燻烤乾。男人的衣服是短袖夾克和很短的有褶短裙。他們要去獵頭或喝酒聚會而全副武裝起來時，非常好看。夾克常是豹皮或雜色的本地布料做成。頸上掛著許多串珠子項鍊，手臂與腳踝上都飾有鐲子。或者在手臂上飾以野豬的獠牙，垂懸著紅布的流蘇或人髮及染紅的馬毛。他們所攜帶的武器是長刀，附有裝小刺刀與煙斗的袋子；長的火繩槍與矛槍；弓與箭用在某些狩獵上，但在島上各地的「野蠻人」間已不再流行。在福爾摩沙南部，我曾見到瑯嶠（Long-kiau，P184）的漢人，旅行時攜帶弓與箭袋中的箭。我見到一隊「野蠻人」造訪芒仔社。他們的頭上戴著很美麗的花環，有些小橘子點綴，做成十分醒目的頭冠。有些芒仔社的人戴著一面小旗幟，綁在頭與肩膀後面。在所有我曾見到的北部與南部的部落裡，男人和婦女的耳垂上都穿耳洞並拉長數英寸，且在洞內插入一個圓的貝殼或金屬的飾釘。「野蠻人」部落的食物一般為小米、高山米和糯米、甘薯、芋頭，還有乾鹿肉、野豬與熊肉等。他們是很好的漁夫，除了釣魚外，也用lo-tin根（一種有毒的爬藤）在水中下毒。男子出外獵熊時，遠離家園多日，僅在獵夾內帶一點糯米飯糰。除了中國酒外，他們也喝一種用小米做的酒，穀子做成一種凝塊，要用時再摻水混合。他們用餐時喝冷水，也喝摻一點溫水的酒。當然他們也都抽煙、嚼檳榔。牙齒用某種植物染黑。在某些地區還有一個習俗，即年齡達青春期時，要把一顆牙齒敲打掉。婦女的手上一般都有刺青。有些部落在身體他處還有奇特的標記。試著從芒仔社那裡取得新奇物品時，我發現他們跟別的部落一樣，也有一種禁忌。比方說，我若想要一好看的煙斗或鈴鐺時，物主會說那是「hiang」。意思是有禁忌的，所以不能轉讓。當芒仔社的人太纏擾強求時，這個字就非常有用，尤其是乞討我那已經很單薄的衣服上的扣子時，更是如此。這個答案讓他們滿意了一段時間。但看到我臉上的表情，知道那只是藉口，即我只是扭轉形勢，而我們自己並沒有這樣的習俗。

在一場疾病後，或是有族人被殺害後，就會舉行大齋戒。有時會靜默無聲，有數個星期僅食用足以維生的少量食物。他們非常懼怕天花，只要聽說鄰近的平埔番或漢人間有此疾病時，就會實行嚴格的封鎖。「野蠻人」一旦染上

天花，就會匆匆趕入叢林裡，直待到康復或病逝。漢人對傳染極為疏忽，認為這種恐懼是一種野蠻的跡象。我在芒仔社時，社人正跟一個叫Lim-ui-tsing（？）的客家人村莊，以及荖濃人打仗。我的朋友Chan-po對我非常友愛。有一晚，我全身濕透時，他給我一整套漢人的衣服，加上一個包頭巾。我穿上時，他告知，所有的衣物原屬一個他殺害的漢人或平埔番所有。當你看到「野蠻人」對自己的孩子所顯現的喜愛，在夫妻之間與兄弟姊妹家所存有的幸福，而想到他們都會因敵人死亡而高興，實在令人感到很奇怪。Chan-po告訴我，他取得敵人的人頭時，他的妻子與孩子都極為歡喜地迎接他，並設宴慶祝。在經過許多查詢後，我得到的結論是，「野蠻人」食人的程度是他們把敵人的腦子混在酒中，然後把此噁心的混合物喝下去。年輕女子都渴望嫁給偉大的勇士或熟練的獵人。不過，我並不認為男子一定要取獲一個人頭後才能娶妻。所有的年輕男子與小男孩都急於在此習俗上出人頭地。單是瞄準放在十四或十五碼外的一片葉子，假想成敵人，就會練習上數個小時。他們從來不做遠距離的射擊。除非在濃密的叢林裡，意外遭遇別的部落的一隊人奇襲外，也很少做公平的搏鬥。正在我抵達前，這就發生在萬斗籠社與施武郡社之間。前者至少損失了一、兩人。他們認定每個部落都在某種動物或爬蟲動物的保護之下。萬斗籠社蓄養著一條很大的蛇，他們認為那給整個部落帶來繁榮。所有的「野蠻人」都極受吉祥與不吉的迷信所牽制。踩到槍或用某種方式拿矛槍，碰到某種鳥等，這些都是很不吉祥的。在芒仔社，敵人的頭殼並未受到如在排剪社那麼細心的保養。他們告訴我，因與漢人有太多來往，自己正在退化。客家人逐步向「野蠻人」蠶食，他們又一直同時跟平埔番與福佬（Hok-los，即廈門的漢人）打仗。客家人娶野蠻部落的婦女為妻，給部落間引進許多奢華與需求，而逐漸影響到他們儉樸又耐勞的習性。

造訪萬斗籠社

芒仔社的人對我要去萬斗籠社造訪一點也不贊成。但我很慷慨答應等返回六龜里時，會送禮物給他們，就擺平了。在停留了四、五天後，我們準備動身。然又耽擱了一天，因為有一隊人從墩仔社（Tunas[1]，P344）來訪。他們住在芒仔社到萬斗籠社的半途上，當然也想結識我這個白人。芒仔社與墩仔社大肆狂

---

①Tuna，漢字寫成墩仔，今名為「多納」。

歡作樂，持續到晚上十點。然後，後者啟程離去。男人、婦女、孩子都喝得頗醉了，有些幾乎站不穩。其中有個婦人，用一懸帶繞過前額，將一個嬰兒吊掛在背後。

　　我們黎明出發，以便在墩仔社預計我們會到達前，能走過他們的村莊。因為芒仔社人仍然不喜歡我們離去，所以我們什麼也沒吃，就溜出村莊。Pulisang（那個萬斗籠社的婦人）帶路，並擔保會為我們在某處找到一餐食物。我們越過裸露的板岩岩塊與山丘。在有一處，我們須用藤蔓將自己從峭壁的一側拉上去。在此，我們見到大量的血，是因為前夜一個喝醉的墩仔社人跌落而造成的。我們很快來到一個河床，約半英里寬。Pulisang要我們直到爬越過在多岩河岸間的通道前，都保持安靜，因為墩仔社的村莊就座落在那裡。我們抵達此地點時，就不得不一再地從那深至胸部的河裡涉過來又渡過去。約中午時，我們沿著河道走，其河岸由沙灘與陡峻的岩塊交替，迫使我們每十分鐘就須涉越一次，實非易事，尤其是墊腳石在湍流下約一英尺處。我們一路走著時，驚嚇到一隻魚鷹，使牠落下一條很好的魚。Pulisang拾起，說這個跟她在墩仔社村莊附近湊集的甘薯，可以為我們做一餐很好的食物。

●竹筏。採自必麒麟的《開拓福爾摩沙：在滿清官員、遇船難者，與獵頭野蠻人之間的歷險回憶錄》（又譯為《歷險福爾摩沙》）。倫敦：Hurst and Blackett出版社，1898年，封面。

　　約兩點時，我們來到一個地方，據說已走到半路了。高山環繞成一個圓形的露天場地，三條河流的支流在那裡會合，形成一個小湖，湖水清澈有如水晶。Pulisang說我們在此地相當安全，因此她生了火煮甘薯。兩個漢人與我則爬到一塊岩石的頂上，那岩石伸出部分到小湖。見到湖底有許多大魚游來游去，我們感到很驚奇。由於水極清，所以看起來很近。我們非常想試試去捕那些魚。Hoan-ah肯定水不會太深，就用自己的矛槍去刺。結果魚全無損傷地逃開了。我們很驚訝地見到矛槍在水底，豎立著，鐵簇插得很牢，但離水面仍有一段距離。我們當然不可能不把矛槍拿回就離開。Pulisang來幫忙，正要投入水裡，我

感到頗慚愧，就從岩石上猛然躍下。一觸到水，就想趕緊起來。水極為冰冷，居然像是滾燙似的。我往湖岸游去，沒能拿到那矛槍。牙齒打戰，就像得了瘧疾一樣。Pulisang於是潛入水中，取出矛槍。她跟我就以譏笑那兩個漢人不會游泳，為我倆弄濕一身略做補償。

又再度啟程。越過許多山脈和河流，直到我確定必已快到東海岸的海灘了。在黃昏前早一點的時候，Pulisang指出一個地點，說那就是她部落的村莊。位於一個峭壁上，在所有圍繞的山丘上方。我們辛苦攀爬一個有叢林密覆的山丘的一側。來到一處，有條小徑。現暮色已相當深了。我們極累也極餓，加上衣服也是濕的。靜坐著等候Pulisang去探查，因為若有齋戒，我們就無法進入村子。等了一會兒，感到頗無趣也很沮喪。Pulisang回返時說，她的部落在舉行無聲的齋戒，因此不會跟任何人說話，所以我們得在外頭待一整夜。

我決定無論如何不能如此，就選定一個計畫，迫使他們做出協議。發射了六發式史班瑟的來福槍以及一把連發左輪手槍後，就靜待結果。很快見到一些隱約的人影穿過陰暗，向我們這裡過來。在他們走近時，我把襯衫脫掉，看起來的確十分白。兩、三人上前來，用手拍打嘴巴，發出表驚訝的哼聲。這之後我又重新裝上子彈，再發射來福槍，而破除了魔法。「野蠻人」開始急促而含混的說話。拉住我檢視我的皮膚。Pulisang現在說，我們有可能進得去了。我於是穿上襯衫，叫喚其他的人，假裝想要回去。「野蠻人」做手勢要我停止。但我告訴Pulisang，這樣不熱誠的招待，我是不會留下的。「野蠻人」之間進行了一些對話與爭執，然後示意我們坐下。那隊人就消失了一陣子。我在這段時間裡，無論是身體或心理上，都無法再裝做自己感到很舒服了。然而我們也不能逃走。他們帶著火把回來，領我們由一個多岩石小徑往上走，將我們帶到村莊的入口處。在那裡，他們把我們安置在一個茅草小屋內，就像漢人看守菜園的人用的那種。我想在激起他們的好奇心後，他們必定不情願失去我。所以我已把他們掌握在手中了。我於是用漢語大聲向Pulisang抗議，說沒有食物與娛樂表演，我可不想停留。「野蠻人」再次商議，而去問酋長。

最後，我們被帶入村莊。帶到老首長的家裡。他就像大多數其他部落的頭目一樣，都太老，也太腐朽，除了給建議外，什麼也做不了。在地面上有一堆大火熾燒，讓我感到較為舒服，一個婦人給我幾個烤熟的洋芋吃。眾人開始進

來。看到我時，就像我先前注意到
的，用同樣的手勢，來表示驚異。他
們求我把襯衫脫掉，讓大家仔細檢
視，我照做了。Pulisang告訴他們我
會唱歌。於是他們要我唱一首來聽
聽，展現我的才藝。但我拒絕了，理
由是因又累又餓。他們給了我一些
乾鹿肉。經過一些遲疑後，又准許
「我」抽煙，但說「他們」因齋戒而
禁止抽煙的享受。約晚上十點時，月
亮出來了，大家都要我們到外面去。
一批男人婦女聚集來聽我唱歌。那情

●福爾摩沙的萬斗籠社。《中國福音》，新叢刊，第5期
（1878年5月），頁29-30。

景非常狂野。陰暗的高山與水的怒號聲，加上跟我在一起的奇異人們，都使我
感到相當怪異。但想到我終於見到著名的萬斗籠社人，還有能登上莫里森山頂
峰的期盼，給了我一點補償。我起先找託辭，要他們唱。但他們用齋戒做藉口
而不唱。我開始唱一個芒仔社的調子，有些男人加入，而婦女回應了，我們於
是馬上成為好友。我唱了所有會唱的蘇格蘭和愛爾蘭的歌曲。他們很喜歡有些
水手合唱曲。說我們白人是真正的男子漢，不像漢人，尖叫得有如婦人一般。
每隔一陣子，有新來的人，就要求再看我的白皮膚。所以我只好用「hiang」這
個字來請求，他們就不再干擾。Pulisang的兄弟與他的兩個兒子都不在，不過預
期次日會回來。我們用火烤乾衣服。這件工作幾乎讓我們用掉一整夜的時間。

　　次日Pulisang和她兄弟Lee-gai的女兒，及另一個女孩帶我們四處逛著去找樟
腦樹。我帶著來福槍，因為施武郡社人有時會在村莊近處守候。風景十分壯
麗。到處都是瀑布、多岩峭壁。洋齒植物與樹上的寄生植物非常美麗。我們似
乎很接近莫里森山的頂峰。女孩們認為到那裡去會很危險。因為施武郡社人最
近才在此殺死一個人。我們到處閒蕩，直到下午。學習了植物的名稱，也學到
一點萬斗籠社的方言。回去時見到Lee-gai，他非常熱切地歡迎我。他看起來很
普通，但以他的年齡來說（大概五十左右），卻十分健壯、活躍。他的兩個兒
子，一個二十，一個十五，則是非常優秀的年輕「野蠻人」。雖已成名，但尚

未獵取過一個人頭。Lee-gai說其部落決定打破齋戒。有個獵人隊伍當晚會出獵，為我們找些獸肉。早晨時，我們應該去會見他們，這樣有機會使用我們的槍。

次晨黎明時，我們與Pulisang一起出發，有些男人和婦女隨行。約三個小時的疾走，攀越過高山，從陡峻峭壁爬下來，走過湍急的洪流與溪流後，我們來到指定的集合點。在那裡見到Lee-gai和一打的男人。他們已經殺了一頭熊和幾隻小鹿，正忙著燻肉。休息了一會兒後，又走了一段距離，聽到狗的吠聲與男人叫喊聲。我們的嚮導要我們加速前進，直到我們見到另一隊的人。他們剛見到一隻野豬，正用擊打來驅趕。Lee-gai的兒子是此隊的首領，我駐守在一個地點，希望從那裡能有機會試一下我的身手。然一個小時左右過去了，那個動物仍未出現。由於最後這隊人先前已捕殺了一頭野豬，他們都決定獲取的肉已足夠，所以應該返回了。所有的「野蠻人」圍聚

●菲律賓Igorrotes族的茅舍。《天主教傳教團報》，427號（1877年8月10日），頁387。

在我身邊，大家用了一些時間，試用我的來福槍和左輪手槍朝一個標誌射擊。來福槍的射程，以及裝填子彈與發射的快速，似乎讓他們十分震驚。他們說只要一個白人，加上這樣的武器，馬上就可把施武郡社的人擊潰，而使自己成為周圍鄉土的主人。他們要我跟他們住在一起。從台灣府，那對他們來說似乎是世界上最大的地方，取得彈藥與武器。他們都堅持要試槍，所以我須防止彈藥被耗盡，非常困難。我們抵家時，肉已經煮好，並分配給所有的人。每個人都有一份，連狗也得到牠們的那份。

萬斗籠社的殷勤好客

那殷勤好客讓我感到很有壓力。在一家吃過宴席，又立即被拉到另一家

去。若拒絕會很無禮。我的漢人同伴頗欣賞這種歡慶,在這樣的環境下,我於是只好讓步。萬斗籠社的人仍繼續齋戒,至少在煙、酒上都禁戒。所以沒有任何我在其他部落見到的討厭的醉酒現象。他們待客的禮節非常奇特。我被安排坐在那家一位夫人或女兒的旁邊。她用一個木頭大匙給我吃豆子、小米或湯等,而她自己每一樣都嚐過一匙。她也用自己的手指為我挑出最精選的少量鹿肉、豬肉、熊的肥肉,或香腸等。用過餐後,遞給我盛滿水的一根長竹子,就著那竹子喝。但因為對那容器不習慣,漏出來的水,比喝進去的多。這些裝水的桶子,約六英尺長,是用最大類型的竹子做成。

兩、三根這樣的竹子,甩在一個框架內,用袋子縛住掛在前額上,揹在背後。故很容易可以想像,婦女從崎嶇的山路上,揹負著如此重擔的水,艱辛地往上攀爬,實不是件輕易的事。在我為萬斗籠社一組人所做的例圖中,就有一個揹著這些水桶的婦人。

到目前為止,天氣都還很好,但很冷。我開始感到缺少一條毯子跟換洗的衣服。不過,想到有希望登上莫里森山,以及在一、兩天內就能返回六龜里,讓我對濕衣服的不適就比較不在意了。夜裡,天氣變了。第二天非常潮濕,風也刮得很狂暴。大家都同意,直到天氣放晴前,別想要出門。所以我只好滿於觀察「野蠻人」的習性。

男人整個時候不是吃,就是睡。婦女則在砍木頭、煮飯、汲水等。雨下個不停,也一直很冷,讓我痛苦極了。「野蠻人」在地面上生了一堆大火來保暖,近乎赤裸的圍躺在那裡。我們的床安排得好像船上的臥鋪,我須捲縮在好幾塊獸皮裡。

我覺得自己病了。沒有藥,只有辣椒與熱水。所以在停留的第七天我決心出去。即使他們再三迫切邀約,說等雨停了,就可去莫里森山,對我也都無效。Keng-lay(或Keng-li)跟我都下好決心,不管Pu-li-sang為不為我們帶路,次晨都一定動身。我們宣布離開的消息,大家都表反對,Pu-li-sang說除非部落的人願意,否則她不敢回去。但Keng-lay跟我都不為所動,經過很多爭執後,我們就啟程了。Hwan-ah(或Hoan-ah)想伴隨我們回去,但找不到他的矛槍。被「野蠻人」藏了起來。Pu-li-sang向我們保證,若願再等一、兩天,她會拿到矛槍,跟我們一起出去。但我病得太重而不想再停留。所以就說,Keng-lay跟我先走,到六

龜里取藥。我會準備好禮物，讓她帶回部落。此建議得到很好的效果，他們同意讓我們走。我跟他們非常熱誠的分手。得到數樣禮物，有獸皮、鹿肉乾，以及土布等。

我們就動身了。Lay-ah（即Keng-lay）很肯定我們找得到回去的路。我們抵達墩仔村莊，沒有走錯任何路。但就在我們通過了村莊所在的河岸上的通道時，聽到喊叫聲，見到一個墩仔社的人追著我們跑來，這讓我們加速前行。因為若在墩仔村滯留，特別是沒有禮物可送給他們的話，在我目前的身體狀況下，即使不致於危險，也會很不方便。我們成功躲開那個人，但如此做時卻迷了路。約一個小時後才重新回到路上。約下午四點時抵達芒仔社。發現有一隊山毛孩社（Soa-mohais[②]，P267）和La-ni社（P152）的人來造訪。這兩個部落都在南方山上，緯度與打狗相同。這些人穿的是「野蠻人」裡最光彩的華麗服飾，如珠子、貝殼、紅布、野豬獠牙、銅絲，以及橘子等。他們的語言跟芒仔社的人有很大的不同，比較像（福爾摩沙）南岬的他加祿（Ta-ga-la或塔加爾、塔嘎拉）方言。我本人的意見是，福爾摩沙是由不同國家的人移民來的，如菲律賓、日本、或許還有墨西哥等。訪客十分高興見到我，因為他們以前從來沒見過白人。當然我得用一般的野蠻方式來誓言友誼，即用手臂互相環繞對方的頸子，然後同時從一個盆子裡一起喝酒。山毛孩社和La-ni社的人希望我跟他們回到他們的村莊去。我暫時謝絕。我去找Chan-po，告訴他我的健康狀況，請他次日將我往下送回六龜里去。他答應這麼做。但出乎意料，正安排好我們離去時，Pu-li-sang與Hwan（或Hoan-ah）出現了。大概是Pu-li-sang害怕我們離開了萬斗籠社之後，就可能把禮物的事忘了，或會被芒仔社的人獨占。於是矛槍很快就找到了。Pu-li-sang與Hwan-ah匆匆趕上來，並陪同我們到六龜里去，以提醒我要記得許諾。

次晨，Chan-po與他部落其餘的人伴隨我們到六龜里去。在那裡，我贈送一些非常便宜，但在他們眼裡極珍貴的新奇物品，以及有用的日用品等，讓芒仔社和萬斗籠社的人都很滿意。我真是很遺憾要跟他們所有的人分手，因為他們對待我都極為熱誠親切。約三年後，有些從打狗來的外國人去六龜里探訪。在那裡遇見一隊芒仔社的人，他們前來易貨。Chan-po也在這些人之中。他發現那些人是我的朋友後，就請他們轉帶一把美麗的長刀給我，附帶有裝飾的刀鞘和

②Soa-mohais，漢字寫成「山毛孩」，屬於傀儡番排灣族的一個番社名。

毛髮做的纓穗。他說，這些東西是要提醒我應該「可憐」（kho-lian）我那些卑微的親人，而「早早來」（tsap-tsap-lai）。

「野蠻人」除了間歇有喝醉酒的發作外，我一向覺得他們很謙虛又親切。我曾拜訪過從彰化到南岬之間，山區的二十多個部落的原住民，並一直保持聯繫，所以有一切機會讓我能形成自己的看法。我相信要是荷蘭人一直據有福爾摩沙，直到今日，則全島會已經開化，同時都信仰基督教了。漢人，自以為很優越，對待平埔番（開化的原住民）以及生番（Chay-hoan，即野蠻人）有如孩童或野生的畜生，當然會遭到憎恨。除了居住於南岬盡頭的龜仔律社（Koa-luts）人以外，「野蠻人」都對歐洲人具有好感。所有的平埔番也當他們是朋友一樣的歡迎。福爾摩沙山區對醫療傳教士是很有前途的場地。我希望很快就會從木柵開始做出努力，將福音宣揚到其他的部落去。就福爾摩沙最近的報導得知，漢人帶來最新型的來福槍與彈藥來對付南部的部落。但我希望能用別的方式來使他們平緩，而終於成為自己領土上和平的居民。

IX

李麻夫人

Elizabeth Cooke Ritchie, 1828-1902

英國人，英國長老教會福爾摩沙島南部
傳教團的老師兼傳教士

❶〈婦女在福爾摩沙的工作〉

❷〈在熟番婦女間從事主的工作〉

❸〈福爾摩沙熟番的樂器〉

李麻夫人
Elizabeth Cooke Ritchie (1828-1902)

　　李麻夫人，英國人，英國長老教會福爾摩沙島南部傳教團的老師兼宣教士。一八六七年十二月跟先生李麻（Hugh Ritchie，蘇格蘭人，長老教會傳教士）一同來到台灣。一八八四年六月離開寶島，中間曾回國療養兩次（一八七五至一八七七、一八八〇至一八八二）。對早期教會女子教育有重大貢獻。

　　李麻夫人由於基督教男人掌握經營教會權利與責任的傳統，所以來台初期所扮演的腳色比較趨向典型維多利亞時代的太太與母親。前兩年內生了兩個孩子，同時要照顧家庭與教會一些雜事。不過，根據現存的材料發現李麻夫人很早就開始投入教育工作，不斷地培養教徒們（尤其是年輕人）閱讀聖經的能力。一八七一年她在打狗已經開始教導年輕人閱讀文本，兩年後應割蘭坡村長之邀開始教他全家閱讀，大概是教授羅馬拼音書寫的閩南白話文。雖然這個時期的教育工作可能都在打狗或打狗附近舉行，但是李麻夫人後來也陪伴她先生拜訪南部木柵與中部埔里兩地區的教會。每到一處就進行輔導女人與女孩子們學習認字、閱讀教會讀物等工作。

　　一八七九年末，當她先生過世沒多久之後，李麻夫人決定留在台灣繼續教會教育工作。當時她的身分已經改變，被認定為長老教會女傳教士協會駐台代表。起先李麻夫人把範圍縮小，只在台灣府內開主日讀經班（男、女混合班），同時晚上去教會醫院教授病人認字、閱讀聖經。後來就回復以往拜訪外地教會的方法，專注於鄉村女子教育。一八八四年因為病情嚴重，年紀也不輕了，李麻夫人向教會申請退休。因此「新樓女子學校」尚未成立以前，她已經

離開了福爾摩沙。

雖然相關的著作都認為創立台灣最早的女子學校應該歸功於李麻牧師，因為是他在南部教會理事會先提出要辦女子學校的意見。但是，我們認為李麻夫人更早進行女子教育活動，促使她先生注意到這個社群，而願意投資個人資本與教會的力量在發展女子教育上。事實上，向倫敦長老教會總會、女傳教士協會寫信申請教會派女傳教士來台灣發展女性傳福音工作的，都是李麻夫人本人所做。一八八〇年六月她也拿出個人的三百英鎊捐做設立女子學校用。由此原因，不能不紀錄李麻夫人對台灣女子教育的貢獻。

李麻夫人在台灣傳教期間雖然不長，但是也付出相當大的代價，她離去前在福島留下兩位親人的屍體（即其先生與兒子）。

想更進一步查詢有關李麻夫人的生平與著作，請參考下列書籍：

Campbell, William, *Handbook of the English Presbyterian mission in south Formosa* (Hastings: F.J. Parsons, 1910).

❶ 婦女在福爾摩沙的工作

摘自：《英國長老教會的信使與傳教士記事》（一八七八年五月一日），頁
92。

"Woman's work in Formosa." *The Messenger and Missionary Record of the Presbyterian Church of England* New Series 3 (1 May 1878): 9.

在福爾摩沙，既沒有像廈門與汕頭那樣的女子住讀學校，也沒有任何像後者（即汕頭）傳教中心的（婦女神職人員）那類的嘗試。但就另一方面來說，在福爾摩沙，特別是在高山番人之間，卻可自由接觸到婦女與女孩，來從事初等教育。她們之中，有不少在其傳教所學會用羅馬拼音來閱讀新約聖經。有些還能寫。在若干偏遠的地區，好幾個神職人員的妻子，在教導婦女與孩童讀寫方面，都做得極好。李麻夫人（Mrs. Ritchie）自一八七七年底返回福爾摩沙後，又重新開始繼續先前在這方面的工作。我們有一些她在山區各個傳教所很有趣的

工作記事。那是李麻先生，在夫人陪同下，所做長期訪問的期間記錄的。一八七八年一月二十九日李麻先生寫道：

「我的妻子和我去岡仔林村（Kong-a-na，P139）探訪，並在那裡停留了一個星期。度過一個非常愉快且有收穫的安息日。在慣例的禮

●福爾摩沙，打狗；李麻家即為有X記號的那間。《英國長老教會的信使與傳教士記事》，新叢刊，第4冊（1879年11月），頁208。（此數位圖像由John Shufelt提供）

拜式後，登記下想學習閱讀的人的名字。次晨，有十六個人前來。其中有幾個是馬雅各（Maxwell）夫人過去的學生，如Liang-a、Khioh-a、Po-a等。但絕大部分是初學者。這些學生裡面，有些後來很輕易地在一週內就學完字卡（即初級讀本），有些則無法做到。因為常駐該地的牧師Baw-chheng最近剛跟一位岡仔林村的女孩結婚，而那女孩閱讀的能力很好，也可以寫一點，所以我相信這兩人，再加上Thian-tsai的妻子，應可繼續教導那些年輕女孩閱讀。」

李痲先生與夫人然後又前往木柵村（Bak-sa，P009）「在過去的十天內，大約有二十多個女孩及十位婦女每日學習閱讀。所有的學生依序逐一的教導，要從早晨七點教到中午。其中大概有三分之二是初學者。她們對學習閱讀都相當渴望，但要那些人幫助較年幼者，她們卻很不情願。」

他們又從木柵村去到往南一天路程的加蚋埔（Ka-lah-paw，P100）村。二月七日，在該地，李痲先生寫道：「這些日子我們都在此地（共五天）。神職人員Kin-so的妻子曾在打狗跟李痲夫人學習過。她在此地與其他地方，對那些沒有像她那麼受惠的姊妹們，都非常有幫助。此地有若干閱讀能力很好的，而初學者又十分認真想要進步。」

二月九日抵達打狗。我們有李痲先生的另外一則記事：「我的妻子上午都跟那些女孩在一起，她們是她以前主日學班上的學生。」

十分明顯的，為福爾摩沙婦女工作的大門是敞開的，也很令人嚮往。過去的努力已結果實。

●打狗的外國人基地。《英國長老教會的信使與傳教士記事》（1879年11月），頁209。（此數位圖像由John Shufelt提供）

❷ 在熟番婦女間從事主的工作

作者：李麻夫人（Elizabeth Cooke Ritchie）
摘自：《英國長老教會的信使與傳教士記事》（一八七八年九月二日），頁
170-171。
Ritchie, Elizabeth Cooke. "Work amongst the Sek-hoan women." *The Messenger and Missionary Record of the Presbyterian Church of England* New Series 3 (2 September 1878): 170-171.

李麻夫人（Mrs. Elizabeth Ritchie）寫道：「在埔社（P237）三個傳教所的婦女，她們將頭髮從一耳直分到另一耳，將（前半部的）頭髮往下梳，蓋住前額，直到眼睛。後面的頭髮則挽成一個髻，束在頭頂上。然後將一塊藍色的布放在頭上，長度超過寬度，朝後摺起一點，像一道寬的摺邊。讓前面的兩個角鬆垂著，而把後面的兩個角綁在一起，再塞進去。看起來就像一頂無邊的遮陽帽。這種帽子，加上頭髮奇怪的梳法，讓她們看起來很狂野且怪異。她們比男人保留更多『野蠻』的樣子。」

一八七一年，此工作剛開始在北部這些傳教所進行時，沒有一個婦女對書本有任何的知識。熟番的方言並沒有文字可書寫。她們對漢語的瞭解也僅限於口語的用法。拜訪三個埔社的傳教所與兩個更西方的傳教所，大社（P331）與內社（P154），李麻夫

A SEK-HOAN WOMAN.

●一個熟番婦人。《英國長老教會的信使與傳教士記事》，新叢刊，第4冊（1878年9月2日），頁171。（此數位圖像由John Shufelt提供）

人那方面的特定目標，是要查明婦女間教育結果的人數總計，並盡可能鼓勵那些在學習讀寫的人。李麻夫人在以下的五個傳教所中，婦女敬拜者之間找到的結果為：

烏牛欄（Aw-gu-lan），能閱讀者三十四人

牛睏山（Gu-khum-soa），二十二人

大湳村（Toa-lam），十一人

大社（Toa-sia），三十六人

內社（Lai-sia），十八人

這些婦女，如在大社有些年紀頗老的，能夠閱讀廈門方言的書籍，然是以羅馬字母而非漢字印行的。這類書籍的數量仍很有限，但包含整部新約全書、詩篇、舊約的幾書，以及整本《天路歷程》（Pilgrim's Progress[①]），和數本重要的問答集。以上所提出的人數，專指熟番裡的婦女敬拜者。真是非常令人鼓舞。

這些結果是如何取得的呢？直到李麻夫人去探訪之前，從未有傳教團的姊妹進入過那些地區，因此甚至連弟兄們要接觸到都很困難。但外國的姊妹做不到的，本地的姊妹卻完成了。很高興能將她們的貢獻記載下來。這些本地的姊妹是平埔番，從南部木柵和岡仔林（P139）一帶來的。她們自己在一八七〇年時首次學會閱讀。後來因丈夫，即本地的神職人員，北上到熟番之間工作，而陪同前來。從雕版圖上很容易看得出來，平埔番婦人的頭飾與一般長相跟她們的熟番姊妹很不一樣。南部原住民的方言與北部的也不相同，所以無法用那個媒介物來交談。在木柵地區的平埔番由於與漢人長期且密切的交往，確實已經停止使用祖先的言語，而且變得十分漢化。他們中，只有年紀最長者才對自己古老的語言有所認識，且極不完全。不過這沒什麼好遺憾的。在傳播福音的工作上，這一點是相當有利的，也有助於傳教士在他們之間的工作。現在平埔番的神職人員，在對熟番友人間的工作上，各方面都增加使用漢語，而逐漸廢棄熟番舊有的言語。

PEPOHOAN.

●平埔番；平埔番婦人的側面頭像浮雕。取材自湯姆生，《馬六甲、印度支那，與中國；或在外國旅遊、冒險、居住十年》。倫敦：Sammmmpson Low &Searle出版社，1875年，頁523。

①一六七八年英國散文作家John Bunyan寫的一部宗教寓言式作品。

❸ 福爾摩沙熟番的樂器[②]

作者：李麻夫人（Elizabeth Cooke Ritchie）

摘自：《英國長老教會的信使與傳教士記事》，新叢刊，第三卷（一八七八年十月一日），頁192。

Ritchie, Elizabeth Cooke. "Sek-hoan musical instruments, Formosa." *The Messenger and Missionary Record of the Presbyterian Church of England* New Series 3 (1 October 1878): 192.

「李麻先生離開到內社去時，有幾位大社的主內弟兄取出一些很奇怪的樂器，讓我大飽耳福。他們演奏其狂野的山地曲調，婦女也唱得甜美極了。他們的聲音比木柵那些人的更為和諧。他們以前不曾膽敢向任何牧師展示，以免被責備使用偶像敬拜的殘餘物。我讓他們從其隱藏處再度全取出來，讓李麻先生也聽聽。其中有兩個樂器，要是我沒記錯的話，是用弓來拉的。有一個是用手指彈奏，是很狹長的樂器，有數條絃。另一個用兩個小槌子來敲奏。還有另一個樂器，在右手的拇指與食指上套上一個東西，再將一個看起來像梳子較大端的尖齒置入其中。[③]」

---

②取自李麻夫人的信件。註明的日期是一八七八年四月二十五日。在「雜錄」檔案內。
③原文編註：演奏的方法跟蒂羅爾人（Tyrolese）的齊特琴（zither）差不多。

X

陶德

John Dodd

蘇格蘭人，長期居住福島北部的商人

❶〈福爾摩沙高山族可能來源之我見〉

❷〈北福爾摩沙高山部落的風俗習慣略覽〉

陶德
John Dodd

　　陶德，蘇格蘭人，長久居住福島北部的商人，因為早年對台灣茶葉種植與外銷有貢獻，被後人稱為「台灣烏龍茶之父」。不過，讀者會發現我們所選譯的文章，卻注重陶德對北部台灣原住民的觀察與研究。從他一八六四年十二月第一次接觸泰雅族部落起，一直到他一八九○年離開台灣為止，陶德經常往山區探訪客家和泰雅族聚落，因而對這些族群的認識頗深。

　　一八六四年陶德從廈門遷移到福島時，即選擇淡水作為立腳之地。據陶德自己所述，他次年已經開始進入屈尺一帶觀察樟腦森林，以及樟腦區域如何生產此原料。當時陶德發現苗栗屈尺山區也產石油，當地客家居民用來塗抹傷口等。據說他三年後不但在屈尺租地、設石油井，也開始籌備相關設備與工人，準備大量生產。不過，計畫尚未成熟前，租地契約已經失效，生產石油的構想只好作廢。至於樟腦業，陶德雖然到處探險森林、蒐集情報，也曾經替李仙德（美國駐廈門領士）寫有關樟腦生產及交易狀況，但是除了在淡水家園種植數棵樟腦樹以外，沒有再進一步地做樟腦生意。

　　一八六六年陶德成立寶順洋行，次年也接了英國怡和洋行代理商的工作，準備發展進出口貿易。因為覺得北台灣適合種植茶葉，就透過買辦李春生在廈門幫他引進茶苗，鼓勵艋舺以東的農夫種植。次年台灣茶葉運到澳門和廈門，後來也運往紐約銷售，在各地都受到好評，就此展開台灣茶葉在美國市場的大好前途。陶德在這方面的功勞無可否認。

　　不過，經貿活動只是陶德一生經驗中的一環而已。一八六八年四月李仙德向長官推薦陶德當美國駐淡水、基隆的代理領事，而七月初李氏正式向各國領事宣布後，陶德就開啟他五年「外交官」的生涯。雖然陶德與李仙德之間往來的信件很少見於現存的廈門領事報告中，但是透過李仙德個人資料則得知兩人互

動頻繁。一八六七年四、五月陶德帶領李氏到基隆看煤礦，次年或許也曾陪李
仙德去苗栗一帶看樟腦的生產地區。一八六九年年底他們兩人從淡水出發，走
到台灣府，一路上觀察各地的自然環境、各種生產情況，以及特殊聚落的發展
與交通網絡等。李氏對台灣北部的瞭解相當倚賴陶德的情報，而陶德對北台灣
之知識基本上靠他幾年以來到處奔跑所得。

　　陶德的冒險精神，也可從另外兩個事件上更清楚地看出來。一八七一年八
月基隆港正刮著強烈颱風時，港外兩艘（英、法）船隻的船員、船客快要淹
死，陶德冒著生命危險下海幫忙救助所有的人，事後曾受英、法兩國表揚。
一八八四年，中法戰爭爆發後，法國海軍攻擊、封鎖淡水港，陶德留港幫忙
保護外國人的眷屬與財產等，同樣的冒著戰火危險幫助醫生照顧受傷的清軍
小兵。當時陶德所見所聞都寫成文章登在香港報上，後來編成一冊出版，取名
《北福爾摩沙封鎖記》（幾年前陳正三曾譯成中文），紀錄了淡水戰火下的一
般狀況，值得一讀。

　　陶德往後的活動記載較少，不過從他留下來的著作來看，他熱中於原住民語
言、文化等。至於他在商場上如何發展就不大清楚了。

　　想更進一步查詢有關陶德的生平與著作，請參考下列文章：
　　1.　黃富三，「寶順洋行」（John Dodd & Company），《台灣歷史辭
典》，（台北市：文建會，二〇〇四年），頁1345。
　　2.　許雪姬，「陶德」（John Dodd, 1838-1907），《台灣歷史辭典》，
（台北市：文建會，二〇〇四年），頁863。

選文簡介：
　　除了《北福爾摩沙封鎖記》以外，陶德曾寫了數篇遊記，多半紀錄他在淡
水、基隆與北部樟腦生產地區的採訪活動；有幾篇附錄在《封鎖記》後面，一
起出版。我們翻譯的兩篇文章，則是陶德對泰雅族的起源、生活習慣及物質文
化的研究成果。簡單介紹如下：
　　〈福爾摩沙高山族可能來源之我見〉的標題點出文章的內容，的確是陶德對
高山族起源的個人見解。透過語言詞彙的比較、土著族體質的比對、訪問北部

原住民部落所得的訊息，以及地區性的海洋地理分析，陶德認為歷史上層層的遷移與多數的起源地，才構成福爾摩沙如此複雜的族群結構；中央山脈高山族的祖先，要比其他族群的祖先更早遷移到福島。在當時的討論中，陶德的說法頗有說服力，值得我們進一步瞭解。

　　另外一篇譯文，〈北福爾摩沙高山部落的風俗習慣略覽〉，雖然題目指定要討論風俗習慣，不過文章的內容卻跟北部泰雅族的體質、服裝以及武器有關。討論習慣的部分只初步介紹刺青與抽煙兩種習慣而已。不過，我們目前能看到的內容只是陶德寫的前篇而已，就我所知，續篇尚未發表過，或許風俗習慣的部分留到後面討論。有趣的是他引用的材料來自於各地的泰雅族部落，包括屈尺、三角湧、大嵙崁和蘇澳灣等聚落。陶德多年累積的知識都呈現在這兩篇文章裡，讀了以後不但能瞭解陶德個人的想法，也更可分析他那一代的問題意識與思考模式。

❶ 福爾摩沙高山族可能來源之我見

作者：陶德（John Dodd）

摘自：《皇家亞洲學會海峽分會期刊》，第九期（一八八二年六月），頁69-77；第十期（一八八二年十二月），頁195-203。

Dodd, John. "A few ideas on the probably origin of the hill tribes of Formosa." *Journal of the Straits Branch of the Royal Asiatic Society* 9 (June 1882): 69-77; 10 (December 1882): 195-203.

　　在中國以及亞洲各地，不僅在偏遠地帶的高山上，即或在不甚荒野的地區，亦可見到長期以來違抗文明演進的某種人群。若想替任何「野蠻人」撰寫其早期的歷史，或者要對其起源的追溯能有所肯定，兩者都是極困難的任務。我們對代代相傳的傳聞，並不能毫無保留地接受。因若進一步地查證，往往發現其中充滿矛盾，而幾乎總會讓探詢者產生許多的懷疑和臆測。

　　在將Tangáo[①]族所用的詞彙短例交給《皇家亞洲學會海峽分會期刊》的同時，[②]我想對這些占據福爾摩沙北部的高山部族的起源問題，談談自己的看法，或許尚可令人採納。

　　這裡所要探討的部族，無論在容貌、語言、舉止等各方面，都與平原上的部族，即平埔族，在實質上有很大的差異。我以為他們應是最早來到此美麗島嶼的部族。單是

●陶德與泰雅族的男子、婦女、小孩，及李仙德等。照片。攝於1860年代。

---

①Tangáo，即「桶後」，屈尺以南泰雅族分布的山區，從屈尺眺望南方山地，的確可以指稱為「桶後」，熬酒桶山之後。

②Dodd, John. "List of words of Tangáo dialect, north Formosa," *Journal of the Straits Branch of the Royal Asiatic Society* 9 (June 1882): 78-84; 10 (December 1882): 204-211.

顱骨學者就能追溯出他們屬於人類氏族上的哪一支。然我卻懷疑他們是否真能確定，所有這些各式各樣的部族均是由同一個純種繁衍下來的。就我所知這些部族的數目超過一百，且廣布在約有兩百英里長，最寬處有五、六十英里寬的荒野多山地帶。我多年來所持的看法，都認為高山族是由混雜的血統傳演下來的，但以馬來人種為主。此島最早的住民很可能是印地安（Indian）型的，即個子矮小但膚色並不很深。是很古老種族的後代，其起源已模糊而不復可尋了。後來馬來人種的成分必在數世紀前即已存在，因馬來人種早於一五二一年就由西班牙人發現，其分布往北遠至菲律賓群島。當時主要島嶼幾乎全由其占據。很可能那些島嶼，其中包括福爾摩沙在內，均在數百年前即為其所殖民。

他們所說的方言，尤其是福島南半部的，均讓人推測福爾摩沙高山族是由數個不同血源傳演下來的。

當然有些方言的確含有源自馬來的詞彙，但就我所能辨認的來看，多數與任何東方所說的語言並不類似。雖然相當多的中國詞彙現也為居住在西邊邊陲地帶的部族所用，惟這些詞彙僅用來形容由漢人山民那兒獲得的物件，因為邊陲的「野蠻人」對這些東西並沒有名稱。

那些曾仔細觀察過叫生番（Chin Wans）的高山「野蠻人」者，一般認為他們不是中國人的直系後代。因為他們跟今天的中國人，也許除了都有高顴骨外，在各方面都不相似。許多生番與馬來、暹羅、日本及其他東方種族等一樣，都有此高顴骨的特質。在福爾摩沙北部許多的「野蠻人」部族裡（我們所有的評論均針對他們而言），高顴骨並非常見，而是特例。臉的輪廓，小而圓的頭形，均馬上指出他們是另一人種的子孫。他們的眼睛不斜睨，與中國人眼睛的樣貌迥異。而他們頭髮中分，束在頭後，有時或鬆散地披在頸後，用一串珠鍊，或僅用一條麻繩，把額前的頭髮蓋住。這樣的蓄髮方式也讓人馬上認定他們並非源自中國人，更像馬來人，而非其他任何的亞洲人種。

自初識北福爾摩沙的高山族以來（那是早在一八六四年十二月的事），我就很肯定地認為他們多半源自馬來人種的一個旁支。這跟認為像那時占據馬來半島、婆羅洲東部，以及菲律賓群島，大膽海盜與冒險家這樣的馬來人會雲集到福爾摩沙，其實並無牴觸。他們或許為了定居當地而來訪，或許只是從事貿易或探險，但更可能的是，就在南方尋求海盜的管道時，船隻被暴風雨趨至福爾

摩沙海岸，或沉沒，或就在那裡找到避難處，最後生存者裡可能有人決定留在島上。

　　僅在十三或十四年前，[③]就有幾個巴士島民（Bashee，P020）所乘之船漂流到南岬（P271），為必麒麟從「野蠻人」手中救出，將之送返回家。若在別的情況下，他們可能就被迫永久滯留在福爾摩沙了。

　　我在此居留期間，有不少琉球（Lû Chûan）的戎克船在東北與西海岸失事。船員在較不文明的時期，若未遭漢人洗劫者殺害的話（那些漢人才沒多少年前，在這種情況下比「野蠻人」還更惡劣），或許就會讓他們活在島上。早年可能發生類似琉球沉船的事件，船員或許就此留在島上，也許定居下來，結了婚，而留下奇異混血的後代。

　　來此之前，我住在香港的時候，很多該地的人認為，有些船隻離開香港與中國海港後，曾失落在福爾摩沙。其船員與旅客，在有些情況下被殺害了，然在有些情況下則被帶到內陸，被迫在某些地底的礦坑裡工作。一八六五年時，我被要求無論去哪裡，都幫忙探查對「野蠻人」的這種傳言是否屬實。在走遍島北各地及南邊遠到緯度24度處後，我在內陸絲毫都找不到任何礦坑的蹤影，亦未聽說過在「野蠻人」裡有任何外國人。然很可能的是，在島的西邊或漢人那邊遭船難的人，不但被搶，且在多數情況下，甚至被殺害或餓死。就在我們當年，若非因外國住民努力堅持，北海岸與西海岸的漢人洗劫者，絕不會不趁機打劫這些無助的琉球和歐洲船難的水手，而那些人恐怕從此就無蹤無息了。這些外國人出現在出事地點，保護船員，在許多情形下讓船隻得以免遭淹沒或著火，而那通常是被漢人洗劫者掠奪後的最終結局。

　　在島上「野蠻人」地區，也就是所謂的東海岸，一定失落了許多船隻。

　　約十年、十二年前[④]，一艘美國船隻在東南海岸沉毀，船上人員皆遇害。「野蠻人」受到英國皇家炮艇「柯摩輪號（Cormorant）」某種程度的處罰。隨後美國的旗艦在該處錨泊，艦隊司令貝爾（Bell）上將當時即在艦上，讓海軍與水手登陸，旨在懲罰那些「野蠻人」，但是穿山越嶺地行進了八個小時後返回，並未造成多大破壞。海軍上尉麥肯奈（MacKenzie）在此事件裡喪生。數人為苦毒陽光所傷。這之後，美國駐廈門的領事李仙德將軍（Le Gendre）由必麒麟（Pickering，現為新加坡漢人的守護者）、彭因（A.U. Bain）先生，以及中國

③應為一八六七年八月以前，因為必麒麟曾經在一八六七年八月十日在大樹救了八、九名巴士島民。可參考李仙德，《台灣記行》，第三冊，第十七章。
④即一八六七年。
⑤陪同李仙德的人應為Joseph Bernare（法國人）和必麒麟，一八六七年十月十日間到卓杞篤。可參考李仙德，《台灣記行》，第三冊，第二十章。

海關關員休吉斯（J. F. Hughes）陪同，⑤由打狗南下，去訪見福島該區「野蠻人」的總首領。我想他的名字應是卓杞篤（Tok-i -Tok），以前就與必麒麟和李仙德將軍相識，對外國人尚稱友善。他們取得「野蠻人」總首領允諾，未來若有歐洲船隻讓其船員上陸取水，或船難的船員漂流上岸等情形時，都會善待並給予照顧。卓杞篤有一個條件，那即是錨泊該地的船隻都要升紅旗，船隻讓其船員上陸或船難的人亦必須展示紅旗，如此卓杞篤與其族人就不致予以加害。希望卓杞篤與其承繼者都會履行此重要小條約上的協議。

還有在東岸更北處琉球戎克船失落的事件，日本政府認為船員都被「野蠻人」殺害。此事件導致中國與日本間嚴重的誤解，結果是中國向日本付出重金賠償。

近年來，讓遭船難的人留下定居的機會，尤其在東海岸，是極小的。但早先許多不幸的、漂上岸的人也許獲准在島上立足。其中有些可能夠堅強，而能建立一個立身處，同時經過一段時間後，可能因與部族的人結婚，而合併成一體。

一般咸認為島上居民與時而因船難到來者雜婚。島上大概有一、兩個居民記得，不多年前的某天，有兩、三個巨大且看來很原始的竹筏式獨木船突然出現在基隆港灣。促其登岸後，船上跳出一打左右半飢餓狀態的人。結果證實是在西太平洋，加羅林群島西部的Pellow島民。若參看亞洲和太平洋的地圖，則可知這些人必定以這些無遮掩的竹筏行走了極大的距離。他們是膚色深暗、頭髮捲縮，呈半飢餓狀態，看來頗狂野的一群人，很急切地設法討好岸上那些發現他們的友善外國人和過分好奇的漢人。大家試圖用許多不同的方言對他們探問。然除了一個字外，其他沒有聽來耳熟的。那個字就是「Pellow帛琉」。很巧的是，當時港口一艘英國船上有位軍官，對這些人的相貌感到似曾相識。他剛去過帛琉群島，立即認出他們與該島的原住民相似。隨後查明這些人受其捕魚場的惡劣天氣所驅，在海上漂流了一段時間，後又遇上暴風雨，竟連續十二天之久，一直被風推進，主要賴椰子與魚維生。最後，在許多天後，我們終就無法確定究竟是多少天，終於見到美麗動人的基隆港。他們很幸運能在基隆登路，因為找到對他們感興趣的朋友，而給他們提供食物與衣服，發起捐款，最後將他們轉往香港，然後再送返家鄉。這是比較繞圈子的，但就我所知，他們終被

帶回帛琉群島了。

　　當時我有很深的感觸，因帛琉群島島民若能以竹筏抵達福爾摩沙，那麼福島在早年要增加人口就無須遠尋了。這些人若在東海岸沉船，或在「野蠻人」住處尋求庇護，而性命被饒，可能就定居下來。他們可能與其互通婚姻，而把福島，或應說是在東海岸與中央的山區高山族占據的那部分的血統關係，搞得更複雜、混淆了。

　　島上居民源自何處，隨後又如何因各種意外緣故而相互混血，除了前述事例外，還有一個重要的觀點應加以考慮。凡是駕船越過福爾摩沙南岬，及沿著東海岸往基隆或淡水途中的船艦船長都知道，離岸邊不遠處有一股暖流，寬度不一，叫做黑潮（或Ku-ro-si-wo），向北方快速推進，對往此方向行駛的船隻幫助極大。事實上，在所謂的「老縱帆船日子」（即淡水尚未見過汽船的時代）行駛的船隻，即使在全然平靜的天氣裡，無須加帆協助，還經常被黑潮的力量從福爾摩沙南岬附近帶到島的東北角。行船的人都知道，一年裡某些季節（東北季風）時，常認為最好向島的東邊走，而非頂風（或逆流）駛向福爾摩沙海峽──那被稱為「黑潮」的，只是一股往北方向的強流罷了。

　　這股洋流，流經菲律賓群島，直向福爾摩沙。在古早可能為此島帶來第一批人種。載了漁夫，也許還有他們妻子或女兒、兒子的船隻，在呂宋島或民答那峨甚至更南處進行捕魚作業時，很可能有多次被黑潮的力量帶向北方，就像巴士島的漁夫一樣，被帶到福爾摩沙。最可能的是，暴風雨的力量把帛琉群島島民直趨入此潮流，否則很難想像他們在大風緩息之後，若無此洋流的協助，如何能將獨木舟划到基隆那麼遠的距離。由前面所述即可知，在群島上的伊甸園並不一定要另造人類。

　　在詢問高山的原住民他們原來由哪裡來時，他們一定都會指向南方，表示那地方在許多「落日」的距離，意指往南走許多天的旅程。「Jib wâ gêi」這個詞的意思是從日落到日落的計時，即我們的一天二十四小時，是對距離，或從一地到另一地所需時間的一般表達方式。我相信高山族原先從南方來，逐漸向北擴展，總喜留居山區而捨平原。我不認為他們中的任何人是琉球，日本宮古群島（Mei-a-co-si-ma）東方或北方島嶼的後代。雖據說在「野蠻人」或許居住那裡，而平埔番則肯定已居住該地時，基隆即曾有日本殖民的存在，不過其人數是微

乎其微的。（今日基隆則有許多平埔番。）

　　若北方的船難者或殖民者早期就來到福爾摩沙島，那麼琉球或日本的類型應會以某種形式在目前出現，然而我所觀察到的北方所有的部落，他們除了身材矮小與頭髮黑直以外，完全不像琉球或日本人。服飾與髮型上也毫無相似處。雖說日本人紋身，而「野蠻人」也有某種程度的刺青，但就我所能判斷的，即使在這一點上也不盡相同。某些部族對編織所具有的知識，繡飾外衣、雕刻煙管、劍鞘的藝術等，讓人相信此島的最先居民帶來某種程度的藝術，那是低等未開化者一般所不知的。不單是平埔番的婦女有編織的藝術，高山「野蠻人」女人也有。此藝術若非由早先或隨後定居者所引介，而為原住民自己所發現的話，這就可證明他們雖野蠻不馴，且至今仍無書寫文字，但至少有不錯的創造力。編織的知識可能最先獲自荷蘭或西班牙。此兩國在十六世紀皆曾據有此島，但較可能學自荷蘭。他們在南方，台灣府一帶已有廣大殖民地的開拓。據說與平埔番（字面意思即為半熟、半開化的原住民）友善相處。對平埔番我日後將另作專文描述。若編織的知識由平埔番先獲得，可能經由部落間戰爭被俘的婦女傳到高山部落去。早先平原和高山「野蠻人」間的戰爭，想必是相當頻繁的。

　　婦女所用的織機和梭子的形狀與結構是最原始的，但成品卻是很精細的漂白麻布，比中國布更精緻耐用。我見過製造的過程。有些衣服，特別是女人的織花披肩，其布質精細緊密，染色均勻，且繡上紅、藍兩色的長條，那是在原住民與狡猾的侵略者（即邊界漢人）之間，仍維持友善關係時，跟他們以貨易貨的方式換取來的。他們對顏色的奇特品味，以及衣服的樣式等，在在會讓人認為這種時尚來自菲律賓群島。老年婦女常穿的套過頭或有時披在肩上的織花披肩，肯定是從南方來的。男女都常穿的下身衣服的剪裁，非常像馬來人穿的沙龍，只是不穿得那麼長。

Formose. — Groupe d'Igorrotes, d'après une photographie. (Voir p. 380.)

●一群菲律賓的伊戈洛特族。取自照片。《天主教傳教團報》，476號（1877年8月10日），頁381。

第二部分：

　　原住民用一種長茅草製造極佳的草蓆，有數種不同的等級，最好的幾種質地非常細緻平滑，織得很緊密。幾年前只能從「野蠻人」那裡取得，但同樣的草蓆現已由住在邊界的漢人製作，在夏季月份需求較高時，帶到漢人居住的小鎮沿街兜售。漢人與外國人主要都將之鋪在床上，這樣睡起來比一般的床單（palampores）涼快。他們製作的另一件東西是柳條編織成的帽子，圓形的，有時「野蠻人」也戴。這些帽子做得緊合他們圓而小的頭，常有一帽舌，很像騎士的帽子，但總戴在頭的後端，保護頸子及長而平直的頭髮，使之不受日晒雨淋。還有許多其他次要製品，如弓、箭、矛、麻繩、竹煙斗等，但主要產品是漂白的麻布與服飾。製作的方式很簡單。織機通常是一塊挖空的木頭，長約三英尺、直徑一英尺半，放置在地上。紡織者坐在地上，將腳抵住挖空的木頭，紗線纏繞著木頭，另一端則由一條紐帶繞過紡織者的背後而拉緊。梭子用手由右傳到左，拉緊，用一塊形狀像裁紙刀的扁平木片來調整。一般的「野蠻人」衣服就是用此法製作的。對編織藝術、刺繡的知識，及使用麻等，可能由最早的居民傳下來，我深信是如此。同時，高山族目前的生活習性、政府的模式等，與數百年前就已有的一樣，早於馬來成分的出現，也肯定早於漢人與荷蘭移民者。在高山，特別是在平原的部族裡，馬來語及外貌可看得出來，然除了在邊界及漢人的領域，則極少看得到任何漢族混血種的跡象。邊界漢人有跟被俘的「野蠻人」女子通婚情形，但並不多。然漢人與平埔番通婚的情形則很普遍，那常是為了要取得平埔族所擁有的肥沃稻田。但婚後，雜交的後代換下原來的服飾，也不再用平埔番的語言，變成跟漢人一樣。孫輩可能知道他們是混種的，但鮮有能說平埔族方言的。頭形有些特別處。平埔族與「野蠻人」的後代並有其特有的眼睛。經過數代後，眼睛幾乎是純種漢人與混種間唯一可看得出的差別了。

　　我深信那些仍聚居島中央與東邊岬角最高山脈的原住民，是源於非常古老的人種，直到最近三世紀左右，幾乎一直未被打擾，而保留所有的原始生活方式、風俗與習性，不時從間歇因船難漂泊來的人，或部落間戰爭被擒獲而合併的俘虜處，逐漸吸收新血與新關係。收到的新觀念或許不多，但經過一段時間，卻把本來的類型混淆或略為改變了。同時無疑的，在本來的語言裡也加入

許多原先沒有的詞彙。

我注意到與這些「高山野蠻人」相關的種種，均顯示其祖先並非漢人。雖馬來血緣無疑由多方進入山區，數個方言中均可找到馬來詞彙，然其語言的詞根卻肯定不是馬來語。而更可確定的是，那與福爾摩沙島上所說的中國方言截然不同。「野蠻人」面貌與身材的類別，還有風俗習性等，都與中國的極為不同。兩者間猶如有大海隔絕，而非僅是高山與森林。誠然，一些新觀念不時經由各階層的中國墾民（叫做客家人，是由中國南方來的移民，包圍野蠻人，慢慢地但很確然地把他們往後趕），以及平埔番（居住在許多與野蠻人領域鄰接的平原）而過濾。這些觀念，尤其是近幾年來，極可能更滲入「野蠻人」的基層，並在某種程度上使其性格變質，而多少改變了住在漢人領域邊界的原住民的習俗。他們某些時期與客家和其他漢人鄰居和平相處。最不可思議的是，雖然荷蘭人曾在西海岸與北海岸的某些地區擁有穩固的地位，且可能多方向地深入山區；西班牙人和日本人據說也都在北邊的基隆一帶站住腳；同時中國在各地墾殖並各方向地擴展領土已有兩、三個世紀，但除了那些進取卻往往很奸詐的客家人，年復一年的從原住民那裡取得邊界狹窄的地塊外，他們跟這些部族的接觸並未造成什麼深遠的影響。這些是針對此島北端說的。就我所知，在最南端則不相同。那裡有些部落的酋長是漢人的後裔，真的還留清人的辮子。我曾在島的北部和中部見過內地部族的「野蠻人」，從未見過漢人，只聽說過他們存在。然所有的邊界部族則都接觸過大膽的漢人墾民，從其獲得某些知識，如槍和火藥的使用、以鹽做調味料的好處，及菸草的令人身心舒爽等（菸草似乎與麻和樟腦樹一樣，都是土生的）。他們就像其他「野蠻人」一樣，對酒養成癖好，永遠無法饜足。酒肯定會導致其毀滅，因為那是漢人的最佳武器，而經常隨意使用，讓可憐的野蠻人喝醉後，將其頭顱割下，更是在實質上助長那永不止息的滅絕大業，從而取得新的領土。

據說住在偏島南方的某些「野蠻人」自稱其為荷蘭人的後裔，不過我未見到過。我不認為荷蘭人在台灣府附近的西部平原地帶，或西、北海岸等地以外，曾造成多少影響。荷蘭旅行家寫過有關福爾摩沙的書，描述此島與其「野蠻居民」。不過我認為他們接觸到，並指導與改進的「野蠻人」是平原地帶的平埔番，而非山區的「野蠻人」。

　　高山部族的可能來源，其最有力的證據，或許仍來自顱骨學者。然此處又碰到一困境，那在本質上幾乎是難以克服的。我確信在審視北邊部落小而圓的頭形時，會顯示許多相異的構造。將之與南邊頭髮蓬亂的山區「野蠻人」的較大頭蓋骨相比較時，其臉部輪廓角度的差異會很大。

　　北邊「野蠻人」的頭似乎極小，幾呈圓形，所戴的帽子均亦相當的圓，有點像個倒置的洗手指的碗。

　　北邊「野蠻人」的頭髮平直、不捲，一律黑色，比漢人的頭髮細緻得多。髮式中分，或綁在後邊，或讓髮披散在肩上；而頭髮蓬亂的南邊山區「野蠻人」只讓頭髮長到頸處，末端剪平，髮型似受馬來船員影響。

●（福爾摩沙）南部的原住民。《奇麗雄偉的世界：遠東部分》。巴黎：Quantin出版社，1887年，頁359。

　　我在任何北邊部族裡從未見過捲曲的頭髮，那很容易因早期與帛琉群島島民或玻里尼西亞島民（Polynesian）的其他船難者通婚而形成。據說郇和（Swinhoe，史溫侯）曾報導，數年前內地有個部落有頭髮捲縮、身材極矮小的黑人，但這消息來源（在他傳述的當時）大概出自漢人，不應太認真看待。若得知真有如此的黑人部族存在，倒是很有意思。那可使我們對山區原住民來源，是來自混雜的而非一純種的理論，更增可信度。就我所知，無論是島南或島北的其他旅行家，都尚未證實那影射的報導。高山族的奇特風俗習性，無疑的亦能幫助指出這些人源自何處。不過，這些習俗將留待另文描述。

　　另一決定此問題的重要因素，在於高山族所說的各種方言。我曾寄送給皇家亞洲學會的詞彙短例與世上Archipelagan一帶所說的各種語言，將此做一比較，訓詁學者可能會發現，有一些詞彙跟往南至紐西蘭，往西遠至馬達加斯加島，包括太平洋的小島以及爪哇、婆羅洲、菲律賓群島、西里伯（Celebes）等地原住民所用的極為相似。然不應假設我認為Tangáo是所有高山族所說語言的代表方言。可清楚看到在北部所有高山山脈，最南到雪山山脈（Sylvian Range）和Dodd山脈⑥，住在高山上的部族與據有較低山區與內地平原的部族，在風俗習性以及

⑥Dodd Range，今鹿場大山，樂山，加裡山山脈。

語言上，都有所不同。在最高的山上，他們穿皮衣和保暖的衣服，而在較低處都幾乎裸身。雖然北部的方言一般都有一共同的相似處，即許多詞與數字在發音上幾乎相同，然其間仍有很大的不同處。我經常要找一兩個「野蠻人」婦女陪同，從一部族到另一部族去。好幾次她們不僅幫忙揹負物品，還得跟新朋友為我做解釋和翻譯。我一向認為「野蠻人」婦女是你可攜帶的最好護照，因你想拜訪的部落若不是正進行戰爭的話，有她們伴同，你就會被看做是無害的。若只有一個人，也許兩個，也會被認為是安全的，但我很懷疑他們會讓為數眾多的外國人往前走多遠，除非這些外國人決定硬闖。當從一狩獵區轉移到另一區時，他們總會指派幾名婦女給我。酋長或部落的頭目、長老，總堅持要我由她們伴同。告訴我若迷路，或遇見其他部族的人時，有她們在會比較安全。

我好幾次發現這是正確的，若非有這些大家都能辨識的護照，我的頭顱可能早就會被掛在某個年輕勇士家的頭顱袋裡了。這些勇士多數都很想要收集頭顱。

經過濃密的叢莽與森林時，有不見蹤影的「野蠻人」監視是很普遍的事。他們潛行、搜尋。在讓你通過前，從藏身處盤問你無數的問題。你若單獨一人旅行，或無法滿意回答，命運可能就會被一支無羽箭結束了。那些婦女在這種情形下，當然極為重要且珍貴。她們的陪伴就是在和平時也受到尊敬。

但讓我們再回到語言的問題。在北部與中部山脈一帶，數個方言無疑都含有許多同音、同義的詞彙和數字，然相異者仍極多，而使某些部族無法瞭解其鄰族的語言。在南部，在莫里森山（Mt. Morrison，即玉山）一帶及樹木繁密的山區下至南岬，就我所知，其方言數目比北部的更多，差異也更大。

若能對北部和南部某代表性的方言，即最大部族所說的語言，做一正確審視，而將之與菲律賓群島、婆羅洲、爪哇、巴布亞島（Papua⑦）、玻里尼西亞島等地野蠻人的方言做一比較，或許能對證明其密切關係的存在提供一方法，遂證實其與那些國家中的一些主要居民有類同的起源。平埔番語言裡，充滿與馬來、紐西蘭、爪哇、馬達加斯加島、菲律賓群島、玻里尼西亞群島中，許多島嶼居民所用的詞彙、數字等，在發音上幾乎相同，且在意思上完全相同的詞彙。在參考 Prichards的《人類體質史》（*Physical History of Man*）一書時，我注意到有一兩個Tangáo詞跟其他諸島方言裡找到的許多類似的詞很相像。

在此選取幾個詞，來做一比較：

英語	Tangáo	跟其他諸島的比較
One（一）	Kaw toh 或 Ko toh	Ko ta hai（Easter Island） Ka ta he（New Zealand紐西蘭）
Seven（七）	Pi tu	Pai too（Batta）／ Pitee（Java爪哇） Pita （Philippines菲律賓群島） Pito（Manila馬尼拉） Hei too（Madagascar馬達加斯加島）

從手頭上的其他詞彙亦知此詞在斐濟群島（Fiji）是"Pitu"，在毛利島（Maori）是"Witu"，而在關島（Guham）是"Fiti"。

英語	Tangáo	跟其他諸島的比較
Silver or Money 銀或錢	Pid lah 或 Pi lah	Perak（Malay馬來語） Pi lak（Tagala Bisaya他加祿米沙鄢語）
Tobacco 菸草	Ta ma ku	Ta ba ku（Tagala Bisaya） Tam ba ku（Malay）
Blood 血	La bu 或 Ra bu	Rah （Malagasi馬達加斯加語， Javannese爪哇）
Hog（wild） 野豬	Bi wak	Boo a cha（Friendly Isles友愛群島語） Ba a ka（Tonga湯加群島語） Pu a ka（Marquesas馬克薩群島語）
Male, boy 男孩	Wu la ki	Laki（Javanese與Malay）
Drunk 醉	Ma bu sok 或 Bu sok	Ma buk（Malay）

在很仔細地看過克勞福德（Crawfurd）的《馬來語法與辭典》[8]後，我僅能找到以上幾個跟Tangáo同義而相似的詞。此事實即讓我認為，至少在北部，馬來人縱使跟平原的平埔番已頗多混合，但尚未能很隨意地與高山族混合。從此事實我們又能做一結論，即最初的居民很可能比馬來人早抵此島，而帶來的語

---

⑦即太平洋的新幾內亞島（New Guinea）或伊里安島（Irian）。
⑧Crawfurd, John (1783-1868), *A grammar and dictionary of the Malay language, with a preliminary dissertation* (London: Smith, Elder & Co., 1852).

言，比Archipelago群島混雜的語言更為古老。可把時間推到比為西方市場尋找丁香和肉豆蔻還更早，而是在肉桂、樟腦（兩者都是福爾摩沙島的特產）等此類東西為歐洲人所知之前。福爾摩沙的方言，特別是北方高山族所說的語言，在跟Archipelagean語言做了仔細的比較以後，若發現兩者完全不同，或只包含幾個有某些相似特質的詞，那麼我認為以後會發現福爾摩沙高山族方言的詞根，可更直接地追溯到玻里尼西亞島和菲律賓群島的方言。有時我也認為各段時期的船難者，較可能是由這些地方來的。

我手頭上只有有限的詞彙，故不可能就此方向繼續研究下去，不過他人所有的詞彙，若比克勞福德的《馬來語法與辭典》這類書所提供的更多，或許就能做到。我以為，「可能來源」的祕密，就存在福爾摩沙的方言裡。相信大家會瞭解，我提出這些想法，只是基於想對協會的一般目標做出貢獻。並深深希望我在此題目上，一些不完整的想法及雖不令人滿意的說法，尚可啟發他人，而使那些非但研究過同系語言，且研究過東方已失傳及無書寫文字的語言的人，能開展此題目，並讓對此問題感興趣的每個人，在一般知識上都有所增進。

眼前的題目可以相當地擴展，像提到刺青這類奇怪的風俗，拔除男人絡腮與下巴上的鬍鬚，以及拔掉在某時期婦女的上犬齒等奇特時尚；嘴對嘴、同時飲酒的奇怪儀式；穿耳垂、戴竹片或墨魚等怪異時尚。在婆羅州、新喀里多尼亞（New Caledonia，西太平洋一群島），以及南海其他地方也有類似的習俗。可將之與太平洋的島嶼及呂宋的Pintados等地居民的風俗做一比較。我無幸見證食人的案例。不過就我一向所知的，在福爾摩沙的高山上並無食人的必要，島上有足夠的鹿和野豬。然無疑的，某些部族（我並不知道是哪個）被控在特殊情況下，會吃食其敵人的身體。就我所瞭解的，把頭蓋骨掛起來炫示勇猛無畏，對年輕男子來說，代表到達成年期及大丈夫氣慨。即使我的某個朋友，對煮食其敵人的腦子亦不會有所遲疑。獵頭在邊界很普遍，就我所知，有人會躲在大石後等待數天，希望有機會能近距離地射擊漢人。保存頭顱、牙齒和戴動物獠牙等習俗，在印地安小島（Indian Isles）的Haraforas族中相當普遍。他們亦規定一個男人在婚前必要獵到敵首。福爾摩沙北部的某些部族也有同樣的習俗。將高山部族風俗習性做一完整的記述，對澄清我們眼前的問題可能會有極大的助益，但是本文已擴展得超越原定的範圍，這題目只有留待另文描述了。

❷ 北福爾摩沙高山部落的風俗習慣略覽

作者：陶德（Dodd, John）
摘自：《皇家亞洲學會海峽分會期刊》，第十五期（一八八五年六月），頁
69-78。
Dodd, J. "A glimpse of the manners and customs of the hill tribes of Formosa."
Journal of the Straits Branch of the Royal Asiatic Society 15 (June 1885): 69-78.

　　在此學報先前的一期裡（No.9, pp. 69-84[①]），我曾略觸及「福爾摩沙高山部落（人種）的可能來源」這個議題，同時並附上某些部落與語族所說方言的詞彙短例。這些部落位於漢人城市艋舺的南邊及東南邊，那些為森林密覆的蠻荒山區。艋舺（P192）是昔日福島北部外國人與當地人的商業中心。此城據說在二十多年前曾有三、四萬個中國人居住。近幾年來其貿易中心的地位已略受競爭對手大稻埕（位於艋舺北邊僅一英里左右處，P349）的影響。大稻埕日趨重要，大抵皆因外國商人在那裡設置房舍，亦因茶葉貿易的快速成長。大稻埕為茶葉最主要的集散地。

　　本文的主要目的，是想為那些原住民部落做一描述。他們住在艋舺[②]（Banca）後邊的山丘上。這些山丘從各個方向往東海

●位於淡水的美國領事館。《Frank Leslie的畫報》，32卷，832號（1871年9月9日），頁441。

①陶德頁數記錯，應為69-77，即「福爾摩沙高山族可能來源之我見」，《皇家亞洲學會海峽分會期刊》，第九期（一八八二年六月），頁69-77。
②陶德原文的台灣地名也記漢字。

FORMOSE (Chine). — Sources de pétrole, de M. J. Dodd, près de Tang-si-kak, d'après une photographie. (Voir p. 374.)

●陶德的石油產地，在Tang-si-kak附近。取自照片。《天主教傳教團報》，426號（1877年8月3日），頁369。

岸的蘇澳灣延伸，尤其是住在屈尺（Kot Chiu，曾是中國人的邊界前哨基地，P141）附近的，他們離西面邊界最近。還有住在三角永（San Ko Yeng，即三角湧，P250）後邊山上的，以及東至大科崁（To Ko Ham，P335），下至我本人在一八六五年春所發現，在「石油井」附近的雪山（Sylvian，P280）與Dodd山脊[3]等地的那些高山部落。

北福爾摩沙的高山「野蠻人」，在體形和四肢上全然與其他人類無異，這是無庸置疑的。他們雖然和在其領土上遊走的野獸一樣狂野，亦無自己的文字，並以極原始的方式生活，然並無進化論者所謂的尾巴跡象，也絕不至讓你認為其祖先與猴子同種。

這些人並不太高。事實上我認為沒幾個是超過五英尺九英寸的，而絕大多數可能在五英尺六英寸以下。據說島南端的高山族人，比那些居於北緯24度以北的人，個子大些。

部落老人的膚色非常灰黃，往往也頗黝黑；年輕健康勇士的則較淺而清爽得多。不過，在大多數「野蠻人」臉上可看到較深的色澤，那是中國人臉上看不到的。顏色沒有澳門的葡萄亞墾殖者的混種後代的那麼深，而較像淺膚色的日本人臉上的淡色。他們的膚色，甚至可以說比一般未經太陽暴晒的中國人深。但在年輕一代的膚色裡，前面提及的灰黃黝黑特質，則並不像在那些經常參與狩獵、戰鬥，及為日常艱辛生存奔波的人裡，那麼的顯著或強烈。

此島北部膚色最深的「野蠻人」，其膚色亦不如許多典型的西班牙、法國南部、義大利等地的人那麼深。在更高緯度處，許多凱爾特（Celtic）型的人臉上所呈現的色澤，則跟島北原住民臉上可看到的一樣深。部落裡老人的膚色帶有一抹暗沉灰黃的色調，因經常暴露於太陽與惡劣天氣下。即便如此，仍與非洲黑人臉上的顏色並不相似。

在遭船難的帛琉群島（Pellew，或帕勞群島）島民臉上，可明顯見到黑人（negro）血統的素質。然北部的部落，無論在膚色或髮質上，都沒有任何黑人血統的跡象。他們的頭髮皆黑且直，既不捲曲也不鬆縮，嘴唇甚至亦無馬來人的那麼厚，許多人還有近乎歐洲型的高挺鼻子。我們面前既有這些證據，因此可以很保險地假設，這些「野蠻人」承繼了中等膚色，不能明顯追溯至黑人的混種。無論在文明或野蠻狀態下，人類膚色的多樣性，直到目前都讓探詢者

③Dodd's Range，即今鹿場大山，樂山，加裡山山脈。

頗感困惑。現在，即使在書本上已對此問題發表了各種的臆測與理論後，我們對最早祖先的膚色是被創造為黑色或淺色的，仍無法確定。支持前者的理由較強，因為日晒，即使在熱帶，似乎也只能將皮膚晒成棕色。在福爾摩沙山谷裡有半年的時間均極熱，而年輕一代的「野蠻人」一年又一年地出世，日晒作用顯然對他們並無遺傳性的結果。所有人類的膚色必然是傳代的引導，因為那必是遺傳而來的。當然會略有變更。本人認為應略觸及此主題，以證明北福爾摩沙的「野蠻人」，顯然並非直接由南太平洋島嶼可見的東內格羅系（Eastern negro）傳演下來的。如眾所周知的，在菲律賓群島裡有某些深膚色捲頭髮的部落。很可能日後，莫理森山（Mt. Morrison） 至雪山山脊之間的整個區域都經徹底探查過後，在福爾摩沙無數的山谷中（緯度24度以南的各部落間），或會發現其中有些地方有此類型人種的代表者。我見過的所有北部部落的膚色，似乎均屬同樣的色澤，除了在把暗黑膚色的老人與未經天氣曝晒的年輕者之間做一比較時，有略深或略淺的差異外，其他則見不到任何不同的類別。

　　福爾摩沙「野蠻人」臉上一般的輪廓與馬來人有些類似，可是嘴唇沒那麼厚。而除了少數幾個例子外，他們的鼻子也不像我在新加坡與中國見到的那些馬來人的那麼扁平。因此可以相當保險地說，「野蠻人」在面貌上與中國人沒有任何相似處。中國人是他們的宿敵。他們以為在福爾摩沙，甚或在全世界裡，中國人是除了他們以外的唯一住民。

　　在初見典型的「野蠻人」（而非邊界及漢人村裡常見的乞丐模樣的「野蠻人」）時，馬上會注意到他們跟邊界另一面你剛離開的漢人間，有極大的差距。不僅是因其頭形不同，更因其眼神，比任何東西都更會讓你聯想起蘇格蘭獵鹿犬那狂野焦慮的凝視。多數年輕勇士的眼睛都漆黑又敏銳，似乎隨時都在移轉。黝深瞪視，其凝視清晰且熱切，好像越過你而在看遠處的某物。在年輕獵人與勇士的眼裡，見不到任何掛慮。然在那些正值壯年者的眼神中，卻可看到他們為明日憂慮，表明他們一般沒有安全感。這些人幾乎每天在跟其人類的敵人接觸時都會遇險，定然經常會有此種感覺的。敵人多為鄰近不友善的部落或狡猾的中國侵略者，以及「野蠻人」多半時候賴以維生的森林野獸。前面提到的表情並非出於恐懼，而是生活憂慮不安的標記。

　　頭一般小而圓。臉不特別大也不特別滿。眼睛顏色非常深，平直且一點也不

斜睇。長得好看的年輕男女，睫毛既黑且長，眉毛很黑濃又粗，但不至下垂。有些人臉上，眉毛常幾乎觸及鼻的啟端，顯然是臉上很獨特處，因為沒人留鬍鬚，八字鬚也少有人嘗試，不過我倒見過部落裡有些老人蓄有類似的東西。一般說來，所有下顎或臉頰上的髮鬚都用一種專門的鉗子連根拔起。

「野蠻人」的頭形，各種各樣的都有，但泰半顯得頗圓且較小。臉大致是馬來人型的，有些有猶太人的特質。再度可見到這些臉的輪廓與歐洲人相似。我傾向於認為這些外貌上的不同處，可歸因於馬來、菲律賓與玻里尼西亞等地的血源，跟島上先前就存在的最原初古老人種的混雜。

北部的部落的男人習於在前額與下顎刺青，刺上橫紋，約四分之三英寸長，十六分之一英寸寬，在前額的正中間，從分髮處（他們頭髮都中分）到鼻的啟端。

在下顎上也有類似的橫線條，這些一般是男人臉上僅見的刺青圖案。在身上僅略微刺青，但一般並不普遍。這些男人也有一奇怪的穿耳洞的習俗。每個耳垂有洞穿過，此洞大到能放入一支馬尼拉方頭雪茄煙那樣大小的竹片。他們通常在該處戴中空的幼竹，在上端開口處裝上紅色嗶嘰布的流蘇，分成幾束露出來；另有些人則用像白色墨魚骨的一片東西穿過，約四英寸長，在外端是用同樣材料作的圓片。有些人的前額上可看到同樣扁但圓的墨魚骨片，用一條線繞頭一圈將之固定住，或附在經刺繡的毛織物或當地人自織布做的頭帶或頭環上。他們常在其小而緊合的帽子上，釘上此白色墨魚骨類的圓片。這似乎是他們經常交易之物。他們不僅用墨魚骨做的小珠串做為頭與頸部的裝飾，也用來做「貨幣」使用。各種各樣的項鍊、耳環，及小飾物都是由此物做成的。北部與中部山上的原住民極喜歡各類的小飾物。在老人和年輕勇士的頸子上可看到用野豬獠牙及獸齒做成的項鍊，常當作傳家之寶戴著，然最主要的是象徵個人的英勇。他們常在頸子上掛了許多金屬的小飾物及墨魚骨的珠子等，其上又附著許多與火繩槍相關的點火、裝彈的小配件，像這樣雜七雜八的收集，真讓見者極為好奇。每個擁有槍（pâhtûs）的人，都在頸子上套掛一個看來頗奇怪的火藥罐，裡面裝滿火藥粉末。在肩膀上或繞著腰部戴著一個皮製的長橢圓形的盒子，裡面常裝著數個圓筒狀木製容器，盛滿火藥粉末。他身邊通常會有一個小袋子，裝子彈和長形鐵製的射彈，幾乎是一個小手指般大小。這些射彈從長管

火繩槍槍口滑下，緊貼著火藥粉末，兩者間沒有任何彈塞。不過，火繩槍在內地並不普遍，即便邊界的部落也僅少數勉強算是有此配備。大多數的人攜帶弓和箭。他們以固定物做打靶練習。箭手以鹿皮紐帶或箭帶圍繞腰部。每個人一定有柄長刀，叫「lal-ao」。另一個普遍的配件是用麻布或皮做的袋子，約四到五英寸寬，九到十英寸長，那是他們用來放菸草的。在此「野蠻人」居住區域的許多地方菸草野生，漢人區在某些地帶則大量種植菸草。「野蠻人」就任菸草由太陽晒乾，然後用手搓揉，即放在煙管裡。這種方式味道很淡。外國人把煙葉疊起來，作成塊狀，然後在其上灑些水，有時灑些藍姆酒。這些葉子隨後即被壓縮成塊狀，或被緊捆成一圓形物，約如手腕般大小，兩頭逐漸尖細。這樣做成的菸草，用繩子緊緊綁住，是被稱為「船菸草」的很好取代物。英國炮艇巡訪淡水時，船上的水手往往用此方式處理本地產的菸草。喜抽煙斗的人都相當欣賞。

漢人種植菸草作物，大量地用戎克船輸出到大陸，在那裡依漢人的口味來烤菸葉（用烤等方法加工處理），再以此形式輸入福爾摩沙，僅供漢人享用。此作物在福爾摩沙似乎很繁盛。奇怪的是沒人試圖在此製造雪茄及方頭雪茄煙以銷到外國。從菸葉的質地與大小來看，要把雪茄做成跟那些在馬尼拉產的一樣好並不難。

北部的原住民全都抽煙。無論男女皆如此。即使小男孩、女孩也都染上此令人舒爽的惡習。菸草既為野生作物，而福爾摩沙又是如此多熱病與瘧疾之地，也難怪抽煙成了他們之間如此普遍的習慣。煙斗是用挖空的竹子做的，煙管（tutu bidna kui）也是用非常細的幼竹做成，約半英尺到一英尺長，依其主人的喜好而定。煙碗常經過很有品味且美麗的雕刻，往往用鐵片綴飾。煙斗不用時，男女一般均將之塞在頭後髮內。

這些住在低矮山區與漢人領域相鄰的所謂「野蠻人」，他們的服飾很簡便，夏天時尤其更如此。主要是由一件無袖長衣組成，叫做「lúkús」。那很像加大了的背心，前面開襟，通常沒有袖子。是把四塊直條的當地麻布縫在一起，兩條在背後，兩條在前面，留出地方讓手臂可穿過。肩膀上端也縫起，但前面敞開，露出胸部和肚子。他們有時把胸部扣起來。邊界的「野蠻人」偶而也穿有袖子的。這些長衣完全遮住背部，長幾及膝。雖然通常是用很粗簡、漂

白的麻布做的，但腰部以下幾乎總有刺繡，或以他們由邊界漢人處取得的嗶嘰布藍色或紅色的線交相編織。

圖案變化多端，有些像煙管上可見到的雕刻，也像女人臉上的線紋與方塊狀刺青。設計顯得很多樣也很有規則。這些若非從外地模仿而來，則不但表明其有原創性，也很有品味。男人除了無袖長衣外，有的也在腰部圍一塊織成的麻布，約四、五英寸寬，跟無袖長衣下圍的刺繡方式相同。腰帶叫做「habbock」，通常就貼身繫著，但有時亦綁在外衣外邊。無袖長衣和腰帶幾乎是較低山區「野蠻人」所穿著的僅有幾項服飾了。然在更高的山區，許多也穿有袖子的長衣，有時亦穿用獸皮做的衣服。

夏季的幾個月裡，常會碰到男人與孩子完全不穿衣服在外遊蕩。有些認為「全裝」還應包括一頂柳條編織的緊合帽子（mobu），其他的人則整天僅腰上圍著腰帶，長刀插在其中，大搖大擺地到處走動。

長刀的刀身約一英尺半長，總保持得很銳利，放在木製的刀柄中，通常跟煙管一樣，有雕刻也有鐵片的綴飾。刀身一面由木鞘保護，另一面則釘有網狀金屬條罩住。在此刀鞘的末端常繫著在邊界作戰或獵頭時，不幸淪為其受害者的漢人或其他敵人的部分辮子。長刀是絕對必備之物。因為他們用此物從叢林與濃密的下層灌叢裡砍出路來；用此物給予獵物致命的一擊；用此物來分配所殺的野獸；跟水手一樣地用此物進食；用此物來砍柴、劈木頭；最後，還用此最有用的器物割下敵人的首級。刀身由漢人製造，是「野蠻人」以鹿角等物交易來的，也常取自被其殺害的漢人。「野蠻人」與這些漢人交戰無數次，未來終將被其滅絕。

這些人有時披一塊方形的雜色布，右肩打結，在背後垂下，並繞過胸部。但這件衣物女人穿得比男人多（女人把這當一種裙子穿，綁在腰部，長及膝蓋）。

他們也穿另一種外衣，其實更像是件夾克，叫做作戰夾克。製作方式，除了大小不同外，各方面都跟無袖長衣一樣。不過，不像無袖長衣長到下半身，其長僅到腰處，所以更像一件無袖的夾克背心。是麻布做的，以鮮紅色的嗶嘰布的線緊密織成。這似乎是最受北部部落喜愛的顏色。更往南，到雪山山脈一帶，則較流行用藍色嗶嘰布的線刺繡的外衣。邊界「野蠻人」用的線與毛織物

得自其鄰人，即漢人山民。在形容「野蠻人」的衣著時，我目前泰半意指居於北緯24度以北，東經121度以東的山地人。這一帶，也就是較低的山區，他們穿著的衣服多類似，無太大的變化。然高於海拔六千到八千英尺處，在服飾、外貌、行為方式等上面，則可見到極大的差異。他們在潮濕或下雨的天氣，穿著一種相當古怪的外衣。一年裡大多時候都是這樣的氣候，因為四千至一萬二千英尺幾乎與此島長度等長的高山山脈，極為吸引雲狀的水蒸氣。

　　這種外衣一般是用大塊的褐色鹿皮做的，只有部分由日晒或風乾，設計則極粗略。皮上有一約六英寸長的縱裂，縱裂的末端切下一塊圓形的皮，僅容頸子穿過。僵硬的獸皮及僅容頸項的狹窄空間，可防止外衣滑落肩膀。披上這樣衣物的人，能把自己弓曲成那般的姿勢，而使身體任何部分，除了頭部外，都不暴露在外。在頭上則戴著類似騎師帽式的籐編帽子。帽尖在後，因而能完全防雨。除了前面提及的物品外，他們還帶有其他的幾件東西，如手網（hand nets）、捕魚配備、麻繩編結的火具袋（用麻或樹皮所做），纏繞在以火繩槍武裝的男人手腕上等。這些物件以後會再詳述。

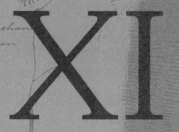

XI

克萊因瓦奇特

George Kleinwächter

德國人，中國海關職員

〈福爾摩沙的地質研究〉

克萊因瓦奇特
George Kleinwächter

克萊因瓦奇特，德國人，中國海關職員，一八七九年跟隨其哥哥入海關工作，六年後因為精神狀況不穩，而被海關開除。

按照相關史料來判斷，克萊因瓦奇特大概於一八八二年被海關總署派往福爾摩沙南部調查南岬附近的地質。我們選來翻譯的文章，就是這次探訪所得之考察報告。當時中國海關正在南岬建照燈塔，或許克萊因瓦奇特的地質調查就是要配合燈塔的工程。

事實上，在這之前也有人專程來台灣調查福島的地質。佩里一八五三至一八五四遠征日本時，也曾派測量隊伍前往基隆港口，事後有隊員發表基隆煤礦調查報告。德國有名的地理、地質學家李希特霍芬一八六〇年路過淡水港時，也做過小規模的地質學調查。後來史溫侯、柯靈烏、李仙德等在台灣不同地區都觀察過地形、地質，並發表了專門的報告。不過，中國海關特派專門的職員到福島探查地質卻要等到一八七五年，由總稅務司Robert Hart派人重新調查基隆煤礦。不過，Tyzack先生正式發表此次探險的結果，要到一八八四年才出版。因此，雖然克萊因瓦奇特屬於同一機構，大概卻未曾看過Tyzack的研究報告，至少他沒有提到。

有關克萊因瓦奇特生平的文章並不多，或許中國海關檔案有一些線索。簡單的傳記與著作單可參考下列文章：

1. Keller, Ian, "George H.J. Kleinwachter," manuscript, 2006.
2. Kleinwächter, George, "The history of Formosa under the Chinese

government, " *The China Review, or Notes and Queries on the Far East* 12 (Jan 1884): 345-352.

3. Kleinwächter, George, "The origin of the Arabic numerals," *The China Review, or notes and queries on the Far East* 11 (May 1883): 379-381.

選文簡介：

十九世紀來台灣的歐美人士不知有多少沒有留下文字記載。克萊因瓦奇特雖然只在台灣做過短期停留，但是他對台灣的興趣，則從地質學和與此學科有關係的自然史，而演變成對台灣明、清兩代台灣史的關心。曾寫過一篇〈中國政府統治下的福爾摩沙史〉，是利用《臺灣府志》所記載的明、清史來簡單敘述漢人幾時發現福島、鄭家政權如何興起而打敗荷蘭殖民政府，以及清代的造反與起義等事件。《臺灣府志》的引文是否由他自己翻譯，不得而知。

我們挑選的文章卻是他一八八三年向皇家亞洲學會華北分會所發表的「福爾摩沙的地質研究」。寫這篇調查報告的人一定要先具備頗深的地質學知識，對當時地質學上較有爭議的學說也要有充分的了解，否則無法寫出該篇文章的結論。克萊因瓦奇特現地考察的時候，觀察能力非常強，而其寫作方式更顯現此特長。從南岬一步、一步走恆春半島的山坡、河谷等不同地形，他就細膩地記錄所看到的石頭與地質層，然後很清楚地說明每樣地形或石層是如何造成的。如此敘寫，到文章結尾時，讀者自然而然就會接受他所列出的福爾摩沙地質史上的十條結論了。

福爾摩沙的地質研究

作者：克萊因瓦奇特（George Kleinwächter, Esq.）中國海關職員
摘自：《皇家亞洲學會中國北部分會期刊》，新叢刊，第十八期（一八八三年），頁37-53。
Kleinwächter, George. "Researches into the geology of Formosa." *Journal of the North-China Branch of the Royal Asiatic Society* New Series 18 (1883): 37-53.

　　在一次從南岬（P271）到打狗（P290）的旅行上，以及在台灣停留時期所進行的其他各次不同的短程旅行裡，我曾有機會對福爾摩沙的礦物成分與地質結構做了一些觀察。

　　我知道自己的觀察並不完整，且僅含括該島的某些地區。這一點原本或會讓我不願公開發表這些摘記。然即使少許一些確認的事實就會令人很感興趣，同時還可更進一步促進正統地質學的目標，即讓我們對地球上各地區的歷史與構造，都能獲取完整的知識。

　　福爾摩沙必定仍被視為是個「未知地區」。就我們所知，很大一群的山幾乎將此島平分為兩個部分。在西部的平原上住有漢人，而東部則為原住民所居住，即所謂的「野蠻人」。我們知道其土壤能生產什麼，但不知道那土壤是由什麼組成的。同時除了北部以外，也不知道地下藏有什麼寶物。北部的煤礦與石油井都已開發。最著名的高峰已有命名，高度也已經過確查，或做過估計，但除此之外，對這些山脈的輪廓或其間的河谷等，均一無所知。由於東海岸對我們是封鎖的，所以其自然面貌，仍較難以判斷。不過，這也並不令人驚訝。那些因事業來到此島的人，都有其他的事務要顧及。而那些確實在內部停留了一段時間的，則是因為對人種學研究上的好奇而去的。「野蠻人」的吸引力自然讓人忽略到他們所居住的鄉土。因此在地理上僅做了些微的觀察，而在地質

上，則幾乎沒有引發多少注意，至少就福爾摩沙的南部與中部來說是如此。

時間不足也使我無法做長途的探勘旅行，而不得不將自己的範圍侷限於福爾摩沙的南部，即位於該島緯度22到23度之處。

以下是我調查的結果：

福爾摩沙最南端平均寬五英里。有兩系列的山丘山脈保護而不受海洋水域的侵蝕。此二山丘山脈的走向各沿著東、西海岸。其中叫做龜山角（Gooswa Promontory，P075）的山脈，從西南岬角以直線向北延伸七英里。在其中央與近尾端處的兩個最高頂峰，高度各為五三八英尺與六二七英尺。另外一個山脈從南岬起始，逐漸往西北方向高起，展開成一個寬廣的高原，再轉向東北，而最後止於射麻里（Shamalee，P259）的「野蠻人」村落處。南岬西北方四英里處，是一個特別崎嶇的小山丘，高一〇三五英尺。土地從那裡開始逐漸向東邊的山脈傾斜，而形成另一個高原。從射麻里朝西延伸，有一個有雙峰的山脊。此山脊以南的土地又再被兩個平行的山脈所分隔。往上聳立到二千英尺以上。其中的一個山脈止於一錐形的山處，即大尖山（Remarkable Peak，P241），海拔一〇八三英尺。龜山角與灣丘（Bay Hill，P021），一個孤立的小山丘，在後灣（Expedition Bay[①]，P062）的南方的東邊有塊平坦的土地，最寬度為三里。在這塊土地中間，射麻里山脈的山腳下，是恆春縣的首府。在其西北角，一條寬闊河流的河口處座落著車城（Che-cheng，P035），又叫做瑯嶠（Langchiao）。一座與村子同名的山跟此有城牆圍繞的村落（即恆春）面對面，形成南北兩山丘之間的環結。此山跟其中的一個山丘以深邃的裂溝分隔；與另一個，則以瑯嶠河分隔。

現在來看看所有這些岬角、諸山與山丘山脈等的成分。我們發現在南岬的峭壁上有大量珊瑚殘餘物，幾乎構成整個塊體。東邊山脈的頂峰是一系列帶有斷口與裂溝的石灰岩，而西邊山脈濱海處也呈現同樣的成分。但其頂端以及內陸的斜坡上，以及南岬的表面和該山脈的東邊斜坡，則覆蓋著石灰質的沙。南灣（Kualiang Bay，P143）一帶的海灘由很細密的珊瑚沙組成，也找到無數紅色與白色現生的珊瑚蟲。其他的山都林木厚密，有茂盛的熱帶植物生長。樹木與灌木叢直覆蓋到山頂，保護其表面，使其不至受到風化作用的耗損，因此其底層的岩層在粗略的觀察下不很明顯。然而在有一處，大量的泉水使其失去遮蓋，

---

① 「Expedition Bay」指日本一八七四年遠征福爾摩沙南端登陸的地點：恆春後灣。

而揭露出石灰岩的地層。順便提及，此泉位於龜仔律（Kualuts，P144）領域一個美麗的森林裡。我在走近其村莊的路上，見到「野蠻人」部落的婦女和小孩圍坐著，將竹管裝滿水。陪同的人告知，此泉在治癒傷口與天花上品質很高。大概屬於那種「土質水」之類的。其主要的成分為硫酸鹽與石灰碳酸鹽。大尖山的錐形物是由密實的石灰岩組成。沿著南灣海岸的數個地方，石灰岩塊突出水面。在恆春縣的圍牆內，我再次看到大量的石灰岩塊。此縣最上層的土壤，全都是含鈣的泥質岩（argillo-calcareous）。種類繁多，從大尖山山麓的軟土質的頁岩到平原上，被溪流所揭露的黃色細緻黏土等都有。

在瑯嶠與太平洋海岸間的山上，常可見到「明亮的火光由烤硬的泥土中突出」。因我自己尚未去過該處，所以對那地帶成分的調查，目前只能靠此說法了。但至於見到此現象的高度，以及土地的性質等所有的細節，都仍欠缺。烤硬的泥土可能是頁岩或泥岩，跟我在圓錐形山丘（見後述）所找到的類似。火光可能因硫磺氫點燃而產生。那或可顯示有火山活動的現象，要不然就是由於石油泉的蒸汽被點燃而產生的。那就表明底層有煤礦，或有含瀝青的頁岩與砂岩洞穴。整體來說，我認為後者的解釋較為可能。此縣的地方官員的確曾將煤礦展示給我看，那是在他管轄的範圍之內所找到的。而由於瑯嶠河所含的略帶紅色的碎片，終可證實是有砂岩。

讓我們沿著軍用道路走，此路將福爾摩沙最南邊的地區與大平原連接起來。一離開瑯嶠，就翻越過一個低矮山丘的東側。那顯然是個沙丘，形成瑯嶠的岬角。沿著同名的海灣（即瑯嶠灣）在一串珊瑚沙的濱線上走，登上一個圓錐形丘的斜坡，高四一一英尺，向海陡降，為含鐵的泥岩所組成。從此處起，里壠山脊（Liliang ridge，P175）朝北延伸六英里。山脊的兩個南邊頂峰各高達二二六三與二四三七英尺；北邊靠近楓港鎮的那個，則高達三三六五英尺。[②]此山脈平緩的斜坡形成一個「隆起的海灘」，其下，有另一個海灘形成，覆滿大量砂岩小圓石，以及從前海浪磨損上層台地（upper terrace）時所留下的岩屑。有些是紅色的，其他是雜色的，呈黃色、帶藍色、帶紅色、紫色等線條，有些還顯現出石英條紋，所有的都帶有雲母的痕跡。珊瑚與珊瑚沙不超越瑯嶠灣。在這些之中，有一個地點，其山嘴伸入海裡，路把密實的岩塊切穿，而暴露出深紅色的角礫岩。在砂岩懸崖上，一些不同處，約五十英尺的高度，可以見到

水平的線條與潮水波紋。更遠一點，介於海與山脈之間那條土地，逐漸擴展為一片沙質地帶。這塊土地上有數英畝已栽種稻米與甘蔗。懸崖上長滿矮灌木叢；不過在急流沖擊而越過時，白色的石英岩砂岩塊就揭露了出來。在有一段地方，那原被砂礫與沙所覆蓋的同質巨大礫塊，亦呈現在眼前。

離瑯嶠三十里處，楓港鎮（Hongkong，P090）位於一塊很美的沖積地帶，有深色的沙遮蓋石板地層，一直延伸到海，而形成一個沙洲，圍繞著很淺的海港。是那兩座山的沉澱物在此與里壠山（Li-liang Sua，P176）會合。朝北的海岸線顯現出類似性質的海濱砂石，房子與牆都用這種深灰色的砂岩所建造。比前面提及的紅色砂岩所含的雲母質較少，但多半有石英的紋理。在我收集的兩個樣品裡，其中的一種顯出結晶化，另外那種既有結晶也有石板質的質地。楓港鎮以北五里處，有另外一個山澗急流在那裡流入海中，其灘岸陡峭，河口有一個暗色的懸崖聳立，因形如「獅頭」而得名。

再往前走兩英里，跟楓港鎮同樣的地面上，也被一條小河切割，而為一個石牆（stonebar）所環繞。刺桐腳（Chetonka，P037）的村落即座落在此。道路上，下個軍營駐紮區所在的南勢（Namchieh，P199）也是同樣的地形。除了這幾個地點外，海岸都既陡峭又險峻。山丘在有幾處幾乎下降至水邊。在這些突出的地點中，其中的一個，有城堡建蓋在岩石上，我在那裡找到微量的珊瑚組成的石灰岩。除此之外，這一帶的海岸都由白色的砂岩峭壁所組成，就和楓港鎮之前的那些一樣。

從南勢起，我進入山區。穿越那個沖積平原後，到達一個峽谷，有一河流流經。從其入口處有一平的台地向海濱延伸。在另外一邊，有個狹窄的河谷向左、右展開，有一部分已開墾。我沿著這條河流往東走，登上其中的一個小山丘，在那裡有機會觀察到鄰近眾山的自然面貌。此地區是由獨立的圓形山丘及短的背斜山脊所構成。同時從北到南平行的山脈走向，是南部體系的一般特質。這裡的景致較為蠻荒，也更美麗如畫。

在南勢附近收集到的樣本屬於黏土板岩組，有許多不同的種類，以及不同階段的變質作用。

1. 堅硬且密實，亞晶態的細顆粒板岩，分裂成平板層。
2. 略有砂質粗糙感覺的頁岩，不太易裂，而較易粉碎。

②這些數字取自《中國海洋目錄》。

3. 發亮，葉狀的片麻岩。

最後提到的那種，在位置上屬最低層。是從沖洗這些片麻岩層的河流岩岸所分離出的。

從南勢開始，道路環繞一三四○英尺的草山（Chao Shan，P034）蜿蜒而行，進入大平原。地面的顏色變得較深。海灘為濃黑色的沙，沿著海岸直到打狗都如此。這裡的山都以北北東方向往後傾斜，直延伸到傀儡山（Kueilei，即Punch and Judy Mountain，P145）的山腳。此山為南部中央山脈的脊柱。

我考察了此地西北的小山。到處都是石板性質的黑色頁岩塊，而非片麻岩的結構。很像在歐洲主要地區見到的所謂蓋屋頂的石板瓦，只是質地較差。石板瓦對「野蠻人」來說，在許多方面，就如竹子對中國人一樣。他們住在這些崎嶇且貧瘠諸山的陡峭側面，住屋、穀倉的牆和屋頂都由石版建蓋。石板片放在開口前面用來做窗和門等遮蔽物，塊狀的石板則當做椅子。也把小米放在石板上碾碎。此小米與某種洋芋③（傀儡番語叫做「Wassa」），是這些地區的唯一產物。前者生長在河谷裡，後者則長在薄層的深色土壤上。這種土壤覆蓋較低的山丘。

萬金庄（Bankimsing，P018）以北約二英里處，有一個山溪從傀儡山的外圍穿越而出。有一黏土質的台地，高度約與南勢的台地相當，在此也顯現出此溪流以前的水位。在山口一側的岩石由紫色的頁岩組成，可見到幾乎水平的地層，由西向東下傾，與山丘的走向相逆。通過此峽谷，河谷朝北邊和南邊展開；後者（即南邊的河谷）轉朝東邊延伸，而抵傀儡山的山腳處。傀儡山在此處遽然高聳至九○五○英尺。此河谷兩側的山脈，從傀儡山延伸出來，高度約為四千英尺，部分以25度的角度順斜，在某些地方形成台地；部分則急遽陡降。那河床，在我去探訪的季節，即二月的時候，僅含有很少的水量。其他的類似性質的溪流也都如此。然在夏天，則成為狂暴的急流，且幾乎不可通行。從高處望去，那個河床像一條白色的帶子，蜿蜒穿越過矮灌木叢。覆蓋河床的石頭一直延伸到平原，直到為疊加其上的黏土所遮掩，才見不到了。這些石頭特別有意思，因為能給我們提供線索，讓我們知道其所來自的那座主要的山，其礦物的成分為何。除了黑板岩，我還找到以下的碎片：

1. 角閃石片岩（Hornblende–schist），夾著雲母薄片，有石英的紋理，覆

蓋著一層鐵與被水沖蝕的長石晶體。

2. 霏細岩斑岩（Felstone–Porphyry），質硬而堅實，有脈紋，有白色長石包覆，呈不均勻的多片狀斷口，並高度結晶化。

要再補述的是，在所有這些砂岩塊與石板岩塊裡，除了在楓港鎮附近某處找到的那段封入鐵礦石節結裡的樹幹以外，我沒有見到任何有機的殘餘物。雖然這並不能證明岩石內未含化石，但至少很少。由於這些岩石的性質與年代，這也是可以預想得到的。

以上所記述與觀察到的，雖然似乎頗為不足，但仍能讓我們得到以下的推論：

1. 福爾摩沙南部中央最高的主要山脈屬於初生代（of primary age），是由結晶的片麻岩所形成，有斑岩類的火成岩穿越。

2. 中央最高主要山脈兩側向西北、西、西南延伸，遠及南勢，是由志留紀系（Silurian）的板岩與頁岩所形成。

3. 從南勢到恆春縣的小山丘山脈，是由以下的地層蝕變作用而形成，在有些地方有石英的紋理：

a. 砂質頁岩，那明顯的是從黏土板岩（clayslate）到以下地層間的一個過渡期。

b. 深灰色雲母的鋪路石（micacious flagstone）。

c. 灰色的砂岩。

d. 白色的砂岩（石英岩）。

e. 紅色的角礫岩（礫岩）。

f. 紅色的砂岩。

所有這些主要岩塊，除了白色的砂岩（志留紀系）以外，那是在與海等高的最低處找到的，其餘的可能都是泥盆紀時期（Devonian）的沉澱物，積覆在志留紀的地層上，而為石灰紀系（carboniferous）所蒙蓋，這包含珊瑚、含鐵的（ferruginous）頁岩，及鐵礦石（ironstone）等礦層。

4. 恆春縣以南的地區原為珊瑚島。

福爾摩沙南部的多山地帶已談得夠多了。至於平原，從經濟的觀點上來看，是那麼的知名與重要。其實，在地質學上也同樣很有意思。此平原從枋寮

---

③所謂「洋芋」或指甘薯。

（Pangliao，P211）開始向北延伸，遍及島
上整個西部地帶。一系列的山丘山脈，在
台灣府這個城市附近逼近海濱，將此平原
分成兩個部分。僅南邊的那部分屬於本文
的範圍之內。這個全島最豐沃的地區是第
三紀後（posttertiary）的沖積層所造成的。
這很肥沃的土壤，部分得自中央山脈的頁
岩，部分來自南邊的砂岩，而部分來自山
丘的石灰岩。在多處堆積到超越低地的高
度。這些就是大、小岡山、鯨魚背（Whale
back，P356）、猴山、沙拉心頭（或撒拉
森山頭）、鳳山等。東港附近的小琉球島
（Lambay，P158）仍被水圍繞，但同屬此類
別。

　　猴山或打鼓山（這麼稱呼是因為位於其
山麓的岩石，使得航行十分危險，戎克船上
的船員於是敲鑼來懇求上天保護）。古比博
士（Dr. Guppy）在其論文〈打狗的地質紀
錄〉[④]中曾仔細敘述，並給予正確的描繪。

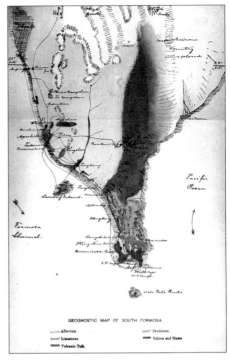

GEOGNOSTIC MAP OF SOUTH FORMOSA.

Alluvium.　　　　　　Sandstone.
Limestone.　　　　　 Schists and Slates.
Volcanic Tuff.

●克萊因瓦奇特地圖：福爾摩沙南部的構造
地質學地圖。《皇家亞洲學會華北分會期
刊》，新叢刊，18期（1883年），面向頁
36。

我所須做的，只是要確定猴山是什麼時期產生的，因此必須逐一列舉所找到的
各種石灰岩、與其同屬一系的岩塊，以及其所含有的化石等。我們得到以下的
六種：

1.　密實的石灰岩：是一種很硬、平滑、細顆粒的岩石，一般是帶藍的灰色。

2.　砂糖狀的或雕像大理石：細顆粒，白色，質地像圓錐形糖塊。

3.　魚卵石（Oolitie）：由含碳酸鈣的膠結物將顆粒連接而組成。

4.　泥灰岩（marl）：易碎的石灰與黏土的合成物。

5.　白堊（chalk），或硬化的石灰碳酸鈣。

6.　紅色黏土。

對於古比博士的化石列表，只有一個樣本值得增添，但卻是很重要的一

個，即錢幣形的、有孔蟲、貝殼Nummus laevigata。然那並未演化到足以讓我在此談及貨幣蟲灰石（Nummulitic Limestone）。不過，此樣本仍可做為一個指引，來確定猴山最後劇變的時間，即第三紀（Tertiary Period）的初期。雖帶有白堊紀系（cretaceous system）的痕跡，但猴山、那高原與其邊緣的主要成分，無疑的，是魚卵石。不過，我則傾於認為猴山的頂端與其基本的岩塊，可遠溯到石炭紀時期。山脈石灰岩的特徵是：亞晶態（subcrystalline），被節理分割，因而裂成很大的平板塊。也有年代較久的珊瑚碎塊（Lithostrotia的量很多）散布在其下，而形成部分的土質種類，都指向是這個時期。

細查古比博士向所有打狗居民所推薦的岩洞與裂溝，就我曾在裡面見到的，並沒有什麼獨特處。那些裂溝形成地下通道的迷宮，有多種寬度，深達三十英尺，岩洞往下延伸到不可估量的深度。事實上，猴山是一個巨大的岩洞，要是好奇心遠多於智慧，應不難進入。我曾進入一些較小的岩洞，內有石筍與鐘乳石，也有石柱等，但都並不怎麼特別。地層上的沉積物為含鈣的凝灰岩（calc-tuff）所組成。見到跌落而死在那裡的山羊和牛的骸骨，有生命的東西則有：大蜘蛛、蜥蜴、猴子等，都以此地為住所。

鯨背山是由於地底下的力量使海底翹起而形成的。一半的破損外殼仍以二十五至三十的角度豎立，而另外一半則倒成一堆。岩塊呈現石化的海洋底部，有原地的貝殼附著。猴山的隆起是由三次（不僅是兩次）可追蹤的劇變而產生的，在其中一次劇變後，產生了鯨背山，但是由化石無法確定是哪一次。

鳳山（此稱呼得自其像鳥一樣的形狀）也是石灰岩構成的。位於打狗以南六英里處，靠近海岸，其岩塊深入海中。從鳳山東北有一列低矮的山丘延續著，這些一度極可能曾是一列沙丘，就像今日打狗的沙嘴一般。

在東港河河口，同名市鎮西南的九英里處，座落著小琉球（此名字源於中國人的想法，他們認為福爾摩沙在古時候曾形成琉球王國的一部分。外國人稱之為「Lambay Island」），與猴山成形的方式是一樣的，但時間上比較新近，不會早過第三紀。嵌入其石灰岩中的化石貝殼，與現存的品種完全沒有兩樣。此島由活的珊瑚礁環繞，退潮時可以見到越過水面，並遠遠延伸到海裡。珊瑚礁在十到二十噚深處透過波浪閃爍發出微光。此處的水極清澈。此小島東邊的海灘都覆蓋著白色的珊瑚沙，可以找到極多品種的海扇類與貝類。這與其對面大陸

④Guppy, H.B., "Some notes on the geology of Takow, Formosa," *Journal of the North China Branch of the Royal Asiatic Society* n.s. 16 (1881): 13-17.

本土的黑色濱岸，則有很顯著的對比。在那岸上，除了甲殼綱動物（crustacea）在沙中挖地洞外，見不到任何其他生物的痕跡。此島西南角是一些並不很廣闊的洞窟。島上的人告知，他們，或較為正確些，應是他們的祖父輩（一百二十年前）在那裡定居時，曾發現洞內有人骨與一張石桌。中國人似乎都覺得最好遠離這些洞穴。在猴山，他們是怕猴子；在這裡，則是怕鬼。

　　從小琉球島橫越到東港，船隻駛過的深度超過三百噚。東港市鎮座落在硬化的潮泥灘上，其原料是被同一條河流從那些板岩的山上所挾帶下來。此河流現為潮泥灘所圍繞。

　　在福爾摩沙海峽，像這樣特別的凹陷處真是極為異常的。平均上來說，此海峽深度僅在二十噚左右。因如此不尋常，以致於有位英國炮艇的指揮官，在首次發現時，將此地點視為淹沒在水中的火山，也就情有可原了。附近土地的地質環境並不支持此假設。就當地的情況而論，除了將它看成是個深溝，逐漸在填滿以外，我們無法做其他的解釋。

　　直到目前為止，我所說的幾似在說，「福爾摩沙是一個火山島」這個很通俗的概念，是完全錯誤的。前面所描述過的地區裡，近期內確實並無火山爆發過的痕跡。但很近的打狗港口東北方僅三英里處，有一塊地帶，打狗居民對其平靜與安寧從未懷疑過，而那地帶的地底下力量，新近卻是非常的活躍。只有在閱讀《台灣府志》時，我才看到有一段紀錄了最近一次的爆發。那就是「赤山」（Chih Shan，P041），外國人叫做鳳梨丘（Pineapple hills，P223）的，那裡有福爾摩沙所產的最美味的水果。那一章對此歷史事故是如此敘述的：「在康熙六十一年（即西元一七二二年）夏天，赤山張裂了八丈（八十英尺）長，四丈（四十英尺）寬。黑色的土噴發出來。第二天，夜裡，有火噴出來，數英尺高。」在「山與河」的那一章提到「赤山」時也註記著：「有時有火焰升起。」其名字也解釋為得自地面的顏色。

　　我們從一個中國紀錄裡得到正確的火山爆發敘述，而這與外國的科學理論相當一致。當然，那火僅在夜裡才見得著，因為那並不是火，僅是噴出物的熾熱光芒罷了。而這被形容為「黑土」的，是很炎熱的泥漿，在一般的過程裡，此泥漿後來會呈現鐵粉樣的紅褐色。在此地就是如此。因為在探勘時，我發現山丘是由一種很輕、多孔隙的，帶紅色的黃土所組成，非常像黏土，但實際上

卻是石灰華（tufa），即以化學方式轉形的火山岩漿；在有些地方的表面，則有很薄一層的砂屑凝灰岩（tuffstone），為較鬆散的石灰華膠結而成。此地區涵蓋的範圍約三平方英里，包括一個小湖。它不僅是一次噴發所形成的露出地表的岩層，而是在不同處，很頻繁的小規模噴發的結果。我在鯨背以東三英里處，最西邊的山丘上，探索到一個曾有泥漿噴出的地點。有數個特點讓我覺得此處很可能就是記錄上所指的那個地方。原來的排煙口處，現是一潭的水。而其南側，堆積物高於北側，在那裡可找到火山岩爐的一層薄結皮。不遠處，在那應是排煙口的東南方，我注意到有個岩牆（dikes）的垂直截面，顯示出以下很有意思的地層，從上到下依序為：

軟的地面
火山岩爐
黃色凝灰岩
灰色凝灰岩
藍黑色凝灰岩
深黃色凝灰岩
淺黃色凝灰岩
深黃色線條（較硬）
帶白色的凝灰岩
深黃色凝灰岩
火山岩爐
等等，等等

　　除了不同沉積物質含有不同比例的石灰與硅土（silica）外，我別無他法來解釋其在顏色上的變化。在噴發上來的碎片中，我特別要提到的是，有一大塊的結晶狀岩塊，及一塊白色的砂岩，都顯示較深層的地層。

　　根據《台灣府志》所述，這地區也有溫泉，但我一個都沒找到。有條叫做硫磺江的河流在此處發源，流入打狗的礁湖。不過，此江的名字可能得自猴山底部的硫磺泉。

　　諸山的外側地帶（即麓山地帶）由赤山的東北起始。如前所述的，這些麓山

地帶將福爾摩沙的平原對切成兩等分。可是我在打狗的停留時間不夠長久，以致無法去探勘，而緯度22度的氣候也不適合做戶外的活動。

從這個地質環境的描述，我們現在可推斷以下一系列曾發生過的演變，總合起來而形成福爾摩沙南部的地質史。在某種程度上，也可說是全島的地質史。

1.　首先必須確定水晶片岩（crystalline schists）沉積物的年代。這大概相應於F. von Richthofen的震旦系（Sinian System）。由於這些沉積物的摺皺作用，而造成中央山脈的誕生。

2.　繼之為火山活動的時期，由此而產生falsistic暗色岩。

3.　然後接著是主要諸山的磨蝕，而在其山腳下造成新的黏土狀沉積物。現今的板岩與頁岩即由此而來。砂質的沉澱物被沖刷（were washed on）。而在志留紀與泥盆紀時期，海洋愈升愈高，所有那些地層都堆積起來，形成現今的福爾摩沙南部的山區。靠近南勢處，那些易分裂的砂岩與沙質的頁岩，顯示出沙與黏土兩種物質是在何處接合在一起的。

4.　在泥盆紀末期，土地好似又再度隆起。在比現在的海灘高度高約二百英尺處出現的紅色礫石，是當時的砂礫層或小圓石海灘的遺跡。

5.　那時期植被亦很繁盛，地面長滿植物。沙岸上布滿低矮的棕櫚樹，即蘇鐵（Cycadeae）。現在我們沿著平原的沙岸就可見到；因為一塊黃鐵礦（ironpyrite）為我們保存了一段樹幹，顯現同樣的有機結構。

6.　繼而是周期性的洪水氾濫，土地逐漸被淹沒，新的沉積物堆積，而將那原來的與後來的植物都覆蓋住，經擠壓、蝕變，與礦化作用，而成為我們現在見到的煤層。

7.　地球的運動或地殼的移動似乎與此石灰紀相符合。在福爾摩沙島上當時所曾有過的火山作用早已停歇，但在其邊緣顯現出來，在西方造成玄武岩質的澎湖群島（P218）的產生，在東北方為花瓶嶼（Pinnacle group，P225）與鳥嶼（Tiau-su Island[5]，P319），在東海岸上則有Harp島（P079），此島在一八五三年時仍處於劇烈的火山爆發狀態。淡水附近與台灣府東北方的火山區，也都是火山活動的實證。那是在中央山脈的山腳處產生的，先是在水底，繼而在水面上。在這些火山區地底下的力量將塊體抬舉起來，因為太強烈而不至於被中斷，此島於是就愈來愈往上升，而超越石灰紀末期環繞此島的波浪之上。其側

邊逐漸下陷,因此造成海的後退,以及繼之而來的剝蝕作用。

8. 此時,珊瑚已在沉積物的底部開始形成其結構,並環繞此島築起暗礁。例如在南部,大尖山就這樣誕生了。此山現在是很密實的石灰岩錐形物,指向天空,還有一系列的暗礁延伸環繞著。與此島一般上升的同時,那些最早產生的暗礁與珊瑚著生的地面,也都升出海面。珊瑚繼續增長。並不是在原來的岩塊上,而是環繞著生長,形成一系列的暗礁,直到整塊又再度升起,形成一個珊瑚島,與現今太平洋裡那些珊瑚島嶼的所有特質都相符合。在那裡常可見到裙礁緊接著陸地,在許多其他珊瑚礁環繞火山島的例子裡,介於其間的空間不規則,且沒有一處很寬敞,常會形成一個潟湖或死水溝漕,有珊瑚礁保護,而不受風浪的侵襲。珊瑚礁經常形成一個弓形,其凸面迎著盛行風。一直排的珊瑚礁,其隆起一般不超越潮水可及的高度,形成此弓的弦。在此,福爾摩沙最南端處,有兩個山脈,珊瑚礁數世代以來即由珊瑚蟲等堆砌起來,現已高過海面。因年代與化學作用而使其凝固,並轉化為密實的石灰岩。他們形成一個向南方張開的弓形。一年中有六個月的時間刮西南季風,且顯然已刮了很長的一段時間了,就如形成弓形的弦的珊瑚礁一樣,我們也能識別南方與西南方山脈之間的高原。那高原除了中間比其他的山丘低以外,同時一度曾在海面下,而較高的珊瑚礁都已超越它了。在環形礁內的山丘山脈可看做是沉澱的底部,因早先地球的運動而隆起。這就解答了珊瑚所附著,以及裙礁所環繞的火山岩塊的來源。在瑯嶠可找到曾提及的那個可航行的通道,穿越珊瑚礁而進入圍起來的礁湖。但此通道所以會在該處亦絕非意外。因就如夏季弓形的凸面迎向盛行風,此通道亦由東北季風來維持開啟。冬季月份此季風將福爾摩沙海峽的水驅入珊瑚礁內的礁湖去。由於第三度劇變的緣故,較低矮的珊瑚礁也隆起到水面上,原在珊瑚礁與陸地之間的死水溝漕,將水排光,留下來泥漿層、黏土層、沙層等,證明它們過去就曾存在。也做為肥沃河谷的地基,現已經過耕種。

第二大的石灰岩層,即猴山,在性質上有點不同。那似乎是一連串堡礁上的一個環節。此堡礁沿著整個福爾摩沙西南海岸伸展。就像南岬地區最古老的岩塊一樣,那也是在下沉時期(即石灰紀)所逐漸堆砌的。因此才有約一千英尺這麼高的高度(這還不算地面下的可能深度)連續三次的隆起。它見證了介於石灰紀與第三紀之間的不同時期。帶有黏土狀的的痕跡與白堊紀的沉澱物,是

⑤鳥嶼(Tiau-su Island),清代亦稱為棉花嶼。今天通用的正式名稱為棉花嶼。

在那段時間沉積在福爾摩沙海峽的。

　　9.　山的剝蝕作用繼續進行時，繼之又為大量的雨水侵蝕，致使海峽變深，河谷加寬，急流從岩塊穿越而出，形成那些峽谷。現在河流經由峽谷而急速流入海中，將岩屑挾帶下來，逐漸填滿陸地與離島之間的淺海。新生的沉積物又被沖刷到其上，附著在一起，逐漸連接，而形成平原目前的輪廓。

　　10.　在荷蘭人統治時期，接近十七世紀中期時，新的福爾摩沙已大致形成，僅淺灘與平坦的島嶼，如安平等，仍跟本島尚不相連。鳳山以南有一個很大且淺的海灣。陸地一般說來都太濕軟，致使荷蘭人將道路鋪設在人造的堤防上。平原愈來愈向海延伸。一百五十年前，舊城（Kushia，P149）這城市原建在海岸上（猴山的東北方），現在則離浪潮有一英里的距離，淺礁湖取代了先前寬闊的水域。在以前的島嶼上，現在栽種了甘蔗。業餘獵人幾乎年年都發現他們的獵鷸場地已轉化為稻田，然新的沼澤地略可慰藉其損失。福爾摩沙平原這種幾乎可見得到的隆起，當然不僅是沖積物堆聚而形成的，也是由於地底下的力量，將山丘（泥漿火山）猛然舉升，而已開始轉變平原的面貌。這地底下的力量，在擴展土地這有用的工作上，也有一份功勞。因為地殼很輕微的移動，頻繁的地震就伴隨而來，往往會將平原抬升。要是目前的狀況都持續下去，那麼在五十到一百年內，打狗的內港不會照原樣存在。除了已變得太淺，即使對吃水最微量的船隻都不適用之外，可能還會被狹窄入口處兩側所滾下的大量岩塊完全封閉起來。雖然那外港或可替代，但無法給予如現在猴山與沙拉心頭區域內所可找到的同樣的庇護。安平的開放碇泊處，已在離港口兩英里遠處，會愈來愈推向海去。而東港，位於一條很強有力且土船可航行的河口，其河床變深，已經是此島這一帶與中國大陸之間戎克船貿易中心，也是很重要的市場。它很可能會成為福爾摩沙南部最合適的港口，並會是出口貿易的主要場所。

●在港口。《Harper's Barzar》，15期，47號（1992年11月），頁744。

XII

泰勒

George Taylor

英國人，中國海關稅務局職員

泰勒
George Taylor

　　泰勒，英國人，中國海關稅務局職員，一八七七至一八八七年在澎湖群島與
台灣南岬服務。起初，泰勒在澎湖之漁翁島當燈塔看守人，一八八二年南岬開
始建立燈塔與圍繞燈塔的設施時，泰勒被調到南岬幫忙。同年六月，泰勒就接
管南岬燈塔與附屬於燈塔團隊的職員，包括一兩位歐洲人、一些清朝海軍陸戰
隊士兵，及幾位廚師等。一直到泰勒一八八七年十一月離開福島返回英國休假
前，南岬燈塔都在他的管守之下。

　　現存歷史記載顯示泰勒能幹、負責又善於社交。一八八四年W.W. Myers（中
國海關，駐打狗）帶團南下去看南岬附近的原住民，而有機會觀察到泰勒與當
地排灣、阿美兩族的相處方式。Myers一直稱讚泰勒語言能力強，不但會講中國
話，也靠自己的能力學會了當地土著族的語言。因為經常跟附近部落交往，就
成為原住民社會的權威。因此，回打狗以後，Myers就曾請泰勒幫忙看看他所寫
有關南部土著族社會文化的小報告。然出乎意料的，泰勒不但將Myers的文章加
以修改，甚至可以說他重新寫了一篇阿美、排灣的民族誌，卻很客氣地讓Myers
用兩人的名字刊登在一八八四年的海關檢疫報告上。

　　後來南部長老教會傳教團有人遠赴南岬查訪恆春半島的土著族，同樣也找
泰勒幫忙。事後寫遊記的W.R. Thompson牧師也稱讚泰勒的語言能力。泰勒不但
會說官話，當地用的方言與原住民的語言等他都會講。Thompson牧師認為泰勒
能夠安全地管守危險地帶上的南岬燈塔，主要是他常常接待當地部落頭目，同
時善於官場文化，懂得如何跟當地官吏溝通。Thompson也透露泰勒另外一面的
技巧。他說泰勒撿取漂到海灘上的木頭，而將之製成一個很漂亮又好聽的小提
琴。還有，泰勒有本領把剩餘的油罐改變為一條不透水的獨木舟，並乘此獨木
舟到處參觀內海、小溪，以瞭解當地的地形。

　　泰勒曾經到訪過好幾個區域。他寫的遊記、報告中曾提到遠赴東岸的卑南，經常參與南岬附近部落的聚會、儀式等。泰勒的興趣很廣，不但蒐集阿美、排灣、卑南各族的民間故事，也對漢、原各族群的心靈上的現象做過一些調查，且寫成文章。除此之外，看過他著作後也會知道泰勒研究範圍延伸到自然史、歷史語言學、歷史地理等方面；對這些領域，他的文章裡都有一些小發現。

　　泰勒一八八八年十一月回中國工作時，被調到上海海港局。想更進一步查詢有關泰勒的生平與著作，請參考下列文章：

1.　Dudbridge, Glen, "George Taylor and the peoples of South Cape," pp. 1-21 in *Aborigines of south Taiwan in the 1880s*, Glen Dudbridge, editor (Taipei: Shung Ye Museum of Formosan Aborigines, 1999).

2.　Keller, Ian, "George Taylor," manuscript, 2006.

選文簡介：

　　泰勒著作種類包括簡短的筆記、遊記、民族誌、語言詞彙分析等。光看他寫的筆記就知道泰勒善於觀察通俗文化各種現象。漢人的笑話、客家農民挖井時，意外發現的舊器物、排灣族選女巫的儀式、西南部龜山社區的演變等，都在他觀察範圍之內。雖然這些短文很有趣，我們卻選了較長篇的著作，讓讀者更方便的認識泰勒敘述與分析的方式。因為前人曾經翻譯過泰勒一八八七年走訪東海岸時所寫的遊記，我們就選了民族誌與民間故事各一篇來代表這位「福爾摩沙通」的知識生產。

❶〈福爾摩沙的原住民〉

　　這篇民族誌，號稱要介紹「福爾摩沙的原住民」，但實際觀察的範圍不超越西南部，特別是恆春半島一帶的原住民文化而已。雖然族群範圍縮小，但是泰勒所講述的文化現象並不少。神話與傳說、心靈上的信仰、物質文化，與風俗習慣他都有紀錄。同時，透過泰勒文筆所描繪的各部落，我們可以瞭解一八八〇年代族群間的關係，與整個地區的權利結構。假如和艾比斯（Pavel Ibis）的遊

記一起閱讀，就能夠知道恆春半島上的社會與政經的演變。

❷〈福爾摩沙原住民的民間故事〉

「快來吧！否則就來不及了。」從本篇故事集最後一句話來看，泰勒寫此文章的目的，就是想要搶救東台灣原住民文化，尤其是當地族群所流傳的民間故事。就這一點來說，泰勒還算成功，因為雖然〈福爾摩沙原住民的民間故事〉並不長，但是也許是最早引用近代式的架構，來蒐集與分析台灣原住民的通俗故事。當然，像其他編纂民間故事的學者一樣，泰勒一定（或許無心中的）有加入他個人某些想法，甚至於改變了故事的內容。不過，因為故事的類別豐富，講述的人物也多（包括神、人類、動物等），則算是一篇很寶貴的民間故事選集。除此之外，泰勒也敘述一些當地居民的遊戲，同時列舉他在此地所蒐集的禁忌與「迷信」，有時也提及他家鄉蘇格蘭通俗文化類似的現象。從此文的內容與泰勒對題材的態度，讀者或許更能夠瞭解這位深入進去恆春半島原住民社會的「燈塔看守家」。

❶ 福爾摩沙的原住民

作者：泰勒（George Taylor）

摘自：《中國評論，或遠東記事與詢問》，第十四期（一八八六年），頁 121-126, 194-198, 285-290。

Taylor, G. "Aborigines of Formosa." *The China Review, or Notes and Queries on the Far East* 14 [1886]: 121-126, 194-198, 285-290.

　　雖在福爾摩沙北部，漢人已將原住民驅往內陸，並占據沿海較肥沃的地區，但在打狗以南一帶，漢人墾民尚相當疏散，居此多山地帶的「野蠻人」仍保有古老的權利，在伐木獲利中也可分得一成。他們將地租給漢人，同時幾乎在各方面都被視為土地的主人，不過已有跡象顯示此局面恐不會維持多久了。漢人墾民年年增加，軍用道路穿山挖掘，整個地帶被劃分為一些軍事區。幾乎每個「野蠻人」村莊都有一個中國軍事站（guard station），沿海的每條小溪也都可見到兵士，而輸入火藥則為死罪。原住民本身也很快在適應此新秩序。若能公平對待，他們日後可成為皇帝的忠誠屬民。

　　本文旨在處理這一大片土地上的住民。他們可分為四支，即位處最南端的排灣族，平原的平埔番或混血種，從卑南延伸到內陸大平原的知本族（Tipuns），以及在沿東部海岸往南直到南岬一些小村莊上定居的阿美族（Ameirs）。

　　討論將以排灣族為主，因作者四年來每天都有機會觀察其習俗和語言。至於所列舉的其他分支部族（除了阿美族外）的資料，則是從其流散而定居於排灣族的族員那兒蒐集來的。

　　排灣是南海岸及西邊直到東港的所有「野蠻人」部落的通稱。這是一個身體很結實的種族。他們體型高大，四肢強健，相當敏捷。婦女通常身型較小，但極勻稱。膚色均呈明亮的古銅色，然並無黑人族群（negro）特有的灰暗色調。

頭髮黑而直，髮質較粗硬。有時可看到鬍鬚的印跡，但鬚髮都被仔細拔掉。胸部與四肢略有毛髮。臉很寬，且通常都很扁平。額呈方形，眉毛頗彎。眼睛開敞，但有種奇異逼人的目光。鼻子有各種形狀和大小，從鷹鉤鼻到扁平的都有。嘴唇一般很薄，有稜有角。牙齒大小中等，很齊整。下巴有時呈方形，但經常多為輪廓清晰的正圓。頭大小中等。那些近海岸排灣族的髮式多已漢化，但更深入內地，則仍保持其剪髮的舊習，即額前短髮，後面則稍長。

　　傳說最初一塊大石崩裂，一男一女兩人從裡面出來，排灣族人就是這兩人的後代。他們自稱是一獨特的種族，且肯定自己先於知本族和阿美族。說知本族來自東邊的海洋，征服並統治了他們很長的一段時間。然有一天，知本酋長的兩個兒子在遊蕩時，進入一個村子，村民群聚，特別欣賞這兩人的劍，既亮又銳利。年輕的酋長就開始教導村民如何擦亮、磨利長刀，隨後就離開了。然走了沒多遠，忽然想到他們放下架子來磨刀，一定在這些人眼裡降低了自己的身分，而此村莊應有點頭腦，不該讓他們如此做。為了再度維護尊嚴，他們回過頭去，對那群可憐的人不分青紅皂白地亂砍擊、鞭打。這些人因此被激怒，而開始對這兩年輕人射箭，兩人就逃了，但受到一些箭傷。當他們回到家裡，

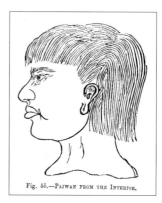

Fig. 5b.—Paiwan from the Interior.

●從內地來的排灣族人。《中國評論或遠東記事與詢問》，16期（1888年），頁158，原書圖5b。

父親問起箭傷的緣由。得不到滿意的答覆，父親就去做了些調查，結果決定將其二子處死。不過兩人逃走了，逃到排灣族所在的南邊，在此過了一段很艱辛的日子。他們白天不敢離開森林的避難處，因為排灣族雖接受知本族為其宗主（suzerain），卻從不讓外人在其領土上居留。最後兩人為飢餓所驅，到海邊去撿取貝類為食，結果被發現而遭追捕。然他們居然能避開搜捕者達六天之久，最後逃到一海灣。為了保命，游到離岸有段距離的一塊大石上。排灣人趕緊去找船，逃犯則向神靈祈求降暴風雨。結果祈求應現，暴風雨大作。受驚的排灣人逃回家去，使兩外人不致受害。那年該地鬧飢荒。排灣人此時已認出二人的身分，故以為災難是因對二年輕酋長的惡意行為而遭神處罰。於是向神獻上犧

牲，派遣使者帶了食物、武器做為禮物，請求逃犯接納，來做他們的領袖。兩年輕酋長於是成為其統領。老酋長聽聞此事，亦默然同意。排灣人原就揚言自己為獨立的部族，自此也就持續下去。

　　跟漢人貿易商和墾民的接觸，對他們來說並沒有什麼好處。雖然這幾乎使獵頭的行為終止，也使內部的小型戰爭相當程度地停頓，但許多工藝亦因此被廢棄。由於漢人的到來，帶來廉價而結實的棉布、刀、各類鐵具等，而原住民發現以地上產物來換取這些東西，比用自己手工操作的勞力來製造更容易些。排灣人曾很擅長的編織和製鐵器藝術，因此都逐漸失落，數代都未再種植亞麻。

　　排灣人雖然並不很迷信，但對女祭師卻很虔信，所有重要的時刻都要向其徵詢。他們堅信有鬼，認為鬼是神靈被譴降到居間形態一段時間，因此是人世與其他世界的適當媒介。他們對來世的概念，含混又模糊。把天堂置於極北處，認為那是一個美麗的狩獵場，裡面布滿世上的美好東西。他們所理解的地獄則主要是那是個暫時受苦的場所，然並不認為所加予的懲罰是很慘重的。

　　他們沒有神或偶像，對上帝亦無任何固定的概念，倒是比較更相信命運。施巫術並非為了禱告或祈求，而是要從神靈那兒得到對未來的預卜。女巫或祭師對含糊不定的事物很擅長，並基於人類心靈不足以理解，而為神諭上有歧義性質的提供理由。他們對預兆相當注重，其中打噴嚏被列為是最糟的兆頭之一。若有個排灣人要到二十英里外去，而即使已經走了十九英里，只要聽到一聲噴嚏聲，他就會馬上掉頭回家。這種兆頭僅限於室外的，室內的則無所謂。他們也隱約相信輪迴，傾於認為有些靈魂，被譴降入某些動物，而在那裡停留一段時間。那是對較不嚴重罪行的輕微懲罰。狗和家禽最常被認為是神靈的暫時居所。他們雖不在意飼養家禽來賣給市場，自己則絕對不吃。豬肉也是受禁的食物。然近年來和漢人雜居，已使他們突破此禁忌，以及許多其他傳統的限制。

　　排灣族曾一度組成強固的聯盟。在每個部落裡，酋長的話就是法律。著名的大統領卓杞篤（Tokitok）更進一步地也與知本族和Deks族結盟，甚至還有勇氣跟令人懼怕的打拉摩克族（Diaromaks，P059）展開談判，並相互來往。他死後聯盟瓦解，形成數個較小的社。其中最著名的有下列幾個：

　　（1）豬勝束社（Tierasocks，P321），是個很有組織的社，為統治階層所在地。這些人的權力現已減弱到僅能做些友善的仲裁罷了。

（2）牡丹社（Botans，P027）是最狂暴的部族，蔑視所有的法律。日本遠征就是專為對付此部族，給予了他們應得的懲戒。此部族僅能聚合戰士五百名左右，但因建立在群山間，據有幾乎無可攻克的城市，而占有相當的優勢。日本人運用策略始能將之拿下，他們以部分的軍力在平常的路上與牡丹交戰，派遣其餘的士兵隨客家嚮導從山的另一面翻

Fig. 1.—Stone Gate of the Botans.

●牡丹社的石門。《中國評論或遠東記事與詢問》，16期（1888年），頁157，原書圖1。

越。牡丹族不但認為外國人對道路無知而自以為安全，同時也只顧慮到前線的軍勢。當他們突見其城市因日人射擊造成的煙火，勇氣頓失，就無條件地投降了。

（3）龜仔律社（Koaluts，P132）是個很小的部族，但卻掠奪成性。據有南岬一帶的地方。二十多年前因殺害遭船難的三桅帆船船長、船員，以及船長夫人而聲名狼藉。[①]他們是獵頭者，且樂此不疲。有時中國戎克船被吹流到其海岸，船員必遭冷酷殘殺。然現在龜仔律社由軍事站圍繞，已被漢人墾民同化了。

（4）龍鑾社（Limwans）是個馴服的部族。居住在西南岬角與平原上，即今恆春設城處。在最近的十三年內，此部族已完全被漢人所同化，而接納了漢人的方式與習俗。

以上這四個部族現在都剃頭，留辮子。

（5）萃芒社（Subongs，P276）是排灣人偏北的分社，據有東港（Tang Kang，P304）附近的領域。這個部族或可算是完全獨立的。能聚合戰士二千人。是有名的獵頭族，現仍樂此不疲。頭髮剪得很短，尚保留所有舊時的特質。

排灣人對子女非常地疏於照顧，結果是許多都死於嬰兒期。對僅有最強壯者

才適於生存，認為是理所當然的。這可說明他們為什麼生理上都相當強健。不過，體力仍不及一個中等身材的歐洲人，在真正的氣力方面亦確然較弱。

　　女人生第一胎時可得到其他婦女的協助，但以後生產則須自己料理一切，丈夫或能幫上一點忙。一般說來孩子吃母奶吃到兩歲，此後的食物就跟年長者相同了。僅三歲大的小孩，就可能看到有嚼檳榔、抽煙的。更糟的是，喝燒酒還喝到醉了。檳榔和煙顯然並未造成太大的傷害，但自他們從漢人那裡學會了釀酒的藝術，亞力酒（一種亞洲產烈酒）就變成每天必喝的東西。連幼小的孩子也讓他們愛喝多少就喝多少。結果非常可悲，因那顯然妨礙正常發育，而造成胃腫脹積水。那些讓其喝酒的小孩，很少能活到十五歲。除非能放棄此陋習，否則此種族殘存的日子屈指可數。

　　當兒子，即嗣子出生時，父親會對所有前來者開放住家。女人很少生五個孩子以上的。男孩和女孩同樣受歡迎，出生的比率也差不多相同。

　　排灣人的婚禮習俗有些特別，但同時也是滿有道理的。年輕男子求偶時，待其選上的女子願意後，就會去提一桶水和一捆柴，放在對方的家門前。年輕女子的父母若同意，就會把柴和水收進去。反之，則讓其留在門外。父母同意後，就會大宴慶祝，此村子的酋長即宣布這對男女成為夫妻。但父母若不同意，男子就得設法送禮來討好。還是沒用的話，他剩下唯一的辦法就是說服女子與其私奔了；父母不能阻止她，因法律規定大家都能自由嫁娶。除了酋長外，沒有人能從中干涉。婚後年輕的妻子到其丈夫家中，成為他家的一份子，但她可隨時去探訪自己原來的家，任何舊有的感情關係都不致受損。

　　一般來說，男人從不離開自己祖先的家。一個男人要結婚時，家裡會安置好一個房間讓他私用。他在家裡各方面的地位不變。為了全家的共同利益，一家之主代管一切。依情況所需來分發錢、衣服、狩獵用具、兵器、農具等。繼承權純屬男性這一系。通常由長子承繼其父親，但後者可隨其喜好更改，而指定另一個兒子或姪子繼承他。年長者極受尊敬，在衰老歲月得到很好的照顧。

　　人一死，屍體就用水牛皮縫起來，放在住所附近的一塊地上，那是除了家人外，對其他的人都禁忌的。在那裡挖個墳墓，用四塊大石板排墊著。將死者的衣服、飾物，及武器放置墳內，然後把屍體以坐姿放入，面對最近的高山。此方棹由另一塊大石板蓋住，填好墳墓後用草皮覆蓋。幾年後其特定的位置就被

①即有名的「羅發號」事件，一八六七年三月美國籍船「羅發號」在台灣南岬內海觸礁，船員上岸後被當地居民殺害。請參考李仙得《台灣記行》，第三卷，頁152ff.；必麒麟的回憶錄：*Pioneering in Formosa: Recollections of adventures among mandarins, wreckers, and head-hunting savages* (London: Hurst and Blackett, 1898)，第十五章。

遺忘，但一年一度，會在埋葬地向所有死者的靈魂獻上祭品。

排灣人通常喜歡打獵與捕魚勝過農耕，然同時也並不完全忽略後者。在漢人到來之前，以及早於荷蘭墾民來到之時（有關此傳說，將詳述於後），土地最主要的產物是稻米、粟（millet）、粗粟（coarse millet）、甘薯、芋頭、番薯、青豆、甘蔗、香蕉和菸草。

他們一年收成兩次。那時男人與婦女都同樣在田裡工作，情況需要時也能非常賣力。最喜歡的食物為魚或鹿肉，配米飯或大麥。只有在傳染病盛行時，就會暫時變成純素食者。稻米的煮食法跟漢人的一樣；大麥則是先搗碎，再煮成粥樣的東西。

房子是用太陽晒乾的磚頭建造，用茅草覆蓋屋頂。外牆有一層劈開的竹子以防雨。這層竹子離磚頭約有六英寸，留出透氣的空間，使住所在夏天額外涼爽。無論屋內或屋外，一切總是很乾淨、整齊，在住所附近搗蛋鬧事是絕對嚴禁的。

衣服通常是由兩片短圍裙組成，一片在前，一片在後。作戰時，則加綁一條白腰帶，讓兩端垂在後邊。然在大慶典中都穿紅布做的禮服，盛裝，並綴飾大量閃亮的銀鐲和其他的飾物。洗衣時，用一小殼果的綠皮，可弄出很多泡沫，清洗的效果頗好。

主要飾物是銀手鐲和小袋的銀帶，後者通常鑲上稀有的寶石。耳環是圓的，大小形狀跟一個十二口徑的彈塞相同。從嬰兒時期就穿耳洞，然後逐漸加大，直到耳環可插入。這種耳環是純種原住民後裔的真正記認。混血兒或漢人是不准戴的。

雖然早知有銀，做飾物用的銀卻一直都靠進口。目前這些飾物均由漢人銀匠所做，但早期土著自己知道如何製作銀器。

自有傳說以來就有鐵，也會製作。沒人知道鐵是從哪裡來的，所能告知的，只是鐵原很軟。富硫化鐵礦，客家人曾設法煉取過，但不成功。

漢人引進各種農具，過去只用鶴嘴鋤。

排灣人鮮有生皮膚病的。直到最近天花傳入之前，未聽說過有什麼特別的或致命的疾病。他們將此怪罪於日本人。當然有很多因狩獵、戰爭、毒蛇咬傷等意外所造成的死亡，但除此之外，除了少數因肺結核而早夭外，大多數人都能

享長壽。

　　他們很長一段時間人口都維持穩定，也認為應如此最好。比方說龜仔律社認為人數最多應為一百個戰士。寧可殺死幾個嬰兒也不要超過此數。有一種的說法是，無論何時只要其部族人數增加到超過傳統的極限時，就一定會受到疫病侵襲。

　　排灣人受到天花的打擊相當嚴重，一度曾很準時地每年必爆發一次，大家設法逃上高山以保性命。後來漢人假冒者去給其作預防注射，或假裝注射疫苗。

　　不過打狗的梅耳醫生（Dr. Myers[②]）現在派遣巡迴醫療隊，對墾民與「野蠻人」都提出警

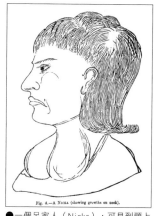

●一個呂家人（Nicka），可見到頸上的腫瘤。《中國評論或遠東記事與詢問》，16期（1888年），頁160，原書圖4。

告，要防止假疫苗。並自掏腰包給南岬燈塔的外國人疫苗。每天也有很多的漢人和「野蠻人」得到免費的預防注射，梅耳醫生更進一步地對願意上他醫院的原住民給予免費的治療，這將贏得此深知感恩然被忽視的種族永久的感念。

　　他們所有的藥物很少。備用藥品僅限用泡製的香櫞皮（citron peel）來治療一般的疾病，用浸漬的辛澀根莖來治療腺體腫漲。毒蛇咬傷則由專業吸毒者治療，收費不便宜，但一般都有效。傳染病盛行時，會建立嚴格的隔離區，在山路設路障，不同的村莊或部落之間禁止來往。死亡，尤其是因任何傳染病造成的死亡，連同某些普通疾病，都被視為不祥之兆。直到鄰人前來探訪，表明不認為那死亡敗壞此家庭名譽之前，死者家屬是不會先行去拜訪其鄰人的。

　　最光榮的死亡，要算是在圍捕野豬時，因緊抓野豬而被受傷的豬所害。一圈年輕獵人會圍著灌木叢，其中可能有個野豬受了重傷，逃入內。他們逐漸縮小圈子，逼使野豬突圍而出。那野獸設法衝出，但無任何年輕男子會讓出位子，反而更向內逼進。那被野豬試圖衝撞的年輕勇士最為歡喜。他們不計後果地撲向野豬，用手和膝緊抓任何能攀住處。其他的人同時奔過來，用刀利索地處置那畜生。獵人有時會受到嚴重傷害；沒人能絲髮無損，而至少有四分之一的結果是致命的。然他們對任何企圖勸阻者，僅嗤之以鼻，說「他們難道不會因此

②梅耳醫生，William Wykeham Myers，台灣府長老教會醫院的醫生（一八八○至？），中國海官職員，曾與泰勒和寫一篇有關台灣原住民：Myers, W.W., with the collaboration of George Taylor, "Notes on the aborigines of south Formosa," Medical Report #28, *China, Imperial Maritime Customs, Medical Reports for the half Year ended 30th September 1884* (Apr-Sept 1884): 39-46.

被其部族歌頌而留名嗎？」

排灣人不慶祝新年，但收成後會有盛大慶典，不同的部族間也互相邀請參加。當酋長結婚時，或在成功的漁獵之行後也會慶祝。事實上所有歡愉的特別時刻，都會聚集歡慶的。

家畜有小公牛、水牛、豬、狗，與貓等。主要的野生動物，就所知的，有野豬、數種鹿類，其中包括小型品種的麂（muntjac），還有豹、熊、猴子、山羊、獾，及臭鼬等，近海邊處有時尚能捕到灰色的水獺和海豹。森林繁茂，有銀色（郇和）與褐色的山雞，也有一種非常像山鶉（partridge）的鳥，野火雞、鴿子等。追獵的主要動物為鹿、山羊、野豬。當地人認為鳥不值得射殺。他們也不傷猴子，隱約認為猴子與人類之間有某種密切關係，因此把猴子叫做「patsouoanes」，即「移動的人」。

竹筏是他們唯一使用的海上工具，漁民從來不離岸太遠。用魚線也用網捕魚。前者置放魚餌的方式和漢人類似，後者則種類繁多。最常用的是圓形網，直徑約四噚，四周以鉛加重。從網中心將之攏起，極熟練地拋擲出去，網在下降時向四方撒散，落到水面時完全展開。

他們對於地理一無所知。認為歐洲人應是住在船上。對於天文所知亦極少，從來懶得去管。地震相當頻繁，對其起因也沒提出任何解釋。對風、雨、打雷、閃電等現象也無法解釋。

排灣族是荷蘭人最初接觸到的部族。若傳說可信，他們之間只有一次交戰。在此戰役裡，「野蠻人」完全信賴超自然的助力，結果慘敗。荷蘭人初登陸時表示願意友好和解，被拒，於是以武力逼進最近的城市。「野蠻人」舉行一戰爭會議，選出兩位酋長，僅由兩人來單獨防禦那城市。他們相信嘴裡所含的聖果（pulatsóo）可使侵略者飛來的子彈轉向，讓防禦者不受傷害。荷蘭人向前進攻，酋長被殺，在僅隨便的亂打一陣後，那城市就輕易地被攻下。新來者通常設法培養友好關係。此外，這些人的人數也少，又不打算占據離海岸較遠的地帶，所以荷蘭人的來到並不被認為非常嚴重。

國姓爺驅走荷蘭人後，就把注意力放在「野蠻人」身上。在跟這些人數次交戰中都把他們打敗，對落在他手中的非常殘酷。從那時起，「野蠻人」就對漢人充滿敵意，且直延至今日。

佳平（Caviangan，P031）部族

在排灣人的北邊邊界外住著一個掛單的部族，即佳平部族。他們的住處在山脈的某些地帶，此山脈在向北叫萬金庄（Ban-cum-sing，P018）的頂峰聚集。佳平部族的人從各方面看來都跟其所住地一樣的狂野。他們就像多數的山民一樣，也非常迷信，相信高山上住有死去勇士的神靈。一個著名的酋長去世時，他們會為他做盛大的接待會。「一群像幽靈般的勇士飛來轉去，匆匆地互相熱切招呼，有如強風暴雨的來襲。大聲呼喚新人之名以歡迎他。於是顫抖的『野蠻人』蜷縮在樹叢裡時，得知是哪個偉大的酋長去世了。」有時單獨一個佳平族人，穿過行走艱難的山區，心中充滿恐懼，因聽到不見蹤影的獵人奇怪的叫喊聲，促其狂野的獵犬猛追那急喘飛奔的野鹿。

他們說這些神靈還頗挑剔的呢。佳平族人只有在某個時間才能去泉裡汲水。必須先讓神靈有充分的時間汲水，不然泉水會變得混濁，要不就會乾涸。在山上行走時，必須不斷地用樹枝敲地，告知有人到來。這是讓神靈回到消失狀態的時候，不然闖入者就會遭受嚴重的疾病或災難。

佳平部族的住屋是半挖掘、半建蓋的。身上不大潔淨。除了獸皮外，沒有別種的衣服。他們告知，其山是由圓柱狀的玄武岩組成，布滿多刺的密灌叢，並說有些最高的山頂從未有人去到過。他們有時會走到下面漢人通過的路，但到目前為止，漢人裡尚無人探訪過原住民的住處。佳平的方言跟排灣族的很相似，數目字也幾乎一樣。追獵所獲是食物的主要來源。他們很安靜平和。荒涼寒冷的高山形成充分的保障，以防禦那些狂暴的低地部族。

排灣族的領土包含很長一段相當危險的海岸。因此，他們通常與外國人有較多的接觸。外國人認為他們生性兇猛、殘忍，從外人的觀點這可能是有道理的。至於有關過去船難的傳說，原住民與外國人的相遇，我在討論過各部族的特點後，會在概述裡對此做進一步的處理。排灣族，雖因上述的理由，較為人所知，然南福爾摩沙最主要且最強大的部族是知本族。

知本族（Tipuns，P325）

知本族聲稱他們是數百年前從別的國家來的，定居在目前所居的大平原，由

卑南往內陸移（在福爾摩沙圖上標記「雙峰」之
處）。如前所述，他們征服了低地的原住民，從
而統轄整個南福爾摩沙。現今這已僅是過去的傳
說罷了。

　　知本族個子比排灣族的小，五官較柔和，豐
腴而修圓，一般輪廓不像其鄰人的那麼尖銳、那
麼有稜角，膚色則相同。頭髮前面剪得很短，後
面較長。排灣人與知本人互相極為融合，各採其
鄰人最有用的特質，這使知本人原有的風尚習俗
現幾已失落。然他們之間尚存有幾處差異。知本
人的酋長與其家人都有刺青，主要在手腕、手背
和手指上。圖案很像蕾絲活計的。顏色為紅、藍
兩色。刺青代表有貴族血統，對一般族民是嚴禁

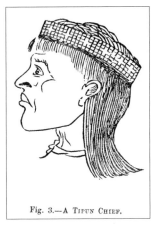

Fig. 3.—A TIPUN CHIEF.

●一位知本酋長。《中國評論或遠東
記事與詢問》，16期（1888年），頁
158，原書圖3。

的。男人婚後成為女方家庭的一份子，因此與排灣族盛行的規則相反。死去的
人埋葬在家裡面。他們並不像排灣人那樣穿兩片圍裙，而是圍一條大腰布，並
以小果子和珠子來裝飾，不過也有銀的耳環和手鐲。

　　知本這個族群，是農業民族，打獵與捕魚僅為次要。聚集在用柵欄圍起的村
莊裡，每個村子有一酋長統治。有一個相當大的城市，那是其最高統領所居住
之地，其世襲的名字叫「Takitok」。女人多做室內工作，時間多用於準備食物和
編織等；男人則在田裡工作，或偶而去打獵、捕魚等。所住的房子與排灣族的
類似，野生或畜養的動物也都相同。他們在處理鹿皮上技術熟練，將之作成暗
黃皮革/皮衣，冬天穿著。族裡可找到技術高超的鐵匠，自己鑄槍和農器。一年
約有十一個月，然他們如何能跟上四季時序，是個疑問。同時每年只有一次收
成。他們也記錄年齡。

　　中國政府一向認為他們很順從、守法。仍獵人頭，雖然此項習俗幾已廢
止。頭殼懸掛在入門處。他們像排灣人一樣，也喝亞力烈酒，抽煙、嚼檳榔。
指甲用一種花汁染成紅色，牙齒以嚼一種枝蔓而保持黑色。

　　許多漢人定居其間，而漢人的領域都是高度開墾的。稻米、小麥、甘薯、芋
頭、與甘蔗等種植廣泛，但很少輸出，因在適當的距離內沒有市場。草原上有

Fig. 6.—Weapons of the Tipuns.

●知本人的武器。《中國評論或遠東
記事與詢問》，16期（1888年），頁
161，原書圖6。

Fig. 3a.—A Tipun Warrior.

●一位知本的戰士。《中
國評論或遠東記事與詢
問》，16期（1888年），
頁159，原書圖3a。

群鹿，就像羊群一樣。野牛無法活捉，故予以射殺，取其皮革，賣給有時來平原的漢人貿易戎克船。鹿角與牛角的需求也躍增，戎克船經常滿載而歸。

此部族跟排灣族一樣，對經過禮貌引介的陌生人親切友善，爭相熱切待客。與漢人墾民間的通婚很普遍，兩個部族在此地相處得比在福爾摩沙島上任何一處都更融洽。他們或可算是半開化的人，在其初抵福爾摩沙時似乎就已如此。在任何情況下，都仍維持同一個部族，而其他部落則不斷地分裂、改變。此報告結尾處所列出的方言表，[③]顯示其數字與排灣人所用的相同，然除此之外，兩語言是不同的。這些數字並非其原用的，而採自於排灣人。這似乎表示，目前的數字比他們自己的方便，因此就停止使用自己原有的，而原有的現已失落。

可以很有把握地預測，再過五十年，會很難看得出知本族是原住民。他們定會模仿並抄襲漢人的方式，但姓名是他們非常引以為傲的，則會保留下來。

這個部族從未讓步，在漢人墾民間仍堅守自己的立場。若有漢人（男、女）與知本人（女、男）結婚的話，孩子一定會跟是知本人的父或母比較親，所以知本人實際上是將漢人併入，因而人數日增。然在此同時，排灣族與其他的部族則逐漸衰退。

重要性僅次於知本族與排灣族的部族為：

阿美族

他們是最有意思的族群。對漢人與外地人來說，他們被歸類為原住民，然真正的原住民卻把他們看做是外地人。可是他們肯定在數百年前就是福爾摩沙的一個當地部落了。

阿美族相信原初一個神（being）種了一根棍子，長大後，變成一棵竹子。竹子冒出兩個竹筍，經過相當時間，演變成一男一女兩個人。他們的子孫繁衍，占據猴仔山（Kouasain，P142），在卑南附近，（此城）直到今日都被認為是其主要的城市，也是最高統領所住之地。除了猴仔山的大社外，也占有許多其他村莊，位於東海岸往下到南岬的各突出點。知本族和排灣族的村莊都離海岸有段距離。阿美族則盡可能靠近海，多半時間用於捕魚和農耕，僅在特殊情況才打獵。

根據原住民的傳說，阿美族的祖先是一艘在海岸邊遭難的大船上的船員。他們性命獲得赦免，並准許與當地人通婚，但條件是他們及其後裔，永遠都要自認為異族，臣屬於真正的原住民。現卑南阿美族雖已太強大，不會聽命於其他部族的酋長而約束自己，然即便如此仍有此虛構的宗主與從屬關係存在。阿美族人從不認為自己能跟其他「野蠻人」有平等的地位。在所有慶典上，當各部族雜聚時，阿美族必須等到其他的人都用過餐才輪到他們，也得另坐別桌。

這個部族的長相與其鄰人迥異。毛髮多，個子高，四肢肌肉堅實，關節粗大。眉毛顯著，眼睛大而亮，無其鄰人的逼人目光。下顎很長，下巴方止覺大，嘴大，鼻子高挺。頭大小適中，頭髮黑直。跟其他的部族相比，他們四肢比例大於身體。這或可說明，他們為什麼無論在陸地或水上，都強有力並很靈巧。

在風尚習俗方面，阿美族不同於其他部族，有許多有趣面。只有他們過新年。在秋收結束時，以很文明的方式，喝酒、跳舞、做樂來慶祝。因很節儉，多半的婚禮就利用節慶來同時慶祝。而婚姻完全是真正愛的結合，任一方都不受到脅迫。儀式以公開宣布一對男女成為夫妻。把婚姻的責任看得很輕，離婚頗頻繁。婚姻上不忠實也很普遍，也並不被視為是十惡不赦的罪行。然待成熟年齡，一般都較安定下來，也較少有爭執。婚姻生活既然如此無束縛，因此離婚父母的子女並不被烙上恥辱的印記，且可依自己的喜好來選擇家庭。婚後，丈夫成為其妻子家庭的一份子。

他們相信一叫做Maratoo的最高神祉，並按時敬拜，認為此神應存於地球之外。族人在困難時，向祂求助。由女巫師代為祈禱，闡明神的意旨。靠近南岬處，顯然距離淡化了此信仰，因為在那裡，他們採納了排灣人的神靈崇拜。

阿美人堅信有死後世界，是由個人在此生的行為所決定。對地獄的信念也很明確，但認為那與其說是個地方不如說是個環境。神靈被判決，為抵贖某罪行，而在大氣中遊蕩。在此種狀態時，據說特別邪惡，因此大家都有必要使其息怒，並盡可能地避開。

阿美人當小孩一出生就馬上把他浸到一盆冷水裡，這個過程持續一段時間，然後再把小孩帶到最近的河裡或水灣，將他丟進去，讓他掙扎一會兒。小孩用此法訓練，都在極小的年紀就成為游泳和潛水高手。

③Taylor, G., "Comparative tables of Formosan languages," *The China Review, or Notes and Queries on the Far East* 17 [1889]: 109-111.

另一個特別的習俗，是在村莊外圍設置一種類似俱樂部的房子，為所有未婚男子聚集之地。他們通常閒暇時間都留在那裡，在那裡飲酒作樂。這麼做是為了防止年輕幼嫩的心靈被帶壞。

這個部族對閃電打雷的解釋是Kakring和Kalapiet兩神靈打鬥的結果，他倆是夫妻。前者對家裡的布置不滿意，於是開始踢家具，所聽到他弄出來聲響就是雷聲。他妻子找不出充分的字眼來防禦與攻擊，就暴露自己，於是就形成閃電。阿美族女性認為暴露表示最高程度的鄙視與輕蔑。風和雨也被認為是由神靈所控制，但無法解釋是如何控制的。他們對地震的說法是，一隻豬靠在一根插入地球的鐵棒上搔癢。他們說太陽、月亮、星星是由Dgagha和Barrtsing兩個神靈造成的。地球應是平的，太陽晚上走到地球的下邊。

他們雖對天地創造沒有一清晰的概念，然有神話說有一族的人在地球之下或之內，並有模糊的概念，說有些地方有群人，他們用口語以外的方式進行溝通。這是南福爾摩沙有書寫文字根源的唯一跡象。有人說最高酋長擁有手寫本或書籍，但他曾對數個漢人否認有這麼回事。然其否認仍可能是出於恐懼，怕如此查詢是想要剝奪其書。他們以為歐洲人住在船裡，在大海外的某個地方。

他們的老人看來很開朗、愉快。有些活到九十甚或一百歲，因此遠超過排灣族的最高年齡，即六、七十歲。死去的人穿著平時的衣服，所有的裝飾品都

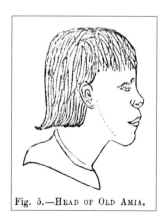

Fig. 5.—HEAD OF OLD AMIA.

●阿美族的老人頭像。《中國評論或遠東記事與詢問》，16期（1888年），頁160，原書圖5。

仍附著，然後用水牛皮縫起來，葬在朝西的方向。墳墓掘在荒地，沒有留下記號，幾年後那地點就被遺忘了。葬禮很特別。墳墓填好後，豎起一小塊木板。每個人，在走開時，會丟一把土石在木板上，並對其吐口水，重述一套話，主要是說逝者應該滿足而留在他可能已去之處。因在其衰老的歲月，無論有多麼麻煩，都仍受到極好的照顧，故定然別想回來。尤其要知道的是，若回來，那麼剛才所施的吐口水和扔石頭，就是他會受到待遇的榜樣了。參加葬禮的行伍回到村莊後，死者的親戚會擺上宴席，整個儀式到此就結束。

　　阿美族的女祭師對占卜預言方面的擅長，是很有名的。她們召亡魂問卜的巫器是以不同顏色的彩珠或竹片組成的。這些東西被拋在空中，而以控制調整其落下後的下降和位置，神靈應能以此媒介而與靈媒建立溝通。靈媒再把以此方式獲得的資訊，解釋給非專業的查詢者知曉。然此方式僅在手上問題較輕微時才使用。在有重大活動，全族都熱衷時，一精選的女祭師，由酋長伴隨，退避到某個孤獨的岩洞或山崖，因該處回聲表明有神靈居留。女祭師在那裡以扭曲旋轉身體，使自己達到一種狂喜的境界。她在此期間會昏厥，在此昏迷狀態時，即能與非人間的為首者交談。

　　往南岬一帶，阿美族的房子蓋得很像排灣族的。再往北邊，則是在小山較陡的那邊挖掘一個凹室，而用石板做成正面和屋頂。有些地方石板可供應不絕。

　　雖然他們的身體乾淨，但習慣和住處則很骯髒、不整齊。這方面與其鄰人大不相同。

　　主食為稻米、大麥和魚，吃豬肉和各種野味。雖也畜養家禽，賣給市場，但自己絕對不吃。水牛也是養來工作和出售的。他們學會作亞力烈酒，但並非特別嗜酒的人，酒一般僅用在慶祝的場合。

　　阿美族跟其他部族同樣的，遭天花感染的情形亦很嚴重。他們中流行的另一個疾病，是像鱗片樣的脫皮的魚鱗癬（Ichthyosis）。然此疾似乎並未在實質上影響到患者的一般健康。

　　在東海岸靠近卑南一帶的人都刺青，大概為模仿知本族人。但近南岬處，此習慣則不盛行。

　　阿美族人非常好客，無論是互相之間或對陌生人都是如此。他們很固執，或可說有頗決斷的個性，這個氣質為其鄰人所沒有。他們極大的目標是，使自己比那些他們稱之為原住民的人更優越。他們意識到自己是外來的部族，當他們自己或別人提到他們時，從未把他們叫做「野蠻人」，而總是「阿美族」，就連漢人也不例外。這個部族對漢墾民仍能堅持立場，

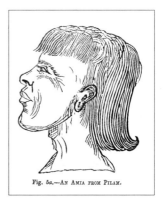

Fig. 5a.—AN AMIA FROM PILAM.

●來自卑南的阿美族人。《中國評論或遠東記事與詢問》，16期（1888年），頁158，原書圖5a。

且人數年年增加。雖不好戰,必要時亦可十分勇敢。同時也比排灣族或知本族更人道。他們一向不是獵頭者,即使在激烈作戰時,也不會將被捕的敵人斬首。有時若機會允許,甚至還會費事去為敵人埋葬呢!

阿美族人雖是一個獨特的部族,然事實上並不能說其很明顯的開化到像平埔番那樣,而可將其排除於原住民的名單之外。

平埔番

他們是最單純也最平和的民族,居於「野蠻人」與漢人墾民之間。平埔番對兩者的語言都說得很流利。在風俗習慣上較傾向漢人。自己沒有語言,過去長久以來都一直認為自己是中國的屬民。

這些原住民說,中國統治在福爾摩沙島確立的多年前,漢人與其他的人,包括「白人」,就早已在經營此島和西方間的貿易。在此期間,許多水手棄船而逃,船也經常遭海難。逃船與遭船難的兩種人都與原住民通婚。但他們的子孫與老家隔離,形成自己的小聚落。後來逐漸強大而獨立。漢人稱呼他們為平埔番,意思是「平原的野蠻人」。這是在南方所用的唯一稱呼,甚至連原住民部落也如此稱呼他們。那些在極南方發現的少數,都來自較北的地區。有一個平埔番講,他祖父和祖母是Calabar當地的人,是一艘由「白人」指揮的大船船員之一。那艘船在福爾摩沙的東海岸遭難。除了兩兄弟外,所有船員都被屠殺,至於是為了什麼緣故,則沒有提及。他兩人可憐的求饒聲引起酋長的注意。酋長似乎聽得懂兩兄弟的有些呼救聲,認為兩人必定與他同種,就饒了他們一命。他們從原住民裡選娶妻子,但孩子則加入平埔番。此混血兒的部族幾乎都個子小而瘦。他們易表露親切感情,對外國人尤其更是。從下面的小故事就可看出他們的單純是眾所周知的:兩個平埔番很得意地共有三塊錢,但找不出辦法來平分。他們坐在路上,一人拿一塊錢,但仍剩下一塊。要如何公平地處理實在是個難題。過了好一陣子,有個漢人走過,他們請其代為解決。那神仙說,「這好辦,我們一人拿一塊就可以了。」他把一塊錢幣放入自己袋內,就走了。留下那兩個平埔番,對此難題居然能如此輕易解決,又驚奇又高興。

平埔番一向都不是獵頭族。除了為防禦目的之外,也不以武力解決問題。他們極熱愛和平,甚至願意離棄自己的家園,另覓新居地,也不願忍受每天的爭

吵與持續的騷擾。這種想望寧靜常被無道德原則的墾民大占便宜，他們常以此據有一個現成的農場。

形成知本族西北邊界的山脈上有打拉摩克族（Diaramocks）。

打拉摩克族

他們是兇猛、難駕馭的民族，不屑與其他部族有任何來往。他們食人，而這是無庸置疑的。以下這則歷史上證明屬實的小故事即可印證：著名的卓杞篤有拿破崙式的野心，想當類似全福爾摩沙之工。他跟不同部族協議，試圖組成一

●打拉摩克人。《中國評論或遠東記事與詢問》，16期（1888年），頁156，原書圖7。

個聯盟時。於是也見訪了打拉摩克族的酋長，邀請他參加一在平原舉行的會議。那酋長來了，受到最好的招待。為了回報，他邀請卓杞篤去拜訪其打拉摩克族的大本營。卓杞篤單獨赴會。他受到很好的款待，被介紹給其家人。其中他注意到一個很好、很肥壯的男孩，是酋長的三子。不久後，卓杞篤大為震驚，他看到酋長特地去割男孩的喉嚨，再要開膛剖肚。他奔過去問原因。酋長很驚訝地看著他，讓他瞭解宴席的材料不會差於他的。因為卓杞篤對他客人招待得那麼好，打拉摩克族作為回報，也必須在桌上擺出他們拿得出的最好食物。並加上說，卓杞篤會發現那男孩非常美味，甚至像吃豬肉一樣。卓杞篤退席後，趁沒人注意時，盡速潛逃，再也無法說服他重訪打拉摩克族。

這個部族沒有手槍、步槍，僅用弓和矛槍。他們穿有褶短裙和夾克，也穿涼鞋，都是自己以麻織製的。膚色很深，幾乎是黑色。頭髮垂在後邊，很長，從沒剪過。只要稍稍激怒，就會殺死自己的妻子或他人。也總在路上或僻徑逗留，等候旅人，把受害者抓走、吃掉。

知本族對這些食人者極度恐懼，因此其村莊都聚集一起團團用柵欄圍住。在中國軍隊的協助下，屢次試圖深入打拉摩克族的領域，但每次都被驅回。那山基據說是一大片鬆散的砂石，只有這些山地野人很輕的腳步才能通過，平原勇

士的失敗即源於缺乏此能力。中國兵士極力反對去攻打這些食人者。鑒於他們萬一戰死或被捕，將會被吃進食人者的肚內。這跟他們所有「何者為適當」的觀念都相反。至於是否死無葬生之地，那還是次要的考慮。

打拉摩克族可能是北邊Tangāo族的一個南邊的分支，他們極可能是福爾摩沙的真正原住民。很遺憾他們習慣跟鄰人保持疏遠距離，使我們無法取得更進一步的資料。

蘭嶼族（Botel Tobago，P028）

蘭嶼的小島住有原應為阿美族的一群移民，因其語言與長相都略相似。島上居民飼養一優種豬，還有一很小型品種的家禽，很像山雞。山羊很多，其多色的皮毛極佳。天氣暖和時島民穿著香蕉葉，天氣冷了，則將樹皮片條縫起，做成衣服。他們反對外人在其中間定居。中國商人以衣服和鐵器與之換取豬和山羊。就在今年裡，有條小戎克船的商人想要獲取比平常應得更多的利益。結果是當地人夜裡摸上戎克船，把那些商人都殺了，並占據戎克船及船上的貨品。只有一人游泳脫逃，他直躲到另一條戎克船出現。

他們叫山羊「kakri」。這太像葡萄牙語的講法，而讓人懷疑山羊是否早期由葡萄牙航海者送給島民的。

中國商人相信，在很早以前蘭嶼是海盜的大本營，他們認為島上肯定埋有很多寶藏。

紅髮「野蠻人」

據說有一個紅髮「野蠻人」的部族，住在中央高山之間，使用自己製造的銅槍。然未得到有關他們的真實資料。至於南方的原住民，除了謠言以外，們對此一無所知。

每個部族雖各有前面所描述的獨有特質，然有許多的習慣、風俗、氣質等則是各族所共有的。他們各種場合都唱歌。有時輕快的旋律，歌詞充滿熱情。對任何主題也都能即席吟詠。下面是一小段他們很喜愛的音樂。

他們除了最原始型的六孔豎笛外，沒有別種樂器。最喜歡的舞蹈是圍成一

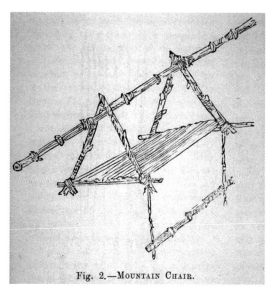

Fig. 2.—Mountain Chair.

●山地的轎子。《中國評論或遠東記事與詢問》，16期（1888年），頁158，原書圖2。

個圈子，不分年齡、性別，大家手交叉地牽著，跳著類似波爾卡舞步（polka）的瑪祖卡舞（mazurka），隨著大家合唱歌曲的節拍移轉。音樂倒不是不悅耳，但在外國人聽來，總有種哀怨的聲音。他們一般都滿喜歡外國音樂，但較喜。有個酋長愛上輕快活潑的蘇格蘭里爾舞曲，欣賞過幾次彈奏後，有人聽到他一路以口哨吹著這個調子回家。

在飲任何含酒精的飲料或烈酒之前，會先灑幾滴在地上。這樣的模式重複數次，以請神靈接納其奉獻。老鷹的羽冠深受珍視；有人射殺了四隻老鷹後，就會擺出盛宴，此後就永受敬重。山洞或山崖，因有回聲，他們相信那是神靈所居處，而被視為聖地。

血親禁止結婚或有親密關係。強姦或猥褻傷害都會受到嚴重懲罰，受害者的親戚有權殺死那犯罪者。酋長的權威是絕對且最高的。社會階級自由世襲。猜忌並排除領養的孩子，他們不得承襲權力，卻可繼承財產。誰開墾的土地就歸誰所有，但要向最高統領以實物付稅，因在名義上無論哪類的土地統統歸其所有。他將未再經認領的土地，按比例分配給被迫離開祖屋的家庭旁系。所有無人認領的財產，或因家庭絕種而歸還給他。

行使薩立法典（The Salic Law[④]）；然婦女仍頗受敬重，在家中亦占有崇敬的地位。她們的建議受到尊重，且往往可影響決定。

若有人謀殺同族的人，其性命就由受害者的親戚掌握。若受害者屬另一族，受害的那方必須證明其罪行。這種情形時就須交出謀殺者，不然就付出賠償，皆依控告者的要求而定。若無法用此方式達到和解，兩方立即走上戰爭一途。在交戰了幾天後，計算兩方的死傷人數。死傷者較多的一方自認為錯的一方，而付出賠償。叢林戰為一般的戰鬥方式，交戰並不很殘暴。所有的成年男

④薩立法典（The Salic Law），又譯舍利法典，不准女子繼承財產和王位。

子一般都擁有槍，但也用弓與矛槍，然據說箭卻是叢林中最致命的武器。酋長會砍殺任何表現懦弱的武士，但極少用得著如此做。一般說來，婦女和小孩從不會遭到騷擾，房子也不會被燒毀，財產也不會受到劫掠。這些勇士的唯一目的是在殺死對方。有時爭鬥的兩部族若不休戰，一些年幼的孩子被俘，但他們絕不會被當作奴隸，而會成為俘虜者家庭的一份子。

他們都很聰明，好奇愛問，願意學習，又領悟得很快。漢人也意識到這一點，這可從「生番穿褲，人走無路」這句福爾摩沙的諺語中看出來。這句話的大意，大概是說連生番都穿褲子的時候，漢人就沒什麼機會了。政府每年聘請來數位教師，他們理應開辦些學校，但所聘的多數是無用的老頑固，那些人沒有盡到其責任所需的精力，也沒有機敏老練的手腕。原住民很喜歡外國圖片，對圖上所呈現的景象比漢人更能無困難地理解。對其他新奇之物，像槍或任何種類的武器，也同樣很快就能領會。

獵頭的習俗在某些地區仍很盛行，跟美國印地安人的獵頭皮有同樣的涵義。勝利者先提著頭顱，在其部族各村莊展示，做為勇氣的標記。把大量祭奠用的水或亞力酒從此恐怖戰利品的嘴裡灌入，流到地上，以祭拜已逝祖先的靈魂。這之後，有些部族將頭顱放在大門上，有些部族則將之放在森林裡一祕密的隱蔽處。有些部族的習慣是把頭埋起來，在其上豎立一塊方石，各村莊互相競爭看誰的這種石區最多。

前面提過，pulatsoo是一種神聖的漿果，或應稱之為神聖的珠子。排灣族人對此物非常緘默，因此物在其祭司的本領上造成極大的奧祕。那些珠子，或可說是球，比青豆略大些，且有各種的顏色，主要為紅色。對原住民來說，一串聖果，相當於文明國家皇冠的同等地位，僅為統治家族所有。他們謹慎守護，代代相傳，作為最高權力的象徵。這些珠子，在有些可算是國家級的重要場合裡，扮演相當重要的角色。最高統領拿幾個珠子，或拋入海裡，或祕密地埋在土裡。女祭師隨後被召來，要求神靈歸還那些珠子。手頭上的事情，要等到珠子找到後，才能進行處理。那些女祭師如何找到珠子呢？——因為她們必須找到——實是個謎。有時多年後女巫才宣稱神靈已告知珠子回歸的日期。

❷ 福爾摩沙原住民的民間故事

作者：泰勒（George Taylor）
摘自：《民間故事期刊》，第五期（一八八七年），頁139-153。
Taylor, G. "Folk-lore of aboriginal Formosa." *Folk-lore Journal* 5 (1887): 139-153.

　　福爾摩沙的原住民裡，有些人因自己是說故事高手而沾沾自喜。疲憊的獵人，因辛苦追獵而大增的食慾得到滿足後，他們在樹蔭下和林邊的草地上舒展四肢。這時狩獵隊伍中一定有人會把握機會，從其取之不盡的故事庫存裡挑些來講。而即使在他時視聽故事為苦事的那些人，此時也會成為開心的聽眾。直到一個個被說故事者低緩的單調聲音撫慰，逐漸進入睡鄉。雨季少有人出門的沉悶日子裡，也是如此。說故事者就大受歡迎，一個故事有時要講上好幾天。說故事的，就像我們的雜誌作家一樣，總停頓在重大結果待決處，以確保下回定有聽眾。聽眾圈愈廣，他也就愈得意。而能把對手的忠實聽眾吸收過來，則是講故事者最高的野心了。

　　這些原住民的民間故事是個單純人種的故事。他們對好德行並非毫不欣賞，對捨棄理想而遭報應的，亦會加以喝采。以下的小故事頗能說明這一點：

　　「有兩個美麗的女孩，因被父母責備，說她們花過多的時間打扮自己而不做該做的家事，覺得很委屈，就離家出走到森林裡去。兩個年輕的男子聽到此事，就決定去尋找。心想此努力若成功，未來想要追求女孩時，可能會贏得她們父母的好感。他們在近海岸邊見到那兩女孩時，一邊向她們跑去，一邊高興地叫道：『找到了！找到了！』兩女孩會錯其用意，而跳入海裡，結果淹死了。追逐者認為是自己闖的大禍，極為悔恨，安排好互相對殺而死。」

就像近乎所有未開化的族群，為親人的死亡復仇是個神聖的任務。若漠視之，則會引起各種不幸，也很不名譽。然下則故事顯示，即使此強烈的成見，也可能因對懦弱輕蔑、鄙視而有所超越：

「有兩個年輕人是好朋友，他們在年齡和外貌上也都很相當，但不幸愛上同一個女子。經過一番考慮，決定解決此困難的唯一出路，就是兩人中有一人得死。他們同意用決鬥的方式來決定哪個人該死。選擇了弓與箭為武器。互射幾回合後，兩人都受了幾處傷。最後，其中一人勇氣喪失而逃跑，另一人惱火了，對逃犯射了一箭，將他殺死。死者親人因鄙其懦弱，甚至連血債錢都沒要求賠償呢！」

另一則小故事說明他們充分瞭解拖延之惡。然可悲的是，在此同時也描繪出他們對人的生命價值極不重視。

「某村莊有兩名勇士跟另一部落的兩名勇士打賭，說好某天會去對方的村子殺死幾個族人，而儘管對方如何努力都將防止不了。大家同意打這個賭。在指定的當天，接受賭注的這方不斷地瞭望。沒多久負責警戒的那人來告訴另一人對手已出現，可是後者覺得有點睏，就說他們既然這麼正大光明的來，絕不致會鬧事的，於是閉上眼睛，要同伴有事就把他叫醒。不久哀哭的聲響將他吵醒。跑出去一看，他發現，就在他朋友被敵人中的一名勇士攻擊而忙於應付時，另一敵人則無人抵擋，而到村子外圍殺死了十名婦女和小孩！」

講故事者很喜愛的主題之一，是某個自天上落下者的歷險記。他們運用自己的想像力將原故事加油添醋一番，讓故事中的英雄歷經各種複雜情況，並大肆運用尖銳的反諷，讓其有充分發揮的餘地。其中對脆弱的女子及某些行業更是極力諷刺。此故事依其最初的版本，應如下述：

「有位住在天界之外的年輕男子，在玩一個球，而球不幸滾進一個頗深的裂縫。他就拿了一支長槍去撥弄，設法將槍頭塞入那球，結果太用力了，反把球推穿天際，自己也失去平衡，隨著球翻滾下來。那時有兩個女孩正在鋪粟米，好讓太陽晒乾。聽到奔騰聲響，以為快下雨了，而跑去將穀收藏入屋。然當她們向天望時，卻見到一男子和他的球正落下來。這陌生人觸地時，走向那兩女子，問她們是否能指示球的落處。女孩說不知道，要他去問在造房子的工匠，工匠又叫他去找割藤者，這些人又把他推到一群賭棍處，那些人又建

議他去問漁夫。後者很誠實的叫他回頭去從開始處找，並說明去詢問距離那麼遠的人球落何處，實是極其愚蠢的。他於是回到那兩女子處，再次請問她們。兩女子嘻笑了一陣子，然後提出小小的要求，要此陌生人答應幫她們提水、搗米、拾柴，做了這些事後才告訴他球落何處。年輕人接受了這些條件。此物既如此受重視，兩女子對其用處頗感好奇，纏著要他示範一下這球是怎麼玩的。他馬上開始把球拋來拋去。他表現的技藝如此奇妙，大家從各地趕來看他敏捷的身手。當他被命停止玩球，而加入當天的勞動，幫忙清除森林以備種植大麥時，他仍繼續展現其靈活技巧達五天之久。別人在砍伐樹木時，這陌生人忙著在樹頂端跳來跳去，把樹枝綁在一起，同時一直愉快地唱歌，很是自得其樂。這引起別人憤怒。他們工作完返回時，告狀說他是個懶惰無用的人，人家辛苦工作時他只知玩樂。女主人於是狠狠地把他罵了一頓。他僅表示要稍有耐心，就會看到他的那塊地會是最早犁清的。第二天一大早他就去在其中一棵樹上綁上繩子，用力拉扯推搖，而使那棵樹以及所有與之相連的樹根都鬆搖了。然後他又掀起一陣大風，把地都掃得乾乾淨淨。這之後，他又借來一百隻鶴嘴鋤，由隱形的手操使，瓜的種子也以同樣的方式播種。瓜成熟了，掉下來，滾到穀倉裡，裡面滿裝大麥。每個瓜還有本領，除了真正的主人外，還會躲開別人的掌握。在狩獵時，雖將他派到最差的山口，這陌生人總會獵到最大一袋子的獵物，屋子裡很快就裝滿死在他弓下的鹿角。他只要喊一個字就能把水變成酒。他很大方地邀請大家分享他所提供的豐盛美食，然仍為鄰人憎恨，想找個藉口把他殺掉。他得知此事，認為是離開這群不知感激者的時候了。因為他們之中，除了一位老人外，無人曾善待他。可是在大家公開展示敵意之前，他又不願對兩女子食言。一天他大宴眾人，邀請所有的客人先玩遊戲。主人以鹿皮鋪地，約五百碼長，其上灑圓的豌豆。他向大家挑戰，看誰能跑完全程而不滑跤。好幾個試過，都做不到。可是挑戰者卻很輕鬆地跑到底線。這讓旁觀者大怒，公開威脅他，想在該時該地就把他殺了。他聽到後就將所有的鹿角拿出來，豎成梯子，最上端隱入雲中。然後他就跳上梯子，開始往上爬。敵人見他逃走，就以斧頭砍鹿角，但每砍一刀，斧頭就擦過，操刀者反而受傷，這讓攻擊者很快就打消念頭了。當此天神回到家後，別人都認不出他來，以為是闖入者，而他多次在千鈞一髮中逃過追逐。」

　　繼續講述其中的關聯會太瑣碎，反正跟所有的浪漫故事相同的是，結局一切完滿。

　　前面所述的故事可顯示原住民有一個觀念，認為別的世界住有更卓越的人種。很有意思的是，那幾乎是大家一致接受的信念。他們認為適於好人所居之處，是在世間之上；壞人及搗蛋者則被歸到地下的陰暗洞穴去。

　　下一則故事，除了顯示黑黝黝的女子無須懼怕不情投意合的殷勤外，也證實他們相信有精靈或類似之物存在：

　　「有個年輕的牡丹族人（Botan）對族裡一位年輕女子的愛變得太熱烈了，而遭其親戚殺死。為了警告有必要將熱情侷限在適當的範圍內，他的七個兄弟被酋長放逐。

　　「他們被放逐到森林的深邃之處。在一塊新土地上遊走一陣子後，越過一小塊犁清的土地，見到一個小女孩，身高只有一拃寬①，正坐著削馬鈴薯皮。他們問道：『小妹妹，你怎麼到這兒來的？你家在哪兒啊？』她回答說：『我不屬於家，也不屬於父母。』吃驚的問話者又再問她是否可為他們指點一條通路。她以下面這種謎語般的方式回答說：『要是發現劍繫在右邊，那就在正確的路上；要是在左邊，就走錯路了。』被搞得很迷惑的兄弟搖頭不解，再度進入森林。有俾格米矮人②的歌聲伴隨他們：

　　　『你們認為我無父、無母，又矮小，
　　　缺乏雙親給予的智慧；
　　　尚無父無母之時我已然存在，
　　　人類被遺忘之時我仍將存有。』

　　「他們走了沒多遠，就看見一個矮小的男子在收割甘蔗，右方更遠處有個看來頗奇怪的房子，房子前邊坐著兩個身材極小的婦人，正梳著頭髮。一切看起來太怪異了，這些旅人對是否再走近些很是遲疑不定，但又急於找到通路以出森林。他們既陷此絕境，於是決定向這些怪人問路。那兩個婦人被問時，猛地反轉身來，眼睛閃現紅光，再往上看，眼睛又變得晦暗、發白，並立刻奔入屋內，屋子的門和窗馬上就消失了。整個地方看來如一空曠的巨礫。他們見此，

嚇壞了，趕緊離開。第二天來到森林的邊緣，進入一個肥腴的山谷，那裡住著一群很溫和的人。他們最後就在該地定居下來。」

　　講述偉大獵人的故事相當普遍，但這些故事裡的「英雄」，並非就此詞的真實意義上所描繪的。他們最偉大的統領是那些巫術超群者。最高酋長是部落裡最偉大的巫醫，即最高祭師，故為超自然力量的後裔。就如另一個故事可以說明的，酋長僅以奇蹟做為最後的對策。他無疑很明智地知道，境況愈危難，其方法與解救都會愈受尊重。關於這一點，有以下的故事可茲證明：

　　「最高酋長的部落去打獵，未邀請鄰近的附屬部落，而讓後者極為惱怒。他們等到獵人因白天活動疲累而沉睡時，跑去將其獵得的鹿肉和其他獵物毀損肢解（這是最嚴重的侮辱）。然而破壞者的身分沒多久就被洩漏，有天當後者狩獵返回，向自己的酋長呈獻鹿肉時，那受害部落的兩名年輕勇士來到現場，當著他們的面就毀損獵物的屍骸，並大言道，他們無須在深夜偷偷地做。因此舉過於大膽放肆，這些人就像被妖術迷住一般，未能即時追捕，而讓兩人安全逃脫。次日，有兩名年輕勇士前來，向前日行為大膽的英雄挑戰，但最高酋長不讓他們出去應戰。對方一天天挑戰，又發出許多的辱言，直到最後老酋長終允他們接戰。兩名勇士躲在對方那二人經常出現處的附近，在他們發出挑戰時就跳出來，在他們還來不及護衛自己之前就將之殺了。兩部落間自然緊跟著就打起仗來。最高酋長的勇士們連被打敗三次，極為痛苦。老酋長於是想起自己的超自然力量，在做了該做的祭儀後，對敵人的水發出詛咒，咒其生蟲，並咒其田裡的作物全都枯萎。當勝利的部落發現他們的水喝不得，水果都害病，受到很大的磨難，他們在神前克制私欲、放棄權利，而求神去除這些不幸。最高酋長在其對手為飢渴所制服時，找自願者去其村子放火，以調換附屬部落的酋長之職給他做為報償。然很長一段時間都無人願意前往。最後一名腿潰爛的男子，因對生命幾已感到厭倦，就擔負下此重任。他成功地躲到一堆番薯葉下，逃脫了追捕。那村子整個被燒毀，反叛者求和，從此未再興與統治者作對之念了。」

　　以上所描述的殘酷與懦弱，幾乎把不擇手段的危險人物跟著名的「膽小鬼」③放在同等的地位。然「在愛情與戰爭下一切平等」這句諺語，即使對較文明的人來說，不是也跟對那些剛提到的人一樣的適用嗎？

---

①手掌張開時姆指尖與小指尖的距離，約九英寸。
②身高不滿五英尺的矮小人種，分布在中非、東南亞、大洋洲及太平洋部分島嶼。
③「yaller bellies，或yellow belly」，「膽小鬼」，即美國西部獵人、軍人對墨西哥人的稱呼，一八六〇年代也用來指歐洲人與亞洲人的混血兒。

另一位酋長，他之成為偉大成功的獵人，是由於在火燒到蹲踞處時，仍能止熄燃燒的長草處。因鹿要逃離大火，自然會逃到他留守的那塊地方尋求庇護。

有個小故事，其用意無疑是在對「紈絝子弟」之類，做俏皮的攻擊：

「有兩個外貌美好的年輕勇士，他們放在個人修飾上的注意力，還遠比做為社群一員應盡的義務更多。這當然讓那些較不為自然偏愛的人不滿。然我們的主角太沉湎在自我陶醉中，而未注意到這點。有天他們穿戴著華麗的羽毛及有流蘇裝飾的腰帶沿路走著。兩條蛇見到他們大搖大擺的，決定要挫挫兩人的焰氣，而化成兩位美麗女子的外形，走近跟那兩勇士搭訕。把自己描述為遠方一部落酋長的女兒，在自己族裡找不到足夠英俊而配做丈夫的年輕男子，於是決定要到處走走，直到能找到心目中理想的美男子。她倆承認現已找到遠超原所期望的，而請兩男子跟她們一起坐一會兒，看看是否能達成共同的協議。樂淘淘的男子當然很高興地同意了。這兩位女子既對挑逗顯得一點也不嫌惡，兩人也就更加熱切求愛。事情進展得如此順利，他們終於試想在那噘起的誘人雙唇上偷個吻時，突然發現自己正抱著兩條溜滑扭曲的蛇。蛇很快鑽進大石塊的縫隙裡去。那兩個又失望又氣憤的情郎朝蛇身後大吐口水。然此事已為眾人所聞，並大加戲謔，讓此場騙局的主角從此捨棄個人修飾，而回到每天辛苦工作的行列去。」

還有另一個故事，這次是以較弱的婦女做為主角。

「有一對年輕女孩，認為沒有男子配得上她們，而決定不結婚。讓人為她們在村外蓋了棟房子。她們住處附近有位老人，有個很小的果園。這兩女子一再不問一聲就自己摘水果吃，讓他很生氣。他一再警告，但她們積習難改。結果老人大怒之下，向神獻祭祈求，讓兩女子懷孕。兩人極為羞慚驚訝，而到時候各生下一子。她們將事實隱瞞了一段時間，但最後決定知會村裡的長老，召集所有的年輕男子，看是否有人承認是孩子的父親。所有的都否認與這些母親甚至有點頭之交。最後有個弱智者建議兩女子，叫孩子去找其父親借些檳榔，而讓這兩驕傲女子感到羞辱的是，兩男孩逕直走向那老人。老人因此得到了兩個年輕好看的妻子。」

很早以前有個傳說，說在某處可看到一個極龐大的水牛，黃昏時四處遊走，像是在覓食。見到的人會覺得自己的頭逐漸腫起來，而肚子也脹得鼓鼓

的。那些受折磨的目擊者自然總盡快逃離該地。

另一個神話說,在滿月時,某部落的族人在月光下去拜訪隔鄰的村莊時,會看到一個巨大的人,頭上插著山雞的尾羽,蹲坐在路當中。每個見到此異象者都嚇得發抖而跌倒。那幽靈在其甦醒前就消失了。

有個地方習俗是比較南方一帶的原住民所特有的。每個第五年許多部落會聚集在大酋長家舉行聯盟,每個男子手執一根約七十英尺長的竹筒,是以竹子較粗的部分連結而成的。大家圍成一個小圈子,大酋長站在其間,一千名以上的男人會擠在一起,各執長筒,長筒的一頭固定在地上。酋長大喊一聲,將一個球往上拋擲。這時,在球下降時,所有的人傾斜竹筒,球定然會落入其中的一個竹筒中。而在此後的五年內,所擲之球特具的某種好運,就會附著在此長筒主人的身上。每個球都各有其意義,比方說,第一個代表捕魚的運氣,其次是打獵時的好運,再其次是最好的稻田,然後是水牛育種成功等等。一個幸運者可能拿到數個球,大家會認為他特別得到神明的厚愛。到最後一個球擲過後,酋長在自己頭上放一圈骨頭做的頭環,並抓起一支矛槍,槍上也附著一塊骨頭。男人在小房子內(那是他們早先築好的)放置成套的衣服、荷包等。女人則退回住處,把門窗都很小心地遮起來。然後酋長開始低聲吟詠,召喚並通告神靈的到臨。立刻就會有雲把太陽遮住(不管當天天氣原本何等晴朗),一切都陰暗下來,落下一陣細雨。從屋裡傳來輕微的婦女哀哭聲,喃喃呼著已逝親友的名字。一陣窸窣聲傳入那些噤聲蹲踞著的勇士耳裡。酋長停頓一下,然後開始唱歌,歌頌已逝者的美德。勇士們大喊一聲,隨即躍起,婦女也跑出來,大家一起追頌已逝者的英勇事蹟。

年輕新手初加入神祕的祭師業時,要經過許多繁複的儀式,就如在戰爭或其他重要任務之前的一樣。

公的雉雞尾羽極受需求,而得到一支後,唯在舉行過適當的儀式後才可配戴。年輕的勇士在所有節慶的場合都戴上羽毛。但若夢到頭上有羽毛就要倒楣了,因為會遭到很大的厄運。反之,睡眠若很平穩,那麼其所著手進行的事都會很順利。

年輕「野蠻人」間有許多遊戲以消磨無聊的時刻。有個遊戲跟英國的「抓俘虜遊戲」④完全相仿,是最受歡迎的遊戲之一。他們還有「野豬」,那是個最娛

---

④「抓俘虜遊戲」,一種參加者分做兩隊相互捕捉對方隊中的越界人員,以增加本隊基地人數的兒童遊戲。

樂性的消遣。還有「捕魚」，那要很精於游泳。

「野豬」這遊戲，是由一人將兩小塊約為野豬獠牙大小的削尖木頭，用牙齒咬住。另一人則試圖繞過胸肋將他抱緊，如果能做到而不被尖木刮傷，那麼就輪他當「野豬」。因此做野豬者是玩得最精的。當然，一個「野豬」愈能持久，得到的喝采就愈多，所以他對給別人駭人的刮傷，絕不遲疑。

「魚」這遊戲，一次可有兩個人玩。先選好一個向內放寬的小溪，兩個玩遊戲者從入口的兩側一起跳進去。其中一人必須設法到達河灘中心的某一點，另一人得逮到他。那些能躲開而不被逮到的站在一邊，直到其他的配對都輪過了，然後所有贏者再次配對，如此繼續下去，直到只剩下兩人。再由他倆互相追逐，直到產生冠軍，或是打成平手。

以弓、箭、矛槍，短劍，和火繩槍來比試技術是很普遍的，大家隨意下賭注，常會輸贏很多財產。他們也用一種骰子賭博。

原住民有無數的迷信。他們生活在咒語、巫術、鬼怪的氣氛裡。任何無法解釋的事情發生，就將之歸因為邪靈設法誘使那些沒防備者上當。鬼怪從森林的陰暗洞穴中冒出來，而造成飢荒、疾病與死亡。「潘文杰（Bunkiet）妻兄的表弟在採薑黃時，不是見到獰笑的小魔鬼從甘蔗叢往外窺視嗎？那年天花不就奪走該部落兩百人的性命嗎？」

聽到打噴嚏聲，不管這人已多麼接近旅程的終點，仍必須立刻返回，因為「噴嚏是最倒楣的事」。即使在屋內，若有人打噴嚏，其他的人就會口唸咒語，像海蘭（Highland[5]）老婦在擠牛奶前把鉗子放在火裡那般地熱忱。[6]某種鳥的叫聲，若由左邊聽到，則預示致命的不幸，聽到的人得馬上轉頭回去。若有人在白天見到一隻犰狳（armadillo，即食蟻獸），那很不吉利，假如他還摸了那動物，就得為暴斃做準備了。對聖珠（pulatsoo）處理得不夠謹慎，亦有死亡緊隨。觸摸鄰人食物（girnel），緊跟著就會眼睛發炎，要避免全盲則唯靠不斷地供奉牲醴。鄰人的玉米也以類似的方式來保護。一個人若做了不愉快的夢，當天就得把自己拘禁在家。你的狗若在夜裡嚎叫，要趕緊找女祭師來作法，否則家裡很快會有人死亡。公雞在太陽剛下山時的啼聲是個惡兆，必須把那隻雞帶到路的交叉口，殺了。母雞在夜裡發咯咯聲也是不吉利的。若引起回聲，那麼狂風暴雨就會緊隨而來，因此要通過峻陡的懸崖峭壁和凹陷的懸岩時必須安

靜，因為那裡住著已逝酋長的神靈，附近的地則是他們的田地與菜園，絕不能隨意踐踏。要小心熊、豹、和百步蛇。「有隻受傷的熊跳出來，跳到旅人身上，幾乎把他捏死。而當那男人跌倒時，還一直去撥動，只要一顯活命的樣子，就再咬他，直到受害者很幸運地回復神智，而完全不動彈，那野獸才終於離開。不是有那麼回事嗎？」「豹不是能用尾巴繞住水牛，而把它抓走的嗎？」還有「在蚊蚋（Bangsuit，P016）家族的唆使下，神明剝奪了百步蛇轉為人身的能力。自那天起，百步蛇不就變成人類永久的敵人了嗎？」在喝酒之前，先要灑幾滴在地上，讓已逝祖先的神靈解解渴。大家都怕鬼。婦女在夜後絕不出門，而年輕男子則認為在森林裡獨自過夜可測驗膽量。

　　女祭師（或女巫）是個聖職。在女孩出生數天後，若從其褓褓用的長布條裡找到一個小紅果，即得知其為未來的女巫。到了加入為新成員的日子，她會在聚集的族人面前，從無形的手中再收到四個果子。這些巫師有自己特有的術語，她們的吟誦和咒語，那些未加入其職的都聽不懂。她們僅做為媒介，而不被視為會施加任何惡意的影響。事實上，女祭師在生活作息上跟一般人鮮有差異。她們也結婚，也有所有其他做為女性一般可有的自由。

　　他們普遍相信，古早時所有動物都有語言的能力，有些還有變成人形的本領。比方說，水牛在吃了香蕉之前都能說話，故直到今日，水牛只要碰到香蕉樹就踩塌。有幾個比較有意思的小故事，用以說明前述的迷信，可能不會太離譜。

　　犰狳跟野兔去捕魚。他們帶了馬鈴薯，準備捕到魚時可配著吃。為了節省時間就把馬鈴薯埋在沙裡，在上面生了火，讓馬鈴薯慢慢烤熟。可是貪婪的犰狳溜回去，把最大幾個統統挑出來吃了。等兩人帶了魚返回時，野兔大聲抗議馬鈴薯少了，指責那食蟻獸偷吃。他強烈否認，轉而怪罪野兔。最後犰狳提議應由火的考驗來確定兩人是有罪還是清白，而自己可先受測試。至於進行的方式，他建議讓自己進入一草堆，由野兔點火來燒，若存活下來，那麼就該輪到野兔也通過同樣的試煉。狡猾的犰狳，在進入草堆時，馬上鑽入地裡，等到安全藏匿土下時，就說「好了」，當然逃脫了，且毫髮無傷。輪到傻呼呼的野兔時，他很小心地把自己用乾草包起來，結果被烤死了。剩下犰狳獨自享受魚和馬鈴薯。他邊吃還邊感嘆生命的無常。

⑤海蘭（Highland），蘇格蘭行政區名。
⑥海蘭老婦去擠牛奶前把鉗子放在火裡，是希望用此動作來抵銷他人的魔符。

動物在白天應是不能轉為人形的。這個信念與西方國家所謂的「半夜三更巫師出沒的時刻」有些相仿。

「有隻淡水蟹與一隻猴子結為拜把兄弟，夜間兩者都化為人形。螃蟹的很完美，但猴子卻無法去除自己的尾巴，也總很難把尾巴藏起來。（福爾摩沙土著的全裝是在前後繫上一條短圍裙。）當白天他們原形未變時，住處附近有個漂亮的女孩慣常打那裡經過。螃蟹與猴子都對那女孩很著迷，於是晚上化為兩個活潑的年輕男子去探訪她。一天，螃蟹提議，為了要讓他倆變得無可抗拒，就應到某處，採集夠多的某種漿果，做成頭環戴在頭上。猴子同意了。螃蟹既然無法爬高，就讓猴子爬上去，把漿果丟下來，由螃蟹收集起來。可是他並未如此做，因被貪婪征服，漿果一丟下，就將之吃了，直到猴子對螃蟹還一直回答說數量不夠感到訝異，就爬下來。他馬上看到朋友的所作所為，於是兩人互相指責。螃蟹在當時知道自己不是猴子的對手，就一直謹慎地往後退到一個小裂隙去。而當猴子在盛怒之下向他衝去時，他悄悄躲開，讓攻擊者盡量冷靜下來。天就要暗下來了，猴子急於轉為人形，去探訪那美麗的少女。每在他們去求愛拜訪時，猴子總坐在那個大米磨上。螃蟹記得這點，決定要報復，在猴子到達之前就藏到他同伴慣坐的座位底下。那個假冒的年輕男子來了，照常坐在自己的位子上，開始挑逗女孩，但是螃蟹爬上去，找到那捲縮在背後遮布下的尾巴，狠毒夾剪。假冒者大叫躍起，在吃驚的女孩和她家人面前現出整整有一碼長的毛尾，末端還掛著那螃蟹。他當然被大家嘲笑趕走，而螃蟹感到極大的滿足，曳曳橫行，回到自己窩裡。」

前述的故事無疑是要舉例證明心靈勝過物質。然我們下一則故事要說的是兩者相遇，勝負難分。然他們對一般的蛇，且特別是對百步蛇的痛恨，所給予的解釋，及對此物種的懲罰等，讓人仔細思考此故事，發現其中幾個重點，很奇怪地都與〈創世紀〉第三章⑦的某部分相符合。

有條百步蛇愛上一個年輕女子，他以年輕英俊求婚者的男子模樣出現其前。為了避開她父母的嚴格防範，蛇直等到進入屋內才轉成人形。那是個脆弱女子的老故事，而她後來生了一個孩子。讓眾人驚訝的是，小孩只有在腰以上是人形，以下則是蛇形。父母知道她在村裡的男人間並無愛人，自然懷疑這是超自然的。他們於是想到常見一蛇在某時刻爬過院子，但因其無害，並未加以

干擾。然現在他們留心守候，蛇出現時就把牠殺了。由於此舉太不吉利，而決心以後再也不殺蛇，但這還不是最糟的，因此舉造成蛇群的報復情緒，群起發誓永以人類為敵。靠女祭師的協助，蛇被剝奪轉形的能力，因此也限制了牠們危害的力量。然自此以後，被百步蛇咬到就一定致命。還有許多其他的蛇類也造成很大的不幸。

在此再補充一點。當一個人被百步蛇咬到時，附近一帶全會遭搜索，他們將找到的第一條蛇綁在受害者身邊。如果這人死了（幾乎總是這樣的），那麼蛇就會被烤死；然若將傷口的毒吸出而人康復了，蛇就被釋放。

原住民的諺語很少，沒有一個值得記下來。他們的謎語也是如此。綽號倒是很多，但翻譯時會喪失所有的意義。

中國移民潮已捲入此族群之間。中國人雖是天生的商人，但與東海岸的原住民卻棋逢對手。馬來祖先傳給他們的交易本能雖已沉睡許久，然很容易就能馬上回應召喚。在熱切追求此天職時，老的傳統與習俗很快就被遺忘。雖原因不同，（因為中國官員對待南方「野蠻人」是以父母官的態度），但對那些想要研究原住民本身的，南岬必須很遺憾地重複像北岬一樣的呼喚：「快來吧！否則就來不及了。」

　　　　　　　　　　　　　　　　　泰勒一八八六年九月寫於福爾摩沙的南岬

---

⑦《聖經》，〈創世紀〉，第三章，就是亞當與伊芙在伊甸園的故事。

XIII

韋伯斯特

Webster, H.A.

《大英百科全書》福爾摩沙詞條作者

「福爾摩沙」

韋伯斯特
Webster, H.A.

　　《大英百科全書》第九版（一八八九年）的「福爾摩沙」條目，代表了當時學術界對台灣島與台灣人民所累積的知識。雖然是一篇短文，但是內容濃縮的簡單看法卻相當有意思。

　　仔細研究作者韋伯斯特所列的目錄，就能瞭解他是如何認識「福爾摩沙」的。以前的歷史文獻，包括荷蘭傳教士（Candidius）與大員長官（Coyet）的著作，以及中國方志的英語翻譯等，讓他鋪好簡單的歷史脈絡。現代的官方報告（譬如海洋測量書、領事報告、商業統計書等）描繪出眼前的政經狀況。作者參考的學術論文包括自然史學家、地理學家、民俗學家等專家的研究成果與尚未解決的議題。作者也引用了數位較出名的旅行家的遊記，來美化此嚴肅的題目。總而言之，韋伯斯特花了很多功夫蒐集資料，將一時的知識成果濃縮在其條目中。剛好可以跟早十年出版的〈福爾摩沙與日本人〉（《全年》週刊，一八七五年問世的文章）做一比較。

　　想了解《大英百科全書》第一版至第九版所敘述的「福爾摩沙」改變過程，請參考下列論文：

Shufelt, John, "Formosa' in the Encyclopaedia Britannica, 1771-1910," pp. 263-271 in *Proceedings of the 2002 Conference on the History of Science / Sino-Australian Symposium 2002* (Taipei: Committee on the History of Science, Academia Sinica; Hsinchu: Technology and Society Center, Ch'ing-hua University, 2002).

福爾摩沙

作者：韋伯斯特

摘自：《大英百科全書》，第九版（愛丁堡：Adam and Charles Black，一八八九年），第二十冊，頁415-418。[1]

Webster, H.A. "Formosa." Pp. 415-418 in Vol. 20 of *The Encyclopaedia Britannica. A Dictionary of Arts, Sciences, and General Literature.* Ninth edition. Edinburgh: Adam & Charles Black, 1889.

　　福爾摩沙，中國語稱之為台灣，是太平洋上的一個大島，位於中國人叫做南海與東海的兩個海洋之間，跟中國大陸本土以福建海峽相隔。此海峽的寬度，在其最窄處，約為九十一英里。台灣的寬度是由東經121度15分到122度5分。其最北端的富貴角（Foki），位於緯度25度19分處，而最南端的Lin-hai-shan[2]（P178），即南岬（P271），則位於北緯21度54分處。面積，據估計有一四九七八平方英里，約為愛爾蘭島的一半。福島是一長串島嶼上的一部分，依照布里基（Bridge）先生的說法，其位置在亞洲海岸與寬廣的太平洋之間，形成一個防禦工事，讓廈門到黃海一帶的中國港口能倖免於颱風的侵襲。有一系列的山脈從北到南貫穿全島，漢人就將之稱做「大山」。多處頂峰達到海拔相當高的高度。最高點，一般說是木岡山（Mu Kang-shan），即「多林之山」，英國人稱之為莫里森山（Mount Morrison，亦即玉山），是以一位早期與台灣府貿易的船艦艦長而命名的。此山據說有一二八五〇英尺高，但此估計也有可能過高，而山脈其實或許在別處達到最高點。以北，英國地圖上顯示有個Shan-chas-shan，即雪山（Mount Sylvia，P197），高一一三〇〇英尺。也有一個頂峰在中間偏西處，即陶德（Dodds，P060）山脈，高為一二八〇〇英尺。儘管如此，然福爾摩沙就其垂直的地形起伏來說，可以分為三個區域，即此山區本身、有沖積平原的寬廣西部山坡地區，以及止於高峻陡峭的海岸，狹窄的東部山坡地

---

[1]東海大學教授John Shufelt曾分析了《大英百科全書》各版本的「福爾摩沙」條目，請參考：Shufelt, John, "Formosa' in the *Encyclopaedia Britannica*, 1771-1910," pp. 263-271 in *Proceedings of the 2002 Conference on the History of Science / Sino-Australian Symposium 2002* (Taipei: Committee on the History of Science, Academia Sinica; Hsin-chu: Technology and Society Center, Ch'ing-hua University, 2002).

區。

　　此島的結構至少部分似由火山的作用而形成。中國的記載上提到有座山叫
「火山」，說是在嘉義（Kagee，P097）南方二十英里處的一個小火山。歐洲探
險家曾描述過淡水附近的石灰岩帶所噴出的蒸汽與硫磺泉。福爾摩沙為人所知
的礦產僅有煤礦、硫磺，及石油，產量足以使其有經濟上的價值。主要的煤田
在此島的北方，靠近基隆和淡水一帶。煤都由基隆港運出去。直到一八七七年
時，煤礦都純粹以簡陋的中國方式運作。但英國工程師Tyzack應中國政府雇聘的
那年，他開啟了一個有正規坑道的礦坑，深三百英尺，並備置礦坑適當運作時
所須的一切必備機械與引擎。那煤床有三英尺厚。煤的生煤含量極高，燒得很
快，但可做為汽艇短程所用。許多外國船隻、中國的戰艦，以及在福州的兵工
廠等都經常使用。一八七三年時有四萬五千噸由外國船隻運出去；一八七四年
時為一五二二一噸；一八七五年時為二七六五五噸；一八七六年時為
三一五九三噸。在平原上，土壤一般為沙土，或是沖積黏土，山谷裡覆滿很肥
腴的可種植蔬菜的土壤。從前面提及的就可推知，往東流的河流都不比急流好
多少；西部地區則有數個較緩和適度的河流流經，如台灣府河、笨港溪
（Pakan，P203）、濁水溪、鹿港溪（Lokan，P181）、大甲溪（Taika，
P284）、後壠溪（Heon-lang[3]，P084）、中港溪（Tion-kan，P324）、Tonk-shan
溪（P336），以及淡水河等。這其中以濁水溪為最寬，但僅有淡水河或叫淡水
溪，始可通航，讓海船能向內陸駛進三英里，而相當大型的中國帆船能更向內
陸深入十英里。在離埔社（Posia，P237）不遠處有個很好的湖，長四英里，
寬二英里，叫做水沙連（Tsui-sia-hai，P341），或水番（P342）的湖。福爾摩沙
的景致常是十分壯觀美麗的，因此早期西班牙航海者很歡喜地給予此歐洲名
字。

　　從東海岸可見到「眾山的輪廓既美麗又奇妙；有圓頂、尖頂，以及像牆般
的懸崖絕壁，一個接著一個，變化多端得驚人；山側覆滿鮮綠的草木，瀑布由
此傾瀉而下，在熱帶陽光裡閃閃發亮，有如銀子一般。」〔見布里基先生的
《雙週評論》（Fortnightly Review），一八七六年〕。雖然是熱帶氣候，但很怡
人且有益健康，因受到海與山兩者的影響，而得到調節。根據一八七四年在基
隆所做的溫度觀測來看，最熱的月份是六月、七月、八月、九月。平均溫度在

---

②地名「南端的Lin-hai-shan」來自於一八五八年出版的福爾摩沙地圖（漢人劃的圖，法國人翻譯成法
語）："Carte complète orographique et hydrographique de Formose traduite du Chinois," compiled by L. Leon
de Rosny. 此地圖的電子版本可參考：http://academic.reed.edu/formosa/gallery/Map_pages/Island_Maps/
deRosny_S.html。

有遮蔭處為華氏八十一度七六到八十二度八一之間。最冷的月份則為一月,平均溫度為華氏五十七度七〇。溫度在七月初幾乎達到九十度,而在一月則經常在五十二度到五十五度左右。同年雨量總計為一一八英寸,其中一月、二月、三月,和五月雨下得最多。島上植物生長的特色,都有熱帶的那種繁茂;山區則森林密覆,有許多種類的棕櫚樹、樟腦樹,以及蘆薈等,都十分引人注意。史溫侯先生(Swinhoe)曾在台灣府的一個大院子裡,取得六十五種以上的不同木材。他的標本現在可在奇屋(Kew)博物館見到。供中國人做樹心紙材料的樹,也並非稀有。必麒麟(Pickering)先生在山上就見到肉桂樹。旅行家對某些野花特為驚豔,尤其是百合與牽牛花。我們歐洲的溫室,也因福爾摩沙的蘭花及其他裝飾植物,而更為充實。鳳梨的產量甚豐。在西部的平地上,中國人引進大量培育而成的植物與果樹。稻米的產量如此之大,給予福爾摩沙「中國穀倉」的稱號。另外也種植甘薯、芋頭、粟米、大麥、小麥,與玉蜀黍等。糖、茶葉、木藍、花生、黃麻、麻、油,以及藤等均為出口物品,其中有些還形成相當大數量的交易。主要的茶園在艋舺(Banka,P017)一帶,但從事此高價值作物的地區急速增加。大部分的茶葉運往美國。島上有些地方的條件可能更利於種植咖啡。福爾摩沙的動物誌,僅有部分經查明,但知道至少有三種鹿、野豬、熊、山羊、猴子(品種大概是Macacus speciosus)、松鼠等。飛松鼠也很普遍。黑豹與豹貓(wildcats)也並非不尋常。旅行家也常提到一種有毒、可是很美的綠蛇。雉、鴨子、鵝與鷸(snipes)都很多。柯靈烏先生(Dr. Collinwood)在他的《一名自然學家在中國海域的漫遊》(*Naturalist's Rambles in the China Seas*)一書中,曾提到*Adrea prasinosceles*及其他品種的鷺、數個品種的食蟲鳥(flycatchers,或京燕)、翠鳥(kingfishers,或魚狗)、伯勞鳥(shrikes)、雲雀、黑色的燕卷尾(black drongo)、*Cotyle sinensis*,以及*Prinia sonitans*等。連「野蠻人」都養狗,用於打獵。馬則幾乎沒有,其地位由公牛取代,通常套上籠頭與鞍座,很有尊嚴地由人騎乘。河流與鄰近的海洋似乎魚量豐盛,特 得提及烏龜、文鰩魚(飛魚),以及色彩鮮豔的珊瑚魚,成群浮游在太平洋的灣流裡,因為那裡的水域受到黑潮影響而變得較為暖和。貝類成為沿海地區的中國人與原住民的主要食物,有一個品種的女神蜆屬(Cyrena)與一個品種的*Tapes*;*Cytheroea petechiana*與*Modiola teres*最為豐盛。

③「Heon-lang」該為「Heou-lang」之誤。

　　福爾摩沙的居民可分為三類：（一）中國漢人，其中大多數從廈門附近移民
而來，都說該地的方言，其餘的則是汕頭（Swatow）的客家人；（二）被征服的
原住民，現已大多跟中國人攙雜在一起；（三）還有東部地帶未開化的原住
民，不接受中國人的統治，只要有機會就展開突襲。半開化的原住民，已採用
中國的語言、服飾、習俗，叫做平埔番（Pe-pa-hwan），依英語的習慣則為
「Peppo-hoans」，其野蠻的兄弟被稱做生番（Che-hwan或青番green savages）。
似屬馬來人種。其語言，根據Gabelentz在一八五九年的《Zeitschrift der
Morgenland, Gesellschaft》上所做的調查來看，亦支持此假設④。他們又分成幾乎
是無數的部落與家族，其中許多人數僅有數百，語言上因此形成多種方言。到
目前為止，其分類尚未完成。據長老會的迪克森醫生（Dr. Dickson）所說，單以
埔社這個地區而言，就有「八個不同的，相互不能溝通的方言。」廈門的柯勒
（Corner）先生對這些人的描述為：「中等高度，胸部寬闊，肌肉健壯，手和腳
都相當大。眼睛很大，前額很圓，通常並不狹窄或向後傾斜。鼻子寬大，嘴也
很大，因嚼檳榔而破相。」刺青的習俗亦很普遍。死人埋葬時採坐姿，埋在他
過世的床底下，至少在北部是如此。小規模的戰爭極為頻繁，不僅沿著中國人
的邊界，在鄰近的家族之間也都如此。被砍殺的人頭經小心保存，做為戰利
品。在有些地區，年輕男子與小男孩都睡在放置人頭的房間內，以激起他們的
勇氣。與中國人接觸最少的部落，在手工藝的文化上，表現出相當程度的技
術。如甘為霖牧師（Rev. W. Campbell）所描述的，在南部加蚌（Ka-piang⑤，
P111）村落的屋子「由石頭建蓋，鋪以極大的，像板石的厚石片，內有可供舒
適睡覺的地方，做飯也很方便。並可貯存大量個人或家庭用品。」他們也普遍
使用曼徹斯特印花布與其他歐洲的貨物。婦女用麻製成很好的土布。她們從外
國物品上取出有顏色的線，以做成裝飾性的圖案。酋長之職，有時由婦女擔
任。中國人與原住民之間通婚極為普遍。

　　直到一八七六年以前，中國人在島上的部分被劃分為噶瑪蘭、淡水、彰
化、嘉義（Kia-I）、台灣、鳳山等縣。這其中噶瑪蘭，即噶瑪蘭廳
（Kapsiulangting，P113），是唯一在東部的。但是噶瑪蘭和淡水後被廢除，成立
台北府，有三個附屬的縣。從北邊的艋舺（Bangka，P014）到南邊的枋寮
（Pangliavu，P212）有大路通行。從北邊開始，我們找到以下幾個重要的地方：

基隆，即古北港（Pe-kiang，P217），是在礦區附近的一個通商口岸（或條約口岸）；淡水，嚴格上應叫做滬尾（Howei〔P091〕或Hobay〔P085〕），也是一個通商口岸，有十萬居民，同名的港口是由高達兩千英尺以上的山所形成，水位為三又二分之一噚。其海港口並有一個七又二分之一英尺的沙洲；大稻埕（Twa-tu-tia，P349）約在淡水河上游十三英里處的一個茶葉產區，有兩萬居民；艋舺（Mengka、Bangka或Banca，P192）在淡水河更上游些，是北部最繁華的商業市鎮，有三萬居民；在淡水縣最頂端的竹塹（Teukcham或Teuxham，P317），是個有城牆圍繞的市鎮，人口為四萬人；香山（Hcong-san，P083）與中港（Tiong-Kang，P323），兩者都靠近海岸；後壠（Oulan，P201）和新港（Suikang[6]，P277）兩者都在內陸；彰化是一個縣的首府，也是島上的第二大城市，人口在六萬到八萬之間；集集（Chip-chip，P048）是一個大鎮，居民全為中國人；嘉義（Kagee）或叫諸羅山（Chin-la-san，P043），以及茅港尾（Ung-kan-bay，P351）；有個小海港的國聖港（Kok-si-Kong，P135）；台灣府，島上的首府，居民三萬人（根據另外一個說法，則為十萬人），是一個通商口岸，有熱蘭遮城（Zelandia）的荷蘭港口遺跡；打狗（Takao或Takow，P292）也是通商口岸，在猴山（Ape's Hill，P005）的南邊，北緯22度37分，東經120度16分處；埤頭（Pataou或Pitau，P226）在內陸數英里處，是古文獻上的鳳山縣；東港（Tang-kang，P304）是一個居民兩萬人的市鎮。除了以上提到的這些地方以外，還有許多有數千居民的地方。而整個中國人的領域都有星散的聚落與小村。全島人口，據估計，在一百五十萬到兩百萬之間。較小的那個數字大概比較接近事實。中國人的影響快速散播，而此島也愈來愈受到外國人的注意。

　　福爾摩沙島必然極早就為澎湖群島上定居的漢人所知悉，元朝的官方文件上就已提到那裡的居民，稱之為東番（Tung-fan）或南方的野蠻人。明朝統治時，此島以「雞籠」這名字出現。十六世紀初期時，福島始為葡萄牙與西班牙的航海家所知，而後者至少做了一些定居（殖民）或傳教上的嘗試。然最先在此島立足的是荷蘭人。一六二四年時，他們在「原文誤為」東海岸建立了一個堡壘，叫熱蘭遮城（Zelandia），即後來升為市鎮的台灣，此殖民期維持了三十七年。明朝滅亡時，在中國有若干戰敗的明朝擁護者來到福爾摩沙。他們在一個歐洲人稱做國姓爺（Coxinga）的人領導下，成功驅逐荷蘭人，而據有島上相

④可與一八七三年皇家地理協會雜誌上的列表，以及柯靈烏先生的附錄，做一比較。
⑤加蚌（Ka-piang），屬於傀儡番的一個番社名。
⑥「Suikang」該為「Sinkang」之誤。

當大的地方。一六八二年時，福爾摩沙島上的漢人歸順康熙皇帝。此後，福島成為清帝國的一部分。一七一四年時，有些來自朝廷的耶穌會數學家曾到島上探訪。一七八二年時曾發生一場最具破壞性的暴風雨，將公眾的建築物搗毀成為廢墟，並造成二十七艘清帝國的戰艦沉沒。一七八八年時，爆發了一場猛烈的叛亂。據說在疾病與戰爭的屠殺下，損失了十萬（？）人，且耗費了二百萬兩銀子後，才被平息。本世紀早期，歐洲人對此島的認識，主要來自在其海岸發生的船難。因船員必須冒著被有食人傾向的原住民殺害的危險，同時亦須擔心脾性幾乎同樣殘酷的漢人。最有名的例子之一，就是一八四二年英國雙桅船「Ann號」的沉沒 。船上有五十七個人，其中有四十三人在台灣被處決。台灣依照天津條約（一八六〇）而對歐洲人開放貿易。但史溫侯先生（Swinhoe）發現該地並不適合做為貿易港口，而改為選擇淡水的海港。未幾，叛亂爆發，數位中國當權者受害。外國居民的情況，有好一陣子都頗不安全。新港口的貿易量又極小，以致有人提議撤回領事館。一八六五年，英國長老會的馬雅各醫生（Dr. Maxwell）先在台灣設立一個醫療性的傳教團，後來遷到打狗。如此創辦的這個組織，在一八七七年時，在漢人之間，已有十三個教會；在南部的原住民間，也有同樣數目的教會。有一千人以上受洗的皈依者，亦有三千人出席禮拜。北部地區則在加拿大長老教會的手裡。此組織是在一八七二年開始運作的，一八七七年時有九個傳教所。天主教的傳教團自一八五九年起就已存於島上。一八六七年時美國在廈門的領事與此島南部地帶的一位原住民酋長卓杞篤（Tok-a-Tok）簽訂合約，而外國人在該地區的安全得到保障。一八六八年，在鳳山縣，對基督教與天主教的傳教團所發動的攻擊，導致英國領事批准，由團長戈登（Colonel Gordon）帶領，占據熱蘭遮城堡（Zelandia）與安平。但其行動後來受到英國政府的指責，而歸還了向中國要求的賠款。一八七二時，一艘日本船隻在海岸遭船難，而船員被「野蠻人」殺害。日本政府派兵遠征，以懲罰那些殺人者。要是英國大使韋德（Wade）未能斡旋成功，而迫使他們接受條件，那麼結果是中國與日本間必然會發生一場戰爭。中國同意付出五十萬兩銀子做為被殺害者友人的賠償，並購買日本人在南部所建蓋的房子。在日本方面，則撤回軍隊，放棄一切占據福島的要求。根據休列特先生（Hewlett）為一八七二年所做的報告，島上的政治狀態十分糟糕。他說官方有句俗諺說：

「三年一小亂，五年一大亂。」此不穩定的原因，是出於他們自己的貪婪，以及太囂張的違反正義。莫里森先生（Morrison）在一八七七年所給予的報告則較為樂觀。在從前曾當過福建巡撫丁日昌（Ting）的開明統治下，所築的道路遍及整個漢人的領域，亦採用其他措施來開發資源，並在台灣府與打狗之間敷設電報（線）。同時十分認真地討論島上從南到北修築一條鐵路的提議。一八七四年到一八七六年之間，在安平（台灣府的港口）建蓋了一個堡壘，另外在打狗也造了兩個。縮減東部海岸地區軍隊的計畫正在實施，同時也正在築一條路從蘇澳向南方推進。

●參考文獻：G. Candidius, *A short account of the island of Formosa*, 1637, printed in Churchill's Collection, vol I; *'t Verwaarloozde Formosa*, by C.E.S., Amsterdam, 1675, translated into French as "Formose négligée" in the *Recueil de voyages pour l'établ. de la Comp. des Indes*, t. x.; Valentyn, *Oud en Nieuw Oozt Indien*, t. iv., with a large map of the island; Malte-Brun, "Analyse de quelques mémoires hollandaise sur l'île de Formose," in *Annales des Voyages*, 1810; Klaproth, "Description de Formose," in *Mém. relatifs à l'Asie* t. i., and "Sur la langue des indigènes," in *Journal Asiatique*, 1822; Lindsay and Gutzlaff, *Voyage to the northern ports of China*, 1833; E. Stevens, "Island of Formosa," in *Chinese Repository* vol II, 1833; E.C.B., "Dealings of the Chinese government in Formosa," in *Chinese Repository*, 1837; Lieut. Gordon, "On coal in the n.e. of Formosa," in *Journ. Roy. Geog. Soc.*, 1849; Robert Swinhoe, "Bericht über die Westküste von Formosa," in *Ztschr. für Allgem. Erdk. zu Berlin*, 1857, translated from *Overland Chinese Mail*; "Visit to Formosa," in *Jour. of North China branch of Roy. As. Soc.*, 1859; "Notes on Formosa," in *Jour. Roy. Geog. Soc.*, 1864; "Additional notes," in *Proceed. Roy. Geog. Soc.*, 1866; Habersham, *My last cruise*, 1857; Biernatzki, "Zur Kunde der Insel Formosa," in *Ztschr. für Allgem. Erdk.*,1857, and "Die Insel Formosa," in *Ztschr. für Allgem. Erdk.*,1859; Jomard, *Coup d'œil sur l'île Formose*, Paris, 1859; E.W. Brooker, "Observations on Tai-wan," in *Nautical Mag.*, 1858, and "Journal of H.M.S. the Inflexible," in *Nautical Mag.*, 1859; A.C. Gras, *Renseignements sur les îles Bashee, îles les Formose, &c.*, 1860; G. Stanley, "Les Côtes

O et S. der Formose," in *Annales hydrogr.*, 1867; "Ile Formose," in *Annales de la prop. de la foi*, 1867; Vivien de Saint Martin, "Aperçu général de l' ile de Formose," in *Bull. de la Soc. de Géogr.*, 1868; Guérin and Bernard, "Les aborigènes de l' ile de Formose," in *Bull. de la Soc. de Géogr.*, 1868; E.W. Brooker, "Remarks on the coast of Formosa," in *Nautical Magazine*, 1868; Bechtinger, *Het eiland Formosa*, 1871; Thomson, "Notes of a journey in southern Formosa," in *Proceedings of Roy. Geogr. Soc.*, 1873; Taintor, *Aborigines of Formosa*, 1874; Bax, *Eastern seas*, 1875; Arthur Corner, "Journey in interior of Formosa," in *Proc. Roy. Geogr. Soc,*, 1875; Knoblauch, "Einige Notizen über Formosa," in *Mitth. d. Deutsch. Ges. für Natur- und Völkerkunde Ost Asiens*, Yokohama, 1875; Kühne, in *Annalen der Hydrogr. und mar. Meteor.*, 1875; Cyprian Bridge, "An excursion in Formosa," in the *Fortnightly Review*, 1876; H.J. Allen, "Notes of a journey through Formosa," in *Proc. Roy. Geog. Soc.*, 1877; T.L. Bullock, "A trip into the interior of Formosa," in *Proc. Roy. Georg. Soc.*, 1877; James Morrison, "Description of the island of Formosa," in *Grographical Magazine*, 1877; W.A. Pickering, "Among the savages of central Formosa, 1866-1867," in *Messenger of Presbyt. Church of England*, 1878; and British consular reports. A map of the island is given by E.G. Ravenstein in the *Geographical Magazine*, Oct. 1874.

參考文獻（詳細）：

Allen, Herbert J. "Notes of a journey through Formosa from Tamsui to Taiwanfu." *Proceedings of the Royal Geographical Society of London* 21 (1877): 258-266.

Anon. "Ile Formose." *Annales de la Propagation de la Foi.* (1867).

Bax, B.W. *The eastern seas: Being a narrative of the voyage of H.M.S. 'Dwarf' in China, Japan, and Formosa.* London: John Murray, 1875.

Bechtinger, J[oseph]. *Het eiland in de chineesche zee.* Batavia: Bruining et Wyt, 1871.

Biernatzki, [K. L.] "Die Insel Formosa" [The island Formosa]. *Zeitschrift für allgemeine Erdkunde* n.f. 7 (1859): 376-395.

Biernatzki, [K.L.] "Zur Kunde der Insel Formosa" [Concerning the knowledge about the island Formosa]. *Zeitschrift für allgemeine Erdkunde* n.f. 3 (1857): 411-427.

Bridge, Cyprian A.G. "An excursion in Formosa." *Fortnightly Review* n.s. 20 [= Vol. 26 old series] (1876): 214-222.

[Bridgeman, E.C.] "Remarks on Formosa, respecting the rebellion of Choo Yihkwei, with suggestions for quelling insurrections, and for the improvement of the island. From the works of Luhchow." *Chinese Repository* 6 (January 1838): 418-427.

British consular reports. See *British Parliamentary Papers*. China. Shannon: Irish University Press, 1971.

Brooker, Edward W. "Remarks on the coast of Formosa, and islands and dangers east of it." *Nautical Magazine* (September 1868): 504-510.

Brooker, Edward W. "Remarks on the coast of Formosa, and islands and dangers east of it." *Nautical Magazine* (September 1868): 504-510.

Bullock, T.L. "A trip into the interior of Formosa." *Proceedings of the Royal Geographical Society of London* 21 (1877): 266-272.

C.E.S. [Coyet, Fredrik, 1620-1689]. *'t Verwaerloosde Formosa: of waerachtig verhael, hoedanigh door verwaerloosinge der Nederlanders in Oost-Indien, het Eylant Formosa, van den Chinesen Mandorijn, ende Zeeroover Coxinja, overrompelt, vermeestert, ende ontweldight is geworden*. Molewijk G. C., ed. Werken uitgegeven door de Linschoten-Vereeniging, 90. Zutphen: Walberg, 1991.

Campbell, W[illiam]. "Among the aborigines of south Formosa." *The Messenger and Missionary Record of the Presbyterian Church of England* n.s. 3 (2 September 1878): 172; (1 October 1878):191-192; (1 November 1878): 211-212.

Candidius, George. "A short account of the island of Formosa in the Indies, situates near the coast of China; and of the manners, customs, and religions of its inhabitants" (c1628). Pp. 404-411 in Vol. 1 of *A collection of voyages and travels*. Awnsham Churchill, comp. 3rd ed. London, 1744.

Collingwood, Cuthbert. *Rambles of a naturalist on the shores and waters of the China Sea: Being observations in natural history during a voyage to China, Formosa*, Borneo, Singapore, etc., made in Her Majesty's vessels in 1866 and 1867. London: John Murray, Alblemarle Street, 1868. Pp. 35-128.

Corner, Arthur. "Journey in the interior of Formosa." *Proceedings of the Royal Geographical Society* 19 (1875): 515-517.

Gabelentz, H[ans] C[onon]. von der. "Ueber die formosanische Sprache und ihre Stellung in dem malaiischen Sprachstamm" [On the Formosan language and its position in the Malay language family]. *Zeitschrift der Deutschen Morgenländischen Gesellschaft* 13 (1859): 59-102.

Gordon, Lieut., of H.M. brig Royalist. "Observations on coal in the n.e. part of the island of Formosa." *The Journal of the Royal Geographic Society of London* 19 (1849): 22-25.

Guérin, M., and M. Bernard. "Les Aborigènes de l'île de Formose." *Bulletin de la Société de Géographie de Paris* 5th series, 15 (1868): 542-568. Note: Partial translation in HRAF, AD1, Formosa, #24.

Gützlaff, Karl Friedrich August. *A sketch of Chinese history, ancient and modern: Comprising a retrospect of the foreign intercourse and trade with China.* New York: J.P. Haven, 1834.

Habersham, A[lexander] W. *The North Pacific surveying and exploring expedition; or, My last cruise.* Philadelphia: J.B. Lippincott, 1857. Pp. 159-179.

Jomard, M. "Coup d'oel sur l'ile Formose, a l'occasion d'une carte Chinoise de cette ile" [A glance at the island of Formosa, on the occasion of the arrival of a Chinese map of the island]. Apportée par M. de Montigny. *Bulletin de la Société de Geographie* (December 1858): 380-403. With a map by L. Leon de Rosny, "Carte complète orographique et hydrographique de Formose traduite du Chinois," facing p. 464.

Klaproth, M.J. "Description de l'ile de Formose, extraite de livres Chinois" [Description of the island of Formosa, extracted from Chinese texts]. Pp. 321-374 in Vol. 1 of *Mémoires delatifs à l'Asie.* Paris: Librairie Orientale de Dondey-Dupré Père et fils, 1826.

Klaproth, M.J. "Sur la Langue des indigènes de l'île de Formose" [On the language of the indigeneous people from the island of Formosa]. *Journal Asiatique* 1 (1822): 193-202.

Knoblauch, F. E. "Einige Notizien ueber Formosa" [Some notes about Formosa]. *Mitteilungen der Deutschen Gesellschaft, Yokohama*Bd. 1, Heft 8 (Sept. 1875): 35-37.

Kühne, Captain. "Notes on the Pescadores and west coast of Formosa." *Annalen der Hydrographie und mar. Meteor.* (July 1875): 233-237.

Le Gras, A.C. *Renseignements hydrog. sur les îles Bashee, les îles Formose et Loutchou.* Paris: Depot de las Marine, 1860.

Malte-Brun, C. "Analyse de quelques mèmoires hollandaise sur l' île de Formose." Pp. 344-375 in Vol. 8 of *Annales des voyages de la géographie de l'historie.*

Morrison, James. "A description of the island of Formosa, with some remarks on its past history, its present condition, and its future prospects." *The Geographical Magazine* 4 (1877): 260-266, 293-296, 319-322.

Pickering, W.A. "Among the savages of central Formosa, 1866-1867." *The Messenger and Missionary Record of the Presbyterian Church of England* n.s. 3 (1878): 15-16, 29-31, 69-71; The Gospel in China n.s. 5 (May 1878): 29-30.

Ravenstein, E.G. "Formosa." *The Geographical Magazine* 1 (1874): 292-297.

Saint-Martin, Vivien de. "Aperçu général de l'ile Formose" [General views of the island of Formosa]. *Bulletin de la Société de géographie* 15 (1868): 525-541.

Stanley, G. "Renseignements sur les côtes O. et S. de Formose." *Annales Hydrographiques* (1867): 51-59.

Swinhoe, Robert. "Additional notes on Formosa." *Proceedings of the Royal Geographical Society of London* 10 (1866): 122-128.

Swinhoe, Robert. "Bericht über die Westküste von Formosa." *Zeitschrift für allgemeine Erdkunde* (Berlin) n.f. 3 (1857). Note: translated from the *Overland Chinese Mail.*

Swinhoe, Robert. "Narrative of a visit to the island of Formosa." *Journal of the North-China Branch of the Royal Asiatic Society* 1, ii (1859): 145-164.

Swinhoe, Robert. "Notes on the island of Formosa." *Journal of the Royal Geographical Society* 34 (1864): 6-18.

Taintor, Edward C. *The aborigines of northern Formosa: A paper read before the North*

China Branch of the Royal Asiatic Society, Shanghai 18th June, 1874. Shanghai: Customs Press, 1874.

Thomson, J[ohn]. "Notes of a journey in southern Formosa." *Journal of the Royal Geographical Society* 43 (1873): 97-107.

Thomson, J[ohn]. "Notice of a journey in southern Formosa." *Proceedings of the Royal Geographical Society* 17 (1873): 144-148.

Tyzack, David. "Notes on the coal-fields and coal-mining operations in north Formosa (China)" [with discussion]. *Transactions, North of England Institute of Mining and Mechanical Engineers* 34 (1884-5): 67-79.

Valentyn, Fráncois. *Oud en Nieuw Oost-Indiën.* Dordrecht, 1724-1726.

XIV

伊德

又稱余饒理，George Ede, ?1854-1908

蘇格蘭教會教育家兼傳教士

❶〈福爾摩沙北部之旅〉

❷〈穿越東福爾摩沙之旅〉

伊德
George Ede (?1854-1908)

　　伊德（又稱余饒理），蘇格蘭教會教育家兼宣教士，對台灣早期中等教育很有貢獻。愛丁堡默里學院畢業後，被英國長老會教會派往福爾摩沙當教會老師，預備在當地創立學校。一八八三年底與夫人一同抵達台灣府後，在台灣教書、傳教，一八九六年才遷移至中國大陸（廣東東北客家地區）繼續宣教的工作。

　　伊德在教育界的成就，可以從數方面來瞭解：

　　第一：伊德剛到台灣府不久之後就設計具體的計畫，打算在台灣府創設中等學校，提出給教會的理事會來討論。雖然中法戰爭爆發後使得伊德的計畫延後一段時間，但是當伊德與夫人從廈門逃難回來後，就在一八八五年九月租屋而開始上課，伊德教中學生，伊德夫人教小孩。從此以後，教育事務成為伊德主要的工作。

　　第二：當伊德福佬話與漢字能力達到足夠的水準後，他為了教學需要就開始編譯教材，如《萬國紀錄》、《聖經問答》、《三字經：新選廈門與白話文註解》等書，都是他當年的成就。

　　第三：利用新設備來提高宣教工作的效力。教會文獻顯示一八七八年左右，台灣長老教會已經備有攝影器材與投影機，後者當時稱為「魔幻燈」，是早期發明的幻燈機。伊德不但拿魔幻燈去教會醫院給病人看，不怕麻煩的他放假時候去探訪外地教會時，也隨手帶著魔幻燈，同樣放聖經圖片給教徒與其他觀眾看，以解釋聖經的故事。我們所選的第二篇遊記裡，有一段伊德解釋如何運用魔幻燈才能達到最高的效果。可見伊德在教學方法上，也是滿前進的老師。

　　第四：教育政策。伊德前後向長老教會的理事會提出許多改革方案，希望提

高教育效果與擴大教育對象。許多方案都跟小孩教育有關，比如設立師範學校培養老師，以派往各地教會負責小孩教育，或設法在各教會辦理主日學，讓教徒家庭的孩子都有機會認識聖經故事等。雖然因教會經費與人才之不足，不能實現伊德所有的提案，但是南台灣長老教會史的確可證明伊德是對教會教育頗有貢獻的一位老師。

想更進一步查詢有關伊德的生平與著作，請參考下列文章：

1. 張妙娟，「余饒理」（George Ede, 1854.7.10-1905.1.7），「長老教會中學」，《台灣歷史辭典》（台北市：文建會，二〇〇四年），頁340，527。註：按照長老教會檔案，伊德在一九〇八年六月七日過世；亦可參考甘為霖著，《英國長老教福爾摩沙南部傳教團手冊》（Hastings: F.J.Parsons，一九一〇年），頁xxv。

2. Keller, Ian, "George Ede," manuscript, 2006.

選文簡介：

就目前所看到的文獻與出版品來講，伊德所寫的遊記與探訪報告並不多。不過，因為《長老會信使》一八九〇年代的文章我們尚未完全，或許尚有能找到這位教育家在採訪與調查上的其他作品。下面翻譯的兩篇遊記，可以代表伊德在台初期與中期的著作，看過此文後就能夠分析一位宣教士從完全不瞭解陌生環境，而慢慢地演變成頗有台灣經驗的「台灣通」。讀者會發現伊德處在兩種不同的狀況下，都能提供與其他旅行相異但卻很有意思的訊息，同時也可增補其他文獻未曾敘述過的歷史事件、族群關係或地區發展。

〈福爾摩沙北部之旅〉

伊德一八八六年四月出訪福爾摩沙北部的目的，就是想要跟「北部的所有教會有關人士會面」。他雖然一八八三年底就已經抵達台灣府，但是因為全力投入教會教育工作，一八八四年又爆發中法戰爭，所以伊德很少有機會出訪外地教會。由於這些緣故，「北部之旅」代表「新客」初次探訪陌生地帶的所見所聞，所紀錄的現象當然和「老油條」觀察到的東西有所不同，比如鄉鎮旅店的

建築、衛生狀況與旅客的種類等,都是伊德相當感興趣的題目。外國旅行家對新環境那一般的恐懼感與好奇心,都充分顯現在這篇遊記中。不過,因為伊德觀察能力強,他的報導也提供了許多老遊客未曾提過的訊息。試舉幾個例子來說明。比如,因為伊德盼望跟一些北部的「野蠻人」會面,認識了一位跟漢人墾殖者結婚的原住民婦女,而從她那裡得知此類婦女是如何扮演族群間溝通角色的。一八八六年從草鞋墩有條越過山區前往埔社的新路剛啟用,而伊德在他的遊記裡就已傳達此訊息。研究北部長老教會擴展的教會線路的學者,也應當重視這篇文章,因為其歷史方面的價值相當高。

第二篇,〈穿越東福爾摩沙之旅〉,是我們選集中最長的一篇遊記,出版的時候就分成八小段在《長老會信使》連載了八個月才刊完。一八九○年以前的西洋報刊、雜誌或學報,從來沒有如此報導東福爾摩沙的現象,可知當時伊德的文章受到多大的重視。我們今天再看此遊記時,也還能欣賞到其優點。研究台灣歷史地理的人,會找到許多東台灣較陌生村莊的足跡。從鵝鑾鼻到花蓮以北沿著海岸一路上會碰到的軍營,伊德都很詳細地描繪,尤其是軍營的小兵跟軍官如何和當地居民相處,都經詳細紀錄。一八八八年在東福爾摩沙爆發的民間衝突,在一八九○年代初期都還記憶猶新,當地居民,尤其是被壓迫的教徒也向伊德訴苦,因此遊記中的歷史見證也並不少。土著族對他們過去如何遷移到東台灣的歷史,伊德也有所紀錄。

除此之外,如果想要重新分析傳教士自己如何描繪其遇到危險時,所表現出來的英勇姿態(或真或假),在這篇遊記的上內容也相當豐富。伊德對自然環境也特別敏感,所到之處他都用不少篇幅來描繪山水、森林與草木,有些景觀也特別深刻,很值得學者再注意、分析。最後不能忘記提到伊德如何解釋在偏遠地區用最新科技宣傳福音的經驗。從老遠的台灣府扛了很笨重的「魔幻燈」到東岸來播放聖經故事的圖像給漢、原居民看,也是這篇遊記中相當有特色的現象之一。總而言之,〈穿越東福爾摩沙之旅〉是我們翻譯文集出版最晚的一篇,又是文字最多的一篇,也可能是內容最豐富的一篇。我們非常高興能夠與讀者分享伊德這篇遊記。

❶ 福爾摩沙北部之旅

作者：伊德（Ede, George, ?1854-1908）

摘自：《長老會信使》（一八八六年七月二十三日），頁5-8；（一八八六年八月六日），頁6-9。

Ede, G. "Journey to north Formosa." *The Presbyterian Messenger* (23 July 1886): 5-8; (6 August 1886): 6-9.

　　幾個星期前我曾環繞到福爾摩沙北部的一部分地區做旅行，然自我返回台灣府後，直到現在才有機會給你們寫一份記事。

　　雇用挑夫時，我先跟他們談好必須跟我到任何我想去的地方一個月。一般的方式是雇用他們走某個路線，但因此方式對我的計畫並不適合，我這次無法採用。在遠離的這一個月中，我想大概行過約四百英里。我的目的之一，是要與我們在北部的所有教會有關人士會面。至少與每個人都能在一起度過一夜，這一點我做到了。在大社（Toa-sia，P331）與埔社（Po-sia，P237）我都待了數天。

　　在中國新年這段時間到北部的路上有點不安全，由於那時有不少窮困的流氓四處徘徊。所以我們北上時，通過幾個小型軍營。那是暫設的，以保護旅客。

　　我想世界上沒有一個國家像中國一樣，有如此多的想像的邪靈。因此中國人採用各種方法來安撫、哄騙、誘捕這些可怕的惡魔。我注意到在一處有個切去頂端的錐形物，一個獅子頭鎮壓在其上。獅口大張，似要吞下不吉祥的幽靈，因此得以確保此地區的繁榮。

　　從台灣府出來，約十五英里處，我們越過一個廣闊的沙洲，沙塵非常濃厚。等我們抵達另一面時，臉上已汙穢到會被誤認為是一群吟遊歌手。

　　第一晚（即一月十八日）在一個旅店度過。比較上來說，那不算是個太差

原編按：此報告註明的日期是一八八六年四月三十日。

的地方。唯一真正令人討厭的，大概就算那喜愛旅店的老鼠了。次晨，把月光
（熱帶的月光非常明亮）誤為黎明，我三點半就起床了。用過少許早飯後，動
身前往嘉義，此處有個禮拜堂。傍晚我很高興能與教會的人士見面。在封鎖期
間，曾傳聞有密謀要將他們集體屠殺。但我未聽說有任何人因此理由而背離教
義。沒幾年以前，此城市被視為非常不安全。即使現在，居民仍顯得沒有安全
感，他們以像柵欄一樣的籬笆把自己的住處圍起來。

　　次晨，雨下得很大，讓我們無法早些出發。不過，到了九點左右就放晴得足
以讓我們上路。約中午時，抵達一個地方，那裡住著單獨一個教會成員。這可
憐的人病了。我身上帶了約半打的簡單藥物，原準備給碰到的任何身體不適的
人，所以對他略能幫上一點忙。由於這天早先下雨的關係，走在路上舉步艱
難。有幾個學生伴隨我，他們正要回家過節。這些男孩中，有幾個顯得已精疲
力竭，所以我雖不情願，也只好時間尚早就在一個叫他里霧（Tan-lí-bu，P307）
的地方停留。原希望能抵達我們在茄苳仔（Ka-táng-á①，P115）的禮拜堂，那是
往前再走約六英里處。但既然沒辦法，就只好轉入一家旅店過夜。睡覺的房間
在屋子後頭，要走上很長一段距離，還必須穿過一個很骯髒的大廳。我的房間
極令人討厭，牆是柳條編的，地方極為狹窄。對面有個豬圈。我隔壁的房間有
幾個人，什麼也不做，就是閒聊、抽鴉片。我坐著吃飯或閱讀時，從柳條牆壁
的空隙可以見到許多發亮的地方。這些是好奇者的眼睛，急於獲知「洋番」的
一些習慣。「洋番」是他們提到我時，常選擇用的一個詞彙。

　　看到天將破曉，真是高興極了。雖然路上跋涉是很辛苦，但四周環境一般並
不令人厭惡。我們早晨很早就抵達茄苳仔的教堂。在這裡吃過午飯，又繼續上
路。因為我很想看看鹿港（Lok-káng，P182），就朝一條向西方的路走。鹿港是
一個很大且重要的海港市鎮，卻很少有人到訪過。晚上我們來到一個叫寶斗仔
（Pó-táu-á②，P239）的地方。過夜的旅店在為我們備茶時，我就外出到市鎮上
一個類似廣場的地方，在那裡賣掉很多基督教年曆，並把Grimke夫人的漢字經
文卡片送給所有可以閱讀的人。最後，我向大群環繞的人宣揚上帝拯救我們的
大好信息。

　　早上那些學生離開我，走向東邊的大路，而我則由朝西北的方向前往鹿
港，中午就到達該處。進入大街後，沒多久就聚集了一群人，我向他們佈道了

一陣子，也賣掉約一百份基督教年曆。我原可輕易賣掉更多，但因存貨有限，只好保留一些給其他的地方。我能賣的都賣掉後，許多渴望要買的人買不到，這讓他們非常不滿。

在此市鎮停留了兩個小時後，我啟程前往彰化（Chiang-hoà，P040）市。由大路向東走。這個城市，或許注定會是比目前福爾摩沙的首都，即台灣府，成為更為重要的地方。然而這並不是一個可暫住的好城市，因為市內有很多髒水，使得大量蚊蟲滋生。我這次有幸找到一個還不錯的旅店。在太陽下山前，我外出到街上發送了一些小冊子，並向那些聚集的人講了些話。我想，要是教會能在此地找到一個立足點，那將會是件大好的幸事。

經過一夜的休息後，我醒來時很高興知道，我們最北的傳教所大社，現已在二十英里之內。我在晚間抵達，那天是星期六。整個星期都在路上，想到能跟很多基督徒一起過安息日讓我十分歡喜。英國有位很體貼好心的女士，曾給巴特勒小姐（Butler）數千張用羅馬拼音的本地語言經文卡片，巴特勒小姐給了我一千張。所以早晨禮拜式做過後，我可以給每個出席的人一張卡片，並給牧師留下足夠的張數，讓那些沒辦法來的教會成員也能拿到。我在此地總共送出兩百張左右。因為新年快來臨，我讓那些人把這些經文當做格言。將卡片送給所有教會成員的計畫，我在福爾摩沙北部的每個教會都如法照做。

幾年前，傳教團在內社（Lai-sia，P154）有個教會。那是在大社北方的一個村莊。但由於村人須應付「野蠻人」的問題，多數村人把房子和田地抵押給客家人而離開當地。那教堂還存在，但已用做為畜欄。我很盼望見到那個地方，以將台灣府帶來的一些小冊子分發給內社的每一個家庭。因此，星期一早晨，由牧師及兩個弟兄陪同，動身執行計畫。但走了沒多遠，就開始下雨，下得太大，我們發現無法涉過山間溪流。不甘情願地被迫轉身回頭。但次日，我已約好要去大社教會人士的家裡拜訪，並要與教會職工聚會，再過一天就要動身去埔社，因此這次不得不放棄所有要去內社的想法。不過，我仍設法安排讓小冊子照原先所打算的分發給大家。星期二下午，我找出時間，到鄰近一個叫做葫蘆墩（Hô-lô-tun，P089）的商業市鎮去。有兩個教會的弟兄住在那裡。我在此分發了一些用漢字寫的聖經經文卡片，給那些可以閱讀的人。這個小鎮是在到內社的路上。

①茄苳仔（Ka-táng-á），今西螺鎮振興。
②寶斗仔（Po-tau-a），或稱「北斗」，今彰化縣北斗鎮。

　　有件很有趣的事實，那就是所有大社的人都姓同樣的姓。他們的祖先原是「野蠻人」，後歸順於中國統治下時，原先既然沒有姓，就須指派一個。據說就採用當時統治他們的那位清朝官員的姓。

　　從大社到埔社的行程要走三天，但若越過山區則可省下一天。約九年前甘為霖先生（Campbell）與巴克禮（Barclay）先生，就曾由幾位弟兄伴隨走過。星期三早上動身前往埔社時，我原準備照一般三天行程的路線走，但到了晚上，發現自己在一個有些偏遠，叫草鞋墩（Chhaú-ê-tun，P038）的地方。在此聽說有條越過山區前往埔社的新路剛啟用，這喚起我的冒險精神。既然我步行的狀況良好，於是決定只要上帝許可，第二天就越過山區去。

　　我們過夜的這家旅店恐怖極了。我簡短地介紹一下這一家，以後別家就不再贅述了。房子的正前方由一個門組成。每一側都有很寬的通路，天黑時由兩扇竹屏風關起來。裡邊，骯髒的泥土地權充為地板。那些形成牆的架構的竹柱子，能有多歪斜就有多歪斜。在這些支柱間的結構原是編條和粗灰泥，但粗灰泥顯然早已脫落，剩下的只有編條和塵垢了。屋頂上大片很髒且老舊的稻草和許多蜘蛛網垂懸著。跨過房間中間近天花板處有個構架。架上有籃子（放橘子、米，及他類物品），一個五弦琴、幾把舊掃把、破損的凳子等等。

　　床架放置在店（房間）的三個角落。一個床架像一個大盒子，中國人習慣用來放值錢的東西，但有時也放洋芋（甘薯）和米。床架上鋪著稻草與舊草蓆。我的男僕與我睡一張床。兩個學生（跟我一起過山回到埔社的家去），和一個挑夫睡另一張。第二個挑夫睡第三張床，他穿著番人做的外衣，那是他用少許鹽換來的。我帶有自己的被子，其他伴隨我的人則沒有，因此旅館主人給他們一條。那條被子是連我們家鄉最不挑剔的撿破爛的人都不敢碰的。那毛織的東西上爬滿紅色的蟲子，且髒得無法形容，旅客拒絕接受。旅館主人發了一頓脾氣後，換上一條跟先前那條差不多同樣髒的來。但推薦說這是戶長平常用的，並保證沒有活跳的紅色蟲子。不過，睡在其下的三個青年，早晨起身時，都全身好好地抖了一抖。順便一提，中國人上床睡覺時都不脫衣服的。隔屋的賭徒一直不停地打牌。我被他們的交談聲騷擾到很晚。同時多少也是被那在床下築屋的雞，整晚刮擦聲和嘰喳叫聲，吵得睡不好。

　　次晨，我們及時起床，但得等到有些店鋪開門，以買一些旅程上需要的補給

品。這些東西買到後,我們立刻前往入山口去。對那條路只知道要往東走。路上很危險,主要原因有二:一是有碰到「野蠻人」的危險;二是要在深山的樹林內趕路到天黑。除了雨傘以外,我們沒有任何防禦的武器。

走了約一個小時後,全然進入山區,景色到處都很雄偉壯麗。有一處,眼前升起令人驚異的美景,像一個海市蜃樓。好一陣子我都不敢置信。遠在我們前邊有一大片霧氣。陽光亮麗,從其薄紗般的折痕裡反射,十分耀眼。其上,山峰高峻,聳入藍天,到最頂端都密覆著樹木,驚人的清晰奪目。其下,環繞山腳的則是蓊鬱的植被叢生。更低處,有閃耀銀光的宏偉溪流加以緣飾。寬廣起伏的平原構成前景,滿覆絢爛的翠綠。此美景的輪廓於是描繪完整,能來到此地真是幸福。這崇高的美景激起我靈魂中最深祕處,使我充滿敬畏,充滿感激。我的心只能讚美祂,那創造一切的祂。

福爾摩沙最好的地方尚不為人所知。遠在眾山之間是超絕美麗且豐沃的山谷與平原。不僅如此,從岩石的性質看來,我深信在土壤中還醞藏著大量的珍貴礦物。

越過山區的路是由中國兵士開築的,但大部分只是小徑。除了有些地方實際上需要的更多。比方說,在一溪谷處,從側邊砍下的樹被粗魯地丟到山谷對面。又,在一條河那裡,水太深而無法徒涉。那種情形下,就用竹子和草根土做成一個像橋的建築物。有一個地方,水只有在一邊很深,那原始的橋就只搭到溪流的中間,到了那裡後,旅人就須踩進水裡,涉水走過剩下的那一段。

在走了兩個小時左右,我們來到一個房子的廢墟,顯然是被燒毀的。我很好奇,想知道其歷史。但當然沒有人遠住在這些孤獨的地方,我的好奇心也就無法得到滿足。靠近這個荒廢的房子處,有一個異教徒的小祭壇,由兩塊石頭端頭直對,另一塊橫置其上。裡面有三個用稻草做的偶像,極為卑劣,可能是以前進山打獵或砍取藤條的人所蓋。對了,一般說來,在嘉義以北,我所見到的祭壇與墳墓都比更南部的種類差。

在路上又走了一個小時後,繞向西方,來到一座山的側邊。從那裡見到一個宏大的三角形平原。右邊與左邊都有高山鄰界,直到最頂端都覆蓋著最厚密的青綠草木。路的這一角落有個很大的漂石,上面放著一些紙牌與紙錢。大概是某個信徒放在那裡做為給賭神的祭品。中國人的迷信到處可見。

　　我們沿著一條河流的左岸往下走到平原。在此我們見到野生動物的腳印，顯然是從山上下來喝水的。沒多久，步道將我們帶到右邊較高的地面。現在大概是中午，大家都有點累了。但因不知道要走的路還有多長，不敢停下休息，害怕無法抵達目的地。大約從此地點起，我們就一直從山一側最陡峭的坡往上爬，再從另一側爬下來。開始下雨了，讓跋涉更增困難。步道由於土壤黏土狀的性質，變得非常滑溜，我們不斷有失足跌倒的危險。在有些地點，要是如此，那就等於必死無疑。當天旅程的第二個部分全都在穿過樹林。一度，就在我們前進時，聽到遠方有吵雜聲。有人說那是「野蠻人」出來了，我們停頓了一會兒。然後在一段距離外，有些人向我們走過來，他們是要橫越到西部的旅人。他們聽到我們的聲音，就像我們一樣，也相當擔心。那天我們後來又有兩次遇見旅行的隊伍，因害怕被襲，都武裝齊備。

　　下午過了一半時，在越過當時繞行的山谷裡不同處，我們見到兩個番人的小屋。但所幸，就我們能看清楚的，都沒有人居住。中國政府當局在此森林裡三處設立了軍營。每處都有一些兵士駐防。這些軍營大概是在開林築路時建造的，都有堅固的柵欄圍住。那條路在我們走過時，才啟用了一個星期左右。我無疑必是第一個走過的外國人。

　　到了將近四點時，我們來到最後的攀登處。那是極度難爬的一個。為了要避免辛苦攀爬，我們登上數百英尺後，就轉向左方，由一條獵人用的小徑往下爬到一條河去。那河沿著山的底部流動。此河流的岸邊非常的崎嶇不平，因此嘗試三次後才涉過。四周森林裡的樹木一直長到靠近水的邊緣。我們隨時都在擔心「野蠻人」會見到我們，而來襲擊。河水流得很快，很難涉過。最後，天快黑時，才見到烏牛欄（O-gû-laû，P200）的軍營。一個在河流南邊的低地上，另一個位於北邊山側十幾英尺處。過了這一帶，以後的鄉野就相當平坦。半個多小時後，就抵達烏牛欄的禮拜堂。又餓又濕，而且疲累透了。但仍感謝神帶領我們安全完成此行。我的男僕說，在山上時他感覺不到餓或累，而觸摸他的手時，都很冷。他是那麼的害怕「野蠻人」。然而，現在他談起此行時，卻像英雄般的得意。

　　這之後的兩天，我都在烏牛欄教堂度過。雖然這期間經常下雨，我還是有不少機會跟人們見面。因為這完全是個基督教的村莊，住在這裡的每個人都跟教

會有關係。最初有些人病了，到台灣府的醫院去，由馬雅各醫師（Maxwell）治癒。回來時告訴大家他們所聽到的，以及教會為他們所做的。後來又有一批到那醫院去。同樣地，他們回來時也帶回類似的報導。從那時起，這個地方就開始敬拜神，而結果就是我在前面提到的。

　　抵達埔社的第三天是安息日。星期六晚上我發燒得厲害。為了要減輕負擔，我只帶了一套衣服。這套衣服在越過山區那天就已經濕透，我只好穿睡衣和外套。就這樣著了涼。安息日早上我身體相當不適。然吃過早餐後，天晴朗起來，我也開始感到舒服許多。到了做禮拜時，我已能帶領禮拜式了。約有一百八十個人出席。這是場重要的聚會。下午，我走到牛睏山（Gû-khùn-soâ，P077）的禮拜堂去。在那裡也舉行了一個禮拜式。結束後，又到大湳村（Toa-lam，P329）的禮拜堂去，希望由於是安息日的關係，當晚聚集的人，可能比往後我待在埔社的四天會更多，這樣我能有機會見到更多的人。在埔社的四個禮拜堂，都在相互能見得到處，所以溝通很容易。

　　我很盼望在還算安全的情況下，跟一些北部的「野蠻人」會面。去年我在福爾摩沙南部曾見過一些。有個人與周圍數個部落關係友好，表示願意帶我進入他們的主要村莊。然因為須睡在地面上，而我由於當時還在發燒，所以被迫謝絕，真有點不情願。此外，內部的山脈仍尚為雪覆蓋。不過，我的好奇心並不是完全未被滿足。因為我有機會在三個場合，跟一小群這些未開化的原住民見面。與平原的墾殖者沒有爭執時，他們偶爾會出來以貨交易。常常是一個部落很友善而另一個並不。他們自己之間也經常有衝突。幸虧往南方約半天的路程，有一個部落受到中國的影響，一直都很友善。這個部落在約束其野蠻的鄰居上，有很大的功勞。否則，據說埔社平原會居住不得。對付這些部落還有一個辦法。有些墾殖者跟「野蠻人」結婚，大概是自私的目的，為了得到交易上的好處。然雖說如此，但爭執發生時，這些婦女穿上舊式「野蠻人」的服飾，回到山上去，努力修復相互間的友誼。我就見過兩個這樣的婦人。其中一個非常聰明，她把墾殖者的方言學得很好，因此我跟她談話能談到某種程度。我勸她答應下個安息日到最近的禮拜堂去。她跟我的一個挑夫是遠親，他帶她來跟我討眼藥。因為我沒有這種藥，對問題也不瞭解，只有建議她去台灣府的醫院看病。這個婦人的臉的下半部都布滿刺青。回答我對此的問題，她告訴我是年

輕時刺的，非常疼痛，讓她的臉有相當長的時間，腫到看不見東西，也不能好好吃飯。

　　我見到的男人是出來交易貨物的。他們帶來鹿的腳、布料、毛皮，以及一種蘑菇。用大量的這些物品，換到的是一個廣口水瓶，兩個小的平底鐵鍋、少許鹽，和一點紅布。最後的這件物品，他們將之挑開，再跟自己土著布料的線一起重新織過。在織布上，他們非常靈巧熟練。男人僅在前額與下巴上刺青。耳垂穿孔，將小的圓柱形竹筒插入孔內。衣服主要是用一塊布圍在身體中間的部位。他們出來時攜帶的武器是矛槍，並跨肩斜掛長刀，這些刀是用來獵人頭的。他們的地位由獵到的人頭數量來決定。對這些人頭，他們非常小心看守。據說如果出外襲擊成功，那個人會把獵獲的人頭當枕頭來用，以防夜晚睡覺時被那些沒那麼幸運的同夥偷走。「野蠻人」婦女只嫁給獵到頭的勇士；獵不到頭者，則會受到輕視。

　　很遺憾的，那些住在埔社的人接觸到「野蠻人」，對他們的觀點並無改進。多數都對可憐「野蠻人」的生命看得很輕，有些甚至還誇口殺害「野蠻人」以獲利。我誠懇希望有人能設法幫助這些可憐的東西。我試著勸導一個年輕男孩跟我一起到台灣府去，心中抱著微弱希望，或許他將來某天能回到自己族人那裡，而至少能告訴他們一點永生之道。很不幸，他沒同意。

　　我在埔社的最後一天剛好是中國新年（二月四日）。依照遍及整個福爾摩沙教會的慣例，大埔社（Toa Po-sia，P330）的會眾（我尚未有機會跟那些人全體一起見面）聚集一處祈禱，屬於大湳村禮拜堂的人也加入。聚會相當的好，我們在恩典的寶座上度過一個非常快樂的團體時光。街上到處進行著賭博，跟此聚會形成對比。老年人手不夠穩，幾乎連搖動骰子或洗牌都困難，年輕孩子只有力氣往上拋幾個硬幣。他們同樣都忙著從事那邪惡的嗜好。有人告訴我，新年時大概每一百個人裡頭，就有九十九個都以某種方式來賭博。的確，新年的頭五天，我所到的各處，從市鎮到村莊，都見到公開進行賭博。大家為此時機保留特別好的現金。營業全都暫停。教會即使別的什麼都沒做到，但只要會眾能對此惡習提出抗議，那就足以被表彰為一個值得尊敬的組織了。

　　次晨，我又再繼續旅行，轉為朝南的方向。旅程雖也在山區，但是走一條比較短，也相當安全的路線。路上有一個地方，我注意到已開始種茶了。許多山

谷都極為肥沃。啟程四小時之後，我們抵達一個最美麗的湖。在此湖的邊岸有個村莊，那裡住著水社（Súi-sia，P278）番人（現已幾乎開化了）。我進入有些人的房子去。門有時非常低，不超過三英尺高。裡面不亂，也不怎麼髒。許多漢人的房子比這些糟多了。

到了三點鐘，我們抵達最後一座山的頂端。眼前是一段很貧瘠的鄉野，主要的特色為大量的漂石到處散布。此地帶一度曾展現很多火山的活動。我相信此處有煤礦。有人告訴我們不遠處地上冒出一種天然氣。在越過以上提到的那片漂石鄉野時，我們遇到單獨一個「野蠻人」。他設法讓我們瞭解，他是山來撿乾木頭的。他的手指有些被火藥炸掉。他看起來很飢餓，所以當我給他一些餅乾時，他非常高興。我自己先吃一片，以保證不會毒害他。

兩個小時多一點後，我們來到一個村莊，打算在那裡過夜。就在我們進入時，有兩個部分穿著漢人衣服的「野蠻人」走上來。他們叫我「紅髮番」。從這樣的人那裡聽到這稱呼，算是很好的恭維。然而，當我給他們看一個弓、箭，以及幾個其他的小東西，是我從十二英里外他們的同族人那裡取得的。他們似乎感到相當困惑，不一會兒就離開了。

第二天的旅行將我們帶到斗六（Taú-lák，P309）的禮拜堂。路上被大雨延誤，最後得摸索到那裡，因為天色已太黑。每個人都很高興見到我們，盡力讓我們感到舒服。這個禮拜堂很有意思。由其結構來看，實不能算是個一般的禮拜堂建築物，因有部分用做為住家，而另外的部分才是崇拜的地方。房子目前的戶長是個跛子，我問他最先是怎麼聽到福音的。約八英里路外，在茄苳仔，有個禮拜堂。曾聽說那裡有教導教義，他有一個星期六就動身往那裡去。但迷路了，只好在路邊過夜。並不是一點危險都沒有，因為睡下一段時間後，發現有條蛇向他爬來，嚇了他一跳。當然他把蛇殺了，但是後來沒能睡多久。次晨，他設法抵達那教堂，而開始對教義產生興趣。於是決定每個安息日都定期來做禮拜。這表示他星期六、星期一的生意就要損失了，但他繼續這麼做了一段時間。他村子裡其他的人也陸續加入。最後，他們一致同意每個星期到茄苳仔去，不如在自己的村莊聚會。希望不久之後傳教團會派人來教導他們。

抵達的次日是安息日。約有七十到八十個人聚集來聽福音，實令人鼓舞。大家對禮拜式好像都很感興趣。我非常高興有此機會對這些尋求真理的人說些適

宜的話。

　　我北上時未能見到茄苳仔的人，所以決定次日要跨越到那裡去。再過一天就前往嘉義。這些我都做到了。到了嘉義的次日，我繼續前往岩前（Giam-cheng③，P073）。我們在那裡有個禮拜堂。抵達此地前約三英里處，見到一個人。他說他是那個教會的成員，於是為我們帶路，到他自己家裡，以及其他兩個弟兄家。兩人中一個在生病，另一個是瞎子。盡力給予這些可憐的人一點安慰後，我繼續去到目的地。在這裡，晚間禮拜式後，一大群人留下來學習讀與寫，有些一直待到十點才離開。這個傳教所位於非常美麗的景色之間。背後有些極高的山丘，都十分奇麗。其中一個特別有趣，因為有火不斷從其側面一處噴出。因為想要看看這個噴火處與不遠處那有滾燙水的地方，第二天很早就起床，準備到那幾個地點去。早上五點受到邀請去「吃飯」，我接受了。其後，動身出發，由一嚮導陪同去達成願望。我們一路經過的風景都十分壯麗。最先攀爬的那座山，靠近頂端蓋了一個廟。小徑兩邊到處都有小塊栽種洋芋（potatoes④）的粗耕田地。栽種洋芋是為了把野豬引誘到設在不遠的陷阱去。繞到山丘的後邊，見到用竹子造紙的過程。先將竹子切成薄片，再浸軟，最後碾磨成紙漿。紙就是由此紙漿做成的。再攀爬了一陣子後，來到從岩石噴火的地點，有些約三英尺高。要是熄滅了，馬上又再重新點燃。看了一會兒後，我們去到一個叫關仔嶺（Koân-á-niá，P133）的地方。在此，讓我很欣喜的是，聽到聖歌的聲音。嚮導告訴我，有些屬岩前教會的弟兄住在這裡。他們正在做晨間禮拜。過了一會兒，他們加入我，跟我一起走去那可見到滾燙水的地方。滾水在那裡形成一個濁白的水池，然後流走，成為白水溪的水源。參觀過後，弟兄們要留我一起吃飯。雖然時間很緊迫，我還是同意了，因為真的很餓。由於我筷子用得很熟練，所以能從他們準備的好餐食中得到徹底的滿足與享受。他們用盡方法勸誘我留下過夜。我很遺憾，不得不推卻邀請，因原已安排好當天下午要到吉貝耍（Ka-poà-soá，P112）去，沒有別的選擇。我真不知那些遠在高地的人，怎能做到一個又一個的安息日到教會去。下山非常費勁——大部分時候是走在漂石上，過河又經常須嘗試數次才能涉越。我確信只有真正熱愛真理，才能促使他們這麼做的。

　　我們回到岩前的時候，雨下得很大。但計畫已定好，不能讓雨阻止。因

此，我們立刻向吉貝耍動身。黃昏時抵達，大家都濕透了。

次晨，我們啟程到傳教團最後設立的傳教所牛挑灣（Gû-ta-oan，P078）去。路上碰到牧師。他早上外出，原打算去嘉義探訪，但如其所說的，在好幾個地方有很好的機會傳揚福音，就待了太長時間，因此沒去成嘉義，只好回家。他領我們到一個叫新庄（Sin-tsng，P266）村莊去，那裡最近有若干人捨棄崇拜偶像，開始上牛挑灣的禮拜堂去。似乎就在這一帶，最近有許多人拋棄偶像崇拜，他們丟掉的偶像多到一個人都拿不了。

牛挑灣的禮拜堂是由教徒們自己建蓋的，實在不夠大。抵達該處的當晚，大家正建議打通建築物尾端外側的房間來擴張。

早晨，時間現在既歸我自己安排，就想盡量利用。我由牧師陪同，去到牛挑灣北方一段距離的較大市鎮，樸仔腳（Phoh-á-kha，P221）。在此市鎮的街上做了兩次簡短的演講，又分發了一些小冊子和書後，就朝位於西方的海岸前進。在此有個市鎮叫東石（Tang-chio'h，P303），居民大部分是戎克船的船夫和捕漁人。進入此地數分鐘後，我就被一群人，約有四、五百人，團團圍住。就我所聽說的，以前從未有外國人來到此地。大家都很專心聽我宣道。我並把卡片分送給那些能閱讀的。可惜的是，人數不多。現在已快兩點了，很遺憾，不能在鎮上待久一點。牛挑灣在東南方向十英里外。為了要在當晚抵達該地，必須盡快前行。路上經過數個村莊，有機會在那裡散播一些神話語的種子。抵達牛挑灣，見到Thow先生時，可以想像我有多麼高興。他本到東海岸去了，而我已有三個月以上沒見到他了。這次會面，對我們兩人都是一種驚喜，因為相當出乎意料。

次日是安息日。我們倆各主持一次禮拜式。禮拜堂裡額外的擠，許多人都圍站在門口。下午的禮拜式後，村莊的首領為禮拜堂地租的問題來此鬧事。原本認為這是無需付的，因為此村莊其他的房子都未設有地租。過了一會兒，那個搗亂的人離開了。後來Thow[5]先生和我對此問題再略加查詢，而決定邀請那些首領來見我們。晚間他們依約來了。我們告知若要求是公正的，那麼必定會支付地租，不過他們並不願聽此話。有個人腰帶上帶著手槍。他們的想法顯然是認為我們有錢，而這是個敲詐的好機會。他們在下午曾告訴一些人說，要是不付錢，就會把禮拜堂燒毀，並要將地主逮捕。安息日不適合討論這樣的問題。

③岩前（Giam-cheng），今白河鎮岩前。岩前位置在白河通往關仔嶺的半路上，隔著白水溪就是白水溪村落。
④可能是甘薯。
⑤William Thow，長老教會牧師。

Thow先生安排次日再留在村莊裡，更進一步地查詢此事。在牛挑灣許多敬拜神的人都受到相當大的迫害。

　　早晨我繼續前往台灣府，路上經過一個很大的市鎮，鹽水港（Kiam-tsúi-kang，P128），我在那裡做了短暫停留，並跟圍繞的群眾宣道。到了五點鐘，抵達傳教團所在地。感謝神在我北部旅行的這四個星期間，對我的一切看顧，並感謝神讓我以祂的名所說、所做的一切。

　　北部許多的教會大體上都很興旺。為此而欣喜的同時，我對兩件事感到特別難過。第一件是，在會眾裡缺少青年人；第二件是，教徒裡喝酒很盛行。此習俗若持續下去，我肯定要不了多久，就會對教會的利益有極大的傷害。教徒是不准吸食鴉片的。但我認為，喝酒也應受責備，理由就跟譴責吸鴉片的完全一樣。兩者都同樣有在道德、社交、心靈上毀滅一個人的力量。都會使人墮落，因此，同樣都是禍因。要是這還不夠將兩者都放在同樣的禁令下，那麼我以為，做此決定靠的不是理智，而是偏見了。

❷ 穿越東福爾摩沙之旅

作者：伊德（George Ede）

摘自：《長老會信使》（一八九○至一八九一年）

Ede, George. "A tour through eastern Formosa." *Presbyterian Messenger* (1 October 1890): 6-9; (1 November 1890): 4-7; (1 December 1890): 6-10; (1 February 1891): 2-3; (1 April 1891): 3-5, 8-10; (1 May 1891): 12-14; (1 June 1891): 11-14.

伊德（一）

「我們希望喚起讀者對以下報告的注意。這是一系列短文的首篇，記載作者的東福爾摩沙之旅。讀者必會感謝我們推薦此篇記行供其賞讀。就作者對福爾摩沙奇麗風景的栩栩如生描繪，以及對該島旅行的生動記述來說，無人可以超越。同時作者對『野蠻人』的生活，以及基督教宣揚工作的略覽，也饒有趣味，讓人著迷。整個記述值得細讀，並廣為流傳。」

只要看一下福爾摩沙的地圖（去年年度報告上的），就可看到東福爾摩沙的一大部分地方全已[1]得到基督教福音的佈道。這實足以讓人對該地產生興趣。我就是如此。要是沒能見到島上該地區就回到英國，我必定會十分遺憾。因為傳教士若要到東海岸（一般如此稱呼那地帶）去，平均每三年才有一次機會，故希望讓此行對可能會遇到的各類人士都有最大的助益。於是，除了其他物件以外，還設法帶去大量的，無論對教會人士或異教徒來說，都很適用的書籍與富宗教意義的小冊子、一套聖龕[2]的圖表，以及一個魔術燈籠。附帶的幻燈片則幾乎全為聖經方面的圖像。

①「已」應是「未」的誤印。
②安置聖像或聖物者；以色列人在曠野用作禮拜堂者；後指猶太神殿。

鄉土

我十二月十八日離開台灣府，二月十九日返回。離開的那兩個月裡，在以下各地度過安息日（星期日）：（1）畚箕湖（Pun-ki-o，P240）的村莊；（2）鹿寮（Lok-liau，P183）營；（3）石牌（Chioh-pai，P047）的禮拜堂；（4）蟳廣澳（Chim-kong-o，或成廣澳）的禮拜堂；（5，6）迪階（Tak-kai，或迪佳，P291）的禮拜堂；（7）花蓮港（Hoe-leng-kang，在地圖上一般稱為擢奇黎〔Chock-e-day，P050〕）；（8）里壠（Li-lang，P174）的村莊；（9）竹仔腳（Tek-a-kha，P314）的禮拜堂。

我由兩位牧師伴隨去東海岸旅行，同行的還有數位原住民的主內弟兄，他們正要返家。

因為路上許多地區都十分危險，所以中國政府當局設立了軍營。在那裡，徒步旅行者至少可安全過夜。住宿雖是免費的，但旅行者必須自備食物和寢具。

要詳細說明東福爾摩沙的自然特質，恐怕會占相當大的篇幅。然可大致描述如下：貫穿此島的中央地帶有許多高山的山脈。靠近東部海岸是一列高聳的山丘，由北到南穿越過相當長的距離。在這些山丘與中央的高山之間是一個狹長的河谷，叫做內平埔（Lai-pen-po，P153）。在那一系列濱海山丘的末端（即北端），河谷放寬，延伸到濱岸。內平埔被兩個分水嶺分為三段。其中一段由向南流的河將水排出；另一段由向北流的河排出；而中間的那段則由向東流入海洋的河流排出。中國政府擬在東福爾摩沙設立一個專屬部門，但首要城市的地點尚未擬定。有人認為最好在寶桑（Po-chong，在地圖上通常叫做Pohson，P227），即南流之河河口的港口。其他的建議在花蓮港，即北流之河的山谷北段河口的港口。但最可能會被選中的是中間地帶，大致為通常叫做水尾（Chui-boe，P052）的地點。因為此地可種植的稻米比另兩處更多，又有一條河由東流向大海，故有可能與海岸建立水上的交通，況且這一帶的礦產亦很豐盛。

人民

住在福爾摩沙東部的人可分為兩類：（1）說漢語的人口，主要由中國本土的移民與由島西邊移居此地的平埔番等所組成；（2）非漢語的住民，又可再分為兩群人，即（A）高山的「野蠻人」，相當未開化，可再分為數個部落，說兩

種或更多的方言。（B）低山的「野蠻人」，半開化，又可分為兩或三組，說的方言多少有點兒不同。低山「野蠻人」中大部分是通常叫做阿美（A-mi-a）人。

旅行

前段已將人民做過簡短的介紹，現在繼續談談旅行本身的一些細節。如前所述，我們在十二月十八日由台灣府出發，傍晚時分抵達楠梓坑（Lam-a-khen，P157）。橋仔頭（Kio-a-thau，P130）的教會最近才搬到該地。新房子約可容納三百人。但是，唉，會員只有四、五人。不過，傍晚做禮拜時有六十到七十人參加。所以對那裡的工作，目前尚抱有某種程度的希望。

次日繼續往南走。路上離海不遠處，經過一個山丘，叫做半屏山（Phoa-peng-soan，即半邊的山，P220）。這有一個傳說，大意是說，數年前有些由中國本土來的移民，誇耀他們家鄉的山有多高。於是有人建議他們回去帶個樣品來，以和福爾摩沙的高山比一比。考慮過後，那些爭論者想到半個山就夠比了，不必整個山。於是，只帶來半個。但大陸人一將那半個山放在地上，馬上就看出來其比例有多小，而不好意思將此半山放在福爾摩沙高聳的山峰旁，因此就孤伶伶地留在現在的所在。這些大陸人自己則隱匿起來，躲避對手的嘲笑。

我們仍持續前進，下午過了很久，來到路邊一大片的甘蔗田處。此時，隊伍裡有些人突然停下來，有槍的人也立刻準備好射擊。這是由於見到兩個男子躲在甘蔗林間，而從他們可疑的舉止看來，這兩人應是強盜。當他們見到情勢對自己不利，就溜走了。許多人最近都在這一帶被劫，還有些因抗拒而被殺害的案例。政府當局要不就是無能，要不就是不願意去防止這些暴行。

就在太陽快下山時，來到一條河邊，須以竹筏渡過。過河時，竹筏大部分的時候都在水下。漲水時，要渡過這類河流常是非常危險的事。離此渡口不遠處就是鹽埔仔（Kiam-po-a，P127）的禮拜堂，我們就在那兒過夜。次日清晨渡過河到達東港（Tang-kang，P304）。在這兩地之間有一條河，此河北段淺而南段深。淺的地方須走過去，只有到水太深不能涉過時，才搭上渡船，餘程都是用此渡船完成。東港是一個商業市鎮，穿越山區的補給物品就在此購買。這之後，我們來到竹仔腳，在此過夜。次晨朝東邊的方向橫越，到達靠近山腳下，

一個叫畚箕湖（Pun-ki-o，P240）的村莊。傳教所一位牧師的家在此，我們就是
到他家去暫住。第二天是安息日（星期日），我們就在此地度過。早上與下午
各舉行一次禮拜，不少人來參加。在沒有禮拜堂的地方，實希望能多舉行公開
崇拜，以解除那些異教徒心中的疑惑與懷疑，也讓他們見到信奉神的人是如何
地服侍他們。在傍晚的聚會裡，大家很真誠地為我們這些次日就要穿越山區到
東海岸的人祈禱。

　　星期一早上天清氣朗。我原希望早餐吃過，一切準備好後，最遲六點就可
出發。結果不然。行李搬運上出了點問題，所有東西都得一量再量，重新分配
過，每一盎司都很仔細注意到。直到七點半才能動身。走了一個半小時後，來
到一條路的底端，叫做三條崙（San-tiau-leng，P251），即有三重山脊的山。此
路可領我們橫越過山去。

首次遇到「野蠻人」

　　任何人若對遠處聳入雲端的高度好好看上一眼，想到須攀爬上去，都不能
不深吸一口氣。不過此事既非做到不可，我們只有重振堅定意志，很快地讓腳
步更帶勁些，往上爬去。持續走了一個多小時後，來到一塊高起的台地。從那
裡可見到靠近北邊相當距離外的山丘頂上有些「野蠻人」的屋子。太陽現在開
始照射得頗強烈。由於愈來愈熱，我們也就感到很渴。在這條路上，到目前為
止，尚未遇見有水的地方。必須往下行相當的距離，進入山谷，才能找到水。
有好一陣子都沒人願意冒險下去，擔心萬一有「野蠻人」隱匿在草叢間。但最
後終於有兩、三個勇敢的去了，不久安全帶回好幾個裝滿水的容器。這讓我們
精神振奮不少。繼續往上走，近中午時，愈來愈感疲憊。十二點多抵達第一個
軍營，一到那裡我馬上被請去喝茶。當然是純的茶，裡面不加糖或牛奶，因為
中國人喝茶一向都是這麼喝的。我在享受此禮遇時，隊伍裡有些人則在準備午
飯。我出來時看到路邊好幾處都生了火，正以最輕快的方式煮著米飯和其他的
食物。這本身就足以構成一個十分有意思的畫面，但更有趣的，是聚在旁邊觀
看的人。這些人是「野蠻人」，有男人、婦女、孩子。他們來自某處，但很難
講到底是從哪裡來的，因為從任何一個方向都看不到任何一類型的屋子。對這
些好奇的訪客，你只會感到憐憫，而不會覺得害怕。那些挑夫經過一上午的賣

力工作後，十分疲累。他們意識到下午可能有機會輕鬆些，因此試圖勸誘「野蠻人」幫他們揹負重擔。送給「野蠻人」少量的布料、舊衣服、煙斗、火柴等東西，同時用顯然很輕易的樣子，將擔子在手上平衡著，設法讓「野蠻人」以為擔子並不重。最後，在經過許多比劃，把那些換取工作的贈物看了又看後，終於達成協議。就在這樣的事情正在進行的同時，我坐在一個盒子上吃一碗飯和多種配菜。當然我是很讓人好奇的對象。那些皮膚黝黑的觀望者沒辦法弄清我究竟是什麼。我的白膚色和一般容貌，對他們來說似乎是個謎。他們很狡猾地溜到我的背後，從那個方向來看我的身體。而當我剛好略舉頭盔來擦額頭的汗時，他們拋舉手臂，發出極令人驚異的叫喊聲。總之，各種情況的新奇經驗，使這次野餐成為我所享用過的最好笑的一次。

我們還有很長一下午的路要走，才能到達下個軍營。路和上午的一樣，還是往上爬的。同意幫忙揹東西的「野蠻人」裡，有一個是婦人。她跟一男子共同分擔一個重物，那人顯然是她丈夫。她採了一把草，捲進一小塊布內，這樣就做成一個襯墊，放在重物下，再頂在頭上。用一塊布把可憐的嬰兒交叉綁在背後，那個小小的頭向後懸著，讓臉完全暴露在大太陽下。母親往前走時，嬰兒的頭就晃來晃去，讓人看了特別難過。揹東西的人上、下坡時，要是重物向後翻倒，那個小東西一定會被壓死。整個景象讓我感到痛苦，但似乎沒有別人在乎。

太陽快下山時，才見到要過夜的軍營。但在抵達前一段距離處，見到左邊很深的山谷裡，一個截頭形的土堆頂部，有些東西。第一眼看來像是一座大墳場，而那些墳墓比一般的大。但經較近距離的察看，特別用望遠鏡的協助下，才發現所見到的是形成「野蠻人」村落眾多屋子的屋頂。村落的一個小分支，位於不遠處。這一帶頁岩非常豐盛，「野蠻人」用大石板片做為屋頂。

「野蠻人」的服飾與裝備

我們一抵達那剛看得見軍營的地方，隊伍裡的每個人都趕忙準備晚餐。這些工作正進行時，有幾個「野蠻人」自我引見。他們顯然是剛才見到的深谷裡那個村落的人。我們沒人懂其語言，無法與他們交談，所以不得不主要靠手勢來溝通。然他們讓我們知道，他們是排灣族人（Paiwang）。看得出來，非常以

此族名為榮。其中有些男子看起來必然是聰明的人。他們的武器主要為矛，九或十英尺長。很長的刀斜掛在左邊，刀鞘是木製的，由外側開啟，所以讓閃亮的鋼充分暴露出來。許多矛桿和刀柄都刻有人頭作為裝飾。有些矛桿的近頂端處，以及刀鞘的末端都繫結著幾束毛髮。樹葉編成的頭環，色彩鮮豔，讓這些森林裡的野蠻人有種傲慢得意的神態。我們的挑夫再度看到或許有機會找到人明天幫忙抬行李。他們勸誘一些訪客次日清晨早一點來，幫忙揹負行李一段行程。有個老人很願意接受條件，可是我開玩笑的試著讓他瞭解，我不以為他做得了這份工作。他一弄清我的意思後，就很自豪地給了我一個鄙夷的眼神，眼睛發出的光芒非常靈活，閃耀跳動，還真讓我以為他是那部落的雜技演員呢。我給他滿意的眼光，要他次日天一亮就來，我們於是很友善地分手。太陽下山了，所有奇怪模樣的訪客也就都走了。

在山丘地區的一夜與清晨

用完晚餐，做了崇拜禮拜。有些士兵參加。雖然環境非常奇怪，我們卻感到與神很接近，而懷著真正感恩的心，感謝祂在白天的看顧，並將自己完全交託給祂來帶領。在此軍營，住的地方似乎很少，好像只有兩個備用的房間，因此我們的隊伍要分成兩組。我所分到那組的住處，是一種很矮的茅屋，進門處很低，必須彎下身才能通過。房間內，在後面的牆壁那邊是一個架高的平台，用蘆葦做成，充當床，睡五個人。四、五個挑夫撿集了一些草，鋪在地面上，做他們歇息的地方。房間沒有門可關起來，但我們用一把張開的傘及兩個苦力常戴的大草帽，直徑約兩英尺長，作成屏障。所有的人都累透了，對睡覺沒有任何抱怨。五個人睡在一起，我夾在兩個中國人之間，對我來說似乎是很奇異的經驗。蘆葦做的床墊一點也不平坦，結果緊頂著人的肌膚，真是討厭，好像試圖睡在很大的鐵格架上一樣。不過，我像身邊其他的人一樣，最後終能安詳入睡。

次日清晨醒來，門前可見到高山陰暗的輪廓。山上，破曉時分的柔和曙光正在天際顯現。因白晝愈來愈清晰，星星雖還殘留，但光芒已漸熄。空氣極清新溫和。有一段時間，四處呈現一片祥和寧靜。此種寧靜似能使人精神平靜而產生虔敬的安寧。對我來說，自然從未顯得比當天清晨更為聖潔，而其作者也

從未比當時更無疑的存在其作品中。我幾乎幻想自己能聽到祂用最輕柔的聲音說：「我在此。」然此美好的寧靜維持不久，很快就聽到鳥的叫聲，那麼強有力地宣告天剛破曉，使大多數還在睡覺的人都被吵醒。再過了一會兒，到處都是騷亂。早餐做好，前晚膚色黝深的訪客再度現身。一天的行程開始之前，我們先一起做禮拜，就在露天舉行，野蠻朋友圍站一旁觀看。當然，在向恩典的寶座祈求時並未忘記提到他們。見到他們站在那裡，讓人無法不那麼想，若聖詩和讚美聖歌榮耀的聲音，一天又一天的，由這些美麗的福爾摩沙高地直昇天際，那會是多麼快樂的時光。那時，誠如聖詩作者所說的，的確「山岳都要為之歡頌」。

一日艱苦的攀爬

前一天的辛苦攀爬讓我們的四肢有些僵硬，不過這只是讓我們有機會互相開開玩笑。我們仍然有很長一段路要走，才能到達此山脈的最高點，因此對前面一段不短時間的艱苦跋涉須有心理準備，況且今天要走的路比昨天的更危險，我們必須對任何奇襲提高警覺。到下個軍隊紮營區的距離並不遠，差不多兩個小時就可抵達。此軍營在海拔七千七百英尺，位於森林入口處。我們現在就要穿過此森林。

休息了一會兒，繼續上路。漢人挑夫現在須自己揹負重物。因為到目前為止一直伴隨我們的「野蠻人」，現已不敢再向前進。此因下一段路要行經的地帶屬於另一個部落（即Kui-a-nng），與他們是敵對的。這條路仍繼續往上爬升，景色極為壯麗。我們上面有數百英尺都覆滿極厚密的植被，下面驚人的深度，也同樣長滿植物。雖然用很快的步伐走，仍十分涼快。愈深入森林，空氣也就愈潮濕。在此處，青苔和羊齒植物長得極為繁茂翁鬱，是個名副其實的仙境。能相信嗎？遠在福爾摩沙此幽暗隱密處，路邊居然長著鋸齒狀的蘇格蘭薊。真足以讓一個蘇格蘭人興奮到了極點。我本想摘取此有趣物，但想起與此物密切相關的箴言，就清醒地忍住了。在路這一帶感到的潮濕，漸漸形成很濃的霧氣，使我們只能見到前面數英尺處。挑夫警告大家不准說話，因說話會造成下雨。我笑他們這種迷信的說法，不過同時也知道，空氣裡的濕氣如此重，很有可能會形成雨。結果沒錯，一會兒雨就來了。挑夫叫道：「看吧，我們跟你說過

的。」他們顯然不太高興，不過，當然也不敢太無禮而說些粗魯的話。我們都不喜歡淋濕。正在攀爬的山坡很滑溜，也讓我們感到有點吃力。一定是有塊雲剛好從我們頭上飄過，因為這之後不久雨就停了，而我們就可更舒適地繼續旅程。約十一點時抵達整條路的最高點。我的無液氣壓計顯示高度為八千三百英尺，但這儀器不大可靠，故也不敢保證所顯示的數目是正確的。

在此極高點，島的西邊可以看得相當清楚。要是仔細察看，能見到打狗的位置。更南邊，位於福爾摩沙海峽內部，可辨認出小琉球（Lombay）。

伊德（二）

我們都很高興抵達此處，這是我們越過山區之行的最高地點。因為一直往上坡攀爬，非常艱難辛苦。路現在開始下降，但有很長一段時間僅略微降低。的確，約有半個小時就好像走在台地的表面。然當我們來到台地尾端時，見到極為壯觀的景色。前面就有一個最陡峭的山坡，往下直抵深谷。究竟有多深遠，我們見不到，因為那裡霧氣瀰漫。霧氣內緣上面一點，在滿覆樹木的山側之間，可辨認出一塊空地，上面建有一些房舍，那就是我們要去的軍營。從此場景抬眼上望，可見到前邊遠處有聳立高山的紫色輪廓，頂上更遠處，有一抹最美的藍色。最高處，則有雲在天際起伏翻騰，我們正對著太平洋觀望。整個一切構成一幅最迷人的畫面，令我十分陶醉。

欣賞了一會兒風景美麗的各種變化後，我們走下山坡，往軍營去。準備在那裡吃午飯，恢復精神，並做短暫的休息。到了軍營，發現那地方十分潮濕，就在其下的霧氣似乎往上湧起，我們很快就被籠罩在其濕冷的圍抱裡。開始下一種毛毛細雨，氣溫突然降到讓我們都發抖起來的程度。駐地的士兵說，這種濕冷的霧氣幾乎每天下午都會湧上來，且常滯留到次晨才消散。這一定非常不健康，勢必讓人心情沮喪。我們只要能避免，就不願在那裡多待。於是盡快動身，開始當日第二段的行程。繼續前行時，雨勢非但沒有減弱，還愈下愈大，甚至連行經處的泥土也變質成為很滑溜的黏土。時而從八十度或更陡的山坡往下走，絕非容易，有時甚至還很危險。我們的一個挑夫就曾跌倒，而讓裝補給品的籃子滾下山側好一段距離。可想而之，不會沒有一些損壞。他跌倒時，膝

蓋摔破，傷口很駭人。隊伍其他成員也有類似的意外。要是有人摔倒，但沒什麼嚴重的後果，我們就會取笑一番。就在這樣的一個時刻，兩、三個走在前面的人聽到路側的草叢裡有奇怪的聲音。樹枝斷裂，聲音愈來愈近。有個年輕男子顯然比其他的人勇敢且有戒備，立刻把重物放到地上，撿起幾塊石頭，用力丟到聲音來自的灌木叢去。然後大部分其他的人很快就知道有什麼事不對勁。他們把擔子放下，蹲在樹椿後面，或找其他種的掩護。把槍準備好，若必要，就奮勇抵抗。石頭丟了很長一段時間，然後聲音似乎愈來愈小，終於完全靜止。我們之中有對「野蠻人」行為較有經驗的，認為有兩、二個「野蠻人」本來準備突襲，最後決定還是撤退為上策。究竟是否如此，我也無法確定。因為森林非常厚密，雨和霧又那麼濃，我們只能見到身前幾英尺處。

這段小插曲過去後，我們繼續下山。不愉快的氣氛讓我們有點無心享受眼前的美景。路上有些地區實在很美。砍下的樹幹，橫置在路的兩邊。多布滿苔蘚和其他翠綠的藤蔓。在上面，樹枝上懸蕩著最優美的像花彩似盤繞的攀爬植物，還有繁茂的羊齒植物。羽毛顏色極為多樣的鳥飛來飛去，卻十分沮喪的樣子。有一次一條大蛇扭著有鱗的身體爬過步道，就好像要提醒我們，邪惡存在於人類父母的榮耀天堂裡。

當天下午遇到許多延誤和困難，讓我們無法依照原預期的進度。天色已黑時才抵達下個軍營。已比計畫中當日結束時應到達處，慢了兩行程。然在當時的情況下，能找到過夜的地方已很高興。雖然住所實在很差，我們仍設法取得還算不錯的休息。

一場虛驚

次日清晨，十二月二十五日，曙光明亮，預示會是個好天氣。前一天下過雨後每樣東西看起來都那麼清新，空氣又是那麼的令人振奮，我們覺得身體狀況良好，可以有勁地快走。小路仍然是往下降。近山腳時，陡度幾似更增。動身不久後，我剛好走在隊伍的最前面，且走在同伴前頗有一段距離。就在路上轉角處，突然有兩個「野蠻人」出現在我面前。一個跪在地上，箭已上弦，另一個蹲在後面，火繩槍抵在肩上瞄準。我當然緊急止步。不知怎麼的，心裡一點也沒想到害怕。我跟他們揮手，他們就收起了武器，然後向前行，而我也繼

續走。在我們交會時，我拍拍他們的肩膀，他們也以輕觸我的胸部回禮。這是我得到的最怪異的聖誕問候。此時後面的挑夫和其他人都跟了上來，短暫停留後，就一起再往前走。約兩個小時的時間，我們來到一個肥沃的山谷，朝海的方向展開。有一條頗大的溪流流經此山谷。沿著溪流的岸邊，我們繼續前進，直到抵達一個叫巴塱衛（Pa-long-ui，P208）的地方。有些漢人在那裡建蓋房舍，是客家人，他們顯然把豐沃的土地看得比自己的性命安全還重要。很遺憾的，我們的隊伍在此分為兩批。有些人見到文明的樣子，忍不住而轉入村莊去。我們其他的人則繼續向前推進，目的是要抵達海岸。我屬後面的一批。

抵達流經山谷的那條河與海會合之處，我們停下來，開始準備午飯。這是一個很有的趣地點。太平洋的波浪，歡樂嬉戲般的躍上海灘。河流從鄰近平底谷的巢穴輕輕地溜出，向前流時，發出愉快低沉的喘聲。既崇高宏偉，同時又很樸素單純。河流折繞青翠山丘的兩側，像似要以一個大大的深情擁抱，將此明媚的景色包圍起來。唯一影響人享受此美景，但仍無損其偉大的，就是日正當中的炙熱光芒。太陽凶猛無情地直射。

辛苦跋涉

本以為那批人只會在村子裡待一會兒，可是不然。他們趁機在那裡好好地吃了一餐。我的補給品都由他們保管，所以想要有什麼能讓我想起聖誕節的好吃東西已無希望。等到那些怠職者終於出現時，只有時間準備一個最普通的菜了。不過飢餓是最好的開胃菜，我真心喜歡那簡單又匆促的午餐。我們現在須下決心很邁力地走，以確定可在夜裡抵達要住宿的軍營。路徑從此地點起，就是以沿著海灘朝北的方向走。在海岸上跋涉，是到東福爾摩沙傳教所的整個旅程中最累人的一段。大約是兩天的路程。每走一步，腳就陷入沙裡，而妨礙行走，讓人特別疲憊。一天裡多半的時候沒有任何遮避兇猛陽光的地方。更糟的是，這些山如此靠近水的邊緣，只要風有點大，就免不了被巨浪激起而沖上來的水花濺到身上。大風雨時，由於海浪將海灘完全淹沒，驚濤又怒擊山側，有些路段無法通行。即使在天氣冷的時候，也有一、兩個地點得等浪潮退卻，然後快速向前跑，才能避開被向內流入的碎浪弄濕。有數個地方海灘上布滿大量的漂石，有些是被浪從海底拋上來的，有些是從連接的山崖上擲下來的。爬過

這些群集的岩石，對已疲累的腳來說，實不容易。但最後還有另一種的問題，那就是「野蠻人」經常隱匿在山側的矮灌木叢間，只要認為不會對自己造成危險，就隨時向任何旅人突襲。「野蠻人」不喜冒險，就這點來說，他是一個最懦弱，也最狡詐卑鄙的東西。

政府當局在這條沿著海濱直到寶桑的路上，選設軍隊駐紮區時，似乎主要考慮到兩個問題，即山間的隘口，因為「野蠻人」若容易進入，則可能會很危險；還有就是土地豐沃的地點，因若開墾，未來可能成為政府的資源。

在軍營度過一夜

在海岸的第一夜是在一個頗不舒適的軍營度過，但這並沒有太大的關係，因為我們都太疲憊，急著休息，而對四周環境不會特別在意。第二夜則在一個較好的營區度過，位於一塊土地上，原住民在那裡已開墾出一些非常豐產的田野。這裡的人似乎來自此地稍北的某個地區，即知本（Ti-pun，P325）。次日長途跋涉到該地去。我們知道只要到達那裡，在沙灘上行走的艱難就可結束。因為該地和寶桑之間的土壤性質主要是堅實的。在往上走的時候，我們有幸見到火燒嶼（Hoe-sio-su，P087）和紅頭嶼（Ang-thau-su，P002）兩個小島，遠在海洋上，只有非常晴朗的日子才見得到。知本人顯然是來自某個北邊陸地，也許是日本。仍常有人指出這些早期的移民首次登陸的小溪。在低山「野蠻人」之間，知本人雖非人數最多的，但肯定是最強有勢的。他們有控制其居住地區周圍的優勢。因為住在低山與平原，所以是務農的族群。打獵僅為餘興活動。靠近知本村落的軍營裡，有幾個「野蠻人」被雇為兵士，但其主要任務似為發送公文。一個月約可拿到四兩銀子。但錢對他們沒有用處，所以通常給他們等量的物品。在數個軍營裡，一些「野蠻人」就這樣由政府當局雇用。這是作為賄賂，以得到其部落的效忠。他們的薪水跟一般的兵士幾乎一樣多。有個寬臉的「野蠻人」在知本軍營裡現身。他兩邊的胸部上各有一個男人頭部的刺青，部分被一條蛇的畫像環繞，是很令人驚嚇的奇觀。

知本的田野非常廣闊，高度開墾。看那些人工作很有意思。他們多數以鮮豔的顏色裝飾。許多男子穿一種綁腿布，把小腿包住，也遮蓋住大腿的前部，讓後面敞露。這些綁腿布，有些是用不同顏色、輕而薄的斜紋嗶嘰布條縫成。有

時用一塊鮮紅的格子布包覆在身上，在一個肩膀上繫結。我們多處遇到原住民騎著牛，槍斜倚在肩頭，樣子非常神氣。他們誇稱自己不比那些騎馬的滿清官員差，讓人忍不住笑他們愚蠢的虛榮。

知本的族群與鄉土

知本營過去一點，在一片沼澤地中間，我見到一條老船，是把一棵樹的樹幹挖空而做成的。顯然好多年以來都沒人用過。那附近有一個老井，不遠處有一個孤單的「野蠻人」坐在地上，看來情緒很陰鬱。那條船在其四周環境裡看起來幾乎很有歷史性，我沒機會問詢，或許這跟早年在這一帶登陸的移民有關。很奇怪的是東海岸魚產豐富，但他們都不設法捕捉。那條船是我在旅途上，到目前為止，所見到的唯一的原住民的船。

知本與寶桑之間的地帶多少還算肥沃。環繞後者的廣大平原一般叫做卑南（Pi-lam，P222），是以一個原住民村落的名字命名。有時也叫做「八社的平原」，包括卑南本身，四個知本的其他村莊，以及三個阿美族的。據說以前有一個東福爾摩沙國王，王宮就在卑南。此平原最初的移民據說本應為卑南「野蠻人」。然後來了知本人，將卑南克服，最後都被卑南人同化，現只剩下幾個字來訴說他們從前的存在。最後來的是阿美族人。他們似乎立刻成為知本的屬民，可是現在卻是東福爾摩沙人數最多的族群。漢人都說阿美族人每年都增加得相當多。在卑南平原曾有人計算，漢人住民除外，有幾近兩萬人。這裡是做為傳教事業不錯的場地。

殷勤接待

抵達寶桑時已是黃昏。選好一個旅館做過夜的地方，剛進去，就有衙門的信使跑來找我。他的態度讓人以為他把我想像成，要去陰謀占領我所進入的領域。為了要減輕他的焦慮，我就把自己的中文名片給了他，要他拿去交給統領（Thong-leng），即台東廳最高階的清朝官員。但在他走後我重新考慮此事，覺得最好還是親自去拜訪此官員本人，讓他知道我此行的確切目的。他非常殷勤地接待我，定要請我吃飯，最後又很熱誠地留我在衙門過夜。我接受了他的好意。次晨離開前，他給了我他的名片，說路上要是碰到任何麻煩，就可充分利

用。

在中國，所有的軍隊駐區，每天太陽昇起或降下時，都要行禮。在寶桑營的儀式大約是以下面的方式進行：打鼓，先是很慢的，然後速度逐增，直到最後鼓手顯已盡其全力為止。這樣重複數次。然後在鼓的木製的部分敲打數下，那似乎是要喇叭加入的信號。喇叭先以低沉的哀鳴開始，然後音調略增高為延長的呻吟聲，最後繼轉為尖銳的高音。就在喇叭吹奏時，鼓的敲打，也如前述的，力量與速度都逐漸增加，直到兩種樂器都正好達到其最強勁的那時刻，突然鞭炮放了，發出一聲巨響，一切就靜止了。很容易想像，這樣的鼓聲與喇叭聲，在戰場上，當兵士正要向敵軍衝鋒時，是可如何用來振奮精神。然作為早晨與下午的行禮儀式，可能是老早留下來的舊習吧。

寶桑因位於海岸，又鄰近東南部人口最眾多處，所以有不少中國帆船在此進行交易。然而，由於沒有港口，船隻在強風來襲時就不得不躲到火燒嶼避風。打獵所獲的物品，如獸皮、獸角等，藤以及薯榔（chu-nng，是一種植物的塊莖，有點像大型的洋芋，會流出紅色的汁液，據說是比橡樹皮更有價值的「鞣酸」），是主要的輸出品之一。主要的輸入品則為布匹、鐵製器皿及陶器。寶桑的居民難以形容歸類。的確，不少都算得上是放蕩型的人物。此地有兩條主要的街道。房子和店鋪都建造得非常不牢固，主要以竹子、燈心草莖、茅草等蓋成。聽說要築一城牆環繞此地點，使其轉為城市。給此地點指派什麼用途才合適，目前很難說。

我們的旅程，由於種種延誤，到此地點時已比原預計的多了一天。現在是星期六早晨。已無可能在傍晚抵達石牌的禮拜堂，但仍希望無須特別辛苦就能走到里壠的村莊，該村莊有若干人有自己聚會崇拜的習慣。唉！結果我們很失望。當天一早就發生了兩件嚴重的干擾，到四點才抵達鹿寮的營地。挑夫不願再前進，所以只好暫停。不過有些弟兄和一個牧師，他們要不就是自己揹負行李，要不就是根本沒有行李，而能繼續前行。在大家都已入睡時，才抵達里壠（P174）。事後得知，他們夜裡行走是非常危險且困難的。幸好有山側的強光引導，那是「野蠻人」為犁清新的田地所點燃的。

另一個軍營

我們入住的軍營很不乾淨。一般布置跟以前住過的其他營區差不多，在此我可用簡單幾個句子來說明其構造。最外面是用粗糙的木柱做的柵欄，欄內有一個凹凸不平的牆，是用石頭和漂石堆砌起來的。在這兩個建築物之間是一個很寬的壕溝，但裡面沒有水。門道內，兩側都是兵士的茅屋。一直走，正前方就是主室的入口處。附有兩翼廂房。一翼為主管的滿清官員居住，另一翼一部分做為低階官員的住所，一部分做為貴賓的臥室。主室門口對面那一側建有高起的平台，就在那裡接見訪客，或洽談公事。營區所有的建築物都是用交互編織的枝條，塗抹上少量的粗泥灰，不過也可能只是汙泥覆在外面。地是泥土地，屋頂是由茅草覆蓋。床是將藤條擱置在很粗陋的木架上。此營裡的六十個士兵中，只有三個不抽鴉片煙。他們全都處於極可憐的狀況，許多都穿得破破爛爛，不少身上布滿極可厭的傷口。問到這些兵士有無經常操練時，一個旅客告知，他們唯一的操練，就是用「大槍」做的。這是對鴉片煙管的戲稱。此處有不少討厭的小蟲，成群侵襲在人和動物的身上（我不想寫出名字）。傳教士在無法抵達禮拜堂時，就必須忍受所碰到的這樣的環境，而須暫時抑制自己精緻和風雅的感受。

唉，那個星期六傍晚我們這群人就是淪落在這樣的地方。星期日很可以一大早就起來，走到里壠的村子去，趕上早上的禮拜式。可是這樣做對嗎？我在自己心中考慮了一陣子，結論是「不對」。去那個村子會被視為是慈悲的工作，同時肯定也會讓我們得到較好的環境。但是，就另一方面來看，我們同行的人之中有好幾個挑夫，他們都是異教徒，也許永遠不再有機會學到遵守安息日的責任。因此，我做了留在此軍營的決定。

在軍營裡過安息日

在軍營裡過安息日跟在禮拜堂裡會過的差不多。若干兵士參加舉行的禮拜式，有些也加入事後的教義主題討論。唉！鴉片對他們的控制實太嚴重。他們之中，許多都會很高興擺脫此束縛。我們當然沒忘記向他們講述那偉大的解放者，並進一步力勸他們，必須信任祂，才能從這個及所有其他罪惡裡得到拯救。好的種子已經播下，但倒底播在什麼樣的泥土裡，又會得到什麼樣的結果，恐怕只有等到那最後的審判日才會揭曉。這些兵士薪水的大部分是以鴉片

替代錢來支付的。多半的兵士說他們開始使用這個——我真不知該用什麼名詞，漢人叫它「煙土」——以減輕身上的苦痛不適。因為有疾病時，往往無法得到醫療。

本預期星期一繼續開始旅程。但那天早晨醒來時，卻發現雨下得很大。這就表示又要在軍營裡待上一天。鴉片的煙臭燻得讓人窒息，我住的那房間就有兩個人在房裡抽。那地方的汗垢，由於潮濕而發霉，更加令人厭惡。

有一個原住民的村落與此營區相連，有些住民跑來打量我這個人。此地既然買不到東西，我就設法用一塊有顏色的布料跟其中的一個訪客換取了一隻雞做為晚餐。那人頗高興，而我也很滿意，所以對兩方來說都是不錯的交易。快傍晚時，雨小多了，我利用此機會到剛提過的那個村落各處走走。那些人非常安靜。其實有一點怕我，因為我走過時，有一、兩個人趕緊把門關上。他們的房子很低，不過裡面還算整潔。

探訪第一個基督教禮拜堂

星期二天氣不錯，因此前去里壠。在那裡受到非常友善的招待。我用下午大部分的時間拜訪民眾。大部分是平埔番，但也有若干定居在他們之中的阿美族人。該地的漢人極少。晚間（即除夕）我們有一個重要的聚會，許多人都擠不進舉行聚會的那房間。時間尚不夠晚，所以無法稱之為守望禮拜。[③]不過我所感到的快樂，跟參加了一個守望的禮拜並無什麼兩樣。

次日又再上路。下午快過去前，抵達石牌的禮拜堂。那個建築物非常寬敞，寬約三十英尺，長五十英尺，全由木頭建造，是教會弟兄自己搭蓋的。教會的狀況似乎相當興旺。在該處的那段時間裡，我有幸去幾乎所有人的家裡拜訪。他們很高興見到我。許多都希望我能留下過夜，我也覺得那是最理想的，但因時間有限，只好遺憾婉拒。要能完成徹底的探訪，待在別人家裡是必需的。東福爾摩沙的所有會眾都是如此需要指導，每個傳教所僅用一星期的時間，似乎少得可憐。只要想想那些民眾所知的不足，教士去探訪的次數是如此的少，去到該處又是那麼的不易，幾乎讓人不得不認為，工作若要真正有效，在每個不同的禮拜堂都須停留上一個月而非一個星期，那才是最基本的時限。我既不是以任命教士的身分去的，再說還有其他事務須在台灣府辦理，因此覺

③於除夕舉行，直至子夜，以慶祝新年。

得沒有必要延長此次的拜訪。寧可盡力幫助更多會眾,教他們閱讀,跟他們解釋聖經上的道理。

伊德(三)

在石牌過安息日

星期六傍晚我在石牌放映魔術燈籠。除了教會的群眾以外,還有許多異教徒也都來觀看,有些甚至從很遠處來。魔術燈籠除了作為傳達聖經的指示外,還讓我有機會替安息日的禮拜式做宣告,通知大家次日再來。

安息日的天氣不錯,不過很冷。早晨和下午的禮拜式都有很多會眾聚集,每場都超過兩百人。要讓所有的人都有地方坐很難。位子不夠,就用樹幹和樹枝來補救。這些東西扔在禮拜堂外面到處都是。我們先以成立年輕男子的基督團契開始,希望在那裡定居的牧師現在仍會鼓勵大家繼續聚會。接著舉行禮拜式,所有的會眾都非常專心,超過我所預期的。結束時,一個女人站起來,邀請教會的弟兄姊妹某一天去她家「喝酒」。教會的副執事接著說,要是無人反對,那一天就會在該處舉行婚禮。這的確是個很新奇的婚禮預告。但必須記得,這是發生在一個化外之地的東福爾摩沙。

會眾裡許多都來自很遠的村落。因此不能中午回家,再趕來做下午的禮拜式。有些到鄰近的人家去,其他的人則隨身帶了幾包米和其他食物。這些各種各樣的食材都聚合在一起煮。飯做好時,用大桶拿到禮拜堂,所有參與者都圍坐在地板上。不久,多雙筷子在飯碗上愉快地碰撞作聲,大家盡情享受面前的食物。飯做好之前,以及吃過飯後,有些會眾利用那段時間閱讀新約聖經和聖詩歌本,或唱聖歌。年長者似乎特別怕冷。許多都帶著一個裝在籃內的陶爐,內有火紅煤炭的餘燼。他們用兩隻手捧著,塞進外衣裡面,使自己暖和。這些手提的爐子還有另一項功能。在東福爾摩沙幾乎每個成年人都吸煙,連女人也包括在內。那燃燒的餘燼,在禮拜式不進行時,就可供點煙用。在禮拜堂裡是不准吸煙的。對有些人來說,究竟要捨棄煙斗,還是忍受外面的寒冷,顯然是個很難做的決定。

下午的禮拜式做完後,我把帶來的聖龕圖表展示給會眾看,並做解釋。聖

龕、祭司、祭品等，是昔日用來教導希伯來人④的方法。在我看來，我們今日若遵照神的方式，讓人明白基督教神職界的一些主要事實，會很有助益。就是基於這個原因而決定使用那些圖表。

石牌的前任牧師是我們台灣府學校的學生，顯然切實盡了責任。希望目前這位較年長的也能同樣做到。若真能如此，則下位去此傳教所探訪的牧師，就能接納若干人皈依基督教會，必然會十分欣喜。

拜訪駐紮的營區

我在此信近開頭的一段，已對內平埔（即內平原）及鄰近海濱的外圍的系列山丘略做描述。石牌和迪階的兩個小教堂就在內平埔平原上。遠處朝東的方向，越過外圍的系列山丘，在海岸線上的是蟳廣澳小教堂。就要離開石牌時，我的問題是應該首先到北邊的迪階去，還是越過山丘，到蟳廣澳去。弟兄們認為後者的路比較好走。所以在石牌過了安息日的次日，我繼續向東行走幾英里路，抵達一個叫大庄（Toa-chng，P327）的村莊。有些教會人士住在那裡。該村也是往東走到海岸那條路線的起點。太陽下山前，我到住在此地的每個教會人士家裡做訪問。我在其中一個人家時，一名男子進來，問我是否可到他家去，為他們祈禱。因為他的頭一個兒子，也是唯一的（嬰兒），病得很厲害，我就去了。發現那小東西在發高燒，很痛苦。我們一起禱告，求那最偉大的醫生，是否能依祂的旨意，解除孩子的疾病。然後我給了那父親一點奎寧，讓孩子服用。他對這微小的恩惠，顯得十分感激。

我注意到這些人接待訪客的方式十分奇怪。請客人進去後，就送上一捲菸草，從末端切下薄片。門階就常用來做切煙的砧板。這些菸草切片用手掌揉碎，然後大家都分配到一小撮。一般的做法是，口頭上拒絕此禮物，不過手上還是悄悄地收下來。此時，某人跑到廚房，取來一些燃燒的木頭餘燼，放在地上。很快地所有抽煙的人就用這些餘燼來點煙斗。接著檳榔也拿出來了。每個果子都剖開，塞入一些白色的石灰及一塊很辣的藥草，整個用某種葉子包起來。這精巧的珍品深受習食此物的人所喜愛。此物據說非常刺激。我常這麼想過，我們家鄉的化學師或許能從此檳榔果裡抽取出有用的汁液。像在福爾摩沙這樣的吃法，會讓牙齒漬染變色，甚至掉落。有些地方，若有人犯了小罪，就

---

④今之以色列人。

得公開分送檳榔來認錯，或做為對其過錯的贖罪。

在大庄招待我的主人，他兒子是那些在台灣府上中學的男孩之一。傍晚時在他家舉行了一個很大的禮拜聚會。這之後，六個教會弟兄答應做我次日翻越山丘到蟳廣澳去的嚮導。

最近在東福爾摩沙的叛亂事件

大庄，正如其名所指，是一個很大的村落。在東福爾摩沙叛亂事件的期間，即兩個秋季之前，由此地的三名首領導作戰行動。在騷亂平定後，當局希望抓到這些人。他們見到計畫失敗，就逃入深山隱匿起來。當局派人祕密搜尋，並提議若向當局現身，則將給予重任。此詭計得逞。那三人不疑有詐，前去通知他們報到處。滿清官員已在那裡等候，先與他們各自討論前述的任命，突然發出一個預設的信號，潛伏的兵士有備地奔向前去，用劍砍殺他們，並把砍碎的屍體丟到外面餵狗。中國的法治原來不過如此。

我這次是叛亂事件之後，首位傳教士來到東福爾摩沙做訪問，到處對我的歡迎因此都更加熱烈。叛亂事件期間，許多人都極為憂慮，必須躲到山上以求平安。他們告訴我許多故事，講述那些日子的恐懼與危險。叛亂的主要為阿美族人，但有許多平埔番與他們合夥，甚至還有一些高山的「野蠻人」。主要目的是要根除所有居住此地的中國本土人（即漢人），以及所有其他以任何方式跟他們結盟者。因此那些希望完全中立，維持和平的人，就左右為難。漢人似乎從未得到臣屬者的尊敬。或許那是因為他們總想從被征服者那裡榨取一切，而不給予任何回報。錢是漢人最重要的神祇。這樣貪財的人卻被稱為「天朝」的人，有個例子可說明那是最不恰當的。讓我敘述如下：有時當一個原住民的部落被征服，那些人被要求崇拜偶像來表示忠順。然後漢人會去找他們，跟他們說他們不懂如何正確進行崇拜，因此最好付筆錢給他，讓他代為執行。

到海岸的艱難旅程

有兩條路從大庄往東走到海岸去。一條叫做舊路；另一條就叫新路。前者較短，但卻比後者更為陡峭。我們決定應走新路。我希望能早一點動身。但不知怎麼的，當出發的時間到了，只有一、兩個弟兄出現。結果到十點才離開，實

在太晚了。那些弟兄，除了帶槍和刀以外，還斜揹著袋子。他們很好意的把我部分的行李放進袋裡。這些陪我去的人之中，有一個是昨天下午要我代禱的那病嬰的父親。孩子好多了，所以他覺得可以放心離開，陪我一起越過山丘到海岸去，以表達感激。

我們立刻進入山區。那條路其實只是個踏踩出來的小徑，常常不易辨明，行走非常艱難。我們走了一段時間，都在山澗溪谷上爬涉。由於其蜿蜒曲折，溪岸又有許多其他的障礙，所以須不斷穿過來又越過去。森林裡的樹木極宏偉，羊齒與藤蔓到處滋牛，整個景色極為奇麗。路道經常幾乎無法通行，因為途中有許多障礙物。有時是極大的漂石，由山側滾下，將沖溝的整個寬度填滿。豎立著，像巨人一般，皺著眉看我們通過那奇異領域的路段；有時大樹幹攤臥，粗大部分剛好就橫越過我們的步道，樹枝往各方向伸展，就像強大怪物的手臂，到處緊抓，想要逮住獵物，將其擰死。或者兩枝樹幹被擲下，一枝覆在另一枝上面，就好像怪物無法在身旁找到可以洩憤對象，而互相進行恐怖的垂死掙扎一般。然而，我們奮力從這些障礙物的上、下，或在其之間前進。有時須匍匐地爬行，有時須向上攀爬；此刻單獨一個人；他時，大家手拉手。

每隔一陣子就會碰到各種野獸的足跡。有兩次經過「野蠻人」最近才待過的茅草屋，那是他們出來狩獵時用的。現在這些人都不住在我們正要越過的外圍的系列山丘。但夜裡常會從他們現在所居住的西邊高山山脈，奔越過內平埔，目的為捕獲野獸或獵取一些受害者的人頭。要是其目的為後者，他們就會潛伏在森林裡，一次待上一個月的時間，僅靠根莖或其他能找得到的食物維生。因除非能順利完成任務，否則無臉回家。男子經常只有用此方式表現其勇敢行為，才能娶到妻子。此外，年輕男子雖然許多時候會很樂於能免除獵人頭的辛苦與危險，但此渴血的精神仍由部落裡的老人維持下去，他們誇耀種種自己年輕時在這方面所完成的驚人武藝，激勵年輕人繼續祖先勇士般的習俗。

整天都很努力地向前推進，但下午時間一點點過去，我們意識到恐怕無法在當夜趕到目的地。太陽下山時，才剛抵達此山脈的最高點。四周的土地濕透，泥漿常可觸及腳踝。這很容易解釋，當然是經常滯留在此高地的濃霧所造成。有好一會兒，都找不到乾硬的地。夜很快就深了。

簡陋用餐後，夜裡露宿野外

終於我們來到一段路，有幾英尺寬是相當乾硬的土壤。弟兄們立刻用約一英尺半的大刀開始工作，在附近可找到的老樹上砍下樹枝。很快就有一大堆。現在幾乎漆黑。有些人頗有先見，帶來山側低處的乾草。試圖生火。草燒著沒問題，但木頭卻很難點燃，太濕了。經過很多照料，吹撥，紅色的燃屑產生了。但木頭仍無法點燃成火焰。草全用完了，燃屑只發出很冷淡的火光。用男人戴的大帽子搧了兩個小時，最後看到餘燼只是愈來愈黑。我們這時都一直冷得發抖。在森林深處，聽到熊和其他野獸的吼叫聲。好像就要渡過很悽慘的一夜了。突然，就在我們極度絕望時，我想起我們帶著魔術燈籠所使用的煤油。那是非常珍貴，因為在東福爾摩沙任何地方都買不到。我們可以試用一點嗎？在經過很短但很認真的商量後，決定要用。少量的油倒在將熄的，幾乎已滅的餘燼上。火焰立時躍上好幾英尺高。火終於點燃。濕木頭再用一點油浸透。此時，火光會在夜間熄滅的一切恐懼都完全消散了。漢人通常叫煤油為「臭油」。在場的一個弟兄很高興而忍不住置評，說以後該稱它做「香油」。然後我們又講了一、兩個有關在山頂上魔術燈籠餘興演出的笑話。說雖然我們見不到，但古怪的觀眾，可能會從四周的森林觀看。笑過之後，強烈的飢餓感開始發作。我們中午只匆忙吃了一餐冷食，現在若有些美味的熱食，讓我們從內心感到安慰，那真會令人高興不已。唉，卻連一滴水也沒有。拿出一些午餐剩下的冷飯。我們全都將手伸進去，盡量從此粗劣貧乏的飯食中得到一點滿足。接著做禱告，感謝神這一天對我們的照顧，也將自己交託給祂，祈求祂在夜裡繼續保護我們。那天早晨由大庄出發之前，有段經文很奇特地引起我的注意，所以讀了兩、三遍。現在經過一天的艱苦跋涉，在我們所處的特殊情況下，這段經文的慰藉尤其恰當，也很令人鼓舞。「疲乏的，他賜能力。軟弱的，他加力量。」（以賽亞書，第四十章，二十九節）

可以想像的，我們所有的人都累極了，因此急著想要休息。撿集身邊的樹葉，鋪在地上，就在路當中，腳朝著火堆，大家都躺了下來。那是個很硬的床。幸好當晚沒下雨，也無強風。過了一會兒，月亮升起，明媚迷人，微笑地往下看著我們這群趕路到天黑的可憐旅人。朝東邊遠方是壯麗的太平洋，很清晰地聽到浪潮的聲音，灘岸上的小石頭搖滾出樂音。在西邊有又長又深的內平

埔峽谷。後方遠處，聳立著雄偉的中央山脈，山脊上像是鍍上了銀飾。那個夜晚十分宜人，周遭環境也予人印象深刻。然而，空氣很濕冷，這一點使人不很愜意，加上身下石頭床墊堅硬，讓我們無法得到充分的休息。每隔一陣子，我們中就會有一人坐起來，或是暖一下身子，或是將露水浸濕的被子用火烤乾。那紅色的火就在我們腳邊那麼歡樂地燃燒著。

前往蟳廣澳

我們天一亮就都起身了。曙光裡，遠在西北方，我們見到八通關（Pat-thong-koan，P215），即一般外國人叫做「Mount Morrison」的地方。那裡雖然是福爾摩沙的最高點，但這次所見到的景色，並非那種會讓你心裡激起任何特別的狂喜的。是比其他環繞四周的山峰高聳一些，但那也就是唯一可見的不同處了。早晨的空氣讓大家都覺得很飢餓。我身上只帶有一罐餅乾，就跟同行的人分享。然後我們做禱告，為夜間的平安熱忱感謝全能的上帝。接著開始下山走到灘岸去。

此側的路寬敞得多，也沒有山的另一側那麼陡峭。我們中有一人決心要找點好吃的給我們做早飯，於是急走在前面，帶著槍，準備好射擊。不久以後，我們往下坡走時，大聲叫喚他，怕他走得太遠了。結果沒有回應。過了一陣子，在路的另一側見到他從樹林裡出來。臉上帶著非常沮喪的表情。似乎我們叫喚他的時候，他正跟蹤著一大群猴子的足跡。那喊聲驚嚇到動物，在他能開槍射擊前，都跳開了。我很為他和其他幾個人感到惋惜，但自己倒並不在乎那損失。十點的時候，我們抵達在海岸的彭仔存（Phen-a-chun，P219）村。這個村落幾乎完全被叛亂時軍艦放射的火箭（rockets）所毀，只有極少數以前的居民返回。我請一位老婦人為大家做點早餐，她卻感傷拿不出什麼好吃的，因為她的水牛、山羊、還有豬都被滿清官員帶走，做為她家人參與叛亂的懲罰。許多其他在海岸的村落也都被政府當局用同樣的方式摧毀了。但無阿美族人居住的村落則未受損。彭仔存位於蟳廣澳教堂所在地的北邊。因此，在吃過這種情況下可能給我們的最好的早餐，也休息得差不多後，就繼續旅程，沿著灘岸，朝南邊的方向走，以為很快就會抵達目的地。但不知怎麼的，要不就是路途真的很長，要不就是我們走得太慢，下午過了頗久，才終於見那小教堂。嚴格上

說，從其所在的村莊名字來看，應該叫做石雨傘（Chioh-ho-soan）教堂。因為蟳廣澳其實在更南邊一段距離的另一個地方。

那些人很高興見到我們，他們之間幾乎已有十八個月沒有牧師了。不過，我的一個同行者曾是他們的牧師，到叛亂事件發生前，都一直為他們服務。現在又將在此停留幾個月，然後再前去迪階。目前極缺牧師的時候，事情只能如此處理。這個可憐的人，當騷亂爆發時，因是漢人，為安全起見，不得不逃到山上。他在那裡住了約兩個星期。在許多危難中，上帝日夜都看顧他。他願意再回到以前瀕臨險境的地方一段時間，就說明他的信仰是多麼的堅定，而他又是多麼的勇敢。他對聖經的瞭解並不太廣，但心中卻充滿教義的精神。然因年紀已老，無法像年輕人那麼有學習力了。

蟳廣澳與那裡的基督徒

經過一天的休息後，陪同我從大庄過來的弟兄就回家去了。蟳廣澳的禮拜堂並不特別好看。整個也不值四、五十塊錢（約計七英磅吧），但那是民眾自己建造的。他們非常貧窮，但付出勞力來建蓋。錢對他們用處很少。當我問他們給牧師多少費用時，他們舉行了一個會議，結果決定以布料做為牧師兩個月的薪資。似乎一年裡的某個季節他們會到森林裡收集藤條，然後跟中國大帆船上的人換取布料。沒有金錢過手。因此才有這種奇特的支付牧師薪水的方式。我料想牧師若要食物，僅需給他們若干數量的布料就可以了。

我在蟳廣澳禮拜堂停留的期間，一個清晨，用過早餐之後，正要到另一個村莊去拜訪一些教徒，一個弟兄進來，邀請我到他家用正餐。他是那麼的執拗，我只好放棄原來計畫而答應了。不一會兒他來說一切都準備好了，請我到他家去。那裡有許多好東西，如鹿肉等等，但特別引人注意的一樣東西，是一隻雉雞。我問主人是否經常捕到。他的回答是否定的。但說因為很想請我吃頓飯，那天早晨就向神祈禱，讓他能捕獲一隻。他到樹林裡去，立刻便看到他急於得到的，開了槍，就把那雞打倒了。現在雞就在我面前。信仰能比這更單純嗎？聽了那個故事之後，我非常高興沒有拒絕那位友善弟兄的邀請。

在蟳廣澳禮拜堂，對聖經瞭解最多的是位寡婦。她的肩膀和胸部都很疼痛，傳教士經常要聽他拜訪的人許多個人病痛的故事。然而一點同情常常會很

有效。唔，我於是就問此可敬的婦人，毛病是怎麼造成的。她回答說，她在學習閱讀時把嬰兒斜綁在肩上。當她試圖讓嬰兒停止哭泣而搖擺身體時，就會很疼痛。事實上，她一直沒能從那段過度努力的時期裡恢復過來。不過，她最後無意間想到把嬰兒床帶來禮拜堂的主意，當她專心閱讀時，就把那小東西放在講壇上。這的確是熱忱。

在蟳廣澳過安息日

安息日那天，我們一整天都過得很快樂，但晨間禮拜式的初禱期間，有位老婦人昏倒。她原已臥床數個星期，前一天我去她家拜訪時曾跟她一起禱告。早晨她覺得好多了，就起床來到教堂。然仍不夠強健，無法在禱告期間站立，因此發生前述的遺憾事件。禮拜式過後，剛才提及的那位寡婦，她話頗多，也有少許幽默感，說該事件讓她聯想到保羅在傳教時的猶推（Eutychus[5]）。那件事她講得很直率。她對聖經熟悉到能引用那個例子，讓我十分高興。因此，對有些人會誤以為那是個打擊，僅置以微笑。

在早晨和下午的禮拜之間的那段時間，副牧師的兒子進來問我要一點奎寧。我利用那機會跟他談談他捨棄真理而改為崇拜偶像的事，他是石雨傘村唯一這樣違背神的人。此人似乎感到我的規勸有理，因為他說自從走上這條罪惡之路後，從未快樂過。過了一會兒，答應只要住在另一村的親戚不阻止的話，就毀掉偶像，因為其中有一部分屬於那人。次日他跟那親戚談了此事，親戚說要是他想那麼做，並不會阻撓。於是在祈禱後，各種各樣的偶像崇拜物都拿出來，放在他家前面的院子裡，用火燒毀了。然後又回到室內，在牆上安置一些有插圖的基督教小冊子。最後請求萬能的神，讓那曾墮落但現已悔改的弟兄不會故態復萌而再度失去上帝的恩寵。

伊德（四）

蟳廣澳的教會

蟳廣澳的教會很小，會眾總共約兩打人而已。此教會主要靠一個叫Goan-chhun的人創建起來。他住在村長家中。那人深受氣喘之苦，而以吸食鴉片來緩

---

⑤「使徒行傳」20章9節。

解。Goan-chhun勸告他丟棄煙筒而來敬拜神，因為只要向神祈求，祂就會治癒其病痛。在村長同意下，他們把一個小杯子裝滿水，對其祈禱，病患然後將水一口氣喝乾，病居然轉好！Goan-chhun治癒村長的名氣遠播，很快就有太多人來找他治病。然時間上無法為每個病例祈禱，於是他想出一個好主意，一次處理一大批病患。準備一大碗水，奉上禱告後，讓患者各取一點碗中的「祈禱水」給自己飲用。結果如前，所有的人，無論原來得的是什麼疾病，都治癒了。至少故事是這麼傳的。至於Goan-chhun此人的結局怎麼樣，用簡短一句話就足以說明，即他後來變成一位巫士。現已去世。所以，試想蟳廣澳這教會的歷史，及其所處的偏遠地點，僅受到極少直接的管理與教導，我感到奇怪的並不是會眾如此的少，而是怎麼仍有這麼多的信徒能堅持到今天。我很難過看到這裡的孩童極為無知，也缺乏照顧。想到年幼的人喪失福音書上所提到的與生俱來的權利，難道不可悲嗎？這些「穀種」在福爾摩沙未受到足夠的珍惜。對過去的收穫感到喜樂，固然很好。但最基本的審慎忠告是，必須關注未來。在此島上的教會，要是能遵循做個好牧羊人的指令，即「餵飽我的小羊」，那麼在會眾的人數上，至少可堅守住而不致減少。

自從叛亂事件以後，許多人由蟳廣澳往返海岸，說渴望敬拜神，然我恐怕他們並非真的做出此決定。實僅希望經由加入教會而多少可以逃避清朝官員的勢力。即便如此，我還是請牧師鼓勵所有這類的人去參加禮拜式。對有些人來說，也許是為了短暫的好處而來。然聽了福音的傳佈後，可能會因此得到受神的祝福而永遠受益，甚至連靈魂也得到拯救。

又一天的辛苦跋涉

迪階教會的人聽說我去了蟳廣澳，星期六他們中有些人就來到此地的禮拜堂，說要伴隨我返回內平埔（P153）。共有九位。蟳廣澳的人感到很遺憾，因原預計我至少會跟他們再過一個安息日。我自己也因這相當突發的狀況而有些困擾。但既然他們這麼好意地來導引我越過山丘，就決定在此情況下最好與弟兄們回去。然而我們直到星期二才出發。本以為這次可換換花樣，試走那條老路，於是就轉往那條路去。此路在一般性質上與另一條很相似，卻陡峻多了，也長滿植物。往上爬了數百英尺之後，就進入一層濃霧中。到了中午我們快要

抵達最頂端，停下來吃點冷飯。這時下起大雨，周遭的一切都濕透了。小徑附近的枯木都腐爛成漿狀，許多水蛭在濕地上爬行。我想，每個人都找到一隻或更多那噁心的東西貼附在身上，恐怖極了。所以啊，我們辛苦地一直往上走，幾乎不敢停下來緩口氣，因害怕須在山中過夜，而無任何可以避雨的地方。就在抵達山頂時，我們必須越過很滑溜泥濘的地面。那裡的通道狹窄到即連要放穩一隻腳都頗困難。同時兩邊都是數百英尺深的懸崖，所以錯踩一步，幾乎等於必送性命。

就在由山脊的另一邊往下爬時，我們發現坡度在有些地方非常陡峻，得反過身爬，免得翻滾下去。我們的手，也都因緊抓長在路邊的銳利野草或有刺的灌木叢，而被割得傷痕累累。有時草木長得十分濃密，走在最前面的人須砍除，才能讓我們比較便於通行。我的靴子由於受到撕扯而損壞，衣服也到處都是裂縫。更糟的是，全身都濕透了。天黑了很久以後，才終於抵達大庄，受到很誠摯的接待。洗個熱水澡，換上乾衣服，吃些熱的食物，對當天極度艱辛的旅行後恢復的效果，有神奇的幫助。其餘的人，在周遭環境改善，比較舒服的情況下，心情也都開朗起來。所以，後來我們聚集做禮拜時，大家似乎都很熱誠地加入。

人們極為友善

福爾摩沙東部的人實太友善，幾乎讓我消受不了。不知有幾隻動物因我的緣故而被宰殺，我所知道的就至少有三、四頭牛。比方說，自我們由蟳廣澳返回後，在這大庄，當天就殺了一隻牛。把整條後腿送給我。那是一個人所能拿得動的最大重量。我請求人們可憐我，因我絕吃不了那麼多的牛肉，可是全然沒用。他們說：「只有一點點，我們很抱歉沒什麼東西給你吃。」為了不讓這些好朋友難過，我只好將他們的好意都收下來。我們在石牌停留時，我的男僕做了一件極好的事。那裡的人送給我二、三十磅的牛肉。我向他訴苦，說實在難以消受。接著我出門訪客，而等我回來時，那忠誠的孩子給我一大碟乾絲狀的肉。我請他說明。他一臉笑容地告知，他把所有的牛肉都煮成碎片。別人給我的大塊肉，用這樣的形式就可以很容易攜帶了！那天晚上我本想晚餐可吃一頓很好的烤牛肉片的。至少，覺得很奇怪，他會把「全部」的牛肉都這樣用水

煮碎。不過看在他的獨創性上，我壓下自己的懊惱，不再追究。可是現在，當大庄村送贈物來時，我很擔心要如何處置，就私下悄悄地讓那男僕從牛腿上切下相當大的一塊，像從前一樣煮碎，把剩下的掛回原處，直到次日動身時再處理。那時我可藉口行李太重。當然還會加上一句，說我已把禮物的一部分存放在籃子裡了。

重新上路

在大庄停留了一天後，我覺得必須繼續上路，因希望在星期日前一、兩天趕到迪階，那是我們在福爾摩沙東部三個傳道所中的最後一個。那些來自海岸，為我帶路的弟兄，也都急著想早點回家。

臨時準備的轎子

不知何故，他們認為我因最近艱辛跋涉必然還非常疲憊，所以自願為我做一把椅子，希望開始上路時我能乘坐。我抗議說下一程自己還走得動，因為腳底的狀況仍不錯。然為了要取悅他們，只好坐上椅子。那真是個滑稽的椅子，很像「野蠻人」用的那種。設想有兩個三角形，一塊板子放在兩者之間，擱在其底部。然後在頂端，順著這兩三角形物的角下方，插入一根長杆。這椅子的樣子大概如此。我側坐在板上，手臂靠在杆上。兩個抬轎人各在此長杆的一端。當一個肩膀上的重量變得太不舒服時，杆就被提升過頭部，放到另一個肩榜上。有個小的擱腳懸在椅子的側邊，即坐轎者臉所轉向的那一邊。整個裝備是用幾根竹子，大概十分鐘就做成了。我很不喜歡由弟兄們來抬我。在不得罪他們的情形下，盡量自己走很長的一段路。然他們做好轎子後，不喜歡空著抬，所以我有時不得不坐上去，但我寧可走路，像其他的人一樣繼續往前走。

伊德（五）

迪階的教會：其特質

迪階教會的人來自五個村莊。其中四個在山谷的東邊，只有迪階在其西邊。有一條大河流經河谷的中央，而將前面提及的村莊分隔開來。雨季時，約

三、四個月的時間，東邊的人無法穿越山谷到禮拜堂來，因此很渴望得到許可，建蓋一個房子，讓他們這段時間裡能自己聚會。此要求必會得到應允。四個村莊裡最主要的一個叫做觀音山（Koan-im-soan[⑥]，P134），是我們最先去的地方。事實上我嚮導中的大多數，家都在此地。其中包括那位執事。我就住他家。他們盡力讓我感到舒適，然我仍不快樂。這位執事喝酒喝得很厲害。到達他家的那晚，我正問他一些有關其他教會人士家庭時，他走近我，把我的記事本合上，請求我當晚別再問他問題，因為他已醉了。這實在是十分的可悲。當時我並沒說什麼，但次晨，在做禮拜時，我指出每個人必須小心防範像喝酒這種隱伏性敵人的誘惑。這是一件不易談及的問題，但我覺得要是不提，就沒盡到任務。在蟳廣澳有位執事兩年前，就因喝酒的後果而過世。因此，我認為警告招待我的那位主人他所處的險境，是我的責任。就我所知，他對我說的話並未見怪。希望蒙神的恩典，他以後能不再做如此逾矩的事。

　　星期六早晨我越過山谷到迪階的禮拜堂去，幾個弟兄幫忙抬行李。此教會狀況不佳，禮拜堂後面住著那位被解職的牧師。他的行為放蕩，讓教會的名聲蒙羞。而在山谷東邊那些村莊之一，住著一個客家人，去年是此傳教所的牧師。他在一個女人的丈夫因醉酒鬧事被殺害才三天，就跟她住在一起，而被解職。這兩個人的行為壞透了，給此地區基督教事業帶來很壞的名聲。好幾個人就是因這兩人的罪行而離開教會。不過為公平起見，還是要提一下，有些會眾自己的行為，在許多方面也不那麼謹慎。然儘管有這些缺點，迪階教會的狀況並沒有保羅當時的哥林多（Corinth[⑦]）的那麼差。我深信只要有足夠的管理，審慎的訓練，加上聖靈的祝福，仍有可能使其再度興旺起來。教會裡有些人似乎確實熱忱。比方說，有個男子告訴我，他的妻子看新約聖經常看到深夜。十字架的故事也經常讓她落淚。我曾在這女人家裡見過她，跟她談崇高的事，談得很愉快，也很有收穫。

　　福爾摩沙的教會，因缺少工作人員而陷於癱瘓，實很悲哀。但若能從山的西邊分讓出一位虔誠的基督徒牧師與其妻子，在迪階定居一、兩年，我相信在期滿之前，這裡的教會必定會再度復甦興旺起來。然目前此傳教所沒有牧師駐留，這些人裡面也沒有適合的，能在靈性方面領導會眾。唯一的神職人員就是數段前所提到的那位執事。

　　⑥觀音山（Koan-im-soan），今花蓮縣玉里鎮觀音里。
　　⑦哥林多（Corinth），古希臘一奴隸城邦，以淫靡奢華成風聞名。

迪階安息日的工作

我在迪階度過兩個安息日。第一個安息日，參加聚會的人很多。這些人對傳揚的信息似乎也聽得頗專注。因為是中國年的最後一個安息日，按照別處的習俗，下午也舉行了一個感恩節的禮拜式。晚上就在我要去休息時，有個男子前來，想跟我談話。他的名字與兩件謀殺案件牽扯在一起。據他的說法，他的確未參與那些罪行，顯然他說的是真話。第一樁案子已經解決，雖然他損失了一些錢。第二樁案子仍然未決。不但他的名字，另有十三、四位迪階教會會眾的名字也都牽連上。似乎在最近的一次叛亂事件上，數位教會人士，在某種程度上都參與動亂。有個漢人的財物被搶劫時，他們也在場。被搶走的東西裡有幾隻鴨，後來在這些誤入歧途的人家中尋獲。結果每隻被偷的鴨罰款兩元。在付了罰款以後，原希望事情到此了結。但有一日，那原為鴨子主人的漢人在赴寶桑辦事的途中被謀害。他的親戚馬上說這是報復的案例，而控告所有被罰偷鴨的人，說他們一起謀劃殺害此人。這就是我的訪客所捲入的第二樁事件。那人說他與此事件毫無關聯，我相信大概相當真實。但此同時，我也看不出有任何我可以幫得上忙的地方，除了勸他信賴萬能的神，把一切交給祂。祂必能從任何想用不正當手段傷害他的人那裡，將他解救出來。那兩個被解職的牧師顯然從會眾那裡收了一筆錢，以找人為這些被嚴重控訴的人辯護。有些人顯然不確信那筆錢是否真的曾用於上述目的，同時對這筆錢的去處深為懷疑。數天後，住在禮拜堂後方，那個被解職的牧師，來看我，要我把數目相當大的一筆錢帶到山的另一面的他朋友處。我認為最好別答應他的請求。接著討論了些教會和其他類似的事情。最後，那人說等我返回台灣府時，他會跟我一起離開福爾摩沙東部。他以後最好永遠別再回到那裡去定居。

「野蠻人」的習俗與服飾

星期一是中國年的最後一天，每個人手上的酒、豬肉、及其他節慶的食品都很豐盛時，阿美族（A-mi-a）與高山的「野蠻人」（在此叫做Ban-oan）來向村人致敬。我因為是外國人，這一天之內，多次受到這些奇異的人會見。阿美族人的特色是耳朵穿洞，通常有兩處。上方的洞內插入一個木頭的薄圓柱，或是某些野生動物的長牙；下方的，大得多的洞內放置一個木的圓片，打扮得十分奇

特，有時直徑甚至有一、二英寸那麼大。目的是要盡量拉長耳垂，因為此種族的傳統為，耳朵長及肩的人，就是大眾之王。有時候，拉長的過程做得太過火了，耳垂被扯破成兩片肉質的下垂物，極為怪誕地搖擺著。然我注意到有幾個實例，那人為了補救，而用一條線將兩個下垂物的尾端綁在一起。環繞頸項也掛著好幾串各種色彩的種子與珠子。不過，我猜想其中最珍貴的是，那種從多次狩獵的獵物身上取得的閃閃發亮的長牙，所做成的項鍊。而在項鍊上常懸掛著一個菸草盒子，或戴鍊子的主人認為同樣有裝飾性的東西。我注意到有一個男人的鍊上掛的是個半圓形的梳子。頭上以顏色鮮豔的草，精巧的編成辮子，環繞成頭冠。要是有穿外衣的話，就是那種用自家紡織的麻布做成，上面用不同顏色的線點綴得很華麗。一般來說，他們都不穿褲子，但腰部用一塊布束著。但那塊布無論在長度或寬度上都不夠。至於婦女，要是穿備齊全時，則有華麗的褲子將腿包住。那較溫柔的性別（至少，我希望她們是較溫柔的）裡，有些面貌的確還可形容為「漂亮」的呢。

高山「野蠻人」的特色，是上顎的兩個側門牙被打掉，留下中間兩個完好無損。他們的耳朵不像阿美族一樣地穿洞。婦女的臉容十分輕柔愉快，較偏豐滿，膚色一點也不黝深。至於頭飾，他們用一塊布鋪過頭頂，纏綁的方式是讓布在兩側與後方垂下，像一個兜帽。衣服在其他方面與漢人的差不多。整體來說，都很樸素、端莊，飾物多半戴在頭頸與手臂上。很奇特的是，男人穿的比女人鮮豔。他們衣服上用鮮紅色織著很醒目的圖案。不穿褲子，只有一種圍裙。髮型在前面梳得有點像歐洲人，但不分邊。然而後面就讓它長得很長，用一個皮帽兜起來，樣子有點像以前我家鄉的婦女常戴的髮網。

頭一個來看我的高山「野蠻人」，對我十分害怕。我漸漸學會一些「野蠻人」的詞彙，而與這些野蠻人之間立刻觸發友誼。我把他們給予的詞彙寫下來。他們的語言在基本發音上並不太困難。我試由通過一個懂一點他們語言的教會婦人，讓他們對神有點認識，但顯然在他們的詞彙裡很難找到適當的字來傳達精神上的概念。所以雖努力想教導他們，但恐怕沒有什麼效果。不過，當晚我們做禮拜時，他們也在場，禱告時也跟大家一起閉上眼睛。他們能參與，我極為高興。當然向「我們在天上的父神」請求時，也沒有忘記提到他們。家鄉的人，有誰想要一個副業嗎？有什麼工作是比將一個種族從野蠻提升到文明

更為高貴的呢？而最重要的是，讓他們能認識耶穌基督。你想追求浪漫還是冒險？我肯定此地可讓最渴望尋求兩者的都得到滿足。有誰願意來此幫助這些人嗎？神的旨意無疑是要將其福音傳給每一個人。在福爾摩沙的「野蠻人」方面，希望祂很快就能提供方法，讓其旨意得以適時行使。

伊德 （六）

新年的慶祝活動

中國新年那天必定有盛大的慶祝活動。每個人對新年都很期盼，過完年後回想起來，也認為那是一年當中最快樂的時光。福爾摩沙東部也沒有兩樣。除夕那天，在迪階，到處都有抓去屠宰的豬發出長聲尖叫。這些人捉豬的方式很殘酷，是放狗去窮追，直至抓住為止。若不是替豬擔心，否則對村民在此歡慶時刻送來的一些豬肉，我應更能好好享用。這些人顯然急於開始慶祝活動。因星期一夜裡，我剛上床不久，就被周遭房子的居民吵得無法入睡。他們大聲喊叫，爆竹聲和槍聲也一直沒停止過。Ban-oan族的人尤其喧鬧。然後，令人難忘那天的破曉時分，到處都是歡鬧的騷亂。「野蠻人」從一家晃到另一家，又吃又喝。很遺憾，主要是後者。我到一家門口去看看裡面在做什麼。那裡，Ban-oan族的人坐在地上，手上都有一碗酒。在喝酒的間隔時間，他們重複吟唱一個像是「嗨呵」（heigh-ho）的詞，不過聲音裡帶著許多諧調變化。男人有時會跟婦女相和，有時會加入合唱。婦女則整個時候都加入合唱。這個無意識的程序，每隔一段時間就會有所變化，由婦女轉為相對著，摟抱肩膀，假裝互吻，然後大笑退開，敏捷地拍手臂的某部位。這古怪的表演叫做「hi」。這些可憐的東西，顯然不知如何用更理性的方式來作樂，讓我很為他們感到難過。阿美族人表達歡樂的方式，則沒那麼喧鬧、荒誕。早晨尚未過多久，Ban-oan族的人就幾乎都已喝醉。這整天的前半段他們不斷進入禮拜堂來瞧瞧我。最讓他們欣喜的，似乎是我複誦前晚學來的他們語言裡的幾個詞彙。

平埔番和漢人，為了慶祝新年，都穿上最華麗的衣服。頭髮用極多鮮紅色線裝飾。婦人和女孩頭上環束著一個像寶冠的東西，冠下有一打左右一、兩英寸長的銀絲垂飾。頸上也掛著各種各樣的項鍊。我看到有個女孩的項鍊上極誇耀

地綁著十個或十二個一元的銀幣。每個人都穿著新衣服。我對婦女的服飾製作
方面不特別有研究，所以對上述兩族群，那些愉快又標緻的女子所穿的令人驚
嘆的服裝，不敢多作描述。男人與男孩在腰際戴著花繡得很漂亮的腰帶。有些
人肩上掛著小背包，上頭的刺繡展現極高的技巧。這些取代平常打獵時揹的袋
子。袋裡除了檳榔以外並不裝什麼特別的東西。菸草袋多半懸在煙管上，也很
巧妙地繡上各種顏色的樸素幾何圖形，主要是紅色的。

　　晨間雨開始下得很大，而讓大家的歡慶受到相當的影響。本準備午前在禮拜
堂辦個簡短的禱告會，但因天氣的關係，無法聚會。然而，下午烏雲消散，讓
一些在山谷東邊的會眾終於能橫越到迪階來。但他們要去太多處拜訪賀年，所
以原計畫的聚會得再延到晚上。這倒頗適合，因原就安排了天黑後放映魔術燈
籠，所以要集合大家早些來祈禱就很容易辦到。

　　下午的那段時間，有些較喧鬧的「野蠻人」回家去了。我想可以冒個險，請
剩下的來參加聚會。他們同意了，但臉上帶著疑慮的表情。大家在指定的時間
出席，禮拜堂裡擠滿了人。許多異教徒從一開始就參加，因此或許有機會從很
短的禱告會中學到一些聖經上的真理。要是禮拜照原訂的早晨就舉行，那他們
就會錯過了。所以說，即使失望也可能轉為喜事。

放映魔術燈籠

　　簡短敘述在這些奇異地區如何放映魔術燈籠，可能會讓大家覺得很有意
思。在聚會前，所有的儀器都必須很仔細地準備、安排好。最穩當的是在人群
來到前先試放一個幻燈片樣本，以確定一切都運作正常。燈籠放置在房間較長
的那端，約在其中間位置的桌子上。極靠近牆，這樣除了操作者和一位助手
外，沒人能擠得進去。在軍事策略上，讓軍隊的後方暴露在危險裡，是一個致
命大錯。在放映魔術燈籠的策略上，也是同樣的道理。桌子的左右兩側，從房
間一邊到另一邊擺了一些長板凳，前兩排緊接在一起，形成一個屏障，以防萬
一從後面壓垮。在燈籠和銀幕之間的泥土地上，放了一些段木，讓孩子們坐。
這樣大家都能看得見，同時也不至把投射到銀幕上的影像擋住。長板凳主要為
教會的人所據有，男人在一側，婦女在另一側。左右兩側後方的空間，則任何
想來看的人都可使用。我放映燈籠已經多次，從未出過什麼差錯。我認為主要

的是因事先安排妥當。這一次，我在前面保留一行空的長板凳，讓那些出眾的外地人，即「野蠻人」使用。我用「出眾」這個詞，當然與一般所瞭解的意思不同。「野蠻人」的小男孩與女孩就跟其他的孩子一起坐在地上。男人都表現得很得體，但有個婦人（我想若說出名字，她也不會查知的。她叫La-loosh）當天喝了大量的酒，顯然還沒清醒，所以相當不安寧，但尚未嚴重到干擾餘興節目的管理。除了這小小的例外，一切都進行得很愉快。那些阿美族人，來的人數太多，而無法為他們特別安排位子，所以他們也像其他的人一樣就座，都顯得非常欣喜。有可能觀眾裡許多人完全聽不懂我對影片的說明，然他們或許會見到什麼，可做為工具，將聖經教導的微光傳送到心裡。我在福爾摩沙東部所做的六次燈籠放映裡，每次都有不說漢語的原住民在場。離開台灣府之前，我不大確定帶燈籠到那麼遠去是否是個好主意，但事實證明那極為有用。這一點讓我非常高興，沒有比讓別人快樂更令人歡喜了。

與群眾在一起

新年的次晨，高山「野蠻人」來看我是否願意跟他們一起回家。前一天有個人，一個很好的年輕人，就讓我伏在他背上，看我有多重，為了要做一種構架，讓我坐上，可把我抬到山上。我本下決心要跟他們去，但一則由於下雨，一則前晚過度勞累，我很糟糕地發燒了，於是覺得還是不去較妥，特別是雨似乎不會很快就停。這些人很失望，我想他們也有點不高興。下雨的天氣，對他們來說，當然不成問題。不過，我開了一罐餅乾來安慰他們。然後他們就走了，讓我終能略得安寧。

雨又連著下了兩、三天。直到星期五，我才能走得稍遠一點，去拜望教會的人。我想要到山谷東側的兩個村莊去，可是因為河水漲得很高，被迫找個轎子（「野蠻人」用的那種）帶我渡越，由兩個阿美族人來抬。當我們來到水深處，其中的一個立刻脫下所有的衣服，頂多只穿一點點；但另一人穿著長褲，脫衣之前，因有我在而感到須較端莊，而用一塊布圍住腰部，那布是他為此目的特地帶來的。水十分冷也很深，我不知他們為何願意做此工作，我料想他們大概習慣了，因此也就不特別在意。

去到群眾之間，到其家中拜訪是很令人愉快的事。僅在安息日一起見到他

們全體實在不夠。每個人都有其特別的怪癖和煩惱，只有經由親身交往才能準確地發現。有時一個安慰，或舉例的字眼，常會幫助很大。要能有效治療一個疾病，最主要的必備條件為知其所有的症狀。對教會人士這個原則也很可能適用。他們心裡常多方面憂慮煩惱。總之，每個審慎的觀察者都應注意到，個別對待常有很大的力量，能激起雙方的興趣。在迪階，和其他的傳教所一樣，我亦有此殊榮，幾乎每個教友的家裡都去拜訪過。不過，因為下雨的緣故，沒法如我所希望的經常出門。有兩件事令我特別難過，即對孩童的嚴重忽略，以及人們喝酒的習俗。後者的危險性是如此之大，讓我感到很沉重的壓力，於是在該地的第二個安息日，我認為有責任公開提及此問題，以哥林多前書第六章結尾那段做為談論的基礎。我相信有些聽眾對我當時觀察的真實與魄力相當欽佩。要談此問題讓我感到很痛苦，因為大家都一直待我極為友善。無論在哪裡，土著的族群只要開始喝酒，沒多久就會導致衰退。有些例子上，還會造成滅種。福爾摩沙的原住民族群，若不在尚未太遲之前就教他們遠離罪惡，結果也會是同樣的。

未經探勘的鄉土與我的夥伴們

　　現在所有三個傳教所我都拜訪過，就想往北方走到內平埔的尾端。這一帶的鄉土，我相信尚未有歐洲人到訪過。大約是三天的路程。頭一天沒碰到任何有說漢語的居民的村莊，都是阿美族人的。接下來兩天走過的像是沒有生命的地帶，唯一的住民是軍營裡的兵士。此區域許多地帶非常肥沃，但沒有人敢定居，因懼怕高山的「野蠻人」，他們總是找機會證明其獵頭的技術。然抵達花蓮港時，就較無須害怕了。不過，安全的地帶仍然不太寬廣，因為即使在此，高山也離得不遠。

　　我的計畫是星期一動身，在花蓮港過下一個安息日，然後次日開始回程往南走。我非常想在花蓮港傳播福音。真的，要不是心中有此傳播福音的計畫，我很懷疑自己是否情願再做另一次旅行。讓弟兄們知道我的目的後，有三人同意陪伴我。但星期一早上，我們就要出發時，又有三人加入。所有的六個人都武器齊備，攜帶槍與長刀。除了這些人以外，我們的隊伍還包括另一名弟兄，他雖做泥瓦匠的工作，但職業卻為醫生。還有一個挑夫，我的男僕，以及我自

己。那位泥瓦匠兼醫生屬台灣府的教會，在那裡他一般做磚頭與灰泥的生意。然而有時候他對這份工作感到厭煩，就離開而到鄉下去行醫，接種疫苗。他是那種非常頑固的人。在傳教團院區工作時，有多次都讓我有必要嚴厲責備他。不過此人似乎品格純正，我相信他是個真正的基督徒。教會的會眾多半很類似，但此人卻證明確實仍有極為獨立的精神。前些時候，在一個禱告文的比賽裡，此人得了第一名。這個人聽到我計畫去福爾摩沙的東部拜訪，就棄置工具，集攏藥品，跟隨我做為旅行夥伴，陪同我先到內平埔，後來如上述的，又到了花蓮港。他還更進一步決定留在福爾摩沙的東部幾個月，甚至希望能到火燒嶼，或許也到紅頭嶼（Ang-thau-su）去探訪。我還滿喜歡這個人的。因為他雖然有些缺點，但很獨特，同時對宣揚福音相當熱誠。

繼續上路

　　星期一早上我們啟程時天氣很不穩定。內平埔是一個細長的山谷，西邊是福爾摩沙中央山脈，東邊是沿著海岸外圍的系列山丘。此山谷就在兩者之間。這些高地附近聚集的霧氣，常像活板門的活板那樣摺下，將山丘籠罩，有時一連數天都將太陽完全遮住。不僅如此，更好似要藉此而得以與世隔絕，山下的土地也經常露水濕重，甚至連日傾盆大雨。走了沒多遠就嚐遍這種氣象上的所有可厭現象。下雨不但讓我們都濕透了，還大為妨礙進度。確實如此，因為這個緣故，我們比預期的晚了半天才抵達花蓮港。我們發覺在雨中長途徒步旅行十分不愉快。特別是一路上除了軍營以外都沒有任何可以避雨的地方，而軍營又都離得很遠。在內平埔南邊地帶，阿美族人有時模仿漢人穿著長褲。北邊近迪階處，則最多只穿有摺短裙。男人經常將其縮短到只用一小塊布遮住前面，常常連這個都沒有。我見到阿美族婦女吸很大的雪茄菸，約西方人一般所吸的三、四倍長，感到頗有趣。那是用綠色的菸葉做成，至少外面幾層是如此。在我看來更像是包心菜的柄莖。

　　內平埔的主要河流盆地礦產豐富。主要的那條河流由玉山山腳流出，有時下過大雨後，沿其河道還可找到金子。

在軍營過夜

我們第一天在靠近一個阿美族村莊的軍營過夜。負責軍營的團長，是個文明且心地善良的人。他鼓勵兵士在軍營周遭種植稻米，目的之一是讓阿美族人觀察必要的農業操作如何運行。有時別處的中國當局也雇人來教導土著如何種稻，因為許多軍營都很欠缺這種主食。天快黑前，我到上面提及的阿美村莊四周匆匆走了一圈。那的確是個風景優美的地方，隱匿在良好樹木的樹蔭中。房子都無汙垢，也很整潔，道路也維修得很好。其實整個村莊看起來都比漢人　般的那些舒適。當然那些族人看到我感到很驚訝，但仍很有秩序，行為也頗得體。阿美族人之間有個很奇特的做法。男孩子成長為青少年時，都要一起睡在一個開敞的大房子裡，直到他們結婚為止。有時或許有數打的青年同住在一個這樣的建築物裡。只不過是一個平台加上屋頂。四面沒有圍起，冬天住起來一定很冷。然這種不便，就靠在屋子中央豎立一些大木頭，讓其一直燃燒，來部分解決此問題。就我所知，在某些地區，這叫做少年集會所或公廨（Palangkans），也是接待訪客或正式討論公眾關心事物的地方。

就寢前，在軍營做禮拜的時候，有些兵士和軍官進來聽。那位清廷的機要顧問祕書也在聽眾裡。禮拜結束後，他在聖經經文的教義這題目上，跟我進行了很長的討論。最後終於承認他並不相信偶像崇拜，但認為敬拜祖先則是所有人都應該也必須盡的義務。很難說服他，在最嚴格的定義下，應僅對神奉上「敬拜」。不過，在聽到支持此教義的一些證據、理由，以及例證後，他似乎軟化了不少。然我恐怕他心裡尚未完全準備在這一點上讓步。唉！他的例子不是單一的。中國多數人都有同樣的困境。孔子的學說，一般來說，正逐漸崩潰。雖很慢但確然如此。中國與世隔絕時，此學說做為本國統治的基礎原是很適用。不過，現在這個受到庇護的孤立已突然遭到擾亂，就不夠了。與外國的國家交往需要應用其他的原則，那不是孔子的學說所能提供的。因此，基督教的傳教士可感到慰藉而確信，此發展福音的障礙將被移除，且其速度將不斷漸增。祖先敬拜則不同，那會堅持得更久。只有聖經本身的力量才能將之去除，這是撒旦在中國最主要的據點。就因如此，所以基督教必須針對此問題而加倍努力去對抗。

阿美族部落

次日起床時，雨下得很大。我們恐怕當天得困在屋內。然而，在等了約兩個小時後，天氣放晴了些，我們於是就出門去。看到阿美族人在田裡工作，感覺非常奇特。除了他們用頭頂著的籃子以外，多半的人只有一個鋤頭或約一英尺長的鶴嘴鋤，還有一個小草蓆。那也可用做為雨傘來保護頭部，做為外衣遮住背後，或坐下時鋪在地上用。這個族群原先沒有牛，但現在漸漸也擁有幾隻了。最初他們與漢人約定，替其餵牛。條件是，照料時所生的小牛全歸他們所有。沒有錢，也沒有多少物品可交換，這大概是他們唯一可以獲取這些有用動物的方法了。然而，像漢人一樣，他們只將牛用在田裡，從沒想到用來擠奶。

提到牛，讓我想到這次旅程的半途，也就是第二天的時候，我們來到一個軍營。營外有一個像支架的東西，約十英尺高，上面掛著兩顆人頭。大概在不久之前，南方有些人的牛經常被偷，於是向較高當局控訴。軍營的負責軍官因放走被控罪犯而受處罰。他遭警告若不能制止此罪行，則將被判死刑。這顯然讓他勇敢些，沒多久他打聽到犯了上述罪行的那個人，就試圖去逮捕。但那人膽子極大，逃到高山「野蠻人」那裡去了。

然那軍官召集大批兵士，夜裡行進到其藏匿處，將之包圍，把小偷帶回軍營。那人很快就被砍頭。他的頭就是我見到掛著的兩個之一。另一個是不久以後被捕的，也以同樣的方式處理。有些人為做壞事願冒如此危險，實在不可思議。我順便提一下跟那第一個人那案子有關的一個奇怪的事實，是同伴告訴我的。那就是高山「野蠻人」把牛角的長度看得比其身上的肉更為有價值。在福爾摩沙東部，據說有些土著敬拜鹿的頭顱。或許「野蠻人」對牛的頭顱也是同樣的看待，因此特別尊重長的牛角。然而，我見到唯一懸掛鹿的頭顱來敬拜的，卻是在一個漢人家裡，但他算是某種的土著通譯，這或許可做為解釋。

前面有一段提到高山「野蠻人」常從山谷西側僻靜處下來，悄悄地橫越到東側去。我們見到不少最近才留下的足跡。然後在另一地點，見到他們曾在山側點燃的火跡，最後又看見有些人自身在山腳的樹木間躲進躲出。他們離我們頗有段距離，只因藉助望遠鏡才能清楚辨認。雖然他們肯定見到我們，但絲毫未膽敢來騷擾。

第三天停留的軍營裡，有位清朝官員為兩個「野蠻人」婦女著迷，是一個母

親與其女兒。他將後者視為妻子。她的臉頰和下巴都布滿刺青圖案。是某種幾何圖形，由一些平行線條與介於其間的交叉線所形成。她的頭上，就在額前，是由一條垂直線，與最頂端、底端和中間的另三條橫線交叉而組成的一個圖形。這是該族群的獨特標記，因為跟漢字「王」（ong）完全一樣，所以此族群常被稱為「ong-ji-thao」，翻譯出來的意思就是「王—字—頭」。他們另以「木瓜」（Bok-koe[⑧]）知名，那也是往北流，在花蓮港流入海洋的那條河的名字。

跋涉期間，我們須不斷涉水而行，若不是從山上湧下來的小溪流，就是將河水集中而成較大的水流。有些要通過頗困難。有時兩、三個人得互相拉住手，以防涉渡時摔倒。有不少旅人，主要是中國兵士，在試圖渡過一些較急速的溪流時失去性命。急流的力量把巨石沖滾下來，撞擊渡河人的腳，讓他們跌倒，而被急流沖走喪命。在雨季最能領會這種危險。我們很高興沒有意外發生。我的男僕，是個好孩子，肌肉強健，所有較大的溪流都是他將我揹過去的。有時水深及腰，非常冷。有時，還充滿某些礦物或化酸的物質，讓腳和腿的皮膚裂開，然後會刺痛得相當厲害。

與「野蠻人」會面

第四天清晨，在即將渡過最後一條溪流，並已很接近花蓮港時，我們見到約五十個低山「野蠻人」向我們疾走過來。其中有些全裸，其他的僅穿很少的衣服。手上的長矛前後擺動，身側懸垂著長且閃閃發光的刀子。見到我們時，猶豫了一下，然後一同衝入水中，十分急躁地向前跳到我們所站立的河岸。在我尚未有時間瞭解狀況之前，就已被團團包圍。顯然，我在他們眼中是個怪異的人。他們極為好奇，繞著我轉了一圈又一圈。我試圖讓有些人臉上發出笑容，很高興做到了。這讓我放心不少。不過，有一些對我友善的目光，僅報以怒視。嘰嘰喳喳講話數分鐘，又那麼興奮，頗讓人心情煩亂。最後我仔細視察他們的武器以及身上那些遮蓋物與裝飾，他們也同樣的檢查我的衣服。有些男子很強壯。眼前的溪流很難徒涉，而看他們渡過時如此熟練，我就在那群人裡挑了一個最高最壯的，用手勢促使他揹我過去，給他一塊顏色鮮豔的手帕做酬勞。我當時手上只有此物合適。他似乎勉強同意，所以我就跳到他的背上。但那時我男僕臉上表情十分擔心，走上前來。我料想他擔心我會遭遇危險。那三

---

⑧木瓜溪今名為花蓮溪，上游的原住民以木瓜番著稱。

心兩意的人看到纏繞在男僕頭上的頭巾，就指著說他要那頭巾才帶我過河。我從所居的高處跟他解釋，說那東西不是我的，無法給他，但那人不肯妥協。所以我就又回到地面。突然有人喊叫了什麼，他們就全都像子彈一樣快速撤離。動身時確實形成一個很獨特有趣的樣子。他們黝黑的身體，有時被懸在肩上有點像格子花呢披肩的鮮紅色布，襯得十分鮮明突出。也有其他的飾物懸掛在武器上或繞在頸子上。耳朵也穿洞，跟南邊的阿美族一樣。洞內插入像骨頭的飾物，形狀有點像個磨菇。事實上，雖然詞彙不同，我判斷他們屬於同一個種族。他們稱自己為Pan-cha人。事後發現，他們原來是要去我們遇見他們的那個山丘附近砍些燈芯草與木材，以替一個漢人蓋房子。那人用一些數量的布和一、兩頓飯做為交換。

伊德（七）

「編按：我們在台灣府的傳教士導師，一直用很有趣的方式，為我們描述他那艱辛又充滿冒險的遠征。他從台灣府越過山丘到島的東部，然後再遠至更北處。這是沿著海岸跋涉，或由那細長狹窄的山谷往下走。此山谷在中央山脈與靠近海岸線的一系列山丘之間。我們以下將他到最北點的探訪記行分期印行。他在那裡接觸到加拿大在福爾摩沙北部的傳教團（即馬偕醫生的）。伊德先生最大的心願，就是要去慰問並啟發我們自己在福爾摩沙東部的傳教所。共有三個，即蟳廣澳（十年前在那裡設立了一個教會），以及石牌和迪階兩處。我們在福爾摩沙的傳教人員不足，此可悲的情況使得這些傳教所都得不到適當的管理與培養。伊德先生在旅程上有許多機會做福音傳播的工作。他向原住民傳教，也在軍營裡給中國的兵士講道。他並一再放映魔術燈籠，用圖片展示聖經的故事。他譴責小教會裡那些墮落者，並鼓勵在多重困難中掙扎的人，要堅持信仰與良知。神將會繼續祝福他的探訪。

「這些東部傳教所的基督徒均屬巴克禮先生（Barclay）所謂的『低地』的原住民，即平埔番（Pe-paw-hoan）。那些小教會都處於很落後的狀態，不知是因為無法給予足夠的管理與指導，還是如巴克禮先生在其報告中所提出的，要改變原住民村人的信仰，是整個部落的運作，而非僅靠個人的轉變而已。在迪

階，這幾個教會中最北邊的一個，那裡沒有牧師。更糟糕的是，在前一、兩年內，原來的兩個牧師相繼因嚴重的不道德行為而被解職。他們還住在附近，使基督徒的名譽受損。在迪階接待伊德先生的是教會的執事，是那教會唯一的公職人員。他在伊德先生抵達該地的當夜就喝醉了。蟳廣澳教會的一個執事，兩、三年前才因喝酒而喪命。在這些基督徒的家庭內，粗心大意與酗酒都相當普遍，實在可悲。烏干達的馬凱（Mackay）先生曾說：『喝酒是非洲的禍根。』巴克禮與伊德先生都說：『喝酒可能造成福爾摩沙的原住民滅絕。』不過，仍然存有一些熱忱的基督徒。我們那些虔誠奉獻的傳教士在他們之間所做的短期停留，必能讓他們的信心增強。若荷蘭的歸正會[9]能重返福爾摩沙，將整個東海岸納入其領地（巴克禮先生說那是可能的），那會是件好消息。

「伊德先生一個月前所給予的那段敘述裡，描述他如何抵達花蓮港。此地在內平埔山谷的北端，東部山丘後面的海岸上。從最北端的迪階傳教所到花蓮港要走三天。以前可能從來沒有歐洲人如此做過。伊德先生為第一個講述耶穌釘十字架，拯救世人故事的人，他的雄心令人讚賞。他做到原計畫後又轉頭踏上回家的歸途。他確實曾在那裡度過安息日；但那天之前，他去一個『野蠻人』的部落探訪。他們是Pan-cha族的，在花蓮港的內地。他在當地聽說有個基督教的牧師在向北一段距離，一個叫加禮宛（Ka-le-oan，P102）的地方，就到那裡去了一趟。這兩次的探訪與他回家歸程上的第一階段，即從加禮宛到花蓮港的那段，都記錄在以下的章節裡。」

學習語言的新方式

在花蓮港流入大海的那條溪流，近溪口處，既深且寬。然不幸的是，入口為一個沙洲所阻，使船隻難以通行。慣例的中國軍營外有一條街，兩邊都有商店。主要枝條編成，塗抹上粗灰泥，茅草覆頂。我們進入村莊時，看到一、兩百個Pan-cha「野蠻人」群集在街上。在中國年的除夕時，有一場火災。約一打左右的商店被燒毀，其中有些現在又在重建。Pan-cha「野蠻人」人受雇來做此工作。我們才一出現，所有的建築工人都放下工作，向我們圍擠過來。剛好，在重建的眾多房子裡，有一棟為清朝的總理所有。他立刻給我搬來一把椅子，但我坐下來只有讓事情變得更糟糕。因為造成更多的推擠，大家都想來瞧

---

[9]基督教的新教教會。

瞧我。最後我想到一個辦法，使秩序好一點，且稍平靜些。我將背靠向房子的一側，取出記事本來，開始記下身體各個部位，以及周遭物品的當地語名稱。這讓大家覺得十分有趣。他們非常歡喜聽我重複其語言的詞彙，就忘了來摸我的衣服，或瞪著我的臉看，以及其他這類為滿足其好奇感而令人反感的做法。不久我學到「走」這個字，就用力地揮手說出那個字。不少人真的在我要求下走了。這之後，我退到後面一個簡陋的燒飯小屋去休息。有些人甚至跟到那裡去，但總理命他們出去。飯正在煮。不一會兒，他請我們一起吃飯。為他重建的那房子是當天早上開工的，他預期晚間就可完工。這樣的速度連美國人都會滿意。那房子的形狀像一個充氣後鼓起來的氣球。

與Pan-cha人一起過夜

得知Pan-cha人，又叫南勢番（Lam-si-hoan，P164），他們的村子就在不遠處。總理推薦了那裡最好的通譯，我就想去跟這群很奇特的人一起過夜。所以下午過後，我們就去其中的一個村莊，叫做薄薄（Pok-pok，P229）。路上經過兩個小棚子，那裡擺著一些船。據說這些「野蠻人」的祖先，就是乘這些船來到福爾摩沙的。這些遺物受到後代尊敬。他們人數總共約五千左右，分住在七個村莊。在傳教工作上，正是很理想的小型場地。漢人想獲得統治權，但目前為止，他們的影響力主要為名義上的。就像所有的原始族群一樣，他們也沒有姓。漢人為了應付需要，就配給每個村莊一個姓。所有屬同一村子的人，都須用那村子的姓當做自己的。村莊位於花蓮港西邊，近山腳處，居民與「高山」的野蠻人為死敵。

就在進入薄薄時，我們注意到有幾個孩子在踩高蹺。這景象喚起童年的快樂回憶，這是我首次在福爾摩沙看到這類的東西。村子裡所有的人很快都知道我的存在，他們成群地出來看我。我把記事本拿出來，將數小時前在花蓮港學過的字複習一遍，讓他們大為高興。我每發出一個新字，就引起轟然笑聲。除此以外，他們最樂的是，當我把頭盔脫下，讓他們看我的頭髮。其實除了分縫法不同以外，我的頭髮跟他們自己的沒什麼兩樣。

用過那（官方）通譯好意提供的晚飯後，我們唱了些歌，這讓大家非常開心。接著我們做禮拜，然後等這些好奇的朋友離開後，才去休息。招待我們的

主人給我們的房間內有一個長而高起的平台，當作床用。我的夥伴跟我，共有九個人，就睡在那平台上過夜。

　　第二天一大早那通譯就帶我到村莊四處看看，乾淨極了。水道上築有小橋。屋子很矮，但十分整潔。屋外多半都有一捆捆的木柴，很整齊地堆在一起。屋子裡邊，所有的東西都很整潔，沒有汙垢。同住者的衣服掛在繞著牆的桿子上。槍與其他武器則擺在一個框架上。地板上多處都很用心地鋪著鹿皮小地毯，地板則是藤做的，高起地面一段距離。每個屋子都只有這麼一間長形的房間。在一端有個壁爐。在地板中間一個方形的孔穴，填滿泥土，有一個矮的邊框圍繞。這空地的中央放著三塊大石頭。上頭擺著大鍋爐燒煮食物。近手邊，在牆的一角，是家庭貯藏食品的地方。剛好問起他們處罰罪犯的方式。被告知，其中一個方法是，將他們的物品拿走，並將其房子徹底拉倒。

與加拿大的傳教團接觸

　　聽說有人在一個更北邊一段距離，叫加禮宛的地方傳教之後，我很盼望見到他。那通譯很好意地給我一個嚮導，為我帶路。我們約午時抵達該處。一有人見到我，就有好幾個人出來，其中兩人（老實說，是婦人）簡直是張開雙臂來迎接我。不久有個男人向我走近，結果就是那位牧師。我很快就探知，他來自福爾摩沙北部馬偕醫生的傳教團。我立刻告訴那些人我並非從那裡來的。我所屬的教會，雖然與馬偕醫生所主持的是一致的，卻截然不同。我又解釋說因為就在附近，聽說有敬拜神的人，我只是來做友好拜訪。回到台灣府以後，我才從馬偕醫生那裡得知，我遇見的那位「牧師」並非由他委任去傳教的。事實上，那人僅在淡水的學院裡做過三個月的廚師。在此加禮宛地區的人（與福爾摩沙北部的加禮宛是不同的地方，馬偕醫生在那裡有個定期委任教士的傳教所）是平埔番。他們原由福爾摩沙北部宜蘭（Gi-lan）縣轄區的噶瑪蘭（Kap-a-lan，又叫做Kap-chu-lan）平原來的。有日本人那種古銅色的皮膚。他們說祖先的家在紅頭嶼。在此共有五個村莊，總計有八、九百人左右。他們自己之間仍用土語交談，但也能說漢語。

以北的景色

福爾摩沙東部沒有比加禮宛地區的那些村莊更北的。在其北邊我看見一個很大的三角形的平原，但無人膽敢定居其上，因害怕「高山」的野蠻人。那些野蠻人所住的高山逐漸向海岸愈來愈靠近，直到一個叫大石港（Toa-chio'h-kong，P326）的岬角時，沒入海中。從此岬角到烏石鼻（Dome Point，P061），往北一段距離處（靠近那個一般叫做蘇澳灣Saw-bay的地方），是一個無人能通過的地帶。漢人數年前硬築了一條路穿過此地，但無法維持開放通行。自我去探訪過後，總督（Governor-General）曾乘炮艇南下到那一帶的鄉野去，用火箭與其他致命的發射物來攻擊那些「野蠻人」，然效果恐怕不大。我們正往高山眺望時，突然到處響起一陣呼喊；高山「野蠻人」被探見。嚮導趕緊將我帶回村子。就在快到村子大門處時，見到有幾個男子在門後挖一個深坑，並將大門拴緊以確保夜裡安全。他們顯然害怕會受到那些渴血的「野蠻人」來襲。那些人才在數天前下山來，到另一個村莊，殺了兩個人。喝過茶後，有許多人聚集參加崇拜。充當禮拜堂的房間非常小，所以只有約半數的人能進到室內。在室內的人也都極不舒服地塞擠在一起。有些甚至爬到鞏固房子的竹架上，頭頂到屋頂，往下看。由那位「牧師」主持崇拜，我接著引用約翰福音第三章，第十六節（John III, 16）來講道。一、兩個小時前，在探訪某些家庭時，我注意到他們並未毀掉偶像。所以我進一步指出，要同時敬拜神與偶像是不可能的。六十多個人說他們願意把那些偶像焚燬或丟棄。我想要是我讓他們馬上就做，他們是會那麼做的。可是我說因為基督教義是從福爾摩沙北部傳給他們的，最好等到那地方的傳教士來探訪他們時再處理。不過在目前，他們絕對不應再敬拜這些假神了。約在十一年前，這五個村莊的民眾起來反抗，村莊因此被中國當局毀壞。那時敬拜偶像被用來測試他們對政府是否忠誠，因此叫他們馬上丟棄偶像可能會造成嚴重的問題。這只能讓有全權的傳教士處理才行。現在馬偕醫生對此問題完全瞭解，當然知道在此情況下怎麼做最好。不過他告訴我，他的計畫是若不能適當的管理與探訪的話，絕不設立新的傳教所。加禮宛的確是個無論從北方或南方都不易去到的地方。那天晚上聚會到很晚才散。孩子們與有些人一直唱著聖詩，直到天色已暗。他們忙著唱歌時，我跟屋外的人談得很愉快。我跟他們解釋敬拜真神的意思，每個人都很專注。跟我同來此地的弟兄們看到

大家如此熱忱，都相當感動。

　　次晨，我到所有的村莊走了一遭。拜訪了不少家庭。在有些家裡，我們唱詩、祈禱、或講講聖經。午後不久，我就回到花蓮港。隔鄰軍營的團長（colonel）早先曾邀請我住在那裡，但我寧可有一個在安息日能夠完全自由的地方，所以選擇去一個類似旅館的地方暫住。離開加禮宛之前，我們得知前晚的驚嚇不是沒有根據的。有個男子與其妻子一起走過略南方一點的田野，丈夫走在稍後一段距離，被藏匿的番人砍死，那婦人則逃脫。一般說來，番人確實不殺婦女，但會把她們奪回山上去。

伊德（八）

　　「編按：我們要記得，伊德先生在往北走的旅程裡，抵達東海岸最南端的岬角。馬偕醫生的傳教團曾把福音從福爾摩沙北部帶到那裡。伊德先生原不準備走到比花蓮港更北處。花蓮港位於立霧溪溪口，有一個村莊和軍營，以前未曾有歐洲人到訪過，他是第一個告訴當地人有關十字架故事的人。這之後他踏上返家的歸途。然聽說在加禮宛有個牧師，那是在花蓮港北方數英里處，他就去見那個人。做了短暫的拜訪之後，他又回到花蓮港，在那裡度過安息日。」

忙碌的一天

　　「原編按：這一天陽光燦爛，早晨與下午的禮拜式都在村子的街道上舉行。在那裡放了一張桌子與一些長凳。聽眾很多，也很混雜。有村民、漢人、一群Pan-cha人，即『高山』野蠻人。這些『野蠻人』是到花蓮港來幫忙重建被燒毀的店鋪。他們發亮的膚色、奇異的面貌特徵、武器等，都給景色添加特色。早晨佈道所講的是『回頭的浪子』。禮拜式結束後，伊德先生發現在其聽眾之間是有些浪子，而他們並非沒有受到感動。下午的講題是十個處女的寓言。第二次禮拜式後，伊德先生到村子裡一家家的訪問，在每家都留下Thow[10]先生『世界救贖的真正教義』的小冊子。晚間在旅館做禮拜時，有一個馬偕醫生在基隆教會的會員加入。另外還有一個也曾在馬偕的一個傳教所聽過『教義』的人。當問他對福音有什麼瞭解時，他背誦了一、兩首聖歌。那位基隆的

---

[10]Thow牧師曾經探訪過東海岸，也留下遊記，　即Thow, William, Rev., "Formosa: Work at the east coast stations." *The Presbyterian Messenger* (30 April 1886): 2-3.

基督徒身上帶著聖歌本，就拿給伊德先生看。他是一個小戎克船上的船長，船在花蓮港外翻毀，他正在那裡等候機會返家。在此異教徒的村莊裡能碰到一個基督的見證人，真是很讓人精神振奮的事。」

Pan-cha人的晚餐

伊德：就在太陽快下山時，原正在忙著蓋房子的Pan-cha人停下工作，成群坐在街道的中央。有人給他們拿來大桶大桶的米飯，先給老年男人，沒有爭先恐後。每個人或用一片大的葉子，或自己的草帽，甚至身上可能帶有的任何一塊布，來接盛米飯。每個人拿到的量並不大。但很奇怪的是，沒有人抱怨。接著每個人配到一小份的糖漿。我注意到有些人用一點葉子把他們的那一份包起來，或許是要帶回去給孩子吃。最後拿出大瓶的酒傳了一圈。男人們用竹節做的小杯子往內掏。這一餐的食物很少。可是，對狡猾的漢人應付單純的「野蠻人」上，還能期望什麼呢？

回家的歸程

「編按：次日伊德先生往南方走。狹窄的內平埔山谷（花蓮港就位於其北端），原先通過時『是一個黑暗潮濕的地道』，現在被陽光照得很亮。繼續行走時可見到在西邊遠處高山的頂峰，有些還覆罩著白雪。『漢人說：野蠻人在晒銀子呢，我們都該去取一些。』」

參觀阿美族的村莊

「編按：次日中午他們抵達的那地點，在大路西邊一點，有一個阿美族的村莊，是山地『野蠻人』部落裡最大的一個。村子有柵欄圍繞。門是用很牢固的柱子做成，是很難攻克的建築。從外圍的入口處到內部末端為二十英尺。那位漢人通譯（代表政府的）很親切。村莊的那些頭目也都很友善。同時，無可避免的，必有一群人擁過來看白種人。每位頭目每個月都可領到十五兩銀子的政府津貼。這是我們牧師薪水的一倍，無疑是要贏得其忠心。看起來好像要下雨。要回到伊德先生原計畫過夜的軍營，那條大路十分難走，又很長。沒想到阿美族的那些頭目那麼好意，為他提供了一個土著的轎子。又讓四個體態柔

軟、愉悅的年輕小伙子將他抬在肩上。一次兩個人抬。他們一路他們快活地吟唱、吹哨。此歌唱表演突然以銳利尖叫達到最高點，然後，又降下來到令人舒服的低音調。他們各用不同的詞，最後將曲調鳴奏成一個歡愉又激動人心的合音。當他們的乘客在多次嘗試後，終於能順利合入那奇異的歌曲時，他們都無限歡喜。路上渡過一個溪流。那時他們就將轎子放在地上，在水裡洗澡，並用飾物打扮頭部與頸項。做完十分儉省的梳洗後，就再抬起負擔，繼續行進、歌唱。在泥濘的地上、雨中（雨現在下得很大）跋涉，不發出任何聲音。直到太陽剛下山時，終於抵達晚間休息的地方。他們對得到布料作為報酬相當滿意。每個人的那一份約值八d。一份布料是一個人兩手臂盡可能拉開的長度。伊德先生是向中國軍營裡的一個人那兒買的布。付了一元錢，他找給伊德先生兩百『錢』，相當於八d或九d。這『錢』應該是純銅製的。是一個小而薄的圓形銅幣，中間有個方形的孔，可以串起來。找給伊德先生的這兩百個『硬幣』都是假的。雖說造假幣，手指會被砍掉，但仍有很多假錢鑄成，且在整個帝國廣為流通。伊德先生也不得不接受這些假銅幣。」

靈驗的敬拜

「編按：三天後伊德先生在石牌南方數英里處的一個村莊過夜。那裡有個小型基督教會。當他進入村莊的時候，一個老婦人出來，將他帶到家中。原來她是教會的成員，多年前由馬雅各醫師（Maxwell）教會閱讀。那時她住在山的西側。此村莊約有五家人出席石牌教堂的禮式式。此地區以前曾有傳染病流行，不少人得了病就去試拜偶像，但病未轉好。於是轉去敬拜『神』，而病幾乎立刻就好了。他們並不確信『罪惡』這觀念，但因為以某種僅是形式上的方式向神懇求，而得到此短暫的俗世利益，他們就說神很『靈驗』。這正是他們原來對偶像所用的字眼。不久又有些其他的問題出現，這一次，他們發現神卻未如所預期的那麼『靈驗』，於是又回去敬拜偶像了。近年來，我們深感痛惜的是，在福爾摩沙多處傳教所有極多的退步者，即因同樣的原因而逐漸放棄或疏遠所信仰的宗教。在那老婦人家做晚間禮拜時，很多村人都參加了。其中有些已經回復偶像崇拜。伊德先生跟這些人很誠懇友善地說了一些勸誡的話。」

里壠

「編按：星期六中午抵達里壠。那是伊德先生盼望過安息日的地方。里壠在石牌南方十二或十五英里處。」伊德：「在此村莊有人遠到石牌去做禮拜。這表示他們星期六早上從家裡出發，星期一晚上才能再回到家裡。七天裡放棄了三天而非一天。有幾個對福音很感興趣的人，卻沒辦法這麼做。我急於趕到這裡過安息日，特別是為了他們的緣故。

伊德：「星期六下午忙著拜訪一些人，也得為晚間的餘興節目準備魔術燈籠。村人多半是平埔番。除了耕田以外，對其他的所知甚少。他們問我的問題，有些讓我感到很有意思。其中有一個是：『有沒有哪個地方是只有半個人的？這樣他們想要走路時，就得兩個人一起走？』我問他們怎麼會想到問這樣的事。他們的回答是，他們顯然被漢人騙了。我在此忍不住要提一件插曲，那讓我們看到福爾摩沙東部教會的人，他們的本質是多麼善良。快天黑時，一個男子從石牌抵達，給了我一元錢，說是該處的一個姊妹送給我的。顯然希望邀請我到她家吃飯，但因為我正在往南走的回程上，在石牌停留的時間太短（幾乎沒停留），使她沒有機會請我，因此送上一元錢，讓我在路上能坐轎子。我特地寫了一封信感謝這位好姊妹，說『我不配接受她的善行』，但並沒有將這一元錢還給她，怕得罪她。此後若聽到有人說，中國人到教會來，只是要獲取好處，我一定不會忘了告訴他們這個故事。

伊德：魔術燈籠的放映總是讓大家覺得十分奇妙有趣。過後，有數個阿美族人正式來會見我。他們顯然是要唱幾首歌曲來表達敬意或感謝我。我也不知究竟是哪個。其中一支小曲有幾段歌譜各有一合唱部，整個效果還頗令人愉快。但我太累了，而未詢問歌詞的意思，不過仍盡可能對那些訪客的好意表示欣賞。最後他們終於離開，對我、對他們自己都很滿意。」

傳教士的悲哀

「編按：在里壠過了一個愉快的安息日。舉辦了兩場禮拜式，各有六十人參加。那些基督徒堅持要伊德先生把詩歌本上幾乎所有的聖歌都唱給他們聽，他們是那麼的想要學會自己來唱。」

「編按：星期一艱辛跋涉了整整二十英里路。這群旅人來到寶桑，海邊的

一個重要的中國軍營所在地。那裡的清朝官員曾在數週前招待過伊德先生，這一次他決定到旅館暫住。但那裡發生不愉快的爭吵，而爭吵的人把他也牽扯進去，讓他只好另尋住處。最近在迪階因行為不檢而被解雇的兩個牧師之一，也與傳教士一行一起返回台灣府。他跟迪階的一個謀殺案在某種程度上有些關聯。那裡的漢人收了一筆錢，要付給被殺害者的親戚做為賠償。有兩人來到寶桑的旅館，譴責此前任牧師盜用了那筆錢。伊德先生知道此人身上有一百多元，那控訴可能並非沒有根據。然他很明智，拒絕干預這本該由地方官員來決定的案了。離開旅館以避開那憤怒的衝突時，遇見一個年輕婦人。她用基督教的招呼話『平安』向他致意。他發現她是從柑仔林（Kam-a-na，P104）來的，那是在福島西邊的一個平埔番傳教所。但只要一問到她的丈夫或婚姻生活，她就哭起來。群眾將他兩人圍住。伊德先生想最好謹慎些，還是離開她。走前說了幾句安慰的話，但仍感到十分困惑。他後來發現導致她悲痛的原因太充分了。在發生那場小事件的旅店門口，坐著她的丈夫，聽到所有的對話。他像妻子一樣，也曾受過基督教的教導，但已全拋棄，而剛把那可憐的東西以十八元賣給另一個男人。她來到旅店門口，想要見其丈夫，但他坐著不動，漠不關心。」

沿著海岸走

「編按：次晨，出發之前，伊德先生拜訪了寶桑的每個家庭，給每一家都留下一本Thow先生的小冊子。在這次旅行的這段間裡，這個小冊子已經賣出或送出兩千到三千本。希望能得到一些好的結果。在歸程上，伊德先生注意到他在軍營送出的基督徒年曆已被釘在牆上。這樣每次兵士或軍官看年曆時，眼睛必也會看到一些簡短的福音信息。往前行進的第二階段，是沿著海濱做兩天的跋涉。大部分是在很軟的沙上。有時山太逼近海時，旅人須走在高潮時會被海水淹蓋的沙上。有時還得攀越過巨大的漂石。這跟走在鬆軟的沙上一樣累人。」

「編按：第二天──兩天都很乾燥且悶熱，伊德先生感到累極了。他們中午在一個軍營停下休息。那位清朝官員聽到他那麼疲憊，就讓他雇兩名兵士用轎子抬他走。那位石牌姊妹送的一元錢就用來支付他們，幫上大忙。當晚抵達在巴塱衛的村莊。此地近海，在通往橫越山脈到福爾摩沙西部那條路的末端。晚間的禮拜式時，有幾個村人出席。其中有一位是從楠仔坑（Lam-gan，P159）來

的客家（丘陵地帶）婦人。楠仔坑在福島西部，有一個客家人聚會的傳教所。她並非該教會的成員，但常在那裡做禮拜，也會唱聖歌。這證明，至少星星小火正在全島各地閃爍著，有些甚或會燃燒起來呢。傳教團只需要更多的人，即傳教士與本地的牧師，找到數百個容易進入的村莊與市鎮。很希望荷蘭的（新教教會）歸正會能如期所願的重返此島，將福爾摩沙東部當作其努力耕耘之地。作物已經成熟，可用鐮刀收割了。盼望收割者趕快出現！」

越過山嶺

「編按：經過兩天辛苦攀越，又同樣累人的跋涉下山，把這一隊人帶至畚箕湖（Pun-ki-o）。這是我們離西海岸不遠的傳教所之一。那裡有舒服的房間，以及牧師家人的友善歡迎（牧師自己不在家），讓人十分感激。橫越山嶺的旅程比平常還要危險。有些『野蠻人』部落與平原的人長期結仇，而南邊的牡丹（Bhootan）部落正發動暴亂，對抗中國政府，此叛亂尚未平息。雖然經歷一切危險與困頓，神仍將其僕人安全帶返。雖然感到十分疲乏，但所幸並未受到傷害。在竹仔腳度過一個愉快的安息日。這是我們的另一個傳教所，在畚箕湖以北一點距離。這裡的教會沒有牧師，會眾人數也日減，但仍存有一些教徒。伊德先生在此設立了一個基督教青年會，是他此次旅行期間所設的第四個。」

再回到台灣府

「編按：在埤頭（Pi-thau，P226），從竹仔腳往北走一天的路程，伊德先生在那裡聽到打狗一位牧師去世的消息。一八六五年道格拉斯先生（Carstairs Douglas）與馬雅各醫師被逐出台灣府後，打狗成為我們福爾摩沙傳教團的主要中心已有一段時日。此城市具有一般做為主要傳教所的固定資產，如教會、醫院，以及其他傳教用的建築物。在早期那些動亂時期，打狗教會有些成員曾很英勇地殉教。後來台灣府終於又被收復，再次用做為傳教團的總部。唉！可嘆的是，現在打狗的教會實質上已廢除。剛聽說過世的那位年輕牧師原是李麻（Ritchie）先生的一個學生，多年來在台灣府的中學裡認真工作，也很成功。後來他因健康損毀，被送往打狗休養。伊德先生去探望他的母親。她告訴他，她的兒子因信賴基督，過世時很平靜。」

伊德：「次晨，二月十九日星期三，抵達台灣府。這裡的朋友很高興再次見到我健康且安全。由於信件誤送的關係，他們已經約有六個星期沒有我的任何消息。在過去我離開的那兩、三個星期裡，甘為霖牧師（Campbell）代做了一些本屬我的工作，這使我立刻就能回復平常職務的正規節奏。」

「編按：伊德先生在結束其詳盡而有趣的敘述時，表達了對神的感謝。神在其旅行的數個星期裡，從頭到尾都給予無窮的幫助。他去到的每個地方，各種各樣的人對他所展現的恆久善意，也令他十分感動。希望（這一點我們肯定會實現的）他對福爾摩沙東部的敘述，能讓家鄉的人們對那塊土地有更多的瞭解，而因此能促使他們對其精神上的需要更加關切。希望福島很快就能對上帝有充分的認識，而所有這些高山與其部落都會『鼓掌歡呼』，因為『神榮耀的福音』已向他們來臨！」

地名對照表

凡例：

一、本表包括本書正文中出現的所有西文地名，只要拼音方式不同，不論是否指涉相同的地點，皆視為一個單獨的地名，並依照字母順序排列。

二、以拉丁字母拼音的地名，往往出現極為相似的寫法，很容易造成混淆。因此，每個地名皆賦予一個「代號」，讀者可以依據這個代號在地圖中找到該地名所在的位置。

三、拉丁字母拼音的地名中譯，盡量使用十九世紀下半葉，也就是本書各篇文章著作的年代所通行的漢字寫法。雖然許多地名有超過一種以上的漢字名稱，但本表只選用一種作為代表。

四、「現今座落」為該地名的地理位置資訊，依照目前通行的行政區劃，又分割為「縣市」、「鄉鎮區」、「地名」等三個層級。「縣市」與「鄉鎮區」兩欄完全根據中華民國行政區劃方式。「地名」多半是鄉鎮區以下更精確的地點，但亦有些許例外。例如自然界的山脈、河流、平原等，無法與行政區劃匹配者，也都直接呈現在「地名」一欄中。

代號	原文	現今座落			漢譯名
		縣市	鄉鎮區	地名	
P001	Amping	台南市	安平區	安平	安平
P002	Ang-thau-su	台東縣	蘭嶼鄉	蘭嶼	紅頭嶼
P003	Anping	台南市	安平區	安平	安平
P004	An-ping harbor	台南市	安平區	安平	安平港
P005	Ape Hill, Ape-Hill, Ape's Hill, Apes' Hill, Apeshill	高雄市	鼓山區	壽山	猴山
P006	Ape' s Hill range	高雄市	鼓山區	壽山	猴山山脈
P007	Aw-gu-lan	南投縣	埔里鎮	烏牛欄	烏牛欄
P008	Bakeloang, *Backeloang* in original text by Ogilby	台南縣	善化鎮	善化	目加溜灣
P009	Baksa, Bak-sa	台南縣	南化鄉	木柵	木柵
P010	Bakurút	屏東縣	滿州鄉	橋頭	八姑律
P011	Banca	台北市	萬華區	萬華	艋舺
P012	Ban-cum-sing	屏東縣	萬金鄉	萬金	萬金庄
P013	Banga [tribe name] village	高雄縣	茂林鄉	舊芒仔社	芒仔社
P014	Bangka	台北市	萬華區	萬華	艋舺
P015	Bangkokee, Bongkokki	？	？	？	？
P016	Bangsuit	屏東縣	滿州鄉	滿州	蚊蟀
P017	Banka	台北市	萬華區	萬華	艋舺
P018	Ban Kimseng, Bankimseng, Bankimtsung, Bankinesing, Ban-kin-shan	屏東縣	萬金鄉	萬金	萬金庄
P019	Ban-tau-lang, Bantaulang, Bantauráng	高雄縣	茂林鄉	舊萬斗壠社	萬斗籠
P020	Bashees			巴士群島	巴士群島
P021	Bay hill	屏東縣	恆春鎮	大平頂	
P022	Bi-lang, tribe	高雄縣	桃源鄉	舊美蘭社	美壠社
P023	Bird Island	基隆市	中正區	棉花嶼	鳥嶼

P024	Black River	彰化縣		舊濁水溪	濁水溪
P025	Black Rock Bay	台東縣	成功鎮	三仙台	黑岩灣
P026	Bok-koe	?	?	?	木瓜
P027	Botan	屏東縣	牡丹鄉	牡丹	牡丹
P028	Botel Tobago	台東縣	蘭嶼鄉	蘭嶼	蘭嶼
P029	Bush Island	基隆市	中正區	桶盤嶼	灌叢島
P030	Bútang	屏東縣	牡丹鄉	牡丹	牡丹
P031	Caviangans	屏東縣	泰武鄉	舊佳平社	佳平
P032	Chang-hua District				彰化縣
P033	Chang-hwa, Changhwa	彰化縣	彰化市	彰化	彰化
P034	Chao Shan	屏東縣	獅子鄉	舊草山社	草山
P035	Che-cheng	屏東縣	車城鄉	車城	車城
P036	Chessboard Rock	?	?	?	仙人棋盤石
P037	Chetonka	屏東縣	枋山鄉	莿桐腳	莿桐腳
P038	Chhau-e-tun	南投縣	草屯鎮	草屯	草鞋墩
P039	Chhiah-kham	台南市	中區		赤嵌
P040	Chiang-hoa, Chiang-hoa, Chiang-hua	彰化縣	彰化市	彰化	彰化
P041	Chih Shan, Pineapple hills, Chihshan	高雄縣	仁武鄉	赤山	赤山
P042	Chin-kong-o	台東縣	成功鎮	小港	成廣澳
P043	Chin-la-san, another name for Kagee	嘉義市			諸羅山
P044	Chin-sia, should be Chui-sia	南投縣	魚池鄉	水社	水社
P045	Chin-tam, Chin-tam-ki	?	?	?	青潭坑
P046	Chioh-ho-soa(n)	台東縣	成功鎮	石雨傘	石雨傘
P047	Chioh-pai	花蓮縣	富里鄉	石牌	石牌
P048	Chip-chip	南投縣	集集鎮	集集	集集
P049	Chittaw	基隆市	七堵區	七堵	七堵
P050	Chock-e-day	花蓮縣	秀林鄉	崇德	擢奇黎
P051	Choo-haw-keong	台北縣	金山鄉	慈護宮	慈護宮
P052	Chui-boe	花蓮縣	瑞穗鄉	瑞穗	水尾
P053	Chung-wha, Chungwha	彰化縣	彰化市		彰化
P054	Chuyleaou (perhaps Chuyteleaou)	屏東縣	枋寮鄉	水底寮	水底寮
P055	Chuy-t'ng-k'a, Tide's-foot Village	台北縣	汐止市	汐止	水返腳
P056	Coal harbor	基隆市	中正區	八斗仔	煤礦海港
P057	Dashing Lake			澎湖	澎湖
P058	Dashing Lake District	澎湖縣			澎湖廳
P059	Diaromaks	台東縣	台東市	東興新村	大南社
P060	Dodd's range			加裡山山脈	鹿場大山----樂山----加裡山山脈

P061	Dome Point	宜蘭縣	蘇澳鎮	烏石鼻	烏石鼻
P062	Expedition Bay	屏東縣	恆春鎮	後灣	後灣
P063	Fang-leaou, Pang-le	屏東縣	枋寮鄉	枋寮	枋寮
P064	Fengshan 'Phoenix Mountain'	高雄縣	鳳山市	鳳山	鳳山
P065	Feng-shan District				鳳山縣
P066	Fisher Island, Fisher's Island	澎湖縣	西嶼鄉	西嶼	漁翁島
P067	Flat Island	基隆市	中正區	桶盤嶼	桶盤嶼
P068	Foki Point	台北縣	石門鄉	富貴角	富貴角
P069	Fort Zelandia	台南市	安平區	安平古堡	熱蘭遮城
P070	Fung-shan-hien				鳳山縣
P071	Gaw-c'hay-kang	台中縣	梧棲鎮	梧棲港	梧棲港
P072	Gee-hing-sear	?	?	?	義興社（？）
P073	Giam-cheng	台南縣	白河鎮	岩前	岩前
P074	Gi-lan county	宜蘭縣			宜蘭縣
P075	Gooswa Promontory	屏東縣	車城鄉	龜山	龜山角
P076	Great Island	澎湖縣		澎湖島	澎湖島
P077	Gu-khun-soa	南投縣	埔里鎮	牛眠山	牛睏山
P078	Gu-ta-oan	嘉義縣	朴子市	牛桃灣	牛挑灣
P079	Harp Island -- erupting in 1853; east of Formosa	?	?	?	?
P080	Haw-be	台北縣	淡水鎮	淡水	滬尾
P081	Heng-chun	屏東縣	恆春鎮	恆春	恆春
P082	Heng-ch'un-hsien; Hengch'unhsien				恆春縣
P083	Heong-san	新竹市	香山區	香山	香山
P084	Heon-lang River, corruption of Rev. Heou-lang			後龍溪	後壠溪
P085	Hobay	台北縣	淡水鎮	淡水	滬尾
P086	Hoe-leng-kang	花蓮縣	花蓮市		花蓮港
P087	Hoe-sio-su	台東縣	綠島鄉	綠島	火燒嶼
P088	Hoisiutiam	台南縣	柳營鄉	火燒店	火燒店
P089	Ho-lo-tun	台中縣	豐原市	豐原	葫蘆墩
P090	Hongkong, Hong-kong	屏東縣	枋山鄉	楓港	楓港
P091	Howei	台北縣	淡水鎮	淡水	滬尾
P092	Hsiao Liu chiu	屏東縣	琉球鄉	小琉球島	小琉球
P093	Junk bay	澎湖縣	馬公市		馬公灣
P094	Junk Island	澎湖縣	七美鄉	七美嶼	戒克島
P095	Ka-chassan	屏東縣	泰武鄉	加走山	加少山
P096	Ka-fri-ang; typo for Ka-piang	屏東縣	泰武鄉	舊佳平社	加蚌
P097	Kagee	嘉義市			嘉義

P098	Ka-gi, Kagi	嘉義市			嘉義
P099	Kagi-hien				嘉義縣
P100	Ka-lah-paw, Kalapo	屏東縣	高樹鄉	泰山	加蚋埔
P101	Kalee settlement				傀儡番社
P102	Ka-le-oan	花蓮縣	新城鄉	嘉里	加禮宛
P103	Kalewan river			冬山河	加禮宛溪
P104	Kam-a-na	高雄縣	內門鄉	溝坪	柑仔林
P105	Kamolan-ting	宜蘭縣			噶瑪蘭廳
P106	Kang-ah-lai	基隆市	七堵區	港仔內	港仔內
P107	Kangshan	高雄縣	阿蓮鄉	大岡山	岡山
P108	Kantáng, corruption of Kautang	屏東縣	恆春鎮	恆春	猴洞
P109	Kap-a-lan plain			宜蘭平原	噶瑪蘭平原
P110	Kap-chu-lan			宜蘭	噶瑪蘭
P111	Ka-piang	屏東縣	泰武鄉	佳平舊社	加蚌
P112	Ka-poa-soa	台南縣	東山鄉	吉貝耍	吉貝耍
P113	Kapsiulang Ting	宜蘭縣			噶瑪蘭廳
P114	Kapsuylan plain; see Komalan plain			宜蘭平原	噶瑪蘭平原
P115	Ka-tang-a	雲林縣	西螺鎮	振興	茄苳仔
P116	Katsausán	屏東縣	泰武鄉	加走山	加少山
P117	Kee-aou	高雄市	旗津區	旗后漁港	旗後港
P118	Keelung	基隆市			基隆
P119	Kelong	基隆市			基隆
P120	Kelong, bay of			基隆港	基隆灣
P121	Kelong River			基隆河	基隆河
P122	Kelung	基隆市			基隆
P123	Kelung harbor			基隆港	基隆港
P124	Kelung Island	基隆市	中正區	基隆嶼	基隆島
P125	Ke-ta-kan	宜蘭縣	五結鄉	利澤簡	奇澤簡
P126	Kia-i District				嘉義縣
P127	Kiam-po-a	屏東縣	新園鄉	鹽埔仔	鹽埔仔
P128	Kiam-tsui-kang	台南縣	鹽水鎮	鹽水	鹽水港
P129	Kim-paou-le	台北縣	金山鄉	金山	金包里
P130	Kio-a-thau	高雄縣	橋頭鄉	橋頭	橋仔頭
P131	Kisien	?	?	?	?
P132	Koaluts	屏東縣	恆春鎮	社頂	龜仔律
P133	Koan-a-nia	台南縣	白河鎮	關仔嶺	關仔嶺
P134	Koan-im-soan	花蓮縣	玉里鎮	觀音山	觀音山
P135	Kok-si-kon, Kok-si-kong	台南市	安南區	國聖港	國聖港

P136	Komalan District	宜蘭縣			噶瑪蘭廳
P137	Komalan plain			蘭陽平原	噶瑪蘭平原
P138	Komalan Ting	宜蘭縣			噶瑪蘭廳
P139	Kong-a-na, Kongana	台南縣	左鎮鄉	崗林	岡仔林
P140	Koosia	高雄市	左營區	左營	舊城
P141	Kot chiu	台北縣	新店市	屈尺	屈尺
P142	Kouassain	台東縣	台東市	富岡	猴仔山
P143	Kualiang Bay	屏東縣	恆春鎮	鵝鑾鼻	鵝鑾鼻
P144	Kualuts, Kuarút	屏東縣	恆春鎮	社頂	龜仔律
P145	Kueilei mountain			大武山脈	傀儡山
P146	Kueilei Shan; Punch and Judy Mountain; Kueileishan			大武山脈	傀儡山
P147	Kun-Hieng	?	?	?	?
P148	Kurosiwo Stream				黑潮
P149	Kushia	高雄市	左營區	左營	舊城
P150	Kweiyings	?	?	?	奎輝（？）
P151	Laileaou	屏東縣	枋寮鄉	內寮	內寮
P152	Lai-ni	?	?	?	?
P153	Lai-pen-po, Lai-pe-po			花東縱谷	內平埔
P154	Laisia, Lai-sia	苗栗縣	三義鄉	內社	內社
P155	Lak-tu-li [= La-ku-li]	屏東縣	六龜鄉	六龜	六龜里
P156	Lakuli, La-ku-li	屏東縣	六龜鄉	六龜	六龜里
P157	Lam-a-khen	高雄市	楠梓區	楠梓	楠仔坑
P158	Lambay Island; Hsiao Liu chiu	屏東縣	琉球鄉	小琉球島	小琉球島
P159	Lam-gan	?	?	?	南港
P160	Lamhongo	宜蘭縣	蘇澳鎮	南方澳	南方澳
P161	Lam-liau	澎湖縣	湖西鄉	南寮	南寮
P162	Lammay island	屏東縣	琉球鄉	小琉球島	小琉球島
P163	Lampaw	台中縣	大安鄉	南埔	南埔
P164	Lam-si-hoan				南勢番
P165	Lam-sio	屏東縣	枋山鄉	南勢湖	南勢湖
P166	Langchiao Bay	屏東縣	車城鄉	射寮港	瑯嶠灣
P167	Langchiao Point	屏東縣	車城鄉	龜山	瑯嶠的岬角
P168	Langchiao River	屏東縣		保力溪	瑯嶠河
P169	Langkeaou	屏東縣	車城鄉	射寮	瑯嶠
P170	Langkeaou bay	屏東縣	車城鄉	射寮港	瑯嶠灣
P171	Lau-lung	高雄縣	六龜鄉	荖濃	荖濃
P172	Le-teek-kan	宜蘭縣	五結鄉	利澤簡	利澤簡

P173	Le-tuk-kan	宜蘭縣	五結鄉	利澤簡	利澤簡
P174	Li-lang	台東縣	關山鎮	關山	里壠
P175	Liliang ridge	屏東縣		里龍山	里壠山脊
P176	Li-liang Sua	屏東縣		里龍山	里壠山
P177	Lim-ui-tsing, corruption of Sin-ui-tsing	高雄縣	六龜鄉	新威	新威庄
P178	Lin-hai-shan			鵝鑾鼻	臨海山
P179	Liongrúan	屏東縣	恆春鎮	龍鑾	龍鑾
P180	Liu huang chiang; Sulphur River	高雄市		愛河	硫磺水
P181	Lokan River	彰化縣		舊濁水溪	鹿港溪
P182	Lok-kang	彰化縣	鹿港鎮	鹿港	鹿港
P183	Lok-liau	台東縣	鹿野鄉	鹿寮	鹿寮
P184	Long-kiau	屏東縣	車城鄉	射寮	瑯嶠
P185	Long-kiau, bay of	屏東縣	車城鄉	射寮	瑯嶠
P186	Lungkeaou, Lungkeau	屏東縣	車城鄉	射寮	瑯嶠
P187	Lungkeaou Bay	屏東縣	車城鄉	射寮港	瑯嶠灣
P188	Makang	澎湖縣	馬公市	馬公	媽宮
P189	Ma-keng	澎湖縣	馬公市	馬公	媽宮
P190	Makung	澎湖縣	馬公市	馬公	媽宮
P191	Mandau, Mandauw in original Ogilby text	台南縣	麻豆鎮	麻豆	麻豆
P192	Mangka	台北市	萬華區	萬華	艋舺
P193	Masoo	台北縣	萬里鄉	萬里	馬鍊
P194	Mengka	台北市	萬華區	萬華	艋舺
P195	Midag	台中縣	大肚鄉		大肚
P196	Mount Morrison -- See Mu Kang Shan			玉山	莫里遜山
P197	Mount Sylvia			雪山	雪山
P198	Mu Kang Shan; also called Mt. Morrison			玉山	木岡山
P199	Namchieh	屏東縣	枋山鄉	南勢湖	南勢
P200	Ogulan, O-gu-lau, or O-gu-lan, O-qu-lan	南投縣	埔里鎮	愛蘭	烏牛欄
P201	Oulan	苗栗縣	後龍鎮	後龍	後壠
P202	Pai-chien	高雄縣	桃源鄉	排剪舊社	排剪社
P203	Pakan River	雲林縣		北港溪	北港溪
P204	Pakhongo	宜蘭縣	蘇澳鎮	北方澳	北方澳
P205	Pa-khut	南投縣	魚池鄉	德化社	剝骨
P206	Paksekwei	台南市	中西區	神農街	北勢街
P207	Palm Island			和平島	棕櫚島
P208	Pa-long-ui	台東縣	大武鄉	大武	巴塱衛
P209	Panghoo Island	澎湖縣		澎湖島	澎湖島
P210	Pang-le	屏東縣	枋寮鄉	枋寮	枋寮

P211	Pangliao	屏東縣	枋寮鄉	枋寮	枋寮
P212	Pangliavu	屏東縣	枋寮鄉	枋寮	枋寮
P213	Pataou	高雄縣	鳳山市	鳳山	坪頭
P214	Patsienah	台北市	士林區	士林	八芝蘭
P215	Pat-thong-koan	南投縣	信義鄉	八通關	八通關
P216	Pehtsuikhe 'White-water river'	台南縣	白河鎮	白水溪	白水溪
P217	Pe-kiang	雲林縣	北港鎮	北港	北港
P218	Pescadores, Pescadores islands			澎湖群島	澎湖群島
P219	Phen-a-chun	台東縣	長濱鄉	城山	澎仔存
P220	Phoa-peng-soan 'half-side mountain'	高雄市		半屏山	半屏山
P221	Phoh-a-kha	嘉義縣	朴子市	朴子	樸仔腳
P222	Pilam, Pilám, Pi-lam	台東縣	台東市	卑南	卑南
P223	Pineapple hills	高雄縣	仁武鄉	赤山	赤山
P224	Ping-le	屏東縣	枋寮鄉	枋寮	枋寮
P225	Pinnacle group	基隆市	中正區	花瓶嶼	花瓶嶼
P226	Pitao, Pitau, Pi-thau	高雄縣	鳳山市	鳳山	坪頭
P227	Po-chong (= Pohson)	台東縣	台東市	台東	寶桑
P228	Poe-ting-loe	?	?	?	廊亭內
P229	Pok-pok	花蓮縣	吉安鄉	南昌	薄薄
P230	Polisia	南投縣	埔里鎮	埔里	埔里社
P231	Polo Sinnawan	宜蘭縣	五結鄉	社尾	波羅辛仔宛
P232	Polosinnawan river			冬山河	波羅辛仔宛河
P233	Ponghou			澎湖島	澎湖島
P234	Pongle	屏東縣	枋寮鄉	枋寮	枋寮
P235	Pong-liau	屏東縣	枋寮鄉	枋寮	枋寮
P236	Po-sai	南投縣	埔里鎮	埔里	埔社
P237	Posia, Po-sia	南投縣	埔里鎮	埔里	埔社
P238	Polisia, Po-li-sia	南投縣	埔里鎮	埔里	埔里社
P239	Po-tau-a	彰化縣	北斗鎮	北斗	寶斗仔
P240	Pun-ki-o	屏東縣	新埤鄉	箕湖	畚箕湖
P241	Remarkable Peak	屏東縣	恆春鎮	大尖山	大尖山
P242	Rover Channel			八罩水道	海盜海峽
P243	Rover's Group	澎湖縣	望安鄉	望安	八罩
P244	Sabari	屏東縣	滿州鄉	永靖	射麻裡
P245	Saddle hill	高雄市	小港區	鳳鼻頭	鳳鼻頭
P246	Saitou, 'Lion's head'	屏東縣	獅子鄉	獅頭山	獅頭
P247	Sakkam	台南市	中西區		赤崁
P248	Sama-sana, Sama Sana	台東縣	綠島鄉	綠島	火燒島

P249	Sam-quai River	台北縣		新店溪	新店溪
P250	San ko yeng	台北縣	三峽鎮	三峽	三角湧
P251	San-tiau-leng 'treble-ridged mountains'	屏東縣	枋寮鄉	新開	三條崙
P252	Saprêk	屏東縣	獅子鄉	謝必益社	射不力
P253	Saracen's head	高雄市	旗津區	旗后山	沙拉心頭
P254	Sau-o-ban, Sau-o Bay, Sau-o-bay	宜蘭縣	蘇澳鎮	蘇澳灣	蘇澳灣
P255	Saw-o, Sawo	宜蘭縣	蘇澳鎮	蘇澳	蘇澳
P256	Sawo Bay	宜蘭縣	蘇澳鎮	蘇澳灣	蘇澳灣
P257	Sawo harbour	宜蘭縣	蘇澳鎮	蘇澳港	蘇澳港
P258	Sayson	澎湖縣	西嶼鄉	西嶼	西嶼
P259	Shamalee	屏東縣	滿州鄉	永靖	射麻里
P260	Shamalee range	屏東縣	滿州鄉	三台山	射麻里山脈
P261	Shan-chas-shan	?	?	?	?
P262	Sib-bu-kun, Sibucoon, Si-bu-koon			施武郡群	施武郡社
P263	Sinchin	台北縣	新莊市	新莊	新庄
P264	Sinkan	台南縣	新市鄉	新市	新港
P265	Sinkang, Sin-kang	台南縣	新市鄉	新市	新港
P266	Sin-tsng	嘉義縣	朴子市	新莊	新庄
P267	Soa-mohais	屏東縣	山地門鄉	山毛孩舊社	山毛孩
P268	Soo-au- bay	宜蘭縣	蘇澳鎮	蘇澳灣	蘇澳灣
P269	Soolang, Soulang	台南縣	佳里鎮	佳里	蕭壠
P270	Sootan Nouwe, *Soetan Nouwe* in the original David Wright text	屏東縣	里港鄉	番社	塔樓社
P271	South Cape	屏東縣	恆春鎮	鵝鑾鼻半島	南岬
P272	S.W. Cape, South West Cape	屏東縣	恆春鎮	貓鼻頭	南西岬
P273	Steep Island	宜蘭縣	頭城鎮	龜山島	龜山島
P274	Steeple Channel			（望安島南方海峽）	尖塔海峽
P275	Sua-sam-la	高雄縣	杉林鄉	杉林	山杉林
P276	Subongs	屏東縣	春日鄉	士文舊社	萃芒社
P277	Suikang, corruption of Sinkang	苗栗縣	後龍鎮	新港	新港
P278	Sui-sia savage dwellings	南投縣	魚池鄉	水社	水社
P279	Su-oh Bay	宜蘭縣	蘇澳鎮	蘇澳灣	蘇澳灣
P280	Sylvian Range			雪山山脈	雪山山脈
P281	Table Island	澎湖縣	馬公市	虎井嶼	虎井嶼
P282	Tablet Island	澎湖縣	馬公市	桶盤嶼	桶盤嶼
P283	Taffacan, *Taffacan* in the original Ogilby text	台南縣	新化鎮	新化	大目降
P284	Taika River			大甲溪	大甲溪

P285	Taiwan	台南市			台灣，大員
P286	Tai-wan District	台南市			台灣府
P287	Tai-wan-foo, Taiwanfoo, Taiwanfu, Tai-wan-fu	台南市			台灣府
P288	Taiwanfu River			曾文溪	曾文溪
P289	Tai-wan-hien				台灣縣
P290	Ta-kao; Takao, Tak-ao	高雄市	鼓山區	哨船頭	打狗
P291	Tak-kai	花蓮縣	玉里鎮	三民	迪階
P292	Takow	高雄市	鼓山區	哨船頭	打狗
P293	Takow Harbour	高雄市		高雄港	打狗港
P294	Taku Shan	高雄市		壽山	打鼓山
P295	Tam-sui, Tamsui	台北縣	淡水鎮	淡水	淡水
P296	Tam-sui District				淡水縣
P297	Tamsui harbor	台北縣	淡水鎮	淡水港	淡水港
P298	Tam-sui River, Tamsui River	台北縣		淡水河	淡水河
P299	Tamsuy	台北縣		淡水	淡水
P300	Tamsuy river	台北縣		淡水河	淡水河
P301	Tanasia	屏東縣	來義鄉	舊丹林社	陳阿修
P302	Tangao	台北縣	烏來鄉	桶後	桶後
P303	Tang-chioh, Tang-chio'h	嘉義縣	東石鄉	東石	東石
P304	Tang-kang, Tangkang	屏東縣	東港鎮	東港	東港
P305	Tang-kang River, Tangkang River	屏東縣		東港溪	東港溪
P306	Tang-shui Khi			淡水河	淡水溪
P307	Tan-li-bu	雲林縣	斗南鎮	斗南	他里霧
P308	Tatun group			大屯山脈	大屯山脈
P309	Tau-lak	雲林縣	斗六市	斗六	斗六
P310	Tau-sia	屏東縣	泰武鄉	陶社	陶社
P311	Tayowan, island of	台南市	安平區	安平	台窩灣島
P312	Teek-cham district				竹塹縣
P313	Tefurang, *Tefurang* in the original text	台南縣		大武壠	大武壠
P314	Tek-a-kha	屏東縣	林邊鄉	竹林	竹仔腳
P315	Tekcham	新竹市			竹塹
P316	Teopan, *Teopan* in the original Ogilby text	?	?	?	?
P317	Teukcham, Teuxham	新竹市			竹塹
P318	Than-sia [typo for Thau-sia]	南投縣	魚池鄉	頭社	頭社
P319	Tiau-su Island	基隆市	中正區	棉花嶼	鳥嶼
P320	Tide's-foot Village	台北縣	汐止市	汐止	汐止
P321	Tierasocks	屏東縣	滿州鄉	里德	豬勝束

P322	Tifulucan, *Tifulucan* in the original Ogilby text	台南縣	新化鎮	新化	大目降番社
P323	Tiong-kang	苗栗縣	竹南鎮	中港	中港
P324	Tion-kan River	苗栗縣		中港溪	中港溪
P325	Ti-pun	台東縣	台東市	知本	知本
P326	Toa-chio'h-kong	花蓮縣	秀林鄉	大石硿	大石硿
P327	Toa-chng	花蓮縣	富里鄉	東里	大庄
P328	Toa-kun-lieng	？	？	？	？
P329	Toa-lam	南投縣	埔里鎮	大湳	大湳
P330	Toa-Po-sia	南投縣	埔里鎮	埔里	大埔社
P331	Toasia, Toa-sia	台中縣	神岡鄉	大社	大社
P332	Töck-tscham	新竹市			竹塹
P333	Tokdadekol, *Tokdadekol* in original Ogilby text	苗栗縣	竹南鎮	中港	中港
P334	Tok-sham River			大漢溪	大料崁溪
P335	To ko ham	桃園縣	大溪鎮	大溪	大料崁
P336	Tonk-shan River			鳳山溪	鳳山溪
P337	Tschang-hwa	彰化縣	彰化市		彰化
P338	Tschang-hwa-hien				彰化縣
P339	Tsche-tong-ka	屏東縣	枋山鄉	莿桐腳	莿桐腳
P340	Tschok-e-dan	花蓮縣	秀林鄉	崇德	擢奇黎
P341	Tsui-sai-hai	南投縣	魚池鄉	日月潭	水社海
P342	Tsuiwhan villages				水番
P343	Tuasók	屏東縣	滿州鄉	里德	豬勝束
P344	Tuna [tribe name] village	高雄縣	茂林鄉	多納舊社	墩仔
P345	Tung Kiang	苗栗縣	竹南鎮	中港	中港
P346	Tungsear	？	？	？	社
P347	Tur-u-oan	南投縣	仁愛鄉	春陽	托魯萬
P348	Twalam	台中縣	新社鄉	大南	大湳
P349	Twa-tu-tia, Twatutia	台北市	大同區	大稻埕	大稻埕
P350	Tye-hoo-lun	基隆市	安樂區	大武崙	大武崙
P351	Ung-kan-bay	台南縣	下營鄉	茅港尾	茅港尾
P352	Wang-tschut	屏東縣	滿州鄉	滿州	蚊蟀
P353	Wa-lan	南投縣	魚池鄉	受福	猫蘭
P354	Wan-kia	台南縣	關廟鄉	灣崎	灣崎
P355	West Island	澎湖縣	西嶼鄉	西嶼	西嶼
P356	Whale back	高雄市		半屏山	鯨魚背
P357	Whale's Back	高雄市		半屏山	鯨魚背

製作：黃智偉

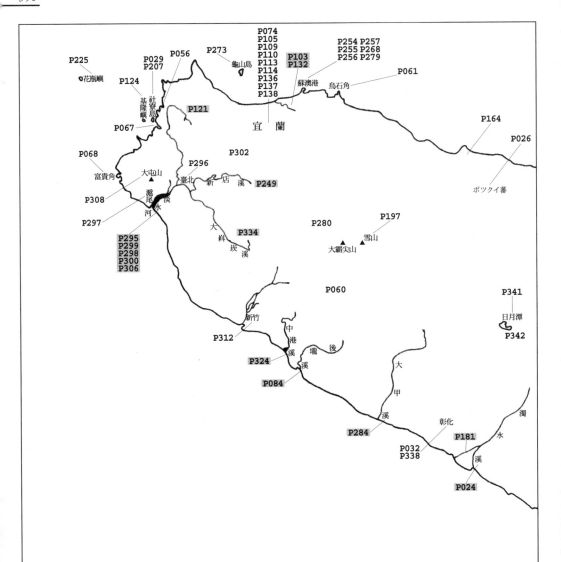

附圖

說明：

為幫助讀者理解本書內文中所指的地名為今天的何處，在內文中第一次出現的地名均附有編號（如P135等），讀者可依據編號查詢書末的地名對照表，同時在本書書末所附的另一張大張地圖上，查知大部分的地名現在確定的位置。

然而本書內文中所出現的部分地名，有些所指涉的是較為泛稱的行政區、地域，或是自然界的山脈、平原、島嶼、海灣、湖、河流等，這些地名無法在現今的地圖上表達其正確精準的位置，故本張地圖以較為簡略的方法來表達這些地名，以幫助讀者了解這些地名的所在位置。

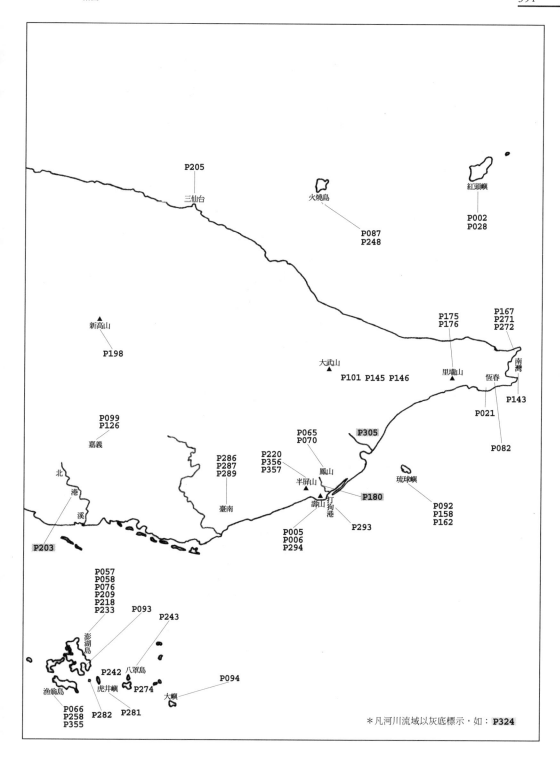

P205
三仙台

火燒島
P087
P248

紅頭嶼
P002
P028

新高山
P198

P175
P176

P167
P271
P272

南灣

大武山
P101 P145 P146

里壠山

恆春
P021

P143

P099
P126
嘉義

P286
P287
P289

臺南

P065
P070

P305

P082

北
港
溪

P220
P356
P357

鳳山

半屏山

打狗港
壽山

P180

琉球嶼

P092
P158
P162

P203

P005
P006
P294

P293

P057
P058
P076
P209
P218
P233
澎湖島

P093

P243

漁翁島

P242
虎井嶼

八罩島

P274

P094

大嶼

P066
P258
P355

P282

P281

＊凡河川流域以灰底標示，如：**P324**

國家圖書館出版品預行編目資料

看見十九世紀臺灣：十四位西方旅行者
的福爾摩沙故事 / 費德廉, 羅效德編譯.
-- 初版. -- 臺北市 : 如果出版 : 大雁文化
發行,
2006[民95]
面 ; 公分
ISBN 978-986-82416-6-4(平裝)
1. 臺灣 - 歷史 - 清領時期(1683-1895) -
史料
673.227   95022939

看見十九世紀台灣
──十四位西方旅行者的福爾摩沙故事

Curious investigations:
19th-century American and European
impressions of Taiwan

編譯者	費德廉、羅效德
設計	闕嘉妏
責任編輯	劉素芬、張海靜、劉文駿、江明珊
地圖製作	黃智偉
行銷企劃	黃文慧
副總編輯	張海靜
總編輯	王思迅
合作出版	如果出版社
	大雁文化事業股份有限公司
發行人	蘇拾平
地址	台北市中正區重慶南路一段121號5樓之10
電話	（02）2311-3678
傳真	（02）2375-5637
國立台灣歷史博物館籌備處	
籌備處主任	吳密察
地址	台南市長和路一段250號
電話	（06）356-8889
傳真	（06）356-8896
網站	http://thm.gov.tw
發行	大雁文化事業股份有限公司
地址	台北市中正區重慶南路一段121號5樓之10
24小時傳真服務	（02）2375-5637
讀者服務信箱E-mail	andbooks@andbooks.com.tw
劃撥帳號	19983379
戶名	大雁文化事業股份有限公司
印刷	成陽印刷股份有限公司
出版日期	2006年12月 初版
定價	480元

ISBN   978-986-82416-6-4（平裝）
GPN 1009503600